# 中山大学青年法律评论

第5卷

中山大学法学院　主办
国家级实验教学示范中心（中山大学法学实验教学中心）　协办

《中山大学青年法律评论》编辑部　组编
主编　巢志雄
执行主编　杨文澜

主编助理　陈皆如　任　昊
编辑组组长　王　睿　高晨晨
编　　辑　（按姓氏笔画排序）
庄　洁　张　琛　郑泽坤　柯嘉祯
徐　明　徐房茹　黄煜恺　蔚泽洋
缪子仪

法律出版社
LAW PRESS·CHINA

# 编者按

现在呈现在您面前的是《中山大学青年法律评论》(以下简称《青年法律评论》)第5卷。《青年法律评论》是由中山大学法学院学生独立运作的、专门面向海内外法学院校学生征稿的法学评论,从征稿、编审到最终交付出版社等工作均由学生独立完成。本评论的使命是为青年法学人搭建一个学术成果的交流平台,活跃学术研究氛围,开阔研究视野。自2017年创立以来,《青年法律评论》已经走过了三个年头。

从本卷起,《青年法律评论》由以往的半年一卷改为一年一卷。这样做的好处在于我们有了更长的征稿期和审稿期,得以接收来源更广、更为多元的投稿,也有了更充足的时间可与各位作者沟通交流,进一步提升用稿、编稿的质量。然而,这一变化也意味着更长的出版周期,更加考验我们作者和读者的耐心,并对编辑部的征稿、审稿工作提出了更高的要求。作为在现有学术评价体系中"排不上号"的出版物,我们深知只有坚持公正严格的选稿标准,提供真诚细致的审稿意见,才能收获作者的信任,收获读者的支持。

有鉴于此,本卷在前四卷的基础上,完善了我们的三轮匿名评审制度。一审中,三位学科编辑独立给出审稿意见,经审稿小组审定后,三份一审意见全部发给作者参考。进入二审的稿件,经作者修改后,由编辑部集体审稿会审定,责任编辑收集整理二审会意见并发给作者进一步修改。送入三审的稿件将由我们特邀校外专家做最后的把关。我们坚持,无论稿件是否被录用,都尽可能地将三轮审稿中作出的审稿意见完整地发给作者。虽然这么做无疑给编辑部增加许多工作量,但是我们希望这样的流程能够给审稿人施加一定的压力,提高审稿意见的质量;通过不同审稿人的反馈,作者也能相应地有所收获。

有赖于前四卷编辑部同仁的积淀,在本卷的征稿期内,我们共收到了来自境内外50所高校的近两百篇投稿。经三轮评审,最终有16篇投稿入选,共同组成了您现在看到的《青年法律评论》第5卷。16篇稿件各有特色,我们按照研究视角和主题,将它们分为如下四个板块:

板块一"国际视野"包括3篇国际法方面的论文。《论危害人类罪中的"政策"要素》与《缔约国大会决议作为嗣后行为的条约解释效力问题》分别讨论的是国际刑法中危害人类罪的构成要素和条约法中条约解释规则的有关问题,这两个问题也已经获得了联合国国际法委员会的关注;《国际投资仲裁中仲裁员重复委任问题的评价标准研究》一文细致分析了国际投资仲裁中仲裁员重复委任的问题,这也是当前国际投资争端解决机制改革中的关注点之一。随着中国"一带一路"建设的推进,我们也会遇到越来越多的投资争端。因此,我们很高兴看到中国青年学者积极投身于国际学界最新最前沿话题的讨论中。

板块二为"本土眼光",由《〈民法典〉总则编实施后商事案例指导制度的完善》《未登记动产返还原物请求权诉讼时效问题研究》《论未届期的股权转让后出资责任承担》《夫妻债务中"用于夫妻共同生活、共同生产经营"标准之审视》《错误救济的理念基础与规则构建》《风险社会下过失犯预见可能性的反思》《交通肇事中逃逸行为的性质分析》《买卖与借贷合同混合的类型化界定》共8篇主题和风格各异的论文组成。8位作者从不同的角度切入,采取了各具特色的研究方法,但最终关切点都聚焦在法治建设过程中的本土问题,回应了现实社会所需,反映了青年学人的家国情怀。

继第4卷特别推出的"人工智能"专题后,《青年法律评论》第5卷设置"科技与法"板块,希望进一步提升法学生对当前"第四次技术革命"的关注度。征稿期间,我们也收到了大量关于人工智能、网络信息技术、基因编辑技术等方面的论文。本卷入选的两篇论文《网络谣言型寻衅滋事的理解与适用》《强人工智能刑事责任主体的理论厘清与理性反思》,分别从网络信息技术发展和人工智能出发,讨论它们对于刑事法律规则解释和适用带来的挑战,值得各位关注。

在最后一个板块"域外经验"中,《"三步检验法"的解释适用》《涉外邮轮旅客人身损害赔偿案件法律适用分析》都采用了比较法的研究方法,分别讨论了当前我国在知识产权保护以及《海商法》修改中的重要问题,具有鲜明的时代特色和重要意义。《紧急仲裁员程序研究》是一篇译稿,介绍了世界最重要的仲裁地之一法国在仲裁制度发展完善方面的经验,对于我国仲裁制度的发展与改革也有借鉴意义。

我们认为,发表不仅仅是对学者刻苦研究的一种"奖励",它应当是"读书、思考、写作"的自然结果,也是青年学者投身于学术论争的必经之路。16篇稿件的背后,是16位青年学者的刻苦钻研与投入,是编辑部同仁、指导老师们的辛勤付出。在此,我衷心感谢编辑部13位同仁的付出,感谢中山大学法学院各位老师的支持和鼓励,尤其感谢巢志雄老师的悉心指导,感谢来自其他高校的外审老师对三审稿的悉心审读。最后,我们要再次感谢各位作者以他们的实际行动给我们的支持,同时也期盼各位读者的指教和建议。

杨文澜

2019年冬于康乐园

# 目　录

# 国际视野

# 论危害人类罪中的“政策”要素

褚家玮*

**摘要：**

目前，从联合国特设国际法庭的判例以及国家实践来看，危害人类罪是否应当包含“政策”要素是有争议的。对于国际刑事法院而言，“政策”要素是危害人类罪的必备要件，不过，《国际刑事法院罗马规约》对该要素的界定存在一定的模糊性。本文从国际刑事法院的判例着手，试图解答“政策”要素的含义，并试图寻找此要素与危害人类罪的其他构成要件之间的联系。最后，通过重新评估“政策”要素的功能，强调该要素存在的重要性及必要性。

**关键词：**

“政策”要素；含义；联系；必要性

## 一、“政策”要素的历史沿革

“二战”后，《纽伦堡国际军事法庭宪章》（以下简称《纽伦堡宪章》）首次明确地将危害人类罪表述为一类犯罪。[1] 依据《纽伦堡宪章》第6条第3款，危害人类罪是指“在战争之前或期间，对平民人口犯下的谋杀、灭绝、奴役、驱逐出境和其他不人道行为；或以政治、种族或宗教理由，执行或与法庭管辖范围内的任何罪行有关的迫害，不论是否违反行为地国家的国内法”。在之后的“塔迪奇案”中，前南斯拉夫国际刑事法庭（以下简称前南刑庭）认为，禁止这一罪行达到

---

* 褚家玮，清华大学法学院2020级博士生，研究方向为国际法；北京大学法学院人权硕士项目（2020）学员；曾在联合国世界粮食计划署驻华办公室实习。

〔1〕 Gerhard. Werle, *Principles of International Criminal Law*, Oxford, Oxford University Press, 3rd edn, 2014, p. 328.

了习惯国际法地位。[2] 然而,习惯国际法下,危害人类罪包含哪些构成要素并不确定。

20世纪90年代,前南刑庭、卢旺达国际刑事法庭(以下简称卢旺达刑庭)及国际刑事法院相继创立。需要指出的是,这三个国际刑庭的规约都规定了危害人类罪,但概念和范围不尽相同。其中,只有1998年《国际刑事法院罗马规约》[3](以下简称《罗马规约》)规定了"政策"(policy)要素。如《罗马规约》第7条第1款起首部分所述,危害人类罪是指"在广泛或有系统地针对任何平民人口进行的攻击中,在明知这一攻击的情况下,作为攻击的一部分而实施的下列任何一种行为……"[4]并且,第7条第2款第1项规定,"针对任何平民人口进行的攻击"是指"根据国家或者组织攻击平民人口的政策,或为了推行这种政策,针对平民人口多次实施第一款所述行为的行为过程",这就是所谓的"政策"要素。

事实上,1996年《危害人类和平及安全罪草案》(以下简称《草案》)曾提及与"政策"要素相类似的概念,《草案》第18条规定,危害人类罪是指"由政府、任何组织或团体煽动或指挥的,有系统地或广泛地实施的下列行为……"[5]《草案》之所以要求危害人类罪的实施是"由政府、任何组织或团体煽动或指挥的",是为了排除个人的、孤立的犯罪行为。[6]《罗马规约》中的"政策"要素在一定程度上也是受《草案》第18条的启发。[7]《罗马规约》起草之初,并没有将"政

---

[2] ICTY, *Prosecutor v. Tadić*, Case No. IT - 94 - 1 - T, Opinion and Judgment, Trial Chamber, 7 May 1997, para. 623. The Trial Chamber stated, "since the Nuremberg Charter, the customary status of the prohibition against crimes against humanity and the attribution of individual criminal responsibility for their commission have not been seriously questioned".

[3] 截至2019年7月27日,《国际刑事法院罗马规约》共有122个缔约国。

[4] 此外,《罗马规约》第7条第1款还规定了11项禁止罪行,具体包括:(1)谋杀;(2)灭绝;(3)奴役;(4)驱逐出境或强行迁移人口;(5)监禁;(6)酷刑;(7)强奸等性暴力行为;(8)迫害;(9)强迫人员失踪;(10)种族隔离罪;(11)其他性质相同的不人道行为。

[5] ILC, Yearbook of the International Law Commission (1996), Vol. II (2), Draft Code of Crimes Against the Peace and Security of Mankind, Report of the International Law Commission, Article 18, U. N. Doc. A/51/10, p. 47.

[6] ILC, Yearbook of the International Law Commission (1996), Vol. II (2), Draft Code of Crimes Against the Peace and Security of Mankind, Report of the International Law Commission, Article 18 Commentary, U. N. Doc. A/51/10, p. 47.

[7] Gerhard Werle, *Principles of International Criminal Law*, Oxford, Oxford University Press, 3rd edn, 2014, p. 340.

策”要素纳入考虑范围。在《罗马规约》预备会议上，各国代表都同意将“广泛地”和“有系统地”作为攻击行为的限定条件，但对这两个限定词之间的关系意见不一。[8] 争议观点主要有两种：一是主张将“广泛地”和“有系统地”表述为“广泛或有系统地”，即选择性的(disjunctive)关系，但这将间接地扩大国际刑事法院的管辖权范围；二是主张将“广泛地”和“有系统地”表述为“广泛和有系统地”，即并列(conjunctive)关系，这会导致危害人类罪的入罪标准变得过高。[9] 为了克服这种看似不可调和的分歧，“政策”要素应运而生。[10]

迄今为止，国际社会没有旨在处理防止和惩治危害人类罪的公约。值得关注的是，2014 年，国际法委员会第 66 届会议决定将“危害人类罪”专题列入工作方案，目标是起草一套条款草案，使之最终形成一个关于危害人类罪的国际公约。[11] 2019 年，国际法委员会第 71 届会议二读通过了《防止及惩治危害人类罪条款草案》(以下简称《条款草案》)，包括序言、附件及 15 条条款草案。[12]《条款草案》以及《罗马规约》第 7 条的规定，将危害人类罪定义为“在广泛或有系统地针对任何平民人口进行的攻击中，在明知这一攻击的情况下，作为攻击的一部分而实施的下列任何一种行为……”其所列的禁止行为与《罗马规约》完

---

[8] 支持选择性的关系的国家有荷兰、瑞士、塞拉利昂等；主张并列关系的国家有俄罗斯、法国、日本等。See United Nations Diplomatic Conference of Plenipotentiaries on the Establishment of an International Criminal Court (Rome, 15 June - 17 July 1998), A/CONR183/13(Vol. II), pp. 146 - 161; See also Report of the Preparatory Committee on the Establishment of an International Criminal Court (Proceedings of the Preparatory Committee during March-April and August 1996), Supplement No. 22 (A/51/22), p. 22, para. 85.

[9] Darryl Robinson, “Defining ‘Crimes Against Humanity’ at the Rome Conference”, 93 *American Journal of International Law* 43, 1999, pp. 47, 51.

[10] Darryl Robinson, “Defining ‘Crimes Against Humanity’ at the Rome Conference”, 93 *American Journal of International Law* 43, 1999, p. 47; Margaret McAuliffe deGuzman, “The Road from Rome: The Developing Law of Crimes Against Humanity”, 22 *Human Rights Quarterly* 335, 2000, p. 372.

[11] ILC, the report of the Commission on the work of its sixty-sixth session, Yearbook 2014, vol. II (Part Two), para. 266.

[12] ILC, Texts and Titles of the Draft Preamble, the Draft Articles and the Draft Annex Provisionally Adopted by the Drafting Committee on Second Reading, U. N. Doc. A/CN. 4/L. 935 (15 May 2019).

全相同,并保留了"政策"要素。[13] 可以说,《条款草案》几乎完全继承了《罗马规约》的规定。此外,《条款草案》还规定缔约国应采取必要的措施,对危害人类罪行使国家管辖权。[14] 目前,还没有国际法规则要求一国必须对危害人类罪确立管辖权,但一些《罗马规约》缔约国和非缔约国都积极地将危害人类罪纳入本国立法并确立管辖权。从内容上看,多数国家选择了和《罗马规约》不同的危害人类罪定义。根据乔治·华盛顿大学法律研究中心的报告,34 个专门对危害人类罪进行立法的国家中,有超过 19 个国家省略了《罗马规约》第 7 条中的"政策"要素,其中包含了 17 个《罗马规约》缔约国。[15] 这在一定程度上降低了危害人类罪的入罪标准,基于此,省略"政策"要素的缔约国对危害人类罪的管辖权范围也随之扩张。

概言之,"政策"要素存在的必要性是有争议的,尤其是在习惯国际法下,危害人类罪是否必须具备这一要件是不明确的。[16] 《纽伦堡宪章》《前南斯拉夫国际刑事法庭规约》(以下简称《前南刑庭规约》)以及《卢旺达国际刑事法庭规约》(以下简称《卢旺达刑庭规约》)都未对"政策"要素作出要求。[17] 值得一提的是,前南刑庭和卢旺达刑庭早期的判例都认为,"政策"要素是危害人类罪的

---

〔13〕 ILC, Texts and Titles of the Draft Preamble, the Draft Articles and the Draft Annex Provisionally Adopted by the Drafting Committee on Second Reading, Article 2, U. N. Doc. A/CN. 4/L. 935 (15 May 2019).

〔14〕 See ILC, Texts and Titles of the Draft Preamble, the Draft Articles and the Draft Annex Provisionally Adopted by the Drafting Committee on Second Reading, Article 6 and Article 7, U. N. Doc. A/CN. 4/L. 935 (15 May 2019).

〔15〕 Arturo J. Carrillo and Annalise K. Nelson, "Comparative Law Study and Analysis of National Legislation Relating to Crimes Against Humanity and Extraterritorial Jurisdiction", 46 *The George Washington International Law Review* 481, 2014, p. 529.

〔16〕 C. C. Jalloh, "What Makes a Crime Against Humanity a Crime Against Humanity", 28 *American University International Law Review* 381, 2013, pp. 402 – 408.

〔17〕 1993 年《前南斯拉夫国际刑事法庭规约》第 5 条规定了危害人类罪,即前南刑庭"有权起诉在国际或国内武装冲突中针对平民所犯下的下列罪行的人",清单所列的禁止罪行包括:(1)谋杀;(2)灭绝;(3)奴役;(4)驱逐出境;(5)监禁;(6)酷刑;(7)强奸;(8)基于政治、种族、宗教原因而进行的迫害;(9)其他不人道行为;《卢旺达刑庭规约》第 3 条规定,卢旺达刑庭"有权对出于民族、政治、人种、种族或宗教原因,在广泛的或者有计划的攻击平民……的人予以起诉",具体禁止行为和《前南刑庭规约》第 5 条所列禁止罪行相同。

基本构成要件;[18]这一态度之后却发生了转变,认为只要证明存在“广泛或有系统地”攻击即可,不需要证明“政策”要素的存在。[19] 至此,围绕“政策”要素的内涵及必要性等争议问题的讨论,方兴未艾。

## 二、国际刑事法院对“政策”要素的界定

(一)“政策”的含义

依据《罗马规约》第7条第2款第1项,针对平民人口的攻击是“根据国家或组织攻击平民人口的政策,或为了推行这种政策”而进行的,此处的“政策”应作何解释呢?国际刑事法院在解释第7条时,可以借由《犯罪要件》加以辅助;[20]而该《犯罪要件》规定,为了《罗马规约》之目的,应将“政策”理解为积极促进或鼓励国家或组织对平民人口的攻击。[21] 基于此,只能断定“政策”的作出目的为何,而“政策”内容仍不明确。2008年,在“加丹加确认裁定案”中,国际刑事法院第一预审分庭表示:

即便攻击行为在较大的地理范围内进行,或是针对大规模的受害者,都必须是有组织的或者遵循一种有规律的模式。并且此种攻击必须是在推行一个涉及公共或私人资源的统一政策。该政策不需要被赋予明确的定义,可以由控制特定领土的团体,或任何有能力对平民人口进行广泛或有系统的攻击的组织制定。事实上,有计划、有指挥或者有组织的攻击——而非自发的或孤立的暴

---

〔18〕 See ICTY, *Prosecutor v. Tadić*, Case No. IT-94-1-T, Opinion and Judgment, Trial Chamber, 7 May 1997, p. 238, para. 653. The Trial Chamber said, "directed against a civilian population... requires that the acts be undertaken on a widespread or systematic basis and in furtherance of a policy." See also ICTR, *Prosecutor v. Akayesu*, Case No. ICTR-96-4T, Chamber I, Judgment, 2 September 1998, para. 580.

〔19〕 ICTY, *Prosecutor v. Kunarac et al.*, Case No. IT-96-23& IT-96-23/1-A, Appeals Chamber, Judgment, 12 June 2002, p. 29, para. 98; ICTR, *Prosecutor v. Semanza*, Case No. ICTR-97-20-T, Trial Chamber III, Judgment, 15 May 2003, para. 329.

〔20〕 《罗马规约》第9条第1款规定,本法院在解释和适用第6条、第7条和第8条时,应由《犯罪要件》辅助。

〔21〕 Elements of Crimes, Article 7, Introduction, para. 3 ("[I]t is understood that 'policy to commit such attack' requires that the State or organization actively promote or encourage such an attack against the civilian population").

力行为——都将满足“政策”要素的要求。[22]

可见,国际刑事法院第一预审分庭认为,“政策”不需要有明确的定义,它的具体内容可以通过辨别一系列的重复行动,或者国家或组织的准备或集体动员行动来进行推断。换言之,政策的内容取决于攻击的性质,只要客观行为表现为有组织或有计划的即可。在之后的判决中,第二审判分庭确认了此观点,认为“政策”不需具备成形的设计或框架,但该政策必须是以攻击特定的平民人口为目标。[23]第二审判分庭进一步指出,这种政策不必是具体或确切的,并且不需要在实施攻击之前就已正式制定或颁布,它的内容可能会随着情况的发生逐步变化。[24]

(二)“政策”的作出主体

1. 国家

“国家”的字面含义是指由人民构成的政治社会。[25] 一般认为,判定国家资格的标准体现在1933年《蒙得维的亚国家权利及义务公约》第1条之中,即“国家作为国际法人格者应当具备以下条件:(1)常住人口;(2)确定领土;(3)政府;(4)具备与其他国家交往的能力”。[26] 这些标准构成讨论国家资格的基本因素,但不代表所有需要考虑的因素。[27] 不过,《罗马规约》在使用“国家”这一术语时

---

〔22〕 *Prosecutor v. Katanga and Chui*, Case No. ICC - 01/04 - 01/07 - 717, Pre-Trial Chamber I, Decision on the Confirmation of Charges, 30 September 2008, p. 126, para. 396.

〔23〕 *Prosecutor v. Katanga and Chui*, Case No. ICC - 01/04 - 01/07 - 3436 - tENG, Trial Chamber II, Judgment Pursuant to Article 74 of the Statute, 7 March 2014, p. 419, para. 1108; See also *Prosecutor v. Gbagbo*, Case No. ICC - 02/11 - 01/11 - 656 - Red, Pre-Trial Chamber I, Decision on the Confirmation of Charges Against Laurent Gbagbo, 12 June 2014, p. 97, para. 215.

〔24〕 *Prosecutor v. Katanga and Chui*, Case No. ICC - 01/04 - 01/07 - 3436 - tENG, Trial Chamber II, Judgment Pursuant to Article 74 of the Statute, 7 March 2014, pp. 419 - 420, paras. 1109 - 1110; See also *Prosecutor v. Gbagbo*, Case No. ICC - 02/11 - 01/11 - 656 - Red, Pre-Trial Chamber I, Decision on the Confirmation of Charges Against Laurent Gbagbo, 12 June 2014, p. 97, para. 215.

〔25〕 “State”, *Black's Law Dictionary*, Minnesota: Thomson Reuters, 10th edn, 2014.

〔26〕 贾兵兵:《国际公法:和平时期的解释与适用》,清华大学出版社2015年版,第100页。See also Montevideo Convention on Rights and Duties of States, Article 1, L. N. T. S., vol. 165, p. 19, No. 3802.

〔27〕 贾兵兵:《国际公法:和平时期的解释与适用》,清华大学出版社2015年版,第100页。

具有一定的模糊性。[28] 在“肯尼亚授权裁定案”中，国际刑事法院第二预审分庭表示，“国家”一词不言自明，是“政策”要素的作出主体之一。[29] 具体到实践中，在解释“政策”要素时，国际刑事法院通常会跳过此问题，直接分析哪些国家机关作出的政策可以归因于国家。但是，理论上讲，国际刑事法院仍会遇到国家主体资格的判定问题。比如“巴勒斯坦情势案”，此案与“政策”要素的解释不直接相关，但关于巴勒斯坦国家主体资格判定问题，具有一定的借鉴意义。

2009 年 1 月 22 日，巴勒斯坦政府司法部长阿里·卡桑（Ali Khashan）宣布接受国际刑事法院的管辖权，目的是希望国际刑事法院能够起诉和查明自 2002 年 7 月 1 日以来发生在巴勒斯坦的国际罪行。[30] 这其实是依据《罗马规约》第 12 条之规定，“国家”可以通过发表接受法院管辖权的临时声明赋予法院管辖权。[31] 不过，国际刑事法院检察官办公室拒绝接受该声明，理由是此类声明只能由“国家”作出，而巴勒斯坦是不是“国家”在当时存有争议。此外，检察官办公室表示无权判定巴勒斯坦的国家资格问题，只能诉请联合国或《罗马规约》缔约国大会来确定。[32] 2012 年 11 月 29 日，联合国大会承认了巴勒斯坦的观察国地位。[33]

---

〔28〕 C. C. Jalloh, “What Makes a Crime Against Humanity a Crime Against Humanity”, 28 *American University International Law Review* 381, 2013, p. 422.

〔29〕 Situation in the Republic of Kenya, Case No. ICC – 01/09 – 19 – Corr, Pre-Trial Chamber II, Decision Pursuant to Article 15 of the Rome Statute on the Authorization of an Investigation into the Situation in the Republic of Kenya, 31 March 2010, p. 37, para. 89.

〔30〕 See Declaration Recognizing the Jurisdiction of the International Criminal Court, https://www.icc-cpi.int/NR/rdonlyres/74EEE201 – 0FED – 4481 – 95D4 – C8071087102C/279777/20090122PalestinianDeclaration2.pdf, May 1, 2019.

〔31〕 《罗马规约》第 12 条第 3 款规定，如果根据第 2 款的规定，需要得到一个非本规约缔约国的国家接受本法院的管辖权，该国可以向书记官长提交声明，接受本法院对有关犯罪行使管辖权。该接受国应依照本规约第九编规定，不拖延并无例外地与本法院合作。

〔32〕 ICC, The Office of the Prosecutor, Situation in Palestine, 3 April 2012, paras. 6 – 8, https://www.icc-cpi.int/nr/rdonlyres/c6162bbf-feb9-4faf-afa9-836106d2694a/284387/situationinpalestine030412eng.pdf, May 1, 2019.

〔33〕 General Assembly Votes Overwhelmingly to Accord Palestine ‘Non-Member Observer State’ Status in United Nations, UN General Assembly Meetings Coverage, General Assembly Press Release GA/11317, 29 November 2012, https://www.un.org/press/en/2012/ga11317.doc.htm, April 21, 2019.

最后,该争议问题因巴勒斯坦申请加入《罗马规约》而逐渐消解。[34]

根据检察官办公室的解释,国际刑事法院似乎无权判定巴勒斯坦国家的主体资格问题,这要等待国际社会的逐步接受和认可。不过,包括国际刑事法院在内的国际刑事法庭,仍可以借由相关的条约或习惯国际法来论证国家的含义。[35] 国际刑事法院在判断国家的问题上倾向于采用法律上(*de jure*)的国家标准。国家的主体资格的判定直接影响着"政策"要素作出主体的范围。然而,更具实践意义的问题是,哪些权力机关可以代表国家作出政策?以"塔迪奇案"为例,前南刑庭上诉分庭认为:

为了将军事或准军事集团的行为归因于一个国家,必须证明该国对这一集团具有全面的控制权(overall control)。如果一国为这一集团提供装备和资助,还协调或帮助该集团制定总体的军事活动计划,那么该集团的违法行为才可以归因于该国。另外,需要说明的是,该国是否向集团的领导和成员发出了违法指示,不影响该国国家责任的认定。[36]

因此,如果一国对军事或准军事团体的行为实行了全面的控制,那么该团体作出的"政策"就可以代表此国。但是,对于非军事团体或者个人,全面控制的标准并不足够,还必须是遵照国家特别的指令行事,或者得到了国家正式的委托和批准,这样的行为才能归因于该国。[37] 另外,能够代表国家作出政策的实体并不一定是该国的最高权力机关。在"肯尼亚授权裁定案"中,国际刑事法院第二预审分庭就已认证了这一观点,并且指出国家地方机构作出的政策也有可能属于"国家"政策。[38]

---

[34] 2015年1月2日,巴勒斯坦政府通过向联合国秘书长交存加入书,申请加入《罗马规约》。2015年4月1日,《罗马规约》对巴勒斯坦正式生效。

[35] 根据《罗马规约》第21条,国际刑事法院可适用的法律包括条约、习惯国际法等。

[36] *Prosecutor v. Tadić*, Case No. IT - 94 - 1 - A, Appeals Chamber, Judgment, 15 July 1999, p. 56, para. 131.

[37] *Prosecutor v. Tadić*, Case No. IT - 94 - 1 - A, Appeals Chamber, Judgment, 15 July 1999, p. 56, para. 132.

[38] Situation in the Republic of Kenya, Case No. ICC - 01/09 - 19 - Corr, Pre-Trial Chamber II, Decision Pursuant to Article 15 of the Rome Statute on the Authorization of an Investigation into the Situation in the Republic of Kenya, 31 March 2010, p. 37, para. 89; See also Dissenting Opinion of Judge Hans-Peter Kaul to "Decision Pursuant to Article 15 of the Rome Statute on the Authorization of an Investigation into the Situation in the Republic of Kenya", 31 March 2010, Case No. ICC - 01/09 - 19 - Corr, p. 107, para. 43.

2. 组织

关于“组织”一词，争议颇多。有学者指出，军队、警察或情报机构等制定的一项独立的、不涉及整个国家的政策，可以界定为“组织”的政策，但是非国家行为实体(non-state actors)不包含在内。[39] 在“肯尼亚授权裁定案”中，考尔(Kaul)法官在其反对意见里表达了相似的看法，主张应对“组织”一词进行限制解释。[40] 限制解释可能更符合《罗马规约》的要求。因为《罗马规约》第 22 条规定，当犯罪定义不明时，应予严格解释，并且应当有利于被调查、被起诉或被定罪的人。[41] 需要注意的是，主张对“组织”进行限制解释会进一步模糊“国家”和“组织”之间的边界。国际刑事法院本身更倾向于选择对“组织”进行扩大解释，然而，这一做法也引起了国际法学界的广泛批判。[42]

国际刑事法院第二预审分庭在“肯尼亚授权裁定案”中指出，《罗马规约》第 7 条第 2 款规定的“组织”并不明确，当判定一个团体的组织资格时，一个团体的规范形式(formal nature)及其组织水平(level of its organization)不应成为固定不变的判定标准。[43] 应当根据具体情况，考虑多个因素，具体标准可以包括：

---

〔39〕 M. Cherif Bassiouni, *Crimes Against Humanity: Historical Evolution and Contemporary Application*, New York, Cambridge University Press, 2011, p. 41; W. Schabas, *The Rome Statute of the International Criminal Court: A Commentary*, Oxford, Oxford University Press, 2nd edn, 2016, p. 152. 非国家行为实体包括有组织的叛乱团体，或叛乱团体松散的和非正式的部落。

〔40〕 See also Dissenting Opinion of Judge Hans-Peter Kaul to "Decision Pursuant to Article 15 of the Rome Statute on the Authorization of an Investigation into the Situation in the Republic of Kenya", Case No. ICC－01/09－19－Corr, 31 March 2010, p. 110, para. 51.

〔41〕 《罗马规约》第 22 条第 2 款规定，“犯罪定义应予严格解释，不得类推延伸。含义不明时，对定义作出的解释应有利于被调查、被起诉或被定罪的人”。

〔42〕 See Dissenting Opinion of Judge Hans-Peter Kaul to "Decision Pursuant to Article 15 of the Rome Statute on the Authorization of an Investigation into the Situation in the Republic of Kenya", Case No. ICC－01/09－19－Corr, 31 March 2010; Claus Kress, "On the Outer Limits of Crimes Against Humanity: The Concept of Organization within the Policy Requirement: Some Reflections on the March 2010 ICC Kenya Decision", *Leiden Journal of International Law* 23, 2010, pp. 855－873; C. C. Jalloh, "What Makes A Crime Against Humanity A Crime Against Humanity", 28 *American University International Law Review* 381, 2013, pp. 381－441.

〔43〕 *Situation in the Republic of Kenya*, Case No. ICC－01/09－19－Corr, Pre-Trial Chamber II, Decision Pursuant to Article 15 of the Rome Statute on the Authorization of an Investigation into the Situation in the Republic of Kenya, 31 March 2010, p. 38, para. 90.

(1)该团体是否接受主要负责人的指挥,或者具有固定的上下级架构;(2)该团体是否已具备实施广泛或有系统地攻击平民人口的措施;(3)该团体是否对一国的部分领土实行了控制;(4)该团体是否以攻击平民人口为主要的犯罪目的;(5)该团体是否直接或间接地表示计划攻击平民人口;(6)该团体是否隶属于符合上述部分或所有标准的更大的团体。[44]

需要说明的是,以上六个因素不构成严格的法律定义,也不需要同时满足。[45] 进一步讲,如果一个非国家机关团体具有明确的上下级结构,就可以被定性为"组织"。再比如,在"加丹加案"中,国际刑事法院第一预审分庭认为,任何有能力对平民人口进行广泛或有系统的攻击的团体都可以被界定为"组织"。[46] 可见,国际刑事法院对"组织"的界定比较宽泛。另外,在之后的判决中,国际刑事法院倾向于将"组织政策"作为整体进行解释。在"鲁托案"中,审判分庭就将"组织政策"解释为"协调的行为过程"(coordinated course of action);并且强调,即使针对平民人口进行的攻击是一人所为,也可能被界定为"组织政策"。[47] 这一解释则更加宽泛。

(三)小结与评析

《罗马规约》所规定的"政策"要素具有一定模糊性,单从文本含义来看,难以断定其应当涵盖的具体内容和作出的主体。首先,《罗马规约》没有给予"政策"特定的含义,根据国际刑事法院的解释,"政策"不需要固定的概念以及成形的计划,但必须始终以攻击平民人口为行为目的;而"政策"的内容可以通过攻击行为的表现形式加以判定。其次,政策的作出主体包括国家和组织,然而,如何厘定二者的边界,难度较大。对于"国家"一词,国际刑事法院采用了法律上的国家标准,

---

〔44〕 *Situation in the Republic of Kenya*, Case No. ICC – 01/09 – 19 – Corr, Pre-Trial Chamber II, Decision Pursuant to Article 15 of the Rome Statute on the Authorization of an Investigation into the Situation in the Republic of Kenya, 31 March 2010, p. 39, para. 93.

〔45〕 *Situation in the Republic of Kenya*, Case No. ICC – 01/09 – 19 – Corr, Pre-Trial Chamber II, Decision Pursuant to Article 15 of the Rome Statute on the Authorization of an Investigation into the Situation in the Republic of Kenya, 31 March 2010, p. 39, para. 93.

〔46〕 *Prosecutor v. Katanga and Chui*, Case No. ICC – 01/04 – 01/07 – 717, Pre-Trial Chamber I, Decision on the Confirmation of Charges, 30 September 2008, p. 126, para. 396.

〔47〕 *Prosecutor v. Ruto and Sang*, Case No. ICC – 01/09 – 01/11 – 2027 – Red, Trial Chamber V(A), Decision on Defence Applications for Judgments of Acquittal, 5 April 2016, p. 179, para. 302.

这与前南刑庭有所不同,后者倾向于事实上(*de facto*)的国家标准。[48] 国际刑事法院对政策的作出主体进行了排除和限定——能够代表国家作出政策的实体不局限于该国最高的权力机关,如若非军事团体或个人受到该国的正式委托或批准,也可以代表该国作出政策。依据《罗马规约》第22条的规定,当犯罪定义不明时,应当作出有利于被调查、被起诉或被定罪的人的解释。值得注意的是,国际刑事法院倾向于对“组织”进行扩大解释,而这种扩大解释降低了危害人类罪的入罪标准,同时扩大了法院的管辖权,这可能会不利于被指控的人。对国际刑事法院而言,“政策”要素是危害人类罪的必备要素,然而,更为实际的问题是,国际刑事法院如何在合理的限度内适用与解释“政策”要素,特别是关于“国家”和“组织”的区分。

## 三、“政策”要素与危害人类罪其他构成要件的联系

### (一)此要素与“广泛或有系统地”——相互独立而非等同

如本文第一部分所述,“政策”要素渊源于“广泛地”和“有系统地”两个限定词之间的争议关系;但首先,这两个限定词的含义并不能等同。在“巴博(Gbagbo)案”中,国际刑事法院第一预审分庭参照法院以往的判例,区分了“广泛地”和“有系统地”,指出“广泛地”意味着大规模数量的受害者,但这种评估必须基于个案事实判定,不能只进行定量分析,或者仅依据地理范围的大小;[49]“有系统地”是通过犯罪模式来体现的,即暴力行为的实施是有组织的,而非意外或者随机作出的。[50]

此外,“巴博案”中,第一审判分庭还指出,不应把对“政策”要素的要求等同于“有系统地”,因为这可能会违反《罗马规约》第7条所规定的“广泛地”和“有系统地”必具其一的要求。[51] 这种推演其实是存在疏漏的。“政策”要素和

---

〔48〕 See ICTY, *Prosecutor v. KupreškiTadić*, Case No. IT–95–16–T, Trial Chamber, Judgment, 14 January 2000, p. 220, para. 552.

〔49〕 *Prosecutor v. Gbagbo*, Case No. ICC–02/11–01/11–656–Red, Pre-Chamber I, Decision on the Confirmation of Charges, 12 June 2014, p. 100, para. 222.

〔50〕 *Prosecutor v. Gbagbo*, Case No. ICC–02/11–01/11–656–Red, Pre-Chamber I, Decision on the Confirmation of Charges, 12 June 2014, p. 101, para. 223.

〔51〕 *Prosecutor v. Gbagbo*, Case No. ICC–02/11–01/11–656–Red, Pre-Chamber I, Decision on the Confirmation of Charges, 12 June 2014, p. 94, para. 208; See also *Prosecutor v. Katanga and Chui*, Case No. ICC–01/04–01/07–3436–tENG, Trial Chamber II, Judgment Pursuant to Article 74 of the Statute, 7 March 2014, p. 420, para. 1112.

“有系统地”攻击均涉及了攻击行为的计划程度,这表明了二者之间存在一定程度的交叉。有疑问的是,“有系统地”和“政策”要素既然存在重合,那么《罗马规约》起草之初所确立的“选择性的”关系意义何在?为了更加直观地说明此问题,可以将“广泛地”、“有系统地”和“政策”要素依次用A、B、C三个字母来表述。由于规定于《罗马规约》第7条第2款的“政策”要素(C),既是对“广泛地”(A)攻击的要求,又是对“有系统地”(B)攻击的要求,[52]因此,对“广泛地”攻击而言,仅满足数量要求是不足够的,应为“A+C”;对“有系统地”攻击而言,仅体现为有组织的,也是不充分的,仍需要“政策”要素来辅助,即“B+C”。当然,因为“广泛地”和“有系统地”是选择性的关系,也不排除第三种可能,即“A+B+C”。然而,如果“有系统地”等同于“政策”要素(B=C),那么攻击行为的背景要素将演变两种可能:一是“广泛地和有系统地”(A+B/C);二是“有系统地”(B/C)。此种假设,仍能满足“广泛地”和“有系统地”二者必具其一的要求。

但是,如果“政策”要素的作用或内涵等同于“有系统地”,那么为何不将二者合并呢?“巴博案”中,国际刑事法院第一预审分庭对此问题作出了回应,认为:

“政策”要素和《罗马规约》第7条第1款起首部分规定的“有系统地”性质相似,均指攻击行为存在一定的计划程度。这也说明,国家或组织所做的计划、组织或指导攻击平民的行为,既可以作为“政策”要素存在的证据,也可以作为攻击行为是“有系统地”证明。不过,尽管如此,不能将二者混为一谈,因为二者分别位于《罗马规约》第7条第1款和第2款,用于不同的目的,并且代表着不同的限度。[53]

可见,国际刑事法院认同“政策”要素与“有系统地”有着相类似的作用和含义,但不能简单将二者合并为一体或作删除,理由是二者对攻击行为有着不同程度的限定。有学者指出,为了避免二者之间存在的内部矛盾,可以根据以往的权威观点厘定“政策”要素与“有系统地”之间的区别。[54]在“库纳拉茨(Kunarac)案”中,前南刑庭预审分庭认为,“有系统地”所强调的是犯罪行为的

---

[52] Kai Ambos, *Treatise on International Criminal Law, Volume II: The Crimes and Sentencing*, Oxford, Oxford University Press, 2014, pp. 62-63.

[53] *Prosecutor v. Gbagbo*, Case No. ICC-02/11-01/11-656-Red, Pre-Chamber I, Decision on the Confirmation of Charges, 12 June 2014, p. 97, para. 216.

[54] Darryl Robinson, "Crimes Against Humanity: A Better Policy on 'Policy'", in Carsten Stahn, ed., *The Law and Practice of the International Criminal Court*, Oxford, Oxford University Press, 2015, p. 714.

协调性及组织程度，进而排除了随机的犯罪行为。[55] 这与国际刑事法院的解释相一致。不过，在“布拉希奇(Blaškic)案”中，前南刑庭预审分庭则表示，“政策”或“计划”通常是用来定义“有系统地”这一要素。[56] 这似乎表明“有系统地”(B)包含“政策”要素(C)。事实上，“政策”要素主要是针对国家而提出的，这也是《罗马规约》的创新之处。因此，就“政策”要素的解释而言，联合国特设国际法庭的权威解释对国际刑事法院并不具有严格的参考价值。

(二)此要素与心理要件——明知“政策”要素的存在

在《罗马规约》预备会议上，加拿大代表提交了非正式提案，将“政策”要素界定为“根据政府或组织攻击平民人口的政策，或有意为了推行这种政策，针对任何平民人口实施第一款所述的多项行为的行为过程”。[57] 经过协商修订，最终文本删除了“有意”(knowingly)一词，因为考虑到可能需要证明非缔约国的犯罪意图。[58] 不过，现行《罗马规约》发展了习惯国际法，在第7条第1款起首部分的危害人类罪定义中，加入了“明知这一攻击”这一心理要件。《犯罪要件》言明了该心理要件与“政策”要素的关系——对“政策”要素而言，“明知”不应被解释为要求犯罪者了解攻击的所有特征以及国家或组织计划的确切细节。对平民人口进行广泛或有系统的攻击的情况刚出现时，如果行为人仍有意进一步发动此攻击，那么心理要件已经满足。[59] “巴博案”中，国际刑事法院第一预审分庭也引证了这一

---

〔55〕 ICTY, *Prosecutor v. Kunarac*, Case No. IT-96-23-T&IT-96-23/1-T, Trial Chamber, Judgment, 22 February 2001, para. 429.

〔56〕 ICTY, *Prosecutor v. Blaškic*, Case No. IT-95-14-T, Trial Chamber, Judgment, 3 March 2000, p. 67, para. 203.

〔57〕 画线部分代表和现行《罗马规约》第7条第2款第1项的不同之处。See Herman von Hebel and Darryl Robinson, “Crimes within the Jurisdiction of the Court”, in Roy S. Lee, ed., *The International Criminal Court: The Making of the Rome Statute Issues, Negotiations, Results*, Hague, Kluwer Law International, 1999, p. 95, the text reads, “[a] course of conduct involving the commission of multiple acts referred to in paragraph 1 against any civilian population, pursuant to or knowingly in furtherance of a governmental or organizational policy to commit such as acts.”

〔58〕 Herman von Hebel and Darryl Robinson, “Crimes within the Jurisdiction of the Court”, in Roy S. Lee, ed., *The International Criminal Court: The Making of the Rome Statute Issues, Negotiations, Results*, Hague, Kluwer Law International, 1999, p. 95.

〔59〕 ICC, Elements of Crimes, Article 7, Crimes Against Humanity, Introduction, para. 2.

论述。[60] 所以,危害人类罪的实施者需要明知此种攻击是“广泛地”或“有系统地”,并且明知这一攻击是由某一政策造成的,但不必了解攻击背后的政策的详细内容。

由于国际刑事法院通常是将“政策”要素作为危害人类罪的背景要素进行分析,所以难以断定“政策”要素是否还兼备判定心理要素的职能。有学者指出,“政策”要素和“明知这一攻击”有着不同的作用,前者旨在帮助法官确定法院管辖权的范围,而后者是归责要求,因此,“政策”要素不应当影响心理要件的判定。[61] 不过,虽然“政策”要素不在心理要件的印证范围内,但二者之间似乎也存在某种联系。在特殊情况下,攻击平民人口的政策可以通过故意不采取行动来实施,因为不作为的目的可能就是为了有意鼓励这种攻击。[62] 而此时,“政策”要素的存在可以作为佐证心理要件的证明。总体来讲,危害人类罪的实施者虽不需明知“政策”要素的具体细节,但需明知“政策”要素的存在。

(三)此要素对危害人类罪清单下禁止行为的影响——个案分析

关于危害人类罪,《前南刑庭规约》第5条起首部分未给出确切的定义,没有规定危害人类罪必须具备“政策”要素、“广泛或有系统地”等要素;然而,在前南刑庭所作的判决中,明确要求危害人类罪必须是在广泛或有系统地攻击平民人口的背景下进行的;[63] 此外,还强调“广泛或有系统地”是对攻击本身的限定,对清单下的禁止罪行不作要求。[64] 那么,《罗马规约》中的“政策”要素于清单下的禁止罪行而言,是否也可以作同样的解释呢?

首先,需要指出的是,危害人类罪所列的11项禁止行为之间不是累积关系,换言之,只要实施其中一项,就可以构成危害人类罪。本部分(二)曾提及,《罗马规约》最终文本将“实施多项行为”这一短语修改为“多次实施……行为”,实际上是为了防止前一种措辞被解释为“需实施不止一种不人道行为”。[65] 因此,清单

---

[60] *Prosecutor v. Gbagbo*, Case No. ICC – 02/11 – 01/11 – 656 – Red, Pre-Chamber I, Decision on the Confirmation of Charges, 12 June 2014, p. 96, para. 214.

[61] Margaret McAuliffe deGuzman, “The Road from Rome: The Developing Law of Crimes Against Humanity”, 22 *Human Rights Quarterly* 335, 2000, p. 380.

[62] ICC, Elements of Crimes, Article 7, Crimes Against Humanity, Introduction, footnote 6.

[63] ICTY, *Prosecutor v. MrkšiTadić et al.*, Case No. IT – 95 – 13/1 – T, Trial Chamber II, Judgment, 27 September 2007, p. 183, para. 434.

[64] ICTY, *Prosecutor v. Kunarac et al.*, Case No. IT – 96 – 23& IT – 96 – 23/1 – A, Appeals Chamber, Judgment, 12 June 2002, p. 29, para. 96.

[65] Herman von Hebel and Darryl Robinson, “Crimes within the Jurisdiction of the Court”, in Roy S. Lee, ed., *The International Criminal Court: The Making of the Rome Statute Issues, Negotiations, Results*, Hague, Kluwer Law International, 1999, p. 95.

下的行为仅是作为“攻击”的一部分,而攻击本身可以包含《罗马规约》第 7 条第 1 款所列清单下的一种或多种行为。此外,《罗马规约》第 7 条第 1 款起首部分规定只是对攻击行为本身的要求,清单下的禁止罪行不受影响。[66] 当然,如果某一禁止行为同时满足危害人类罪的所有构成要件,并且构成“攻击”的一部分,尽管被指控的人仅实施了一类犯罪行为,比如谋杀,也可能被判定为危害人类罪。[67]

目前,国际刑事法院还没有将“政策”要素和清单下的禁止行为结合在一起分析的判例。法院通常侧重于分析此类禁止罪行的犯罪事实,不会将一般性的规定具体到每一项禁止罪行进行分析,但心理要素除外。值得注意的是,危害人类罪清单下的一些禁止罪行,也包含在相应的公约当中,这些条约包括:1956 年《联合国废止奴隶制、奴隶贩卖及类似奴隶制度与习俗补充公约》、1973 年《禁止并惩治种族隔离罪行国际公约》、1984 年《禁止酷刑和其他残忍、不人道或有辱人格的待遇或处罚公约》(以下简称《酷刑公约》)以及 2006 年《保护所有人免遭受强迫失踪公约》等。“政策”要素是对攻击本身的限定,而该要素与清单下的禁止罪行之间的联系和作用关系,则需要进行个案分析。

1. 酷刑

以酷刑为例,《酷刑公约》第 1 条第 1 款规定,“‘酷刑’一词系指为了从某人或第三者取得情报或供状,为了他或第三者所作或被怀疑所作的行为对他加以处罚,或为了恐吓或威胁他或第三者,或为了基于任何一种歧视的任何理由,蓄意使他在肉体或精神上遭受剧烈疼痛或痛苦的任何行为,而这种疼痛或痛苦是公职人员或以官方身份行使职权的其他人所造成或在其唆使、同意或默许下造成的。纯因法律制裁而引起或法律制裁所固有或附随的疼痛或痛苦则不包括在内”。根据该条,酷刑的犯罪主体将限定于具有公职身份的人。而与《酷刑公约》不同的是,如果公职人员或以官方身份行使职权的人在执行某一危害人类罪的“政策”,此种情况

---

[66] ICC, Elements of Crimes, Article 7, Crimes Against Humanity, Introduction, para. 3. See also ICTY, *Prosecutor v. Kunarac et al.*, Case No. IT – 96 – 23& IT – 96 – 23/1 – T, Trial Chamber, Judgment, 22 February 2001, p. 141, para. 417.

[67] *Prosecutor v. Bemba*, Case No. ICC – 01/05 – 01/08 – 424, Pre-Trial Chamber II, Decision Pursuant to Article 61 (7) (a) and (b) of the Rome Statute on the Charges of the Prosecutor Against Jean-Pierre Bemba Gombo, 15 June 2009, p. 54, para. 151; ICTY, *Prosecutor v. Tadić*, Case No. IT – 94 – 1 – T, Trial Chamber, Opinion and Judgment, 7 May 1997, p. 236, para. 649; ICTR, *Prosecutor v. Bagihshema*, Case No. ICTR – 95 – 1A – T, Trial Chamber I, Judgment, 7 June 2001, p. 36, para. 82.

下,酷刑犯罪的实施主体将扩大,不仅包括政府实体,也将扩大到非政府实体。也就是说,《罗马规约》中酷刑罪的犯罪主体比《酷刑公约》中的犯罪主体范围要广。

2. 迫害

《罗马规约》是第一个对迫害罪作出定义的法律文件。[68] 《罗马规约》第7条第1款第8项规定,"基于政治、种族、民族、族裔、文化、宗教、第三款所界定的性别,或根据公认为国际法不容的其他理由,对任何可以识别的团体或集体进行迫害,而且与任何一种本款提及的行为或任何一种本法院管辖权内的犯罪结合发生"。另外,第2款第7项规定,"'迫害'是指违反国际法规定,针对某一团体或集体的特性,故意和严重剥夺基本权利"。因此,迫害必须与《罗马规约》第7条第1款所述的禁止行为或法院管辖范围内的任何其他国际罪行相联系时,才能定罪。[69] 但是,除了危害人类罪共同的背景要素外,迫害罪的构成要素还应基于"政治上的理由"。所谓"政治上的理由"不仅包括了传统意义上的政治概念,还包括了环境和健康等公共事务问题;基于此类问题产生了意见分歧,导致实施了迫害罪行。[70] 自2002年以来,国际刑事法院已在四个案件中,确认了"政治上的理由"是提出迫害指控的前提之一。[71] 但国际刑事法院没有就"政治上的理由"的含义和界限作出解释和限定。可以说,危害人类罪中的迫害

---

〔68〕 参见刘大群:《论危害人类罪》,载《武大国际法评论》2006年第1期。

〔69〕 参见刘大群:《论危害人类罪》,载《武大国际法评论》2006年第1期。See also O. Triffterer and K. Ambos, eds., *Rome Statute of the International Criminal Court: A Commentary*, Munich/Oxford/Baden-Baden, C. H. Beck/Hart/Nomos, 3rd edn, 2016, p. 226.

〔70〕 参见刘大群:《论危害人类罪》,载《武大国际法评论》2006年第1期。See also O. Triffterer and K. Ambos, eds., *Rome Statute of the International Criminal Court: A Commentary*, Munich/Oxford/Baden-Baden, C. H. Beck/Hart/Nomos, 3rd edn, 2016, p. 223.

〔71〕 See *Prosecutor v. Ruto and Sang*, Case No. ICC – 01/09 – 01/11 – 373, Pre-Trial Chamber II, Decision on the Confirmation of Charges Pursuant to article 61(7)(a) and (b) of the Rome Statute, 23 January 2012, pp. 98 – 102, paras. 269 – 281; *Prosecutor v. Muthaura and Kenyatta*, Case No. ICC – 01/09 – 02/11 – 382Red, Pre-Trial Chamber II, Decision on the Confirmation of Charges Pursuant to article 61(7)(a) and (b) of the Rome Statute, 23 January 2012, pp. 99 – 100, paras. 281 – 286; *Prosecutor v. Gbagbo*, Case No. ICC – 02/11 – 01/11 – 656 – Red, Pre-Chamber I, Decision on the Confirmation of Charges, 12 June 2014, p. 93, para. 205; *Prosecutor v. Charles Blé Goudé*, Case No. ICC – 02/11 – 02/11 – 186, Pre-Trial Chamber I, Decision on the Confirmation of Charges Against Charles Blé Goudé, 11 December 2014, p. 59, paras. 122 – 123.

罪的犯罪形态可以是多种多样的,[72]迫害罪的构成不仅要包含“政策”要素,还应基于“政治上的理由”;相较而言,后者的内涵似乎更为宽泛。

3. 种族隔离

《罗马规约》第7条第1款清单下的种族隔离罪与“政策”要素有重合之处。《罗马规约》第7条第2款第8项规定,“种族隔离罪”是指一个种族团体对任何其他一个或多个种族团体,在一个有计划地实行压迫和统治的体制化制度下,实施性质与第1款所述行为相同的不人道行为,目的是维持该制度的存在。1973年《禁止并惩治种族隔离罪行国际公约》源于联合国对南非歧视性种族隔离政策的反对,该公约也规定了种族隔离罪行的定义,即“应包括与南部非洲所推行的种族隔离和种族歧视的类似政策和办法,是指为建立和维持有一个种族团体对任何其他种族团体的主宰地位,并且有系统地压迫他们,而作出的不人道行为”。[73] 可见,无论是《罗马规约》还是《禁止并惩治种族隔离罪行国际公约》,都要求种族隔离罪是在一个有计划的政策背景下实施的。因此,在对危害人类罪这一罪名进行举证时,“政策”要素可能将同时作为种族隔离罪的背景要素。

(四)小结与评析

首先,“政策”要素是因“广泛地”和“有系统地”两个限定词的争议关系而产生,目前,这两个限定词的选择性关系业已确定,但二者与“政策”要素之间是相互独立的。“政策”要素位于《罗马规约》第7条第2款,既是限定了“广泛地”攻击,也是对“有系统地”攻击的要求。值得一提的是,前南刑庭和卢旺达刑庭也表达过同样的观点,认为“广泛地”和“有系统地”这两个条件不需要同时满足,但都需要根据一个先入为主的政策或计划进行。[74] 另外,“政策”要素和“有系统地”用于不同的目的,虽然国际刑事法院早期的判例未对二者进行严格的区分,但不能简单地将二者混为一谈。

其次,《罗马规约》第7条明确规定了“明知这一攻击”这一心理要件,需要指出的是,“明知”和“故意”在《罗马规约》中是相互独立的两个概念。依据《罗马规约》第30条的规定,“故意”即有意从事某行为;就结果而言,有意造成某一

---

〔72〕 参见刘大群:《论危害人类罪》,载《武大国际法评论》2006年第1期。

〔73〕 《禁止并惩治种族隔离罪行国际公约》第2条,截至2019年7月1日,该公约共有109个缔约国。

〔74〕 ICTY, *Prosecutor v. Blaškic*, Case No. IT – 95 – 14 – T, Trial Chamber, Judgment, 3 March 2000, p. 70, para. 207; ICTR, *Prosecutor v. Jean-Paul Akayesu*, Case No. ICTR – 96 – 4 – T, Chamber I, para. 580.

结果的发生,或者意识到随着事态的发展会产生该结果。“明知”是指意识到某种情况的存在,或者事态的一般发展会产生某种结果。“故意”的存在必然包含着“明知”,但是,“明知”可以独立于“故意”而发生。[75] 但是,第30条属于一般性规定,于《罗马规约》第7条规定而言,“明知”不应被解释为要求犯罪者了解这一攻击的所有特征,或者国家或组织的政策的确切细节。但是,行为人需认识到攻击行为是针对平民人口进行的,并且是“广泛或有系统地”攻击,在此种情况下,如果行为人仍有意进一步发动该攻击,那么心理要件就已满足。[76] 这也与前南刑庭的判例保持一致。[77] 危害人类罪是一种复合性犯罪,危害人类罪的实施者不仅应具有实施某一具体犯罪,如谋杀、灭绝的心理要素,还应明知自己的行为是广泛地或者有系统地攻击的一部分。而对于“政策”要素,犯罪者实施犯罪行为时,应明知“政策”的存在,尽管不需知道这一“政策”的内容和细节,也不必预见到这一“政策”的后果。

最后,危害人类罪所涵盖的禁止行为,如灭绝、奴役、种族隔离、酷刑、强迫失踪等,在现有的条约框架中都得到了体现。“政策”要素属于一般性规定,对清单下的禁止罪行的作用和影响,需根据判决的上下文以及相应的国际公约进行评估。比如,对于种族隔离罪,“政策”要素可以同时作为该罪行的背景要素;而对酷刑而言,“政策”要素在一定程度上扩大了该罪行的犯罪主体范围。笔者还选取了迫害罪进行分析,该罪名与“政策”要素之间也有着比较明显的联系。对于危害人类罪清单中所列的其他罪行,仍需要具体问题具体分析。

## 四、“政策”要素的必要性之争

国际刑事法院对“政策”要素的必要性立场很明确,即“政策”要素是危害人类罪的必备要素。不过,其他各方立场不一。

(一)联合国特设国际法庭:从支持到否定

如本文引言所述,《前南刑庭规约》和《卢旺达刑庭规约》均未要求危害人类罪具备“政策”要素,不过,两个特设法庭的判例都论证了此要素的内涵及必

---

〔75〕 李世光、刘大群、凌岩主编:《国际刑事法院罗马规约评释》(上册),北京大学出版社2006年版,第279页。

〔76〕 ICC,Elements of Crimes,Crimes Against Humanity,Introduction,para. 2.

〔77〕 See *Prosecutor v. Tadić*,Case No. IT-94-1-T,Trial Chamber,Judgment,7 May 1997,paras. 656,659.

要性。例如,在“塔迪奇(Tadić)案”中,前南刑庭审判分庭认为,习惯国际法下,危害人类罪应当根据某一政策而实施的。[78] 但是,在“库纳拉茨(Kunarac)案”中,前南刑庭上诉分庭推翻了这一结论,认为:

《前南刑庭规约》没有要求证明被指控的危害人类罪是根据某一“政策或计划”作出的。而且,习惯国际法没有要求证明“政策”要素的存在……攻击行为可以建立在某一“政策或计划”的基础之上,但也可以由其他事件引起。因此,某一“政策或计划”的存在是证据上的相关因素,但不是危害人类罪的法定构成要素。[79]

依据前南刑庭上诉分庭的意见,“政策”要素的存在具有一定的相关性,但习惯国际法下,“政策”要素不是危害人类罪的法定构成要素。在“库普雷什基奇(KupreškiTadić)案”中,前南刑庭审判分庭进一步确认了此观点,认为“政策”要素不是危害人类罪的必备要素,但能够证明存在“有系统地”攻击。[80] “库纳拉茨案”“库普雷什基奇案”等都是在《罗马规约》开放签署之后作出的判决,前南刑庭在此之前应当注意到或考量了《罗马规约》的规定,但最终还是否定了“政策”要素的必要性。前南刑庭的判决意见也影响着卢旺达刑庭。卢旺达刑庭承认,“有系统地”攻击必须要有一个先入为主的计划或政策。[81] 不过,在“塞梅扎(Semanza)案”中,卢旺达刑庭上诉分庭表示,“政策”要素有助于确定攻击是针对平民的、广泛或有系统的,但它不是一个独立的法定要素。[82] 因此,“政策”要素可以囊括于“有系统地”这一要素之中;也可以将“政策”要素视为攻击的一种固有特征,不论攻击是不是“广泛地或有系统地”。[83]

---

〔78〕 ICTY, *Prosecutor v. Tadić*, Case No. IT – 94 – 1 – T, Trial Chamber, Opinion and Judgment 7 May 1997, p. 238, para. 653.

〔79〕 ICTY, *Prosecutor v. Kunarac et al.*, Case No. IT – 96 – 23& IT – 96 – 23/1 – A, Appeals Chamber, Judgment, 12 June 2002, p. 29, para. 98.

〔80〕 ICTY, *Prosecutor v. KupreškiTadić et al.*, Case No. IT – 95 – 16 – T, Trial Chamber, Judgment, 14 January 2000, p. 221, paras. 551, 555; See also *Prosecutor v. Blaškic*, Case No. IT – 95 – 14 – A, Appeals Chamber, Judgment, 29 July 2004, p. 42, para. 120.

〔81〕 ICTR, *Prosecutor v. Akayesu*, Case No. ICTR – 96 – 4 – 1 – T, Chamber I, Judgment, 2 September 1998, para. 580.

〔82〕 ICTR, *Prosecutor v. Semanza*, Case No. ICTR – 97 – 20 – A, Appeals Chamber, Judgment, 20 May 2005, p. 89, para. 269.

〔83〕 ICTR, *Prosecutor v. Bagilishema*, Case No. ICTR – 95 – 1A – T, Trial Chamber I, Judgment, 7 June 2001, para. 78.

值得注意的是,随着国际刑事法庭判例的发展,国际法学界对“政策”要素的必要性讨论也随之兴起。概言之,国际法学界普遍接受该要素的存在,有学者支持习惯国际法下“政策”要素是危害人类罪的必备要素,[84]但也有学者表示反对。[85] 比如,马特·哈林(Matt Halling)就主张删除“政策”要素以扩大国际刑事法院对危害人类罪的管辖权范围,更加有利于避免有罪不罚。[86] 然而,这一观点招致了诸多学者的批判。以威廉·沙巴斯(William Schabas)教授为首,指出《罗马规约》的确存在许多法律漏洞,“政策”要素就是其一,哈林应该举出一个具体的案例说明“政策”要素的缺陷,应当更多关注法律本身,而不是停留在假设上。国际刑事法院的资源是有限的,法院必须集中这些资源去惩治那些必须“承担最大责任的人”,所以也就需要“政策”要素这样的法律漏洞,去限制和筛选案件。[87] 不过,“政策”要素是否代表习惯国际法目前仍没有一致的结论。

---

[84] See C. Kress, "On the Outer Limits of Crimes Against Humanity: The Concept of Organization within the Policy Requirement: Some Reflections on the March 2010 ICC Kenya Decision", 23 *Leiden Journal of International Law* 855, 2010, pp. 855 – 873; M. Cherif Bassiouni, "Revisiting the Architecture of Crimes Against Humanity: Almost a Century in the Making, with Gaps and Ambiguities Remaining—The Need for a Specialized Convention", in Leila Nadya Sadat, ed., *Forging a Convention for Crimes Against Humanity*, New York, Cambridge University Press, 2011, pp. 43 – 58; Darryl Robinson, "Crimes Against Humanity: A Better Policy on 'Policy'", in Carsten Stahn, ed., *The Law and Practice of the International Criminal Court*, Oxford, Oxford University Press, 2015, pp. 705 – 731.

[85] G. Mettraux, "Crimes Against Humanity and the Question of a 'Policy' Element", in Leila Nadya Sadat, ed., *Forging a Convention for Crimes Against Humanity*, New York, Cambridge University Press, 2011, pp. 142 – 176; M. Halling, "Push the Envelope—Watch It Bend: Removing the Policy Element and Extending Crimes Against Humanity", 23 *Leiden Journal of International Law* 827, 2010, pp. 827 – 845.

[86] M. Halling, "Push the Envelope—Watch It Bend: Removing the Policy Element and Extending Crimes Against Humanity", 23 *Leiden Journal of International Law* 827, 2010, pp. 833 – 836.

[87] William A. Schabas, "Prosecuting Dr Strangelove, Goldfinger, and the Joker at the International Criminal Court: Closing the Loopholes", 23 *Leiden Journal of International Law* 847, 2010, p. 853.

(二)国家实践:非必备要件

国家法院对“政策”要素的适用略显滞缓。《罗马规约》序言鼓励缔约国将危害人类罪纳入国内立法,以便对其行使管辖权。[88] 然而,对缔约国而言,这是一项复杂的任务,需要从政治和法律角度慎重考虑。如本文引言所述,多数《罗马规约》缔约国在立法及司法实践中,不支持将“政策”要素作为危害人类罪的法定构成要素。下面主要以加拿大和刚果民主共和国[以下简称刚果(金)]为例进行分析。

1. 加拿大

《罗马规约》起草之初,加拿大建议将“政策”要素纳入危害人类罪的定义当中。但是,加拿大加入《罗马规约》之后的立法和司法实践却与之前的立场相背。2000 年,加拿大颁布了《战争罪与危害人类罪法》(“CAHWC Act”),该法将危害人类罪分别规定在境内犯罪和境外犯罪两个部分,即第 4 条第 3 款和第 6 条第 3 款。[89] 从字面上看,第 4 条和第 6 条的定义完全一样,但都未规定“政策”要素。在“穆尼亚内扎(Munyaneza)案”中,该法第一次得到适用。[90] 此案中,穆尼亚内扎的犯罪行为是在 1994 年实施的,并且发生在加拿大境外,蒙特利尔法院认为,能够依据《战争罪与危害人类罪法》第 6 条审判穆尼亚内扎犯下的罪行。[91] 但是,在解释第 6 条第 3 款规定时,法院认为“政策”要素不是危害人类罪的必备要素,并引用了前南刑庭的“库纳拉茨案”来支持自己的观点,并未参照《罗马规约》第 7 条进行解释。[92]

2. 刚果民主共和国

2002 年 11 月 18 日,刚果(金)通过了第 024 – 2002 号法律,即《军事刑法

---

〔88〕《罗马规约》序言申明“对于整个国际社会关注的最严重犯罪,绝不能听之任之不予处罚,为有效惩治罪犯,必须通过国家一级采取措施并加强国际合作”;忆及“各国有义务对犯有国际罪行的人行使刑事管辖权”;强调“国际刑事法院对国内刑事管辖权起补充作用”。

〔89〕《战争罪与危害人类罪法》,载 https://laws-lois.justice.gc.ca/eng/acts/c – 45.9/,最后访问日期:2019 年 5 月 1 日。

〔90〕 *R. v. Munyaneza*, 2009 QCCS 2201, [8] (Canada).

〔91〕 *R. v. Munyaneza*, 2009 QCCS 2201, [112] (Canada).

〔92〕 *R. v. Munyaneza*, 2009 QCCS 2201, [114] (Canada); See also ICTY, *Prosecutor v. Kunarac et al.*, Case No. IT – 96 – 23& IT – 96 – 23/1 – A, Appeals Chamber, Judgment, 12 June 2002, p. 29, para. 98.

典》(2002)。[93] 该法典规定了危害人类罪,但是仍然排除了"政策"要素。[94] 2006年4月12日,在"松戈·姆博约村(Songo Mboyo)案"中,博基拉·洛莱米(Bokila Lolemi)等7名军官被姆班达卡军事法庭(MTG of Mbandaka)判定犯下危害人类罪。[95] 此案中,被告辩称其行为没有致力于"执行刚果(金)和民族解放运动或者其他组织的政策。这是军事动荡的结果……"因此不构成危害人类罪。[96] 法庭不同意被告的这种推理,认为:

"广泛地"攻击必须区分于"有系统地"攻击。事实上,"广泛地"是源于受害者的数量巨大;"有系统地"需要一个先入为主的"计划或政策"……攻击行为是"广泛地",是因为有多个受害者;攻击行为是"有系统地",是由于在实施一个精心组织的,涉及大量的公共或私人资源的计划……没有一个定量的标准或阈值来判定"广泛地"或"有系统地"。[97]

姆班达卡军事法庭认为,"广泛地"和"有系统地"含义不同,"广泛地"注重受害者的数量;"有系统地"强调攻击行为不是随机作出的,必须有一个计划或政策来引导。这与国际刑事法院的解释相类似。[98] 此外,姆班达卡军事法庭还认为,如果受害者数量能够构成"广泛地"攻击,就不需要证明"政策"要素的存在。换言之,只有"有系统地"攻击才需要具备"政策"要素,这与《罗马规约》的规定一致。

3. 小结与评析

综合上述,加拿大和刚果(金)的司法判决和国家立法保持一致,认为"政策"要素不是危害人类罪的必备要件。对此,可能会有学者提出疑问,缔约国省略"政策"要素,使危害人类罪的入罪标准降低,扩大了本国法院的管辖范围,这样可能会更有加利于消除有罪不罚。但是,不能作此简单的推断,危害人类罪

---

[93] 《军事刑法典》(2002),载 https://www.legal-tools.org/en/browse/record/35ab8f/,最后访问日期:2019年5月1日。

[94] 《军事刑法典》(2002)第165条、第166条。

[95] See Legal Information Institute,"Affaire Songo Mboyo",https://www.law.cornell.edu/women-and-justice/resource/affaire_songo_mboyo,May 1,2019.

[96] TMG de Mbandaka, Affaire Songo Mboyo, op. cit., p. 34, the judgment is available at: https://www.legal-tools.org/doc/166854/pdf/, May 1,2019.

[97] TMG de Mbandaka, Affaire Songo Mboyo, op. cit., p. 34, the judgment is available at: https://www.legal-tools.org/doc/166854/pdf/, May 1,2019.

[98] See *Prosecutor v. Gbagbo*, Case No. ICC-02/11-01/11-656-Red, Pre-Chamber I, Decision on the Confirmation of Charges, 12 June 2014, pp. 101-102, paras. 222-223.

是国际罪行,《罗马规约》缔约国删除“政策”要素,这其实不利于被告人,这也是在“松戈·姆博约村案”中,被告提出的抗辩理由原因之所在。因为“政策”要素的存废对此罪彼罪的认定起决定性作用。

因此,当《罗马规约》缔约国对危害人类罪确立国家管辖权时,并未完全脱离《罗马规约》的约束,仍应在合理的限度内适用和解释《罗马规约》。依据 1969 年《维也纳条约法公约》第 26 条的规定,凡生效之条约对其各缔约当事国有拘束力,缔约国应当善意履行条约义务。这一条款渊源于习惯国际法。[99] 同时,《维也纳条约法公约》第 27 条与条约的法律约束力相关,而条约的约束力完全由国际法决定。也就是说,缔约方对条约的执行并不取决于其国内法。[100] 从缔约国角度来看,将危害人类罪纳入国内立法是在实施、执行《罗马规约》的规定。虽然立法管辖权是一国主权范围内的事情,但当缔约国按照《罗马规约》行使立法管辖权时,就已将自己置身于《罗马规约》的框架内,因此具有善意履行条约的义务。那么,善意履行义务具体是指什么呢？这包括两个方面:一是确定必须履行义务的对象(object);二是确定履行义务必须以何种方式(manner)进行。[101] 《罗马规约》所载的实体性规定都属于善意履行的对象。[102] 因此,缔约国按照《罗马规约》所载定义进行立法转化时,应严格遵照《罗马规约》的规定,至少不应改变或删除危害人类罪的构成要素。需要说明的是,对《罗马规约》非缔约国而言,没有善意履行条约的义务。

(三)“政策”要素之功能重述

如本文引言所述,《防止及惩治危害人类罪条款草案》几乎完全采纳了《罗马规约》第 7 条的规定,并且保留了“政策”要素。截至 2019 年 1 月 16 日,国际

---

[99] Jean Salmon, "Article 26", *in* Olivier Corten and Pierre Klein eds., *The Vienna Conventions on the Law of Treaties: A Commentary*, Vol. I, Oxford, Oxford University Press, 2011, p. 662.

[100] Annemie Schaus, "Article 27", *in* Olivier Corten and Pierre Klein, eds., *The Vienna Conventions on the Law of Treaties: A Commentary*, Vol. I, Oxford, Oxford University Press, 2011, p. 689; PCA, *Yukos Universal Limited (Isle of Man) v. The Russian Federation*, Interim Award on Jurisdiction and Admissibility of 30 November 2009, para. 315.

[101] Jean Salmon, "Article 26", *in* Olivier Corten and Pierre Klein, eds., *The Vienna Conventions on the Law of Treaties: A Commentary*, Vol. I, Oxford, Oxford University Press, 2011, p. 677.

[102] Jean Salmon, "Article 26", *in* Olivier Corten and Pierre Klein, eds., *The Vienna Conventions on the Law of Treaties: A Commentary*, Vol. I, Oxford, Oxford University Press, 2011, p. 678.

法委员会共收到了三十多个国家的评论意见,根据《各国政府、国际组织和其他实体的评论和意见》报告,多数国家对“政策”要素持观望态度,只有塞拉里昂针对该要素作出了评论。[103] 塞拉利昂指出,习惯国际法并未要求危害人类罪必须具备“政策”要素,但该要素是一个适度的门槛,旨在排除个体的、随机的犯罪行为。[104] 其实,换个角度来看,“政策”要素并不影响现行的习惯国际法的适用,并且自其存在之日起,就具有重要的作用和价值。

1. 排除普通犯罪行为

目前,学术界普遍肯定“政策”要素在功能上的重要性。有学者认为,此要素能够解释是什么将不同的客观行为联系在一起,从而构成“攻击”。[105] 例如,“广泛”的犯罪浪潮或自然灾害后的无政府状态,此时的犯罪并不构成危害人类罪。因为对于危害人类罪来讲,个人的随机行为是不充分的,行为之间必须要有一些联系,这样才能准确地将其定性为针对平民的攻击。[106] 简言之,“政策”要素试图排除个人“按自己的犯罪计划,或者出于本人动机”而实施的普通犯罪行为。[107] 所以,必须有一个政府或组织的政策来指导、煽动或鼓励这

---

[103] ILC, Crimes Against Humanity: Comments and Observations received from Governments, International Organizations and others, A/CN. 4/726, 21 January 2019.

[104] ILC, Crimes Against Humanity: Comments and Observations received from Governments, International Organizations and others, A/CN. 4/726, 21 January 2019, p. 47.

[105] R. Cryer, H. Friman, D. Robinson and E. Wilmshurst, *An Introduction to International Criminal Law and Procedure*, Cambridge, Cambridge University Press, 3d edn, 2014, p. 236.

[106] R. Cryer, H. Friman, D. Robinson and E. Wilmshurst, *An Introduction to International Criminal Law and Procedure*, Cambridge, Cambridge University Press, 3d edn, 2014, p. 236.

[107] Report of the International Law Commission on the Work of Its Forty-Eighth Session (6 May - 26 July 1996), Doc. A/51/10, p. 47. The Commission comments, “This alternative is intended to exclude the situation in which an individual commits an inhumane act while acting on his own initiative pursuant to his own criminal plan in the absence of any encouragement or direction from either a Government or a group or organization”; See also M. C. Bassiouni, “Revisiting the Architecture of Crimes Against Humanity: Almost a Century in the Making, with Gaps and Ambiguities Remaining—the Need for a Specialized Convention”, in Leila Nadya Sadat, ed., *Forging a Convention for Crimes Against Humanity*, New York, Cambridge University Press, 2011, pp. 54 - 55.

类犯罪。

不过,根据联合国特设法庭的判决,“广泛或有系统地”这一限定词就足以排除随机的犯罪行为,“政策”要素似乎是一种多余的保障。[108] 有学者不同意此观点,认为“有系统地”当然能够排除随机的犯罪活动,因为它要求这些犯罪必须是有组织的。然而,当攻击只满足“广泛地”这一规模要素时,显然不能够成功地排除随机的犯罪行为。[109] 因此,还需要一个额外的法律过滤器——“政策”要素,排除在“广泛”的犯罪浪潮下的严重罪行构成危害人类罪的可能。[110]

2. 限定法院管辖权范围

本文三(二)提到,与危害人类罪的心理要件相比,“政策”要素起着限定法院管辖权的作用。因为法院审判案件时,必须明确所指控罪名的含义和构成要件。具体而言,“政策”要素是《罗马规约》所界定的危害人类罪的必备要素,在起诉犯下危害人类罪的嫌疑人时,检察官就需要调查与此相关的事实和证据。如果没有足够的证据作为支撑,可能就无法起诉该人,国际刑事法院也无法行使管辖权。另外,在审判过程中,法官也需要对要素作出论证,以证明法院对此案拥有合法的管辖权,以防辩方对此提出抗辩。[111]

另外,多数《罗马规约》缔约国省略了“政策”要素,这直接导致国家管辖权范围的扩张,因为这些缔约国法院没有必要分析和证明该要素的存在。然而,这在一定程度上背离了《罗马规约》。如本部分(二)所述,从缔约国角度来看,将危害人类罪纳入国家立法其实是在实施、执行《罗马规约》的规定,当缔约国按照《罗马规约》行使立法管辖权时,应当遵守善意履行条约的义务,不应改变或删除危害人类罪的构成要素。

---

〔108〕 ICTR, *Prosecutor v. Bagilishema*, Case No. ICTR – 95 – 1A – T, Trial Chamber I, Judgment, 7 June 2001, para. 78.

〔109〕 Darryl Robinson, “Crimes Against Humanity: A Better Policy on ‘Policy’”, in Carsten Stahn, ed., *The Law and Practice of the International Criminal Court*, Oxford, Oxford University Press, 2015, p. 707.

〔110〕 Darryl Robinson, “Crimes Against Humanity: A Better Policy on ‘Policy’”, in Carsten Stahn, ed., *The Law and Practice of the International Criminal Court*, Oxford, Oxford University Press, 2015, p. 707.

〔111〕 G. Mettraux, “Crimes Against Humanity and the Question of a ‘Policy’ Element”, in Leila Nadya Sadat, ed., *Forging a Convention for Crimes Against Humanity*, New York, Cambridge University Press, 2011, pp. 142, 144.

除此之外,还有学者指出,“政策”要素还具有重要的政治和历史价值。由于“政策”要素主要作为一个背景要素,这充分地将法律和事实结合在一起,所以也需要更多的事实论证该要素。换言之,在危害人类罪发生的特定背景下,存在着攻击平民人口的“政策”,这不仅有助于还原案件的历史真相,也有助于确保法院的调查结果和客观事实保持一致。[112]

## 五、结　　语

综合上述,“政策”要素经历了一个从无到有、备受争议的过程。《罗马规约》规定危害人类罪必须包含“政策”要素,但在文本上未对该要素作出过多的说明,因此“政策”要素的文本含义仍存在一定的模糊性。对此,有学者提出,可以通过修订《罗马规约》,以结束就“政策”要素而进行的无明显成效和无休止的争议。[113] 通过修订《罗马规约》,能够使国际刑事法院对“政策”的解释更加连贯一致,也让各方能够更为彻底地审视该要素的优势和潜在影响,有利于达成共识。

另外,“政策”要素与危害人类罪各要素之间,呈现相互独立、相互影响的态势,这也间接说明了“政策”要素扮演着不同的角色。可以说,国际法学界普遍认可“政策”要素功能上的重要性。因为“政策”要素缓和了“广泛地”和“有系统地”两个限定词之间的矛盾,防止了危害人类罪的定义过于宽泛。该要素通常被国际刑事法院用作背景要素进行分析,在一定程度上限定了法院管辖权范围。并且,“政策”要素将事实因素与法律结合在一起,有利于保证犯罪事实的完整性,还原历史真相。

目前,在习惯国际法下,“政策”要素是不是危害人类罪的必备要素仍存在争议,没有一致的立场。《前南刑庭规约》和《卢旺达刑庭规约》都未要求危害人类罪必须具备“政策”要素,但其早期的判例却肯定了这一要素。多数《罗马规约》缔约国对“政策”要素采取了两种对立的做法:一是接受《罗马规约》第7条规定的“政策”;二是在国家立法及司法中省略“政策”要素。究竟何种做法

〔112〕 G. Mettraux, “Crimes Against Humanity and the Question of a ‘Policy’ Element”, in Leila Nadya Sadat ed., *Forging a Convention for Crimes Against Humanity*, New York, Cambridge University Press, 2011, pp. 142, 145.

〔113〕 C. C. Jalloh, “What Makes a Crime Against Humanity a Crime Against Humanity”, 28 *American University International Law Review* 381, 2013, p. 436.

代表国家的法律确信,有待进一步明确。值得关注的是,《防止及惩治危害人类罪条款草案》将对危害人类罪进行立法和确立管辖权明确为条约义务。在内容上,采纳了与《罗马规约》几乎完全相同的定义,还保留了“政策”要素。如果该草案正式形成条约文本,缔约国需要对“政策”要素进行再次抉择,所以“政策”要素发展为习惯国际法也未可知。

(责任编辑:高晨晨)

# 国际投资仲裁中仲裁员重复委任问题的评价标准研究

张榆钧*

**摘要：**

国际投资仲裁案件中仲裁员重复委任问题对仲裁员公正性和独立性的影响一直颇具争议。在ISDS机制遭遇“正当性危机”的背景下，ISDS改革要求完善对仲裁员公正性与独立性的保障机制。因此，厘清国际投资仲裁中重复委任问题的评价标准，对提高国际社会对仲裁员公正独立性的信心有实践意义。本文将分析ICSID仲裁实践中对仲裁员重复委任是否导致回避的评价标准分歧，包括“明显缺乏”标准和“合理怀疑”标准以及“数量”标准与“实质”标准这两方面的分歧。最后结合ICSID案例反映的趋势以及ISDS改革中提出的有关措施，建议对投资仲裁案件的重复委任问题应采用“合理怀疑”标准，并可参考现有软法指引制定专用于投资仲裁的仲裁员行为准则，明确重复委任情况仅属于披露义务，应适用“实质”标准来认定其是否会导致仲裁员回避。

**关键词：**

国际投资仲裁；重复委任；仲裁员公正性与独立性；ISDS改革

## 一、问题的产生背景及原因

（一）ISDS仲裁员公正性与独立性的信任危机

国际投资仲裁机制（以下简称ISDS机制）是解决外国投资者与东道国政府之间投资争端的核心机制。在发达国家与发展中国家之间长期的博弈与妥协下，以1965年《解决国家与他国国民间投资争端公约》（以下简称《华盛顿公约》）为标志的ISDS机制诞生，用于处理特定国际投资争端的“解决投资争端国际中心”（International Centre for Settlement of Investment Disputes，ICSID）也

---

* 张榆钧，复旦大学法学院2018级法学硕士研究生。

依此设立。[1]

ISDS 机制平衡了发达国家与发展中国家之间的不同利益，有助于避免投资争端解决的政治化，弥补当地救济与外交保护的不足，从而促进国际投资的发展。[2] 投资者与东道国之间的争端发生在国际商贸往来的过程中，其争端往往涉及重要问题且公共影响力大。[3] 因此，对于由 ISDS 机制作出的裁决公正性要求更严格，这使仲裁员的独立公正性缺失在 ISDS 机制中负面影响尤甚。然而，ISDS 机制发展至今日，因其对国际商事仲裁机制的承继与国际投资争端特性之间未能相适应，致使投资争端当事方对 ISDS 机制不信任，从而引起 ISDS 机制的“正当性危机”。[4] 其中一个突出表现即为对仲裁员独立性与公正性的信任危机。[5] 在这样的背景下，如何通过机制改革、规则修订等方式保障投资仲裁中仲裁员的独立性与公正性，以消解 ISDS 机制面临的信任危机，成为了国际社会广泛呼吁的 ISDS 机制改革进程中十分重要的一个方面。

（二）ISDS 案件中的仲裁员重复委任问题

投资仲裁案件中，仲裁员因公正独立性受到质疑而被要求回避的原因有很多。其中，仲裁员重复委任的问题引起了广泛关注。在 ISDS 机制正当性遭受质疑的背景下，联合国国际贸易法委员会（以下简称联合国贸法会）委托第三工作组对将来的 ISDS 机制框架开展改革工作。联合国贸法会在 2018 年的研究报告中指出，在 ISDS 案件中，仲裁员的“重复委任”（repeat appointment）[6] 问题尤其可能导致出现仲裁员丧失独立性和公正性的情况或者令人怀疑存在此

---

〔1〕 参见陈安：《〈国际投资争端仲裁〉——“解决投资争端国际中心”机制研究》，复旦大学出版社 2001 年版，第 12～13 页。

〔2〕 参见梁咏：《国际投资仲裁机制变革与中国对策研究》，载《厦门大学学报》（哲学社会科学版）2018 年第 3 期。

〔3〕 See Sundaresh Menon, Keynote Address, “International Arbitration: The Coming of a New Age for Asia (and Elsewhere)”, in Albert Jan van den Berg ed., 7 ICCA Congress. Series 6, 2013, pp. 6 – 27, quoted from Luke A. Sobota, “Repeat Arbitrator Appointments in International Investment Disputes”, in Chiara Giorgetti ed., *Challenges and Recusals of Judges and Arbitrators in International Courts and Tribunals*, Leiden-Boston, Brill, 2015, p. 296.

〔4〕 参见陈安主编：《国际投资法的新发展与中国双边投资条约的新实践》，复旦大学出版社 2007 年版，第 165、270～271 页。

〔5〕 参见刘京莲：《国际投资仲裁正当性危机之仲裁员独立性研究》，载《河北法学》2011 年第 9 期。

〔6〕 “repeat appointment”，也可译作反复指定、重复指定。

种情况。[7]

ISDS案件中仲裁员的重复委任问题,是指有些仲裁员因为被一方或者另一方重复委任而被指责称其偏袒东道国或者偏向投资者,据此,仲裁员被要求回避。[8] 有研究指出,仲裁员会出于自身利益的考虑而倾向于支持委任他的当事方,以增加未来再次被委任的可能性。[9] 当仲裁员被一方重复委任时,该受委任的仲裁员的裁判倾向会出现"系统性的偏袒"(systemic favouritism)。[10] 因此,仲裁员若曾经被一方重复委任,常常引起另一方对该仲裁员独立性与公正性的质疑。

但是,如何认定重复委任对仲裁员的意识形态或政策偏好、独立性和公正性以及对仲裁结果造成的影响,[11]重复委任情况达到何种程度时,可以使仲裁员因公正独立性受质疑而回避,目前在实践和理论探讨中存在争议。ICSID仲裁案件中涉及重复委任问题的判断标准主要存在两个方面的分歧和争议。第一个争议是在投资仲裁中涉及重复委任这一仲裁员回避理由时,是采用"明显缺乏"还是"合理怀疑"的证明标准;第二个争议在于分析重复委任情况是否达到前一问题中的举证标准时,是采用"数量"标准还是"实质"标准。

---

[7] 联合国贸法会第三工作组:《投资人与国家间争议解决制度的可能改革:确保投资人与国家间争议解决制度中仲裁员和裁定人的独立性和公正性(秘书处的说明)》,第21段,2018年10月29日至11月2日,载http://undocs.org/en/A/CN.9/WG.III/WP.151,最后访问日期:2019年10月26日。

[8] 联合国贸法会第三工作组:《投资人与国家间争议解决制度的可能改革:确保投资人与国家间争议解决制度中仲裁员和裁定人的独立性和公正性(秘书处的说明)》,第22段,2018年10月29日至11月2日,载http://undocs.org/en/A/CN.9/WG.III/WP.151,最后访问日期:2019年10月26日。

[9] See Catherine Rogers, "The Politics of International Investment Arbitration", *Santa Clara Journal of International Law* 12, 2014, pp. 223, 226, quoted from Wilson Koh, Will Sheng, "Think Quality Not Quantity: Repeat Appointments and Arbitrator Challenges", *Journal of International Arbitration* 34, 2017, p. 711.

[10] See Jan Paulsson, "Ethics, Elitism, Eligibility", *Journal of International Arbitration* 14, 1997, p. 14: "Whatever their motivation, arbitrators tend to want to be reappointed. In the case of an arbitrator who considers that his only chance lies with the party which has already named him once, this might result in more or less dissimulated, but nevertheless systemic, favouritism."

[11] 联合国贸法会第三工作组:《投资人与国家间争议解决制度的可能改革:确保投资人与国家间争议解决制度中仲裁员和裁定人的独立性和公正性(秘书处的说明)》,第22段,2018年10月29日至11月2日,载http://undocs.org/en/A/CN.9/WG.III/WP.151,最后访问日期:2019年10月26日。

本文将通过研究 ICSID 仲裁中涉及重复委任问题的典型案件,分析其中对重复委任问题的认定标准,进而再探讨 ISDS 改革主张引入软法指引和"合理怀疑"标准对完善投资仲裁中重复委任问题认定标准的可行性,并提出建议,以期有益实践。

## 二、国际投资仲裁案例中重复委任问题的认定标准

根据 1965 年《华盛顿公约》成立的 ICSID 是受理 ISDS 案件最多的机构。除此之外,常设仲裁院(Permanent Court of Arbitration)、斯德哥尔摩商会仲裁院(Arbitration Institute of the Stockholm Chamber of Commerce)等也会受理适用《UNCITRAL 仲裁规则》的部分 ISDS 案件。[12] 因为 ICSID 是国际投资争端解决中最具代表性也是最主要的争端解决机构,且 ICSID 仲裁裁判文书的大量公开为观察重复委任问题的实践提供了丰富的实证资源,所以本文将主要研究 ICSID 仲裁中涉及重复委任问题的案例来总结其中的评价标准。ICSID 仲裁实践对基于重复委任问题提起的仲裁员回避申请审查所采用的判断标准并不一致。截至 2018 年年底,在 ICSID 仲裁中以重复委任问题为由申请仲裁员回避还未有成功案例。以重复委任问题为由申请仲裁员回避出现在以下案例中:Electrabel v. Hungary[13],Tidewater v. Venezuela[14],OPIC Karimum Corp. v. Venezuela[15],Universal Compression v. Venezuela[16],Caratube v. Kazakhstan[17],İçkale v.

---

〔12〕 参见梁咏:《国际投资仲裁机制变革与中国对策研究》,载《厦门大学学报》(哲学社会科学版)2018 年第 3 期。

〔13〕 Electrabel S. A. v. Republic of Hungary, ICSID Case No. ARB/07/19, Decision on the Claimant's Proposal to Disqualify a Member of the Tribunal, (Feb. 25, 2008).

〔14〕 Tidewater Inc. and others v. Bolivarian Republic of Venezuela, ICSID Case No. ARB/10/5, Decision on Claimants' Proposal to Disqualify Professor Brigitte Stern, Arbitrator (Dec. 23, 2010).

〔15〕 OPIC Karimum Corp. v. Bolivarian Republic of Venezuela, ICSID Case No. ARB/10/14, Decision on the Proposal to Disqualify Professor Philippe Sands, Arbitrator (May 5, 2011).

〔16〕 Universal Compression International Holdings, S. L. U. v. Bolivarian Republic of Venezuela, ICSID Case No. ARB/10/9, Decision on the Proposal to Disqualify Prof. Brigitte Stern and Prof. Guido Santiago Tawil, Arbitrators (May 20, 2011).

〔17〕 Caratube Int'l Oil Co. LLP & Devincci Salah Hourani v. Republic of Kazakhstan, ICSID Case No. ARB/ 13/13, Decision on the Proposal for Disqualification of Mr Bruno Boesch (Mar. 20, 2014).

Turkmenistan[18],Highbury v. Venezuela[19],Raiffeisen Bank International AG and Raiffeisenbank Austria D. D. v. Croatia[20]。

(一)ICSID 仲裁中重复委任问题评价标准的分歧

1. "明显缺乏"标准与"合理怀疑"标准的分歧

(1)问题概述

该分歧产生的主要原因是《华盛顿公约》中采用的仲裁员回避标准与《IBA 利益冲突指南》(IBA Guidelines on Conflicts of Interest in International Arbitration,以下简称《IBA 指南》)中的标准不同。且重复委任问题仅在《IBA 指南》中被列为仲裁员回避的可能理由之一,在《华盛顿公约》中并未提及。因此,在两个规则中仲裁员回避标准有高低差别的前提下,重复委任问题能否满足 ICSID 案件的仲裁员回避标准更加难以判断,甚至有案例对于重复委任问题是否能成为仲裁员回避的独立理由都提出了质疑。

《华盛顿公约》第 57 条与第 14 条第 1 款共同构成了该公约下仲裁员回避的标准,即"明显缺乏""作出独立裁判的可靠性"。[21] 其中没有涉及重复委任的规定。这一标准颇具争议,有评论认为这对申请仲裁员回避的一方施加了更重的证明责任,[22] 而这个标准几乎难以达到,[23] 导致当事人申请仲裁员回避几乎

---

〔18〕 İçkale İnşaat Ltd. Şirketi v. Turkmenistan, ICSID Case No. ARB/10/24, Decision on Claimant's Proposal to Disqualify Professor Philippe Sands (July 11, 2014).

〔19〕 Highbury Int'l AVV, Compañía Minera de Bajo Caroní AVV & Ramstein Trading Inc. v. Bolivarian Republic of Venezuela, ICSID Case No. ARB/14/10, Decision on the Challenge of Professor Brigitte Stern (June 9, 2015).

〔20〕 Raiffeisen Bank International AG and Raiffeisenbank Austria D. D. v. Republic of Croatia, ICSID Case No. ARB/17/34, Decision on the Proposal to Disqualify Stanimir Alexandrov (May 17, 2018).

〔21〕 ICSID Convention, Art. 14 (1), 57.

〔22〕 See Andrew Newcombe, "Disqualification Based on Multiple Appointments—Divergence in Recent ICSID Decisions?", Kluwer Arbitration Blog, http://arbitrationblog.kluwerarbitration.com/2011/06/23/disqualification-based-on-multiple-appointments-divergence-in-recent-icsid-decisions/, October 20, 2019.

〔23〕 See Sundaresh Menon, Keynote Address, "Repeat Arbitrator Appointments in International Investment Disputes", in Chiara Giorgetti ed., *Challenges and Recusals of Judges and Arbitrators in International Courts and Tribunals*, Leiden-Boston, Brill, 2015, p. 302.

无法成功。[24] 而根据《UNCITRAL 仲裁规则》和《IBA 指南》,仲裁员是否应回避的证明标准是"合理怀疑",即如果一个理性第三方经对本案事实进行合理评价,认为仲裁员很有可能存在偏见,[25]那么该仲裁员的独立性与公正性可以被"合理怀疑"。[26]《IBA 指南》将重复委任问题列入"橙色清单",[27]指出重复委任问题可能产生对仲裁员独立性与公正性的"合理怀疑"。在 ICSID 案件中,重复委任问题究竟应当适用"明显缺乏"的较高门槛,还是"合理怀疑"这一较低的标准?

(2)案例介绍

①支持"明显缺乏"标准的案例

在 Tidewater 一案中,申请方申请委内瑞拉委任的仲裁员 Stern 教授应回避,因其在过去六年内曾被委内瑞拉三次委任为 ICSID 仲裁庭成员。对此,仲裁庭的另外两名仲裁员在回避申请裁定中指出,《IBA 指南》对解决重复委任问题很有帮助,但是仲裁庭的解释必须符合《华盛顿公约》第 14 条和第 57 条的标准。[28]

在 OPIC 案中,申请方要求委内瑞拉委任的 Sands 教授回避,理由是他曾被

---

〔24〕 联合国贸法会第三工作组:《投资人与国家间争议解决制度的可能改革:确保投资人与国家间争议解决制度中仲裁员和裁定人的独立性和公正性(秘书处的说明)》,第 15 页脚注第 51:国际投资争端解决中心申请回避成功率约为 3%,伦敦仲裁院商事仲裁申请回避成功率为 22%(这两个百分数均是根据已公布决定的数量计算得出),2018 年 10 月 29 日至 11 月 2 日,载 http://undocs.org/en/A/CN.9/WG.III/WP.151,最后访问日期:2019 年 10 月 26 日。

〔25〕 International Bar Association Council, IBA Guidelines on Conflicts of Interest in International Arbitration ("IBA Guidelines") (2014), p. 5: "Doubts are justifiable if a reasonable third person, having knowledge of the relevant facts and circumstances, would reach the conclusion that there is a likelihood that the arbitrator may be influenced by factors other than the merits of the case."

〔26〕 UNCITRAL Arbitration Rules, Art. 12 (1), "any arbitrator may be challenged if circumstances exist that give rise to justifiable doubts as to the arbitrator's impartiality or independence".

〔27〕 IBA Guidelines, sections 3.1.3 and 3.3.8.

〔28〕 Tidewater Inc. and others v. Bolivarian Republic of Venezuela, ICSID Case No. ARB/10/5, Decision on Claimants' Proposal to Disqualify Professor Brigitte Stern, Arbitrator (Dec. 23, 2010), para. 41.

委内瑞拉和其代理律师事务所重复委任。对回避申请进行审查的另外两名仲裁员肯定了第57条设置的较高举证责任,并指出"明显缺乏"的标准要求仲裁员独立性的缺乏必须是"清楚且客观地成立",因此,仅仅证明表面上缺乏公正性与独立性是不足以使仲裁员回避的。[29]

②采用"合理怀疑"标准的案例

有评论认为,实践中对《华盛顿公约》第57条中的"明显缺乏"标准解释正在向"表面偏见"标准转变,[30]该标准在Caratube v. Kazakhstan一案中适用,申请方要求仲裁员Bruno Boesch回避,理由是他曾在申请方与哈萨克斯坦对立的适用《UNCITRAL仲裁规则》的案件中被哈萨克斯坦委任为仲裁员,且他曾多次被哈萨克斯坦委任为仲裁员。[31] 裁决小组认为"证明看似存在依赖或偏颇的表象足矣",支持了对Bruno Boesch的回避申请,但裁决小组并未对重复委任的理由作出最终判断,而是基于另一个理由支持了回避申请。[32] 尽管就重复委任问题没有最终的判定结果,但是裁决小组在分析重复委任问题时表示应采用"表面偏见"证明标准的态度是明确的。在较为新近的2018年5月17日Raiffeisen Bank案中,对Alexandrov博士的回避申请的裁定较全面阐释了有关重复委任问题的适用标准。ICSID仲裁案件回避制度适用的举证标准为"理性

---

〔29〕 OPIC Karimum Corp. v. Bolivarian Republic of Venezuela, ICSID Case No. ARB/10/14, Decision on the Proposal to Disqualify Professor Philippe Sands, Arbitrator (May 5, 2011), para. 45.

〔30〕 See Chiara Giorgetti, "Towards a Revised Threshold for Arbitrators' Challenges Under ICSID?", Kluwer Arbitration Blog, http://kluwerarbitrationblog.com/blog/2014/07/03/towards-a-revised-threshold-for-arbitrators-challenges-under-icsid/, October 20, 2019. See Blue Bank Int'l & Trust (Barbados) Ltd. v. Venezuela, ICSID Case No. ARB/12/20, Decision on the Parties' Proposals to Disqualify a Majority of the Tribunal (Nov. 12, 2013), para. 59, the Chairman adopted standard of "appearance of dependence or bias".

〔31〕 Caratube Int'l Oil Co. LLP & Devincci Salah Hourani v. Republic of Kazakhstan, ICSID Case No. ARB/ 13/13, Decision on the Proposal for Disqualification of Mr Bruno Boesch (Mar. 20, 2014), paras. 71, 74-75.

〔32〕 Caratube Int'l Oil Co. LLP & Devincci Salah Hourani v. Republic of Kazakhstan, ICSID Case No. ARB/ 13/13, Decision on the Proposal for Disqualification of Mr Bruno Boesch (Mar. 20, 2014), para. 108: "That determination is not made with a view to decide whether 'repeat appointments' would in general be good causes for the disqualification of an arbitrator, an issue that is highly controversial."

第三人"基于所有的事实与证据是否认为仲裁员"明显缺乏"独立性与公正性。"明显"的内涵是必须排除对推断的假设或参数的依赖,且事实上已确定的情况必须否定了表面的公正性或者使公正性受到明确的怀疑。[33] 申请方的证明标准不是"实际的偏见"而是"表面的偏见"。[34] 此外,尽管《IBA 指南》是一个有益的参考,但是主席仅受《华盛顿公约》所确定的标准所约束。

(3)案例评析

在上述案例中,支持"明显缺乏"标准的案例主要观点为,在 ICSID 案件中涉及重复委任问题时,应当适用《华盛顿公约》中"明显缺乏"的标准,这一举证标准的门槛高于《IBA 指南》中的"合理怀疑"标准。支持"合理怀疑"的"表面偏见"标准案例发生的时间更为新近,Caratube v. Kazakhstan 案和 Raiffeisen Bank 案的时间分别为 2014 年、2018 年。Raiffeisen Bank 中虽然也提到了应当遵循《华盛顿公约》的"明显缺乏"标准,但从其明确提出证明标准应为"表面的偏见"来看,该案实际上降低了"明显缺乏"证明标准的门槛,实际上支持了"表面偏见"这一要求更低的标准。

2."数量"标准与"实质"标准的分歧

(1)问题概述

以重复委任为由申请仲裁员回避申请并非一个新颖的话题,但直到 2004 年《IBA 指南》出版,才使重复委任问题引起国际仲裁界的广泛关注。[35] 《IBA 指南》"橙色清单"对重复委任的"数量"作了规定。在《IBA 指南》出版后,重复委任问题经常在 ICSID 仲裁中被援引作为要求仲裁员回避的原因。于是,如何认定重复委任次数对于独立公正性的影响,在 ICSID 仲裁实践中采用的方法存在分歧。有学者将这两种方法区分为"数量"标准(quantitative approach)和"实

---

〔33〕 Compañía de Aguas del Aconquija S. A. and Vivendi Universal S. A. v. Argentine Republic, ICSID Case No. ARB/97/3, Decision on the Challenge to the President of the Committee (October 3, 2001) para. 25.

〔34〕 Raiffeisen Bank International AG and Raiffeisenbank Austria D. D. v. Republic of Croatia, ICSID Case No. ARB/17/34, Decision on the Proposal to Disqualify Stanimir Alexandrov (May 17, 2018), para. 83.

〔35〕 See Wilson Koh, Will Sheng, "Think Quality Not Quantity: Repeat Appointments and Arbitrator Challenges", *Journal of International Arbitration* 34, 2017, p. 713.

质”标准(qualitative approach)。[36] 下文将对这两种方法在ICSID仲裁案例中的实践进行分析。

(2)案例介绍

①“数量”标准

重复委任的次数在“数量”标准中是重要的评价因素。对这一标准有两种解读,一是重复委任的次数在特定期间内达到特定数量,那么该仲裁员就应当回避。二是即使对重复委任没有特定的数量限制,但是次数仍然是衡量仲裁员独立性与公正性的重要因素,且重复委任问题引起的对独立性与公正性的质疑本身已足以使仲裁员回避。[37]

《IBA指南》将重复委任列入“橙色清单”,其对重复委任的次数规定被视作采用了“数量”方法。[38] 其中,第3.1.3条与第3.3.8条规定,除非“所涉仲裁员在过去三年内已经被一方当事人或一方当事人的附属机构两次或两次以上指定为仲裁员”或者“所涉及仲裁员在过去三年内已被同一顾问或同一律师事务所指定担任仲裁员超过三次”,否则即无正当理由怀疑仲裁员的独立性与公正性。[39] 虽然《IBA指南》在ICSID仲裁中并没有强制约束力,但是也有ICSID仲裁庭将其视为重要的参考依据。

有学者指出,在Highbury v. Venezuila一案中,对Stern教授回避申请的裁定体现了重复委任问题的“数量”标准。[40] 在该案中,Stern教授被申请回避的

---

[36] See Wilson Koh, Will Sheng, “Think Quality Not Quantity: Repeat Appointments and Arbitrator Challenges”, *Journal of International Arbitration* 34, 2017, p. 713.

[37] See Wilson Koh, Will Sheng, “Think Quality Not Quantity: Repeat Appointments and Arbitrator Challenges”, *Journal of International Arbitration* 34, 2017, p. 714.

[38] See Wilson Koh, Will Sheng, “Think Quality Not Quantity: Repeat Appointments and Arbitrator Challenges”, *Journal of International Arbitration* 34, 2017, p. 715. 该文作者在此认为《IBA指南》试图采用一种“数量”标准来为重复委任问题提供更清晰的标准,而在其后文解释了《IBA指南》的这一规定常被误读,正确解释应为披露义务。笔者在后文将会分析《IBA指南》中重复委任问题被列入“橙色清单”应解读为披露义务,这种次数的限定并不会直接导致仲裁员失去公正独立性而回避,应结合具体情况进一步分析。

[39] IBA Guidelines, p. 18, “The Orange List is a non-exhaustive list of specific situations that, depending on the facts of a given case, may, in the eyes of the parties, give rise to doubts as to the arbitrator's impartiality or independence.”

[40] See Wilson Koh, Will Sheng, “Think Quality Not Quantity: Repeat Appointments and Arbitrator Challenges”, *Journal of International Arbitration* 34, 2017, p. 716.

其中一个理由就是她曾经六次被委内瑞拉委任为仲裁员，并且至少八次被代理委内瑞拉的律师事务所直接委任。[41] 仲裁庭指出，遵守《IBA 指南》设定的最低标准是仲裁员避免被取消资格的必要而非充分条件。[42] 也就是说，如果没有达到第 3.1.3 条和第 3.3.8 条规定的量化标准，仲裁员会面临被取消资格的可能。在该案中由于查明的事实发现 Stern 教授在过去三年内仅受委内瑞拉一次委任，受律师事务所两次委任，这符合了《IBA 指南》第 3.1.3 条和第 3.3.8 条规定的标准，因此 Stern 教授没有被取消资格。

在 OPIC 案中，仲裁庭的两名成员明确表达反对 Tidewater 案中认为重复委任问题是"中性"的观点。他们认为，在仲裁员被申请回避的情况下，仲裁员被一方或其代理人重复委任的理由应当被谨慎考虑。[43] 仲裁员被重复委任客观上表明了当事方及其代理人的意图，即在仲裁庭中若是有被重复委任的仲裁员，那么与没有该仲裁员的情况相比，争端解决的结果则更有可能成功。据此，两名仲裁员得出了结论，若仲裁员被其中一当事方或其代理人重复委任，则会成为仲裁员明显不能被信赖其能按照《华盛顿公约》的要求保持独立性与公正性的一个原因。[44] 也就是说，仲裁员被重复委任的情况会对仲裁员的独立公正性造成影响，它可以作为申请仲裁员回避的独立理由。

②"实质"标准

与"数量"标准不同，一些 ICSID 仲裁案件采用"实质"标准，仅将重复委任

---

〔41〕 Highbury Int'l AVV, Compañía Minera de Bajo Caroní AVV & Ramstein Trading Inc. v. Bolivarian Republic of Venezuela, ICSID Case No. ARB/14/10, Decision on the Challenge of Professor Brigitte Stern (June 9, 2015), para. 24.

〔42〕 Highbury Int'l AVV, Compañía Minera de Bajo Caroní AVV & Ramstein Trading Inc. v. Bolivarian Republic of Venezuela, ICSID Case No. ARB/14/10, Decision on the Challenge of Professor Brigitte Stern (June 9, 2015), para. 95: "noting that compliance with the minimum standards required by the IBA Guidelines is necessary but not sufficient for the correct application of the ICSID standard".

〔43〕 OPIC Karimum Corp. v. Bolivarian Republic of Venezuela, ICSID Case No. ARB/10/14, Decision on the Proposal to Disqualify Professor Philippe Sands, Arbitrator (May 5, 2011), para. 47.

〔44〕 OPIC Karimum Corp. v. Bolivarian Republic of Venezuela, ICSID Case No. ARB/10/14, Decision on the Proposal to Disqualify Professor Philippe Sands, Arbitrator (May 5, 2011), para. 50.

情况视作质疑仲裁员公正性与独立性的因素之一,还要结合其他因素共同判断。在 Tidewater 案中对 Stern 教授的回避申请裁定是"实质"标准的代表性案例。

在 Tidewater 案中,Stern 教授在过去六年内曾四次被委内瑞拉委任并且三次被委内瑞拉的法律顾问委任。仲裁庭驳回了申请人的回避申请,并指出,即便《IBA 指南》中"橙色清单"第3.1.3条对此问题提供了指引,但重复委任仲裁员是否会引起对仲裁员公正性与独立性的怀疑,需要有实质性的判断,而非仅仅基于数量上的计算。然而在与其他因素共同考虑之下,重复委任的次数无论是较多还是较少,都有可能使仲裁员的公正性受到质疑。[45] 此外,"仲裁员在不相关的案件中被同一当事方重复委任是中性的,因为在各个案件中仲裁员都要行使相同的独立仲裁职责"。[46] Tidewater 案中的"中性"观点在 Universal Compression 一案中得到回应。[47] 裁决小组通过说明仲裁员在重复委任的情况下也具备独立性与公正性,从而否定了适用"数量"标准的合理性。裁决小组认为,若是没有更多的事实支持,仅仅存在三次被同一当事方重复委任的情况,并不能说明仲裁员明显缺乏独立性和公正性。仲裁员被多次委任也可以是因为其独立性与公正性得到认可,此种情况下重复委任不一定产生怀疑。[48] Stern 教授在很多 ICSID 仲裁案件中接受了委任,无论如何也不能因此就认为她依赖于其中一方。Stern 教授曾经参加过一致同意驳回委内瑞拉申请的裁定,这就说明 Stern 教授在之后再次被委任是基于她具备独立性,而非因为她一定会支持

---

〔45〕 Tidewater Inc. and others v. Bolivarian Republic of Venezuela, ICSID Case No. ARB/10/5, Decision on Claimants' Proposal to Disqualify Professor Brigitte Stern, Arbitrator (Dec. 23, 2010), para. 59.

〔46〕 Tidewater Inc. and others v. Bolivarian Republic of Venezuela, ICSID Case No. ARB/10/5, Decision on Claimants' Proposal to Disqualify Professor Brigitte Stern, Arbitrator (Dec. 23, 2010), para. 60.

〔47〕 Universal Compression International Holdings, S. L. U. v. Bolivarian Republic of Venezuela, ICSID Case No. ARB/10/9, Decision on the Proposal to Disqualify Prof. Brigitte Stern and Prof. Guido Santiago Tawil, Arbitrators (May 20, 2011), para. 77.

〔48〕 Tidewater Inc. and others v. Bolivarian Republic of Venezuela, ICSID Case No. ARB/10/5, Decision on Claimants' Proposal to Disqualify Professor Brigitte Stern, Arbitrator (Dec. 23, 2010), para. 61.

委内瑞拉。[49]

根据本案仲裁庭的观点,重复委任的情况必须与其他因素结合起来才能成立使仲裁员回避的利益冲突。两名仲裁员指出,重复委任问题在以下两种情况可能会产生利益冲突:一是对于持久且经常被委任和与之伴随的经济利益的期待,可能会产生仲裁员与委任方的依赖关系或因此影响了仲裁员的独立裁判;二是重复委任的情况存在一种实质性的风险,因仲裁员会被案件记录之外的因素所影响,而这些因素来源于仲裁员在其他案件中的认知。[50]

在 Raiffeisen Bank 案中,当事双方对适用“实质”标准而非“数量”标准无争议。主席支持了 Tidewater 一案中认为重复委任是“中性”的标准。最终,主席认为克罗地亚并未提交任何证据证明 Alexandrov 博士存在偏见,也没有证据证明有经济依赖的情况。克罗地亚的申请被驳回。

(3)案例评析

若是从更为新近的 Raiffeisen Bank 案来看,Tidewater 案提出的实质标准更加得到支持,且反映了 ICSID 仲裁案例中对此问题的评价趋势。并且,虽然 OPIC 案中支持仲裁员被重复委任会影响仲裁员独立公正性,应被视为仲裁员回避的独立理由,但是最终裁决小组认为本案中仅有重复委任的情况,而这一理由并不足以使 Sands 教授回避。由此可见,即便是出现了重复委任的情况并认为此情况会引起对仲裁员公正独立性的质疑,在缺少其他更实质的要素时,仍无法达到使仲裁员回避的程度。

(二)总结与评价

总体看来,目前 ICSID 有关重复委任问题的案例反映了大部分仲裁庭仍然遵循《华盛顿公约》第 57 条所设置的“明显缺乏”标准,但是在新近的案例中表现出了采用“合理怀疑”标准的趋势。此外,仲裁庭并没有直接采纳《IBA 指南》对重复委任问题设置的数量门槛,重复委任的次数本身并不是重点考虑的因

---

[49] Tidewater Inc. and others v. Bolivarian Republic of Venezuela, ICSID Case No. ARB/10/5, Decision on Claimants' Proposal to Disqualify Professor Brigitte Stern, Arbitrator (Dec. 23, 2010), para. 64.

[50] Tidewater Inc. and others v. Bolivarian Republic of Venezuela, ICSID Case No. ARB/10/5, Decision on Claimants' Proposal to Disqualify Professor Brigitte Stern, Arbitrator (Dec. 23, 2010), para. 62.

素,因此,《IBA 指南》提供的量化规定似乎并未得到较多的支持。仲裁庭更多地采用“实质”标准,除了重复委任的情况,还要结合其他因素共同判断仲裁员的独立性与公正性,如是否会出现经济依赖的情况。尽管 ICSID 裁决没有判例法效力,但 2018 年 Raiffeisen Bank 案较全面地分析了重复委任问题的认定标准,笔者认为其对观察投资仲裁中重复委任问题的发展趋势有一定价值。根据该案的结论,仲裁庭应当遵守《华盛顿公约》确定的“明显缺乏”标准,但是在举证责任上实际上采用“合理怀疑”的“表面偏见”标准;对于委任次数问题,采用“实质”标准,即出现了重复委任情况后,需要进一步分析其他可能影响公正独立性的因素,以确定是否足以使仲裁员回避。

## 三、完善国际投资仲裁案件中重复委任问题认定标准

由前文的案例分析可知,目前《华盛顿公约》中仲裁员回避的标准门槛与当代国际仲裁通行规则(如《UNCITRAL 仲裁规则》)相比较高,而在 ICSID 仲裁案例中涉及重复委任问题的分析标准更是存在争议,基于该理由提起的仲裁员回避申请也十分难以成功。为完善 ISDS 机制对仲裁员公正性与独立性的保障,联合国贸法会提出要完善国际投资仲裁中仲裁员的披露规则和回避制度,ICSID 在最新的改革方案中也提出了相应的措施。[51] 改革方向主要包括以下两个方面:一是参考《IBA 指南》以及其他知名国际仲裁机构规则如《UNCITRAL 仲裁规则》中的“合理怀疑”(justifiable doubt)标准,[52]将“合理怀疑”作为可以提请仲裁员回避的标准;二是完善仲裁员披露义务的相关规则,参

---

〔51〕 ICSID 秘书处:《国际投资争端解决中心规则的修订草案——主要变更概要》,第1卷,第33段,2018年8月2日,载 https://icsid. worldbank. org/en/amendments/Documents/Homepage/Synopsis_Chinese. pdf,最后访问日期:2019年1月1日。有关仲裁员资格的取消,“国际投资争端解决中心目前正在与联合国贸法会秘书处就仲裁员行为准则进行合作。这将确保投资者与国家争端解决使用的所有主要规则都采用一致的行为准则,并可纳入仲裁员在案件开始时所作的声明中”。

〔52〕 UNCITRAL Arbitration Rules (Aug. 15, 2010), Art. 11, “When a person is approached in connection with his or her possible appointment as an arbitrator, he or she shall disclose any circumstances likely to give rise to justifiable doubts as to his or her impartiality or independence.”

考现有软法如《IBA 指南》中“橙色清单”对重复委任问题披露的规范,[53]以明确披露要求。[54] 而具体针对国际投资仲裁中的重复委任问题,目前主要有两种观点,有学者认为应当采用门槛较低的“合理怀疑”标准,并以《IBA 指南》中的“数量”标准为参照。[55] 但也有学者认为《IBA 指南》的量化标准并不适用于国际投资仲裁案件,应采用“实质”标准对更多因素予以考量。[56] 针对上述改革措施和理论、实践中的争议,笔者将在下文探讨措施的可行性及可能存在的问题,并提出建议。

(一)从“明显缺乏”标准到“合理怀疑”标准

《华盛顿公约》第 57 条的“明显缺乏”标准因案而异,但在涉及重复委任问题的 ICSID 仲裁中大多解释为较高的标准。目前,不少评论认为,投资仲裁中应采用“合理怀疑”标准作为取消仲裁员资格的标准。[57] 主要原因有两个方面:

1. 若将“明显缺乏”解读为较高的证明标准,会导致投资仲裁对仲裁员独立公正性的要求相较宽松,不利于维护仲裁员公正独立性。正如前文所述,设置一个较高的仲裁员回避证明标准对于申请仲裁员回避的一方施加了更重的证

---

〔53〕 IBA Guidelines, sections 3.1.3 and 3.3.8.

〔54〕 联合国贸法会第三工作组:《投资人与国家间争议解决制度的可能改革:确保投资人与国家间争议解决制度中仲裁员和裁定人的独立性和公正性(秘书处的说明)》,第 43 ~ 45 段,2018 年 10 月 29 日至 11 月 2 日,载 http://undocs.org/en/A/CN.9/WG.III/WP.151,最后访问日期:2019 年 10 月 26 日。

〔55〕 See Luke A. Sobota, “Repeat Arbitrator Appointments in International Investment Disputes”, in Chiara Giorgetti ed., *Challenges and Recusals of Judges and Arbitrators in International Courts and Tribunals*, Leiden-Boston, Brill, 2015, p. 317.

〔56〕 See Wilson Koh, Will Sheng, “Think Quality Not Quantity: Repeat Appointments and Arbitrator Challenges”, *Journal of International Arbitration* 34, 2017, pp. 713, 724 – 726.

〔57〕 See Wilson Koh, Will Sheng, “Think Quality Not Quantity: Repeat Appointments and Arbitrator Challenges”, *Journal of International Arbitration* 34, 2017, p. 727: “More recently, some commentators suggest that a shift in the interpretation of ‘manifest’ towards the ‘appearance of bias standard’ is taking place”, the author cited Chiara Giorgetti, “Towards a Revised Threshold for Arbitrator Challenges Under ICSID?”, Kluwer Arbitration Blog, http://arbitrationblog.kluwerarbitration.com/2014/07/03/towards-a-revised-threshold-for-arbitrators-challenges-under-icsid/, and Meg Kinnear, “Challenge of Arbitrators at ICSID-An Overview”, Proceedings of the Annual Meeting (American Society of International Law) 108, 2014, p. 412.

明责任,[58]并且这个标准是几乎难以达到的。[59] 根据联合国贸法会的研究数据,ICSID申请回避成功率仅为3%左右,伦敦仲裁院商事仲裁申请回避成功率为22%。[60] 从这一数据可以看出,在ICSID仲裁中更高的"明显缺乏"标准给当事方成功申请仲裁员回避造成了较大的困难,导致投资仲裁案件中的仲裁员申请回避成功比例远低于商事仲裁领域。尽管投资仲裁与商事仲裁的当事方和涉及的实体问题有所区别,但是仲裁作为一种争端解决机制,其程序价值具有普遍的适用性,仲裁员的独立性与公正性在投资仲裁和商事仲裁中同样重要。而且投资仲裁涉及国家主体和公共利益,因此不应为投资仲裁的仲裁员回避设置一个更高的证明标准,从而导致对仲裁员独立公正性的要求相对宽松。

2."合理怀疑"标准被认为是比"明显缺乏"标准更加客观且直接的举证标准,它不要求证明仲裁员存在实际的偏见,[61]仅要求在理性第三人眼中认为存在表面偏见即可达到证明标准。[62] 并且,在新近的涉及重复委任ICSID案件

---

[58] See Andrew Newcombe, "Disqualification Based on Multiple Appointments—Divergence in Recent ICSID Decisions?", Kluwer Arbitration Blog, http://arbitrationblog.kluwerarbitration.com/2011/06/23/disqualification-based-on-multiple-appointments-divergence-in-recent-icsid-decisions/, October 20, 2019.

[59] See Luke A. Sobota, "Repeat Arbitrator Appointments in International Investment Disputes", in Chiara Giorgetti ed., *Challenges and Recusals of Judges and Arbitrators in International Courts and Tribunals*, Leiden-Boston, Brill, 2015, p. 302.

[60] 联合国贸法会第三工作组:《投资人与国家间争议解决制度的可能改革:确保投资人与国家间争议解决制度中仲裁员和裁定人的独立性和公正性(秘书处的说明)》,第15页脚注第51:国际投资争端解决中心申请回避成功率约为3%,伦敦仲裁院商事仲裁申请回避成功率为22%(这两个百分数均是根据已公布决定的数量计算得出的),2018年10月29日至11月2日,载http://undocs.org/en/A/CN.9/WG.III/WP.151,最后访问日期:2019年10月26日。

[61] See Luke A. Sobota, "Repeat Arbitrator Appointments in International Investment Disputes", in Chiara Giorgetti ed., *Challenges and Recusals of Judges and Arbitrators in International Courts and Tribunals*, Leiden-Boston, Brill, 2015, pp. 316–317.

[62] See Wilson Koh, Will Sheng, "Think Quality Not Quantity: Repeat Appointments and Arbitrator Challenges", *Journal of International Arbitration* 34, 2017, p. 724: "In general, it can thus be said that the test under the 'justifiable doubts' standard is whether a reasonable and informed observer, having knowledge of the relevant facts, would conclude that there is a likelihood that the arbitrator was biased."

中,“明显缺乏”标准解读呈现出采用“合理怀疑”标准的趋势,如 Caratube 案和 Raiffeisen Bank 案。综上,在涉及重复委任问题时,仲裁员回避申请的举证标准应采用更通用的“合理怀疑”的标准为宜。[63]

关于如何在国际投资仲裁机制的改革过程中完善这一标准,笔者认为,首先,投资仲裁规则的修订过程中可以对取消仲裁员资格的标准进一步明确,如在 ICSID 仲裁规则修订进程中大多数评论者建议 ICSID 的此次修订可以参考将“合理怀疑”作为仲裁员回避的标准。[64] 即便 ICSID 仲裁规则没有采纳“合理怀疑”标准,也应当对《华盛顿公约》第 57 条中的“明显缺乏”标准作出阐释,包括其适用的要求和内涵以及与“合理怀疑”标准之间的异同,以推动后续案件适用标准的一致性。其次,在新出台的投资仲裁规则中可以对此标准予以明确,采纳“合理怀疑”标准,如北京仲裁委员会于 2019 年 7 月通过的《国际投资仲裁规则》第 15 条第 1 款,其中即表明仲裁员回避的标准是产生“合理怀疑”。

(二)引入软法指引明确披露要求——采用“实质”标准

国际投资仲裁改革可引入软法规范作为仲裁员的行为准则。《IBA 指南》第 3.1.3 条和第 3.3.8 条对重复委任问题的规定在广泛的仲裁实践中被认可。[65] 它为评价仲裁员重复委任情况提供了更加客观且操作性强的标准,有利

---

〔63〕 对于“合理怀疑”标准的理解,《IBA 指南》中指出,对仲裁员的公正性或者独立性的正当怀疑应当客观地适用表面检验标准,即“合理的第三人检验标准”。为了明确这一标准的内涵,《IBA 指南》列举了“红色清单”、“橙色清单”和“绿色清单”,“红色清单”中的事项即表明在“理性第三人”眼中一定会产生合理怀疑,而“绿色清单”中的事项一定不会产生合理怀疑,“橙色清单”中的事项是披露义务,即这些事项可能会产生合理怀疑,还需要具体结合个案情况判断。据此,《IBA 指南》中的这三个清单就是为了给“合理第三人检验标准”这一抽象的概念提供具体的例子指引。对比将“明显缺乏”标准理解为一种更高的、更实质的证明要求,“合理怀疑”标准的内涵通过三类清单得以相对明确。那么在出现重复委任情况后,裁判庭若是结合具体情况来看,如何再进一步判断是否存在“理性第三人”眼中的合理怀疑,笔者认为,目前这部分的研究具有局限性,仅 Tidewater 案中提供了下一步的参考标准,也许还需要再结合“红色清单”“绿色清单”甚至有赖于裁判实践中对下一步判断方法的继续发展。

〔64〕 参见微信公众号“环中商事仲裁”:《投资仲裁 | ICSID 仲裁规则第五次修订总结》,2018 年 8 月 21 日。

〔65〕 Highbury Int'l AVV, Compañía Minera de Bajo Caroní AVV & Ramstein Trading Inc. v. Bolivarian Republic of Venezuela, ICSID Case No. ARB/14/10, Decision on the Challenge of Professor Brigitte Stern (June 9, 2015), para. 79, “noting that the IBA Guidelines enjoy a high level of acceptance in international arbitration”.

于降低投资仲裁中仲裁员公正性与独立性的可疑性。[66] 但是,在此需要明确《IBA指南》在投资仲裁中的法律地位以及“橙色清单”的性质。首先,《IBA 指南》在国际投资仲裁案件中没有强制约束力,[67] 在涉及重复委任的 ICSID 案件中,仲裁庭明确区分了《IBA 指南》中的标准与 ICSID 仲裁应适用的《华盛顿公约》标准。[68] 尽管仲裁庭指出《IBA 指南》十分有帮助,[69] 但其中第 3.1.3 条仅是“经验法则”,[70] 仲裁庭必须适用《华盛顿公约》本身确定的标准。[71] 其次,“橙色清单”列举事项仅为披露义务,未披露并不导致仲裁员直接被认定为缺乏公正性与独立性以致回避。[72] 换言之,出现“橙色清单”中的事项,不等同于产生“合理怀疑”,此类

[66] See Luke A. Sobota, "Repeat Arbitrator Appointments in International Investment Disputes", in Chiara Giorgetti ed., *Challenges and Recusals of Judges and Arbitrators in International Courts and Tribunals*, Leiden-Boston, Brill, 2015, pp. 318 – 319.

[67] IBA Guidelines, p. 3: "These Guidelines are not legal provisions and do not override any applicable national law or arbitral rules chosen by the parties... The Working Group trusts that the Guidelines will be applied with robust common sense and without pedantic and unduly formalistic interpretation."

[68] Highbury Int'l AVV, Compañía Minera de Bajo Caroní AVV & Ramstein Trading Inc. v. Bolivarian Republic of Venezuela, ICSID Case No. ARB/14/10, Decision on the Challenge of Professor Brigitte Stern (June 9, 2015), para. 95, "with compliance with the IBA Guidelines being 'necessary'", regarded as a misunderstanding of the legal status of IBA Guidelines, see Wilson Koh, Will Sheng, "Think Quality Not Quantity: Repeat Appointments and Arbitrator Challenges", *Journal of International Arbitration* 34, 2017, p. 719.

[69] Raiffeisen Bank International AG and Raiffeisenbank Austria D. D. v. Republic of Croatia, ICSID Case No. ARB/17/34, Decision on the Proposal to Disqualify Stanimir Alexandrov (May 17, 2018), para. 85.

[70] Tidewater Inc. and others v. Bolivarian Republic of Venezuela, ICSID Case No. ARB/10/5, Decision on Claimants' Proposal to Disqualify Professor Brigitte Stern, Arbitrator (Dec. 23, 2010), para. 59.

[71] Tidewater Inc. and others v. Bolivarian Republic of Venezuela, ICSID Case No. ARB/10/5, Decision on Claimants' Proposal to Disqualify Professor Brigitte Stern, Arbitrator (Dec. 23, 2010), para. 42.

[72] IBA Guideline, p. 18, "Disclosure does not imply the existence of a conflict of interest; nor should it by itself result either in a disqualification of the arbitrator, or in a presumption regarding disqualification. Nondisclosure cannot by itself make an arbitrator partial or lacking independence."

事项需要进一步结合个案事实判断仲裁员是否应当回避。有学者认为,重复委任问题不能适用“数量”标准,因为“数量”标准是一种“事前规范”(*ex-ante* rule-making),裁判者直接适用规定即可确定是否能取消仲裁员资格,而“合理怀疑”属于“事后规范”(*ex-post* rule-making),因是否产生“合理怀疑”需要在事件发生后由裁判者具体判断。[73] 因此,在采用“合理怀疑”的标准时,便不能同时适用“数量”标准,两者有内在冲突。

笔者认为,重复委任问题被列入《IBA 指南》的“橙色清单”,即说明该问题已经成为质疑仲裁员独立性与公正性而导致仲裁员回避的可能原因。将“橙色清单”性质的解读为披露义务更加准确,重复委任情况即便没有披露,也仍需要结合其他具体情况考量仲裁员的独立性与公正性。如此看来,这种理解与 ICSID 仲裁实践中大量采用的“实质”标准也相符。[74] 相反,若是将“橙色清单”中关于重复委任的规定解释为必须取消资格的情况,其完全的“数量”标准对于投资仲裁来说未免太过严苛。目前 ISDS 案件中的仲裁员任命缺乏多样性,与从事一般商事仲裁的专业人士数量相比,投资争议解决领域的专业人士较少,[75] 少数个人反复被任命为仲裁员,在投资人与国家间争议解决案件中多次作出裁决。在 1972 年至 2011 年获任 ICSID 仲裁员的 372 人中,有 37 人获任审理了约 50% 的案件。[76] 基于仲裁员多样性缺乏的现实,在投资仲裁中仲裁

---

〔73〕 See Wilson Koh, Will Sheng, “Think Quality Not Quantity: Repeat Appointments and Arbitrator Challenges”, *Journal of International Arbitration* 34, 2017, p. 725.

〔74〕 Tidewater Inc. and others v. Bolivarian Republic of Venezuela, ICSID Case No. ARB/10/5, Decision on Claimants' Proposal to Disqualify Professor Brigitte Stern, Arbitrator (Dec. 23, 2010), para. 43, “Orange List situations ‘are situations which the Working Group considered ought to be disclosed’, and ‘not situations in which, depending upon the facts of a given case, an objective conflict of interest exists’”.

〔75〕 联合国贸法会第三工作组:《投资人与国家间争议解决制度的可能改革:确保投资人与国家间争议解决制度中仲裁员和裁定人的独立性和公正性(秘书处的说明)》,第 77 段,2017 年以多法院数据库和国际投资争端解决中心数据库中的 1039 个判例为样本进行的一项研究得出结论称,该体系由一小群数量在 25 人至 30 人之间的专业人士(百分之一的律师)主宰,2018 年 10 月 29 日至 11 月 2 日,载 http://undocs.org/en/A/CN.9/WG.III/WP.151,最后访问日期:2019 年 10 月 26 日。

〔76〕 联合国贸法会第三工作组:《投资人与国家间争议解决制度(投资争议解决制度)的可能改革:任命机制及相关问题(秘书处的说明)》,2018 年 10 月 29 日至 11 月 2 日,载 https://undocs.org/zh/A/CN.9/WG.III/WP.152,第 6 页,最后访问日期:2019 年 10 月 26 日。

员被重复委任的概率是更高的。据此,若是将主要适用于商事仲裁的《IBA指南》在关于重复委任问题的量化规定直接作为“数量”标准适用于国际投资仲裁,可能会导致挑战仲裁员独立性与公正性被作为仲裁策略而频繁出现,[77]对仲裁程序的顺利进行未必有益。

对上述问题,笔者建议如下:在国际投资仲裁机制改革过程中,对于重复委任问题,一方面,可以参考现有软法指引中的数量规定以制定新的软法指引,但是也许要根据国际投资仲裁的实践确定一个更为合理的数量规定,并且正确适用量化规定的含义,即该量化规定为披露义务,并非不符量化规定就导致回避。明确了数量规定的正确含义,就不会与“实质”标准冲突。另一方面,认识到软法的参考辅助作用,最重要的是结合ICSID仲裁实践主要采用的“实质”标准,即考虑多元因素衡量仲裁员的独立性与公正性,如目前由Tidewater案确定的两类因素。另外,考虑到制定专门适用于投资仲裁的软法指引可能需要较长的时间,在过渡期间若考虑将现有的《IBA指南》中的规定作为参考,那么就必须明确披露义务的正确内涵,裁判庭对具体事实应予以更多分析和考量,以免误用了“数量”标准。

## 四、总　　结

在ICSID案例申请仲裁员回避的理由中,仲裁员重复委任是一个仍然具有争议的问题。在投资仲裁领域缺乏统一的仲裁员行为准则的情况下,当事方常援引《IBA指南》作为提出重复委任问题的依据。但是,仲裁庭判断重复委任问题的标准不一致,主要包括两个方面:一是举证标准适用“明显缺乏”这一更高标准还是“合理怀疑”标准;二是重复委任情况对公正独立性的影响应当采用“数量”标准还是“实质”标准来判断。ICSID的案例对上述两个问题采纳的立场不一,但是根据较新近的案子来看,倾向于采用“合理怀疑”标准的“表面的偏见”,且认为《华盛顿公约》中的“明显缺乏”不要求证明“实际的偏见”。同时,重复委任情况应当属于仲裁员的披露义务,此种义务不会直接导致取消仲裁员

[77] 联合国贸法会第三工作组:《投资人与国家间争议解决制度的可能改革:确保投资人与国家间争议解决制度中仲裁员和裁定人的独立性和公正性(秘书处的说明)》,第84段,有专项评论指出,在国际仲裁中,回避申请的数量与战术性、无理取闹或毫无意义的回避申请的数量可能普遍都在增加,2018年10月29日至11月2日,载http://undocs.org/en/A/CN.9/WG.III/WP.151,最后访问日期:2019年10月26日。

资格,因此应当采用“实质”标准,在重复委任情况出现时还要结合具体情况分析仲裁员是否缺乏公正独立性,进而才能据此判断是否要取消仲裁员资格。ICSID 新近案例的立场也与 ISDS 改革和 ICSID 改革的主张相符合。笔者认为,可以将现有软法的相关规则作为参考,制定专门适用于投资仲裁的仲裁员行为准则,符合投资仲裁的特点,以明确投资仲裁中重复委任问题的认定标准,解决目前 ICSID 实践中反映出的适用标准分歧和《IBA 指南》无法参考的情况。

（责任编辑:柯嘉祯）

# 缔约国大会决议作为嗣后行为的条约解释效力问题

## ——兼论“南极捕鲸案”

王 庚*

**摘要：**

“南极捕鲸案”涉及的缔约国大会决议是条约主体以缔约国大会形式作出的嗣后行为，对条约解释具有重要作用。除了可以作为条约解释补充资料外，能体现当事国解释合意的缔约国大会决议应当在条约解释时与上下文一并被考虑。也即是说，缔约国大会决议同样可以构成《维也纳条约法公约》第31条第3款所规定的嗣后行为。考察当事国之间是否就条约解释达成了合意，不能仅看决议是否被缔约国大会通过，更要关注决议作出前后的反对意见。解释效力无须依赖约束力而存在，不具有约束力的缔约国大会决议若满足合意性要求，也可以发挥重大的解释效力；但就实践而言，具有约束力的决议往往作用更大，符合一定程序要求者甚至将产生条约修改的效力。

**关键词：**

缔约国大会决议；嗣后行为；“南极捕鲸案”；条约解释

## 一、引　　言

条约往往象征着一种长期的承诺，但却不是一成不变的。各当事国在条约缔结后做出的行为反映了条约的发展趋势，也成为条约解释者理解条约的重要参考资料。“与条约解释相关的嗣后行为”(Subsequent conduct in relation to the interpretation of treaties)被规定在1969年《维也纳条约法公约》(Vienna Convention on the Law of Treaties，以下简称《条约法公约》)第31、32条中，体现了当事国在缔约后对该条约约文和所载权利义务的认识和理解。其中，《条约

---

* 王庚，对外经济贸易大学法学院国际法专业2020级博士研究生。

法公约》第31条第3款(a)项和(b)项规定的具有合意性的嗣后协定和嗣后实践更是被要求在条约解释时与上下文一并考虑。

在人们对嗣后行为的理论研究进一步深入时,“南极捕鲸案”的出现提供了新的实践材料,进而引发了更广泛的讨论。2010年5月31日澳大利亚向国际法院提起诉讼,指控日本在特许南极鲸类研究第二阶段项目(Plan for the Second Phase of the Japanese Whale Research Program under Special Permit in the Antarctic,以下简称JARPA II项目)下开展大规模捕鲸活动,违反了日本根据《国际管制捕鲸公约》(International Convention for the Regulation Whaling,以下简称《捕鲸公约》)承担的义务以及其他保护海洋哺乳动物和海洋环境的国际义务。在这起案件中,争议焦点为《捕鲸公约》第8条“为科学研究之目的”的解释。澳大利亚为解释“科学研究”的含义特别提出了使用非致命手段标准,并通过国际捕鲸委员会(International Whaling Commission,以下简称捕鲸委员会)的决议和科学委员会审查特别许可的有关准则加以佐证。澳大利亚认为,捕鲸委员会决议属于《条约法公约》第31条第3款(a)项和(b)项所提到的嗣后协定和嗣后实践,法院应据此对《捕鲸公约》第8条进行解释。国际法院则以“决议受到日本反对”和“实质上没有形成非致命手段标准”两点理由反驳了澳大利亚的观点。该案中,澳大利亚积极援引嗣后行为进行条约解释,尽管最终失败,却带给了我们一些更深层次的思考。捕鲸委员会决议是在捕鲸委员会框架内作出的,属于典型的缔约国大会决议,这些缔约国大会决议能否被视为《条约法公约》第31条第3款(a)项和(b)项中的嗣后协定和嗣后实践存在疑问,而它们又将对条约解释产生怎样的影响同样值得分析。本文将从“南极捕鲸案”中有关条约解释的争议入手,具体分析捕鲸委员会决议这种缔约国大会决议的条约解释效力,在条约法中找寻合理定位的同时,探究决议本身性质可能对条约解释甚至是条约其他方面的影响,以期各国正确理解并重视决议对条约解释的意义。

## 二、“南极捕鲸案”中的条约解释问题

### (一)案件背景:南极捕鲸的利益之争

#### 1.鲸鱼保护与科研捕鲸例外

捕鲸的历史可以上溯到公元前2200年,早期捕鲸活动以陆地站点为依托进行近海捕捞,随着近海鲸鱼资源的减少以及远洋捕捞技术的发展,捕鲸作业向更宽广的海域延伸,捕获量大大提高,逐渐超过了种群可持续承受能力。[1] 为了协

---

〔1〕 See Malgosia Fitzmaurice,“International Convention for the Regulation of Whaling”, http://legal.un.org/avl/ha/icrw/icrw.html,Nov. 23,2019.

调捕鲸业发展与鲸鱼种群保护二者的关系,1946年十五国于美国华盛顿签订《捕鲸公约》,[2]并依据该公约成立捕鲸委员会。捕鲸委员会享有修改公约附件的权力,通过设定配额限制鲸鱼捕捞量。然而,实践中各类鲸鱼的数量难以统计,且处于不断变化中,配额制度的科学有效性受到部分缔约国及捕鲸委员会下属的科学委员会的质疑。[3] 另一方面,20世纪70年代人们环境意识不断提升,国际社会对鲸鱼保护提出了更高的要求。[4]

1982年捕鲸委员会第34届年度会议通过了暂停商业捕鲸的决议,要求自1985~1986年捕鲸季开始,将商业捕鲸的配额降至零。日本根据《捕鲸公约》第5条第3款的相关规定提出异议,然而迫于美国的压力最终撤销了其异议。[5] 此后,日本也尝试过邀请一些与日本同立场的国家加入捕鲸委员会,从而支持其撤销商业捕鲸禁令的提案,均以失败告终。[6] 全面禁止商业捕鲸时期的到来并没有彻底杜绝捕鲸活动。日本等支持捕鲸的国家愈加频繁地援引《捕鲸公约》第8条"科研捕鲸"例外。[7] 从该条款看,"为科学研究之目的"进行捕杀和加工可以不受公约的约束,这一例外俨然成为《捕鲸公约》的一个主要漏洞,打着科学研究幌子的商业捕鲸活动仍在继续。

2. 澳大利亚和日本的立场分歧

日本于20世纪80年代首次在南极特别许可证中引入鲸鱼研究计划。据

---

[2] 十五国包括:美国、阿根廷、澳大利亚、巴西、加拿大、智利、丹麦、法国、荷兰、新西兰、挪威、秘鲁、南非、苏联和英国。参见何田田:《国际法院"南大洋捕鲸"案评析》,载《国际法研究》2015年第1期。

[3] 参见邹克渊:《捕鲸的国际管制》,载《中外法学》1994年第6期。

[4] 参见孙凯:《国际环境规范与国家行为——以商业捕鲸禁令生效后日本捕鲸行为为个案的分析》,载国务院学位委员会办公室、教育部学位管理与研究生教育司:《2008全国博士生学术论坛(国际法)论文集——国际经济法、国际环境法分册》,第539页。Also see Anthony D'Amato, Sudhir K. Chopra, "Whales: Their Emerging Right to life", *American Journal of International Law* 85, 1991, p. 21.

[5] See Phillip J. Clapham, "Japan's Whaling Following the International Court of Justice Ruling: Brave New World or Business as Usual", *Marine Policy* 51, 2015, pp. 238-241.

[6] 参见孙凯、冯定雄:《论日本对商业捕鲸禁令的抵制》,载《浙江海洋学院学报》(人文科学版)2008年第4期。

[7] See Adrienne M. Ruffle, "Resurrecting the International Whaling Commission: Suggestions to Strengthen the Conservation Effort", *Brooklyn Journal of International Law* 22, 2002, p. 656.

媒体报道,其中捕获的少部分鲸鱼被用作科研目的,大多数仍供向市场,成为餐饮美食或者作为宠物饲料。[8] 此后,日本于2005年计划开启JARPA II项目,坚持依据《捕鲸公约》第8条开展捕鲸活动。

与之相对的是澳大利亚坚决保护南冰洋鲸鱼资源的决心和态度。澳大利亚靠近南冰洋主要捕鲸水域,受经济利益的驱使,也曾是一个重要的捕鲸国家。澳大利亚于1978年改变了其捕鲸政策,并于1989年宣布全面保护所有鲸鱼,成为坚定的反捕鲸先锋国家之一。[9] 澳大利亚和日本的对立立场使两国多次在捕鲸问题上进行交锋。如2008年1月15日,澳大利亚联邦法院对一家在南冰洋运营的日本捕鲸公司京都船舶会社(Kyodo Senpaku Kaisha Ltd.)发布了捕鲸禁令,认定该公司在被澳大利亚宣布为专属经济区的南冰洋地区违法捕杀鲸鱼。[10] 该案实际上是澳大利亚在南极地区积极行使了管辖权,这一举措具有违背《南极条约》第4条"不得在南极创立任何主权权利"的嫌疑,包括唐纳德·安东(Donald Anton)在内的一些学者认为此种做法可能存在破坏南极条约体系(the Antarctic Treaty System)的潜在风险。[11]

问题和矛盾仍旧存在,通过国内诉讼制止日本捕鲸活动尚缺乏强有力的法律支持,澳大利亚遂将目光转向了国际法院。2010年5月31日澳大利亚向国际法院提起诉讼,指控日本以科学研究的名义进行捕鲸活动,违反了其在《捕鲸公约》下应承担的国际义务。2014年3月31日,国际法院作出判决,认定日本在南极的捕鲸活动不属于科研目的,违反《捕鲸公约》,同时判令日本停止核发在南极捕鲸的许可证。

---

〔8〕 See Donald K. Anton, "20 – Ton Canaries: The Great Whales of the North Atlantic: Symposium Article: Antarctic Whaling: Australia's Attempt to Protect Whales in the Southern Ocean", *Boston College Environmental Affairs Law Review* 36, 2009, pp. 320 – 321.

〔9〕 See Donald K. Anton, "Antarctic Whaling: Australia's ATTEMPT TO Protect Whales in the Southern Ocean", *Boston College Environmental Affairs Law Review* 36, 2009, p. 320.

〔10〕 See Donald K. Anton, "False Sanctuary: The Australian Antarctic Whale Sanctuary and Long-Term Stability in Antarctica", *Sustainable Development Law & Policy* 8, 2008, p. 18.

〔11〕 See, e. g. Donald K. Anton, "False Sanctuary: The Australian Antarctic Whale Sanctuary and Long-Term Stability in Antarctica", *Sustainable Development Law & Policy* 8, 2008, p. 20; Natalie Klein, Nikolas Hughes, "National Litigation and International Law: Repercussions for Australia's Protection of Marine Resources", *Melbourne University Law Review* 33, 2009, p. 163.

(二)争议焦点:捕鲸委员会决议的解释效力

"南极捕鲸案"的争议焦点在于日本的JARPA II项目是否符合《捕鲸公约》第8条所称的科研捕鲸。这就涉及对《捕鲸公约》第8条的解释。

澳大利亚采用了一种发展的解释方法,即通过考察各当事国的嗣后行为以及相关的国际法发展,对《捕鲸公约》第8条作出狭义解释,认为科研捕鲸仅在有限情况下可用。首先,科研捕鲸不能有损《捕鲸公约》中规定的保护措施。在1957年捕鲸委员会年度会议上,委员会指出:"除非有特别理由,各缔约国不应在捕鲸季之外的时间发布科研目的的捕鲸特别许可证。"[12]随着商业捕鲸的暂停,部分缔约国频繁引用科研捕鲸例外,引起了捕鲸委员会的关注。捕鲸委员会在2003年年度会议上表示,根据《捕鲸公约》第8条获得的鲸鱼肉不得进行商业贩售,各国在行使第8条规定的权利时,应尊重委员会为保护鲸鱼所采取的举措,并确保仅以符合《捕鲸公约》条款和原则的方式对科学研究的鲸鱼进行捕杀和处理。[13] 其次,科研应使用非致命手段进行。为佐证确实存在该项标准,澳大利亚主要援引了捕鲸委员会第1986-2号、第1995-9号和第2003-2号等决议以及国际环境法的相关规则,如预防原则。在澳大利亚看来,这些决议和规则是《条约法公约》第31条第3款所规定的应与上下文一并考虑的嗣后行为,法院在进行条约解释时需要特别关注。[14] 而日本的JARPA II项目违反了这一标准,因此不属于《捕鲸公约》第8条所指的"为科学研究之目的"。新西兰观点同澳大利亚类似,它指出条约解释必须考虑到条约当事国的嗣后行为,作为可供参考的补充解释

---

[12] International Whaling Commission, Chairman's Report of the Ninth Meeting, Appendix III, Ninth Report of the Commission, 1958, https://archive.iwc.int/pages/view.php?ref=1819&k=&search=%21collection29604+&offset=0&order_by=title&sort=DESC&archive=, p. 16.

[13] See International Whaling Commission, Whaling under Special Permit, Resolution 2003-2, Annex F, Chair's Report of the Fifty-Fifth Meeting, Annual Report of the International Whaling Commission 2003, 102 ("Resolution 2003-2") [Annex 38]; See Memorial of Australia, Whaling in the Antarctic (Australia v. Japan), 9 May 2011, https://www.icj-cij.org/files/case-related/148/17382.pdf, p. 167, para. 4.73.

[14] See Whaling in the Antarctic (Australia v. Japan: New Zealand intervening), Judgment of 31 March 2014, *ICJ Reports* 2014, p. 256, para. 79.

手段。[15]

日本认为,本案中不存在需要被纳入条约解释考虑范畴的嗣后行为,因为《捕鲸公约》第 8 条并没有含混不清,没必要抛开一般含义进行解释。[16] 从该条文用语看,"捕获、击杀和加工处理"方式都在条约许可范围内,澳大利亚主张科研捕鲸应当采用非致命手段这一点并无根据。各国具有捕鲸的权利,这一点还可以从《捕鲸公约》的目标和宗旨中读出,因为《捕鲸公约》序言中提到,该公约的宗旨是"在适当保护鲸类的同时促进捕鲸渔业有序发展",兼顾了保护鲸类和发展捕鲸渔业两种利益。此外,日本提到,捕鲸委员会作出的决议不属于与条约解释相关的嗣后行为。它主要依据两点理由:其一,与特别许可相关的准则和决议均属于捕鲸委员会作出的单方行为,不一定代表条约各当事国的共同意愿,[17] 且日本对很多决议提出了反对意见;[18] 其二,捕鲸委员会同时具有修改附件和提出建议的权力,有必要区分捕鲸委员会作出的各项决议是实际行使了哪项权力,行使建议权所作出的决议不具有约束力。[19]

在对《捕鲸公约》第 8 条进行解释时,各方都充分使用了《条约法公约》第 31 条条约解释通则。澳大利亚主要依据捕鲸委员会决议这种嗣后行为进行解释,认为应当限制使用科研捕鲸例外,并提出了非致命手段标准。新西兰也表示嗣后行为解释资料值得参考。日本为了反驳这一观点,不仅从嗣后行为解释资料和其他解释资料的关系方面指出嗣后行为仅具有补充解释功能,还认为捕鲸委员会决议并不能构成《条约法公约》第 31 条第 3 款中的嗣后协定和嗣后实践,质疑其条约解释效力。如此一来,争议各方在解释《捕鲸公约》第 8 条时,重点落在了捕鲸委员会决议的解释效力上。

---

[15] See Declaration of Intervention of the Government of New Zealand, Whaling in the Antarctic (Australia v. Japan), filed in the Registry of the Court on 20 November 2012, https://www.icj-cij.org/files/case-related/148/17256.pdf, p. 12, para. 18.

[16] See Counter-Memorial of Japan, Whaling in the Antarctic (Australia v. Japan), 9 March 2012, https://www.icj-cij.org/files/case-related/148/17384.pdf, p. 330, para. 7.24.

[17] Counter-Memorial of Japan, Whaling in the Antarctic (Australia v. Japan), 9 March 2012, https://www.icj-cij.org/files/case-related/148/17384.pdf, p. 352, para. 8.22.

[18] Whaling in the Antarctic (Australia v. Japan: New Zealand intervening), Judgment, *ICJ Reports* 2014, p. 255, para. 75.

[19] Counter-Memorial of Japan, Whaling in the Antarctic (Australia v. Japan), 9 March 2012, https://www.icj-cij.org/files/case-related/148/17384.pdf, p. 342, paras. 8.1 – 8.2.

(三)法院裁决:支持日本观点

国际法院在审理该案件时主要围绕 JARPA Ⅱ 项目是否具有“为科学研究之目的”进行讨论,重点分析该计划程序设计的合理性。而对于《捕鲸公约》第8条的解释问题,国际法院未作深入说明,仅简要地发表了解释结论。

国际法院总体上支持了日本的观点。它认为,《捕鲸公约》第8条明确考虑使用致命手段,澳大利亚和新西兰夸大了其所依赖的建议性决议和准则的法律意义。[20] 由于捕鲸委员会通过的许多决议没有得到所有缔约国的支持,特别是未能得到日本的同意,许多捕鲸委员会决议不能视为《条约法公约》第31条第3款所指的嗣后协定或嗣后实践。此外,国际法院还认为,这些决议和有关准则只是呼吁缔约国考虑使用非致命手段,没有真正建立这样一种固定做法。

国际法院得出的这一解释结论整体上是正确的。在本案中,由于缺乏能佐证非致命手段标准确已建立的嗣后行为,国际法院最终依靠《捕鲸公约》第8条的字面理解认为科研捕鲸允许使用致命手段。但是,国际法院对争议双方提出的许多问题没有正面作出回应,如捕鲸委员会决议是否能构成《条约法公约》第31条第3款中的嗣后行为,以及决议有无约束力是否影响其解释效力等。法官希拉里·查尔斯沃思(Hilary Charlesworth)和克里斯托弗·格林伍德(Christopher Greenwood)在他们的单独意见中承认了这些缺憾,并就部分问题发表了自己的观点。“南极捕鲸案”中备受争议的捕鲸委员会决议属于缔约国大会决议,是各缔约国以缔约国大会形式作出的一系列与条约解释有关的嗣后行为。这种特殊形式的嗣后行为能对条约解释产生怎样的作用和影响,还值得进一步剖析。

## 三、缔约国大会形式下作出的嗣后行为

(一)嗣后行为对条约解释具有重要意义

条约解释关涉各当事方权利义务的判明,不可谓不重要。由于条约在制定时可能存在模糊之处,或者随着时间推移,人们对某一问题又产生了新的解释,条约各当事方容易就条约解释问题产生争议。嗣后行为有助于澄清这种争议。

条约法语境下的嗣后行为,顾名思义,是指条约缔约国、当事国或者第三国等某一主体在条约缔结或者生效后作出的行为。这些行为与条约解释相关,可以

---

〔20〕 Whaling in the Antarctic (Australia v. Japan: New Zealand intervening), Judgment, *ICJ Reports* 2014, p. 257, para. 83.

是相关主体适用条约的某一实践,也可以是根据该条约制定的解释协定或说明。嗣后行为的形式多种多样,但无一例外都包含着条约主体对条约内容的理解。当条约主体就条约内容发生争议时,其对条约进行的解释需要遵循其一贯立场,这符合国际法上"禁反言"原则,而条约主体的一贯立场正体现在诸多嗣后行为中。

考虑到嗣后行为可能对条约解释具有意义,《条约法公约》将与条约解释相关的嗣后行为规定为可提供解释参考的资料。其中,第 32 条包含了能为解释提供补充的一类嗣后行为,这类嗣后行为只有在通过一般解释通则仍无法清楚或合理解释时方可借鉴。第 31 条第 3 款则包含了"应与上下文一并考虑"的一类嗣后行为,分别为"当事国之间订立的关于条约解释或规则适用"的嗣后协定以及"在条约适用方面确定当事国对条约解释达成的合意"的嗣后实践。〔21〕这两类嗣后行为在解释效力上存在差异,后者的解释效力更强。在处理嗣后行为和用语上下文、目的及宗旨等其他解释资料关系问题上,条约法起草者们曾产生过争议。特别报告员汉弗莱·沃尔多克(Humphrey Waldock)在他撰写的关于条约法起草的第三次特别报告中将嗣后行为定位为一种条约解释的补充手段,用以补充文义、目的、宗旨解释手段,与条约准备工作居于同等地位。〔22〕这一规定受到了不少国家的质疑。各国普遍认为,各解释资料之间不存在等级关系。如希腊认为,应以一切可能的手段和方式来确定各当事国的共同意图,不存在确定的优先次序。〔23〕美国也指出,说明解释资料的顺序在确定其相对解释权重方面毫无意义,建议应在该条第 1 段直接列出普通含义、背景、宗旨和目的、国际法规则、嗣后协定和嗣后实践这六种解释规则。〔24〕国际法委员会最终

---

〔21〕 See Vienna Convention on the Law of Treaties art. 31: "any subsequent agreement between the parties regarding the interpretation of the treaty or the application of its provisions" and "any subsequent practice in the application of the treaty which establishes the agreement of the parties regarding its interpretation".

〔22〕 See Humphrey Waldock, Third Report on the law of treaties by Sir Humphrey Waldock, Special Rapporteur, document A/CN. 4/167 and Add. 1 – 3, https://legal. un. org/ilc/documentation/english/a_cn4_167. pdf, pp. 52 and 58.

〔23〕 See Humphrey Waldock, Sixth Report on the law of treaties by Sir Humphrey Waldock, Special Rapporteur, document A/CN. 4/186 and Add. 1,2/Rev. 1,3 – 7, https://legal. un. org/ilc/documentation/english/a_cn4_186. pdf, p. 93.

〔24〕 Humphrey Waldock, Sixth Report on the law of treaties by Sir Humphrey Waldock, Special Rapporteur, document A/CN. 4/186 and Add. 1,2/Rev. 1,3 – 7, https://legal. un. org/ilc/documentation/english/a_cn4_186. pdf, p. 93.

仍将条约解释通则一条分为三小款,分别规定上下文及目的宗旨解释手段、上下文的含义和与上下文一并考虑的其他解释手段。有学者指出,这样的安排更多地是基于逻辑上的考虑,而不是法律强制性的等级划分。[25] 国际法委员会此后多次强调,条约解释是一个"单一的综合行动",所有的解释资料都将一并考虑。[26] 由此可见,《条约法公约》第31条第3款中的嗣后行为在条约解释中具有重要地位,并非只有在普通含义和目的宗旨解释无法澄清的情况下才被考虑,必要的时候,条约解释者可以依靠这样的嗣后行为直接作出解释。这一点在实践中常被误解,甚至在"南极捕鲸案"中日本和新西兰对嗣后行为的解释效力也存在低估。

(二)缔约国大会决议可能构成《条约法公约》第31条第3款中的嗣后行为

《条约法公约》第31条第3款规定了嗣后协定和嗣后实践两种嗣后行为,不同于其他嗣后行为,这两种嗣后行为须体现所有当事国的合意,而不能只代表部分当事国的意志。嗣后协定和嗣后实践的差别仅在于合意的表现形式上,前者表现为一种协定,后者则表现为一种惯行。在司法实践中,由于嗣后协定和嗣后实践有时确实难以区分,而多数情况下不区分并不会影响嗣后协定和嗣后实践的认定以及其作用的发挥,法官倾向于模糊二者的区别,或者干脆用嗣后行为、嗣后态度等词代替。[27] 作为《条约法公约》的制定者,国际法委员会也

[25] See Rahim Moloo, "When Actions Speak Louder Than Words: The Relevance of Subsequent Party Conduct to Treaty Interpretation", *Berkeley Journal of International Law* 31, 2013, p. 39.

[26] See Humphrey Waldock, Sixth Report on the law of treaties by Sir Humphrey Waldock, Special Rapporteur, document A/CN. 4/186 and Add. 1, 2/Rev. 1, 3-7, https://legal.un.org/ilc/documentation/english/a_cn4_186.pdf, p. 98, para. 4; also see International Law Commission of the United Nations, Report on the work of the eighteenth session (1966), document A/CN. 4/191, https://legal.un.org/ilc/documentation/english/reports/a_cn4_191.pdf, p. 219, para. 8; International Law Commission, Report on the work of the seventieth session (2018), document A/73/10, Chapter IV., https://legal.un.org/docs/? path=../ilc/reports/2018/english/chp4.pdf&lang=EFSRAC, p. 14.

[27] 如1995年卡塔尔诉巴林领土争端管辖权问题裁决、1962年柏威夏寺案实体判决等。See Case Concerning Maritime Delimitation and Territorial Questions between Qatar and Bahrain, Jurisdiction and Admissibility, Judgment, *ICJ Reports* 1995, p. 14; Case Concerning the Temple of Preah Vihear (Cambodia v. Thailand), Merits, Judgment of 15 June 1962, *ICJ Reports* 1962, p. 4, 33.

没有给出区分标准，只是表示这样的嗣后协定和嗣后实践可以有多种形式。[28] 因此，在认定某种嗣后行为是否构成《条约法公约》第 31 条第 3 款中所规定的嗣后行为，形式是次要的，关键是须体现各当事国对条约的共同理解。

缔约国大会决议有其特殊性，它不是由条约当事国直接作出的，而是在缔约国大会框架下产生的。在“南极捕鲸案”中，日本就对此提出了质疑，认为经由缔约国大会作出的行为不属于《条约法公约》第 31 条第 3 款中由当事国作出的嗣后行为。尽管日本的这一观点有“咬文嚼字”之嫌，但是当该缔约国大会获得了国际法上独立人格时，情况似乎又有不同。此外，缔约国大会决议的作出需要遵循一定的程序性规范，这些程序是否对合意产生影响也值得探讨。

1. 缔约国大会形式不影响合意的表达

所谓缔约国大会（Conferences of States Parties），是指缔约国依据条约规定，为了审查或执行条约而举行的会议。[29] 为保持多边条约的生机和活力，各国常利用缔约国大会作为审查和促进条约实施的一种方式手段。缔约国大会存在多种形式，有的大会发展成了某一国际组织的一个机关，如禁止化学武器组织的缔约国大会；有的则仅仅是定期或不定期的审查会议，多见于国际环境条约中，如《联合国气候变化框架公约》的缔约方会议。[30]

“南极捕鲸案”中涉及的捕鲸委员会不具有独立法律人格及自身意志，仅是各缔约国为实现其主张、进行交流协商的工具和场所。各缔约国在捕鲸委员会框架下以其独立的缔约国身份参与谈判，以一种集体决策的方式表达自己对条约的态度和观点。而在形成了国际组织的情况下，问题可能会更为复杂些。国际组织国际人格理论的存在赋予了国际组织独立参与国际事务，享有权利、承担责任的特殊法律地位。但是在作出缔约国大会决议来审查和实施条约时，并没有以国际组织的独立身份进行。有学者类比适用了公司法上的“揭开法人面

---

〔28〕 International Law Commission, Report on the work of the seventieth session (2018), document A/73/10, Chapter IV., https://legal.un.org/docs/? path =../ilc/reports/2018/english/chp4.pdf&lang = EFSRAC, p. 14.

〔29〕 See International Law Commission, Report on the work of the sixty-sixth session (2014), document A/69/10, Chapter VII., https://legal.un.org/docs/? path =../ilc/reports/2014/english/chp7.pdf&lang = EFSRAC, p. 201.

〔30〕 International Law Commission, Report on the work of the seventieth session (2018), document A/73/10, Chapter IV., https://legal.un.org/docs/? path =../ilc/reports/2018/english/chp4.pdf&lang = EFSRAC, p. 15.

纱"理论,来阐述国际组织和其成员国之间的关系,他认为,问题的关键在于行为所反映的解释态度,而不问通过何种方式来表达。[31] 在司法实践中,法官们也普遍同意将以国际组织中缔约国大会形式作出的行为效果归属于各缔约国。如国际法院在使用核武器合法性咨询意见中间接承认了联合国大会行为可能构成《条约法公约》第31条意义上的嗣后行为,[32]世贸组织上诉机构也肯定了部长级会议行为作为嗣后行为的解释效力。[33]

当然,条约缔约国与条约当事国存在些许差别,前者为同意受条约约束的国家,包括条约尚未对其生效的国家,后者则必须为条约对其已产生效力的国家。[34]《条约法公约》第31条第3款嗣后行为包括当事国以缔约国大会形式作出的行为。

2. 决议的通过不意味着合意的达成

《条约法公约》第31条第3款中的嗣后行为区别于其他嗣后行为的关键在于其合意性。具有合意性的嗣后行为应受到所有当事国的遵循,其条约解释权重不言而喻。

在缔约国大会中,为了增进会议效率,促进集体决议的达成,往往会设置除全体一致以外的其他表决制度,如多数决。少数反对意见可能受表决制度的影响,无法体现在最终的决议上。如果以决议的最后通过即表示合意的达成,则意味着某种程度上扩大了缔约国同意的范围。普遍接受的观点是,全体一致或者协商一致通过的决议能够体现各缔约国之间达成了合意,而以多数决方式通过,特别是反对票较多的时候,表明在缔约国之间尚未达成合意。在"南极捕鲸案"中,法官格林伍德分析了澳大利亚提到的40项捕鲸委员会相关决议,发现其中30项均以多数票通过,在许多情况下,票数相当接近,如关于南半球小须鲸和特别捕鲸的第2003-3号决议以24票对20票,1票弃权通过;且在几乎所

---

[31] See Stefan Raffeiner, "Organ Practice in the Whaling Case: Consensus and Dissent between Subsequent Practice, Other Practice and a Duty to Give Due Regard", *European Journal of International Law* 27, 2016, p. 1043.

[32] See Legality of the Use by a State of Nuclear Weapons in Armed Conflict, Advisory Opinion, 8 July 1996, *ICJ Reports* 1996, pp. 74-75, para. 19.

[33] See World Trade Organization, United States-Measures Affecting the Production and Sale of Clove Cigarettes-Report of the Appellate Body, 4 April 2012, WT/DS406/AB/RW2, pp. 91-92, paras 267-268.

[34] See Vienna Convention on the Law of Treaties art. 2.

有通过的决议中，日本都是反对者之一。[35] 格林伍德由此断定，这些决议不构成《条约法公约》第31条第3款中的嗣后行为。

也有观点认为，协商一致与全体一致仍存在差别。协商一致产生于20世纪60年代中期，[36]最初仅作为多数决的补充规则存在，因其灵活性而被越来越多地采用。[37] 在实际运用中，如何"协商"以及怎样算达成了"一致"都由采用了这一规则的组织或者大会决定。通常而言，以协商一致通过的决议比以多数决通过的决议得到了更多国家的同意。[38] 当然，也存在通过非正式方式提出反对意见的情况，如在决议以协商一致通过后又发表解释性声明表明立场。[39] 也正因此，国际法委员会认为，有的决议尽管被宣布为经协商一致通过，但存在一个或多个缔约国反对，这时不能作为《条约法公约》第31条第3款(a)项和(b)项所说的嗣后协定或嗣后实践。[40]

综合以上分析，缔约国大会决议的通过不意味着这一嗣后行为体现了全体当事国的共同意思，由于多数决和协商一致方式的存在，可能使最终通过的决议无法反映少数派的立场。即使是以缔约国大会形式作出的嗣后行为，仍要关注缔约国大会背后的各国的解释态度，当事国以正式或非正式方式提出的反对意见和立场声明恰是反驳合意达成的最有效证据。

---

〔35〕 See Christopher Greenwood, Whaling in the Antarctic (Australia v. Japan: New Zealand intervening), Judgment, ICJ Reports 2014, Separate Opinion of Judge Greenwood, https://www.icj-cij.org/files/case-related/148/148-20140331-JUD-01-07-EN.pdf, Nov. 23, 2019, pp. 407-408, para. 6.

〔36〕 See Barry Buzan, "Negotiating by Consensus: Developments in Technique at the United Nations Conference on the Law of the Sea", *American Journal of International Law* 75, 1981, p. 325.

〔37〕 参见周跃雪：《WTO"协商一致"决策方式之重新认识：以与传统投票表决方式的比较为视角》，载《河北法学》2017年第2期。

〔38〕 See Annecoos Wiersema, "the New International Law-makers?: Conference of the Parties to Multilateral Environmental Agreements", *Michigan Journal of International Law* 31, 2009, p. 251.

〔39〕 参见王军敏：《国际会议和国际组织的协商一致原则》，载《外国法译评》1998年第3期。

〔40〕 See International Law Commission, Report on the work of the sixty-sixth session (2014), document A/69/10, Chapter VII., https://legal.un.org/docs/?path=../ilc/reports/2014/english/chp7.pdf&lang=EFSRAC, p. 210.

从条约法解释通则看,具有合意的缔约国大会决议属于《条约法公约》第31条第3款所指的嗣后行为,能为条约解释者提供有力的解释支撑,其效力不逊于字面解释、目的和宗旨解释等。然而,条约法没有规定约束力问题,条约在设置缔约国大会权限时却涉及了这一问题,进而将大会作出的决议区分为有法律约束力的决议和仅具有建议性的决议。本文下一步将讨论缔约国大会决议的约束力对条约解释的影响。

## 四、缔约国大会决议的约束力对条约解释的影响

### (一)嗣后行为解释条约无须具有约束力

在"南极捕鲸案"中,日本一直强调澳大利亚列举出的捕鲸委员会决议只是建议性文件,不具有约束力,以此作为证明捕鲸委员会决议不构成与条约解释相关的嗣后行为的理由之一。这一观点得到了法官格林伍德的认同,他认为,若将建议性文件认定为《条约法公约》第31条第3款中的嗣后行为,进而影响条约解释,将破坏条约所规定的权利义务的平衡。[41] 另一位法官查尔斯沃思则持相反观点,她认为,对捕鲸委员会成员不具有约束力的建议如果符合《条约法公约》第31条第3款(a)项或(b)项的规定,则同样属于与《捕鲸公约》的解释相关的嗣后协定或嗣后实践。[42]

约束力和解释效力有不同的学说体系作为支撑。依照主流法律观点,渊源学说被用来论证某种规范或行为标准是否具有约束力,只有被证实属于法律渊源者才对主体之间的法律关系产生约束力。[43] 但除此之外,法律关系还可能受

---

〔41〕 Christopher Greenwood, Whaling in the Antarctic (Australia v. Japan: New Zealand intervening), Judgment, ICJ Reports 2014, Separate Opinion of Judge Greenwood, https://www.icj-cij.org/files/case-related/148/148-20140331-JUD-01-07-EN.pdf, Nov. 23, 2019, p. 408, para. 7.

〔42〕 See Hilary Charlesworth, Whaling in the Antarctic (Australia v. Japan: New Zealand intervening), Judgment, ICJ Reports 2014, Separate Opinion of Judge ad hoc Charlesworth, https://www.icj-cij.org/files/case-related/148/148-20140331-JUD-01-11-EN.pdf, Nov. 23, 2019, pp. 453-454, para. 4.

〔43〕 See Jean d'Aspremont, "The International Court of Justice, the Whales, and the Blurring of the Lines between Sources and Interpretation", *European Journal of International Law* 27, 2016, p. 1027.

到解释效力的影响。《条约法公约》被认为是条约的习惯国际法,其中与条约解释相关的条款为论证解释效力提供了依据。这两种效力根据两种学说体系分别认定,渊源学说除了论证那些标准和规范的约束力外,并没有讨论或者限制其解释效力;同样地,《条约法公约》在说明标准和规范的解释效力时也没对其约束力作出规定。

有观点认为,有的标准和规范依据《条约法公约》被认为具有解释效力,不一定具有约束力,但可以具有很强的说服力。[44]这种强说服力同样可以构成解释效力的基础,故而解释效力的存在不需要以具有约束力为前提。在缔约国大会形式下,不具有约束力的嗣后行为主要是指那些仅发挥建议作用的决议,各缔约国对这些决议的遵守更多地是源于一种集体责任,缔约国加入公约并参与缔约国大会的各项事务,就负有认真履行公约,实现公约目的和任务的义务。无论如何,正如"与条约解释相关的嗣后行为"专题特别报告员格奥尔格·诺尔特(Georg Nolte)所言:"即使不具有约束力,只要适当表明这就是当事国的意图,即可被认定为是《条约法公约》第31条第3款中能为条约解释提供参考的嗣后行为。"[45]

### (二)有拘束力的缔约国大会决议效力

无论是有拘束力的缔约国大会决议,还是无拘束力的缔约国大会决议,都可能对条约解释产生影响,就条约解释习惯国际法规则看,有无拘束力不直接影响解释效力的大小。然而,在实际情况中,有拘束力的缔约国大会决议指向性更为明确,更容易就条约解释作出一条明确标准,而建议性的缔约国大会决议则相反。这一点可以从"南极捕鲸案"中看出。建议性的缔约国大会决议作出之后,可能存在其他嗣后行为,与决议确立的解释态度相悖,使该决议无法体现全体当事国共同意思。有拘束力的缔约国大会决议则不同,因为有法律拘束力的存在,决议中的内容通常会得到良好遵循,逐渐发展成一种惯行。因此,实践中条约解释者们会更加重视具有拘束力的缔约国大会决议。

关于有法律拘束力的缔约国大会决议的效力问题还值得进一步分析,

---

〔44〕 See Anthea Roberts,"Power and Persuasion in Investment Treaty Interpretation: the Dual Role of States",*American Journal of International Law* 104,2010,p. 200.

〔45〕 Georg Nolte, Second Report on Subsequent Agreements and Subsequent Practice in Relation to the Interpretation of Treaties by Georg Nolte, Special Rapporteur, document A/CN. 4/671, https://legal. un. org/docs/? symbol = A/CN. 4/671, p. 45, para. 101.

该决议在对条约解释产生影响的同时,是否间接产生了类似修改条约的效力?[46]

许多学者认为,条约解释和条约修改之间没有明显的界分。[47] 条约的动态解释与条约修改所达到的效果可能是一致的,而嗣后行为对这两种条约活动都具有贡献。嗣后行为可以成为条约解释的资料,也能成为当事国存在条约修改意图的证据。虽然在《条约法公约》中,嗣后行为没有被规定为一种条约修改方式,但从该条约法编纂过程看,起草者们也没有否认嗣后行为可能对条约修改产生影响。回溯这段条约法编纂史,起草者们首先注意到的是嗣后行为修改条约的功能。[48] 沃尔多克第一次将嗣后行为的效力单独设条款规定,他认为嗣后行为不仅可以修改条约,还构成条约解释的证据。[49] 但是,各国在审议条约草案时表达了对嗣后行为修改条约的担忧。有的国家认为这种非正式修改可能威胁到条约的稳定性;有的国家则表示没有必要规定这种修改方法,因为规定了嗣后行为作为条约解释资料已经能发挥人们所需的作用。[50] 最终,嗣后行为修改条约的相关条款被删除。起草者们在条约评论时表示,这并不意味着否认嗣后行为修改条约的可能,仅是公约无意涉及这一问

---

〔46〕 这一问题也受到了诺尔特的关注。See Georg Nolte, Second Report on Subsequent Agreements and Subsequent Practice in Relation to the Interpretation of Treaties by Georg Nolte, Special Rapporteur, document A/CN. 4/671, https://legal. un. org/docs/? symbol = A/CN. 4/671, p. 28, para. 57.

〔47〕 See e. g., Anthea Roberts, "Power and Persuasion in Investment Treaty Interpretation: the Dual Role of States", *American Journal of International Law* 104, 2010, p. 200; Rahim Moloo, "When Actions Speak Louder Than Words: The Relevance of Subsequent Party Conduct to Treaty Interpretation", *Berkeley Journal of International Law* 31, 2013, p. 79.

〔48〕 See Gerald Fitzmaurice, Second Report on the Law of Treaties by Mr. G. G. Fitzmaurice, Special Rapporteur, document A/CN. 4/107, https://legal. un. org/docs/? path = ../ilc/documentation/english/a_cn4_107. pdf&lang = EFS, p. 53.

〔49〕 Humphrey Waldock, Third Report on the law of treaties by Sir Humphrey Waldock, Special Rapporteur, document A/CN. 4/167 and Add. 1 – 3, https://legal. un. org/ilc/documentation/english/a_cn4_167. pdf, p. 53.

〔50〕 Georg Nolte, Second Report on Subsequent Agreements and Subsequent Practice in Relation to the Interpretation of Treaties by Georg Nolte, Special Rapporteur, document A/CN. 4/671, https://legal. un. org/docs/? symbol = A/CN. 4/671, p. 52, para. 119.

题而已。[51] 一直以来,嗣后行为作为一种非正式的条约变革方式得到了许多学者的接受和认可。[52] 甚至在司法裁判中,法官也暗示存在这种嗣后行为间接修改条约的可能,如柏威夏寺案。[53]

尽管条约解释和条约修改在某些方面难以区分,但这两者的任务从一开始就是不同的,前者用以澄清当事国的意思,后者则为了改变当事国的权利义务。也正因此,条约的解释总要沿着一条相对确定的方向。当依据嗣后行为进行条约解释时,要遵循善意原则,不过分偏离条约字面含义或者与目的和宗旨严重背离,否则解释将很难使人信服。条约修改则不同,对原条约改变的大小和程度尽由当事国合意决定,这体现了对当事国主权的尊重。然而,即使证明存在这样的嗣后行为,暗示当事国间具有条约修改的意思,仍须有后续的修改程序,表明条约确已被修改,这将有助于维护条约的稳定。

缔约国大会的职能与审查条约、促进条约实施相关,因此,在缔约国大会框架下作出的决议可以体现缔约国修改条约部分内容的意图。当缔约国大会制定并通过了具有约束力的决议,履行了相应的条约修改程序,条约修改方最终完成。一个比较好的实践例子是世界贸易组织对《与贸易有关的知识产权协定》(Agreement on Trade-Related Aspects of International Property Rights,以下简称 TRIPS 协定)的修改。2001 年世界贸易组织部长级会议协商一致通过《TRIPS 协定与公共健康宣言》(Declaration on the TRIPS Agreement and Public Health,以下简称《宣言》)。《宣言》提出,应以支持公共健康的方式实施和解释 TRIPS 协定,同时规定了“关于制药能力不足国家的强制许可”以及“延长最不发达国家过渡期”等。[54]《宣言》作为一种嗣后行为,反映了各当事国对于

---

〔51〕 Georg Nolte, Second Report on Subsequent Agreements and Subsequent Practice in Relation to the Interpretation of Treaties by Georg Nolte, Special Rapporteur, document A/CN. 4/671, https://legal. un. org/docs/? symbol = A/CN. 4/671, p. 53, para. 122.

〔52〕 See e. g., Julian Arato, “Treaty Interpretation and Constitutional Transformation: Informal Change in International Organizations”, *Yale Journal of International Law* 38, 2013, p. 289; Rebecca Crootof, “Change without Consent: How Customary International Law Modifies Treaties”, *Yale Journal of International Law* 41, 2016, p. 237.

〔53〕 See Case Concerning the Temple of Preah Vihear (Cambodia v. Thailand), Merits, Judgment of 15 June 1962, *ICJ Reports* 1962, p. 32.

〔54〕 World Trade Organization, Ministerial Declaration of 14 November 2001, WT/MIN (01)/DEC/2, https://www. wto. org/english/thewto_e/minist_e/min01_e/mindecl_trips_e. htm.

TRIPS 协定解释的共同态度。不仅如此,《宣言》中还存在一些超越了条约解释的规定。为了加强相关规定的可操作性和“合法性”,世界贸易组织总理事会于 2003 年 8 月 30 日通过了《关于 TRIPS 协定和公共健康的多哈宣言第六段的执行决议》,并于 2005 年 12 月 6 日通过《修改〈TRIPS 协定〉议定书》将该决议转为对 TRIPS 协定的永久性修正,该议定书于 2017 年 1 月 23 日正式生效。此时,《宣言》中超越条约解释的部分内容因为构成了条约修改,而获得了条约法上的效力。若有其他意思表示相反的嗣后行为存在,也无法推翻已确定的条约修改后的内容。

总的来说,缔约国大会决议对条约解释和条约修改都能产生影响。解释效力发挥不须以约束力的存在为前提,但实践中有约束力的缔约国大会决议对条约产生的影响将会更大。

## 五、结　　语

自 20 世纪 70 年代以来,通过缔约国大会促进多边条约实施和发展,建立相应条约体系已成为趋势,尤其在国际环境领域。[55] 缔约国大会的成立具有很强的目的导向,但是在组织架构和权力分配上通常较为模糊,使得由缔约国大会作出的决议的效力也并不明晰。当争议产生时,当事国往往以决议缺乏约束力等理由避免决议发挥其效力,这不仅有碍条约体系的发展,也违背了当事国作出的承诺。

本文试图从条约解释角度重新定位缔约国大会决议,阐释缔约国大会决议这种特殊的嗣后行为对条约解释可能具有的效力和影响,并以“南极捕鲸案”的相关争议作为切入点。《条约法公约》第 31 条和第 32 条规定了具有不同解释效力的两种嗣后行为,两者的区别在于是否体现了所有当事国的合意。缔约国大会决议可能构成《条约法公约》第 31 条第 3 款所规定的嗣后行为,与条约普通含义、上下文等其他解释资料享有同等地位,需要条约解释者们予以同等考虑。首先,形式不影响合意的表达,当事国可以以缔约国大会形式作出条约解释的意思表示。其次,合意的证明有特殊性。当事国在缔约国大会这种形式下作出的嗣后行为受到集体表决制度的影响,其反对意见可能被民主原则所掩

---

〔55〕 See Robin R. Churchill, Geir Ulfstein, “Autonomous Institutional Arrangements in Multilateral Environmental Agreements: A Little-Noticed Phenomenon in International Law”, *American Journal of International Law* 94, 2000, p. 623.

盖。因此,缔约国大会通过的决议未必形成条约解释意义上的合意,各当事国有权就条约解释积极地表达自己的立场。另一方面,嗣后行为具有的解释效力与行为本身有无拘束力并无关系。解释效力的大小或有无主要依据条约解释习惯国际法来认定,不受拘束力的限制,不少司法实践也支持了这一观点。但是,具有拘束力的嗣后行为更容易对条约解释产生影响,不仅如此,它还可能涉及条约修改问题。嗣后行为可能同时成为条约解释和条约修改的证明,但是条约修改须符合一定的程序,须将嗣后行为中体现的条约修改共同意思通过正式的路径确定下来。

缔约国大会决议的条约解释效力应得到重视,在涉及条约争议时,当事国也应当积极援引缔约国大会决议,发挥其解释价值。从另一角度看,各国在参与缔约国大会表决时,要适当考虑通过决议可能产生的效果,为维护本国利益积极作出意见表示。缔约国大会决议这一嗣后行为有望在未来条约解释乃至条约修改实践中发挥更大价值。

(责任编辑:任昊)

# 本土眼光

# 《民法典》总则编实施后商事案例指导制度的完善

王　睿*

**摘要：**

我国《民法典》立法体例上民商合一，其中总则编提供了大量民商一体适用的规则，但商事活动具有不同于民事活动的特殊性，《民法典》总则编在实施中需要予以考虑，避免司法实践中“民商不分”。商事案例指导制度通过指导性案例对商事审判进行指导，能够推动司法实践中相对“民商分立”，对《民法典》总则编的实施也有积极作用。商事案例指导制度目前还不成熟，但其自身存在的问题以及《民法典》总则编的实施提出的新要求已经为其确定了完善的方向。本文提出的具体完善措施包括改进商事指导性案例的遴选机制、建立商事指导性案例与商事习惯之间的衔接、厘清商事指导性案例与司法解释之间的关系。

**关键词：**

《民法典》；民商分立；商事案例指导制度

## 一、引　　言

2010年，最高人民法院《关于案例指导工作的规定》的出台标志着案例指导制度的正式建立，2015年最高人民法院《〈关于案例指导工作的规定〉实施细则》规定，“应当将指导性案例作为裁判理由引述，但不作为裁判依据引用”。案例指导制度则在一定程度上发挥了判例的功能，[1]为市场经济的基本形式——

---

* 王睿，中山大学法学院2018级法学博士研究生，研究方向：民商法学。感谢中山大学法学院研究生戴懿君同学和曾玉莹同学对本文案例搜集整理、校对等方面的贡献。

[1] “应当参照”的指导性案例为解决这种问题提供了一种新的思路。其既不同于英美法判例通过“遵循先例”原则获得的正式的法源拘束力，也不同于大陆法系中判例的“实质约束力”，而是结合我国的实际情况所创设的特色制度。

商事活动的创新和发展提供了依据,有助于保持和促进市场经济的活力。商事案例指导制度是案例指导制度的一部分,在现阶段所指的是最高人民法院通过发布“应当参照”商事指导性案例对下级法院的商事审判进行指导,实现法律适用统一的制度。[2]

《民法典》已于2020年5月通过,在实施中必定会面临许多的难题,比如如何统一法律适用、如何对抽象的条款进行内涵及外延的确定、如何对漏洞进行补充、如何处置司法解释等。并且,虽然《民法典》采取了民商合一的立法安排,但从法院的内部审判部门的设置以及实质需求来看,司法中仍然采取并会长期坚持“相对的民商分立”。[3] 在立法民商合一的背景下,面对民商事案件的差异,如何在《民法典》总则编统一适用的原则下,根据商事关系的特点保证商事审判运用商法的思维、适用商法的规范、保持商法的灵活,从而实现《民法典》总则编的有效实施?一个基本的思路,是要坚持司法上相对的“民商分立”,发挥商事案例指导制度对《民法典》总则编实施的促进作用,并发掘及适应在实施过程中提出的新要求,以实现《民法典》总则编的有效实施和商事案例指导制度的完善。

## 二、商事案例指导制度对《民法典》总则编实施的促进作用

### (一)实现司法上相对的“民商分立”[4]

《民法典》总则编采取了“民商合一”的立法体例,但是并不否认在司法实

---

[2] 也就是说,在这种狭义定义下,商事案例指导制度仅限于商事指导性案例,因此下文中“商事案例指导制度”与“商事指导性案例”可能出现混用的情形。

[3] 据笔者自行统计,从2010年案例指导制度正式实行到2019年10月10日,最高人民法院已经发布了合计21批112个指导性案例,其范围涵盖了民商事、刑事、行政、执行等多个方面,覆盖面较广,在这些指导性案例当中民商事指导性案例所占比例最大,共计53个,其中16个为知识产权案例、24个为商事案例、13个为民事案例。由此可见,若除去知识产权案例,在剩余的37个传统民商事指导性案例中,商事指导性案例的数量要更多,这也反映了实践的现实需求。

[4] 笔者提出的“司法上的民商分立”,是指在《民法典》的实施中,通过商事案例指导制度进一步加强对民事审判和商事审判的区分,完善《民法典》总则编对民事关系和商事关系的法律适用规则,并通过这个过程为尚处于成长阶段的中国商法理论研究提供研究素材,且为将来的立法积累经验,通过司法上的“民商分立”最终实现立法上的“民商分立”。即使最终未能影响司法,亦能退而求其次,追求一种通过司法形成的事实上的“民商分立”,实现商事关系追求的效率和安全。

践中进行“民商分立”。《民法典》总则编的实施要求正确划分民事关系和商事关系，在司法审判中的法律适用要“区别对待”，以正确地适用法律，实现公平与效率的兼顾，否则将出现“民事活动泛商化”或是“商事活动泛民化”的尴尬境况。[5] “最好的立法模式不是学者设计出来的，而是法律实践创立的。”[6] 在立法上，为了实现体系的完整性和逻辑上的周延性，提出了民商合一的概念。或者说因为商法理论的准备不足，无法从理论上为民商分立提出强有力的论据，同时也不能完整地阐述商法的特殊性并抽象出一般的规则，我们只能采取一种最为成熟，同时争议最小的方案来安排我们的制定法。但司法面对的是要将法律规范实际适用于各种不同类型的法律关系当中，面对民商事关系不同的价值取向以及不同的特点，“民商不分”似乎并不利于《民法典》总则编的有效实施。在商事活动中，营利性决定了经济效益优先的价值取向，这就要求商业逻辑优先于法律逻辑，因此商事审判的法律适用必然不同于民事审判。[7] 在这种导向下，司法一直是“民商分立”的前沿阵地，《民法典》实施后，司法更应肩负“民商分立”的担当。

通过商事案例指导制度来实现司法上相对的“民商分立”，在现阶段来说是一种切实可行的做法。首先，通过最高人民法院公布商事指导性案例，引导法官在商事审判中贯彻商法的思维，适用商法不同于民法的价值取向，这样一种自上而下的模式，将更容易在整个司法系统形成共识，也有助于思想的统一。其次，通过商事案例指导制度来实现司法上相对的“民商分立”，与借助司法解释的推行相比，制度成本更低，可以随时就任一问题通过指导性案例的指引作用进行明晰，更加灵活。最后，通过商事指导性案例指导法官在商事中运用商法思维、适用商事规范、注意商法特殊性所形成的“实质上的民商分立”，是在现有的法律规范的基础上，通过对法官在法律适用的指引形成的，并不会与现行的《民法典》总则编的立法体系造成冲突，而是对其实施的改进，是商法作为民法的特殊法之体现。

---

〔5〕 如委托合同的推定有偿性使得有些本属于民事主体的互助精神体现的委托行为，却需要事先约定其无偿性。但在“汤臣公司与元式拍卖公司委托拍卖纠纷案”中，法院却罔顾拍卖公司作为商主体追求经济效益的属性，否认其对拍卖溢价的请求权。

〔6〕 施天涛：《民法典能够实现民商合一吗？》，载《中国法律评论》2015 年第 4 期。

〔7〕 参见周林彬、官欣荣：《我国商法总则理论与实践的再思考：法律适用的视角》，法律出版社 2015 年版，第 218 ~ 220 页。

(二)促进《民法典》总则编中商事规范的统一适用

法律的生命在于实施,而法律实施的核心在于法律的统一适用,同等情况同等对待不仅是我国法制统一的题中之义,也是法治的重要原则。[8] 然而《民法典》总则编的统一适用却并非易事,原因主要有两点。首先,潘德克顿体系的抽象技术决定了民法典的总则部分采取的是"提取公因式"的方法,在对分则各部分进行归纳的基础上,抽象出共通的内容,这就决定了《民法典》总则编中所规定的都是高度抽象的一般性条款,包括民事规范和商事规范,在实施中十分容易引起适用的不统一。其次,民商合一下《民法典》总则编中加入的商事规范,都必须恪守"具有一体适用效力"的普适性标准,[9] 即对民事关系和商事关系都可以适用,并且有些商事规范是通过间接加入[10] 的方式以民事规范的形式呈现,导致其具有抽象性和隐蔽性,法官难以识别和正确适用。因此,《民法典》总则编在实施的过程当中,由于商事规范的高度抽象性,同时其"一体适用效力"的要求导致一些商事规范将同时适用于民事案例和商事案例,统一法律适用越发艰难。

笔者认为,立法上采取民商合一的《民法典》总则编,要在司法实行相对"民商分立"背景下达到法律适用统一的效果,商事案例指导制度是其必经之道。从最高人民法院的相关规定和党中央的改革文件来看,案例指导制度最主要的功能定位在于统一法律适用,实现"同案同判",而其关键是对法官自由裁量权行使的规范。在民商法中"法官不得以无明文规定拒绝裁判",社会生活日新月异,赋予法官一定的自由裁量权是现实需求。同时如前所述,《民法典》总则编的商事规范都是抽象性的一般条款,且大多是"间接加入",因此其统一适用更仰仗于法官裁判权的正确行使,但由此引发的担忧就是法官自由裁量权滥用。为了防止这一现象任其发展,除了完善相关实体和程序方面立法及相关司法审判政策之外,强化案例指导是防止自由裁量权滥用的有效措施。商事案例指导制度自身的运作规律保证了法官裁量有一定自由度,但不是恣意妄为,并通过具体的指导性案例为法官处理类似案件提供了较之司法解释更具体的裁判标

---

[8] 详见江必新、何东林等:《最高人民法院指导性案例裁判规则理解与适用(公司卷二)》,中国法制出版社2016年版,第1页。

[9] 李建伟:《民法总则设置商事规范的限度及其理论解释》,载《中国法学》2016年第4期。

[10] 所谓间接加入,是指商事规范在加入《民法典》时采用的是不贴"商法标签"而作为一般的民事规范"隐名加入",如《民法典》第143条规定的"默示同意"条款。

准,实现了对这些抽象和隐蔽的商事一般规则的“精准化”适用。在商事案例指导制度下,法院在适用商事规范的一般条款遇到法律模糊、矛盾、空白、漏洞等情况时,查找到相关的指导性案例,并区分不同的“准则”性内容加以适用,从而实现统一适用。

（三）填补《民法典》总则编中商事规范的“成文法漏洞”

商事案例指导制度推动通过《民法典》总则编的实施来实现填补商事规范的“成文法漏洞”这一目标。《民法典》总则编为各分则提供一般性规则,对长期缺乏一般性规范的商法来说,规范供给功能显得更为重要。笔者认为《民法典》总则编中可能出现的商事立法漏洞主要有两种:一种谓之为“成文法漏洞”,其产生原因是如不完备契约理论所指出,由于人的理性的有限性,任何规则都不可能实现周延;另一种谓之为“立法留白”,其产生原因是立法者在某些可能发生较多变动的领域或争议较大的条款所留下的空白。本部分着重讨论的是商事案例指导制度对《民法典》总则编中商事规范存在的“成文法漏洞”进行填补的功能。因为对于《民法典》总则编中的商事规范而言,商事关系具有复杂性和多边性,然而囿于立法体例,《民法典》总则编中能够加入的商事规范的数量十分有限,并且只能采取隐蔽式的“间接加入”模式,其可能出现的“成文法漏洞”的现象就更为明显。

当这种“成文法漏洞”出现时,需要有一种漏洞填补的手段来对成文规则的缺陷进行弥补。《民法典》总则编已经出台,此时已经难以再通过立法程序对其进行修改、删减、增补以达到漏洞填补的目标。面对纷繁复杂瞬息万变的社会发展,通过商事指导性案例来对《民法典》总则编中商事规范的内涵和外延进行确定,以适应商业实践形式的层出不穷,是切实可行的方案。其一,在法律实施下商法产生与发展先有商事判例规则,后有商事成文法规则,商事指导性案例虽然不同于英美法国家的判例,但在“成文法漏洞”的填补中,它确实能够发挥判例的作用,通过最高人民法院对典型案例的整理和遴选,形成有指导性意义的案例,有效地对漏洞进行填补,这也更加符合商法的发展规律。其二,民商法审判中“法官不得拒绝裁判”原则施加了续造法律依据的义务,[11] 在商事规范领域存在许多制度创新的《民法典》总则编实施后,更需要商事指导性案例在司法上实现漏洞填补。其三,通过商事指导性案例解决因成文法立法体例缺陷导致的“成文法漏洞”,即是将“剩余立法权”赋予法官,是成文法国家“能动司法”

---

〔11〕 从已经发布的指导性案例来看,发挥漏洞填补功能的指导性案件仅出现在民商事领域。

的体现。在实践中,商事指导性案例已在实现“成文法漏洞”填补的功能,如第53号指导性案例,即明确特许经营权的收益权亦属于权利质押的客体范围,避免《物权法》对于权利质权客体“列举式”立法所带来的法律适用问题。

(四)保持《民法典》总则编的开放性与灵活性

商事案例指导制度使得《民法典》总则编的实施可以保持民法典体系的开放性,因为“没有一种体系可以演绎式地支配全部问题;体系必须维持其开放性。它只是暂时概括总结”。[12]《民法典》总则编制定了大量的基本原则、兜底条款、一般规定,这些规定的补充和含义的确定只能够通过司法来进行完善,而不会通过立法的途径来进行补足。与长期稳定的民事关系相比,商事关系更需要这种开放性来满足不断推陈出新的商业实践。《民法典》总则编的法律渊源条款中把习惯正式作为民法的法律渊源,正是为了维护《民法典》总则编的开放性。[13]通过商事指导性案例可以明晰商事习惯的产生和认定,对待商事习惯采取更为便捷和宽松的产生和认定条件,并赋予其更大的范围,注意商事习惯与行业规范、行业标准等商事自治规范的衔接,从而实现商事习惯和民事习惯的区分。因此,通过商事指导性案例可以在一定程度上保持《民法典》总则编的开放性,并赋予商主体更大的自主性。

同时,商事案例指导制度使得《民法典》总则编的实施能够保持商法体系的灵活性。与民法相比,商法具有更明显的灵活性。商法并非一成不变,商事实践是最具有创造性的领域。在营利性的驱动之下,商人们为了获得更多的交易机会,或为了实现利润的最大化,往往会创造性地设计出许多的新式的行为模式或是主体类型,因此商事实践的形式是时刻处于动态的变迁过程中的,必须通过司法裁判来保持商法体系的灵活性,保证商事活动的创新。商法裁判应当根据商事实践来更新对于新型商事法律关系的理解。但是在实践当中却普遍存在着法院僵化地适用既有商事法律规范,甚至在某些情况下援引已经过时的规范作为裁判依据,[14]而忽略实践的发展,对于商事交易创新的损害不可谓不大,不利于商业实践的繁荣。但出于法官水平的层次及对商事审判的把握不

---

〔12〕 [德]卡尔·拉伦茨:《法学方法论》,陈爱娥译,商务印书馆2003年版,第49页。

〔13〕 虽然有批评的声音认为法律渊源没有注意到商法的特殊性,既没有注意民事习惯和商事习惯的区别,也没有规定商事案例中可以优先适用习惯,但笔者认为总体而言瑕不掩瑜。

〔14〕 夏小雄:《从“立法中心主义”到“法律多元主义”——论中国商事法的法源建构逻辑》,载《北方法学》2014年第6期。

同，以及经济性、效率性的考量，通过商事指导性案例对《民法典》总则编的实施进行指引，以维护商法体系的灵活性，是一种更为可行的方案。

## 三、《民法典》总则编的实施对商事案例指导制度的新要求

### （一）现行商事指导性案例形成机制不适应商事审判实践

现行商事指导性案例的推荐主体类型多样，包括最高人民法院各审判业务单位、案例指导工作专家委员会委员、各高级人民法院、解放军军事法院、各中级人民法院、各基层人民法院以及其他公众或专家学者等。但是，推荐主体主要是单位，这意味着掌握更多商事案例资源、有更多机会直接了解商业实践发展需求的法官和案例指导工作专家委员会的委员并不能充分地发表自己的见解，最终推荐的结果不仅难以代表在一线从事案件审理工作的法官们的意志，也无法很好地适应商事审判实践的发展需求。

同时，指导性案例遴选权由最高人民法院行使，由最高人民法院审判委员会作为决策机构，采取集体讨论决定的方式决定。遴选权的运作依循自上而下的路线，是典型的行政性权力运作模式。指导性案例遴选权高度集中，指导性案例的形成难免受遴选机构承办人员个人偏好的影响。指导性案例形成机制目前呈行政化趋势，这不仅使商事指导性案例的形成相对脱离一线法官与社会公众，割裂商事指导性案例与商业实践之间的密切联系，还不利于改善法官过多着眼于《民法典》总则编条文，忽略民法与商法在功能、价值取向等方面所存在的本质上的不同，并采取民事关系的处理方式审理商事案件的现状；这也会导致商事指导性案例对商业社会的变迁与利益格局变动反应迟钝，最终导致裁判与商业社会脱节。案例指导制度所提供的可能只是一个个僵硬的模板，而不是生动的指南。[15]

### （二）商事活动的特殊性对商事案例指导制度的要求

其一，商事活动的多样性和创新性使得《民法典》总则编的实施经常会面对新型的交易关系，这就要求商事指导性案例必须贴合实践中商事活动的发展。前文已述，随着社会经济的发展，商事活动的形式会更加丰富，并且在金融、证券等非传统的商事领域商业模式的创新会更加常见。司法有必要对这些新型的商事活动有清晰的认识，看清其本质，对合法的商业创新应予保护。如最高

---

〔15〕 吴英姿：《谨防案例指导制度可能的“瓶颈”》，载《法学》2011 年第 9 期。

人民法院公布的第11批53号案例中,[16]法院认可了特许经营权的收益权可以质押,并且认定特许经营权的收益权依其性质不宜折价、拍卖或变卖,质权人主张优先受偿权的,人民法院可以判令出质债权的债务人将收益权的应收账款优先支付质权人。但是对于打着创新旗号的违法行为,则要坚决地否定以维护交易秩序。比如房地产开发领域常见的名为合作开发房地产合同,但却约定一方不承担任何风险,只分配固定数量房屋,实为房屋买卖合同。对于这种合同,就应当认定为房屋买卖关系,否定买方要求获得其他项目收益的请求,维护交易的公平。还有一些名为股权投资,实为高利率的民间借贷的合同,也应当根据实际情况予以限制。

其二,商事活动中交易主体有丰富的交易经验和较高风险偏好和承担能力,追求营利性,因此《民法典》总则编的实施中必须综合商事案件中主体和行为的特殊性,进行正确的法律适用,这对商事指导性案例的遴选和更新是一个巨大的挑战。商法有两个基本假定:首先,在交易主体上,假定商人是精明的、理性的,商人能够有足够的能力作出符合自己利益的决定并可以承担因决策错误所带来的不利后果的,不需要法律提供太多的特别保护;其次,商事交易注重安全性与便捷性。[17] 对这些特点,《民法典》总则编的实施过程中不可不察。如著名的对赌协议第一案海富投资案中,一审法院、二审法院、再审法院的判决都各不相同,特别是一审法院完全否认了对赌协议的效力,可谓是对于广泛存在的商业实践视若无睹,固守民法审判思维而对法律进行僵化的适用。

(三)商事规范的加入现状对商事案例指导制度提出的挑战

对于商事规范如何在《民法典》总则编中加入的理解不同,自然会对《民法典》总则编中加入的商事规范存在“加入过度”“加入不足”“加入适当”的观点。笔者认为,在民商合一的立法体例之下,《民法典》不可能“明目张胆”地对商事规范进行加入,而是只能在恪守“具有一体适用效力”的普适性标准的情况之下,将一些能够统一调整民商事关系的商事规范加入总则当中。以这种视角再对总则中的商事规范进行审视,笔者认为主要存在两个亟待解决的问题:第一个问题是部分商事规范加入不足,如没有充分考虑到商法的独特性,或是涵盖的范围过于狭窄,需要在法律实施中进行填补;第二个问题是有些商事规范的

---

[16] 指导案例53号,《福建海峡银行股份有限公司福州五一支行诉长乐亚新污水处理有限公司、福州市政工程有限公司金融借款合同纠纷案》,最高人民法院审判委员会讨论通过,2015年11月19日发布。

[17] 参见[德]C. W. 卡纳里斯:《德国商法》,杨继译,法律出版社2006年版,第8页。

加入是适当,但是作为总则中的一般性条款,为了实现兜底性而必须高度抽象,必须通过法律适用来使其获得生命。

在民商合一的背景下,商事指导性案例承担着通过法律实施实现对《民法典》总则编中的商事规范进行完善的任务。而无论是"加入不足"还是"加入适当"因高度抽象难以适用的商法条款,都属于前文所述的立法漏洞中的"立法留白",通过司法对其进行补充和完善,是一种更有效率的安排。既保证了《民法典》总则编的及时通过,又不会导致在这些问题上不会无法可依,反而赋予了当事人更大的自主空间,但法官也需要通过法律适用使其获得确定性,并实现法的可预期性。以表见代理条款的变迁为例,《民法总则》(三审稿)中规定的表见代理这一典型的商事代理行为适用的法定例外情形(如伪造公章等)在定稿中被删去,这种意味深长的安排其实说明立法者认为没有必要做这种"画蛇添足"的工作,而是留下更多的空间,以便法官根据实际情况进行判断,维护交易安全。但问题在于,表见代理条款既可能适用于商事关系,也会适用于民事关系,面对价值追求有差异,主体的判断能力不同、责任承担能力不同的民商事关系,该如何进行决断?可见,商事规范的加入现状要求商事指导性案例必须在《民法典》总则编的适用中对这些商事规范进行识别,同时使其更具体化,在对民事关系和商事关系进行合理的"差别对待"的同时,统一其适用,并在司法适用中对这些商事规范进行进一步的完善。

(四)商事指导性案例与司法解释的关系处理问题

《民法典》总则编的实施使商事指导性案例面临如何与商事司法解释进行协调的挑战。商事指导性案例与司法解释在制度形式上具有同源性:首先,它们都是最高人民法院所制定的,具有制定主体的同源性;其次,商事指导性案例与司法解释都是为了确保司法的统一适用以及司法公正,具有目的同源性;[18]最后,它们都是最高人民法院行使司法解释权的表现,是通过解释为司法活动提供裁判规则,具有效力同源性。此外,从本质上来说,"抽象规则形式的司法解释,往往既来源于实际个案,又超越实际个案",[19]商事指导性案例与司法解释都应当是通过司法案例本身来对司法实践进行指导。但是,在现实中许多商事司法解释却并非基于审判经验而制定,而是基于推理而形成,与司法实践相

---

〔18〕 武静:《裁判说理——适用指导性案例的理论与实践皈依》,载《河北法学》2017年第1期。

〔19〕 沈岿:《司法解释的"民主化"和最高法院的政治功能》,载《中国社会科学》2008年第1期。

脱离。这产生的不良后果是“在当前的司法解释形成过程中,如果过多地基于推理启动具体的司法解释形成过程,自作主张先创设立法政策然后顺此制定司法解释。这种做法导致司法解释的定位逾矩与功能紊乱”。[20]

现有的《民法典》总则编已经充分地吸收了原《民法通则》的司法解释中的合理规则,使其转换成为了法律规范的一部分。随着《民法典》的生效,原来发挥着“准立法”功能的《民法通则》司法解释定将逐渐淡出视线。这种重新洗牌正是改革的契机,司法审判将逐步摆脱对司法解释的过度依赖,转而充分发挥更符合司法本质的案例指导制度的功能。特别是对商事审判而言,商事案例指导制度通过个案将相关法律规范“具体化”“规范化”会显得更有针对性,从而在面对民事案件和商事案件时,能够正确地根据案件的性质正确地适用法律。同时,商事案例指导制度也更加符合商事关系灵活性的特点,能够随时通过个案对新的商事实践进行回应。但是在现阶段,商事案例指导制度是无法直接取代根深蒂固的司法解释的,如何处理好这种关系,是《民法典》的实施为商事案例指导制度带来的挑战。

## 四、商事案例指导制度的完善对策分析

### (一)改进商事指导性案例的形成机制

对策一,是改进商事指导性案例的形成机制,使其能够更好地贴合《民法典》总则编的有效实施,符合商事审判的实际需求。

首先,从推荐的主体而言,除了充分听取各地区及各级法院的推荐意见以外,更应当重视在一线从事审判工作的法官的推荐意见,允许一线法官单独提出个人意见。此外,在互联网技术日益发达的今天,我们可以充分地利用互联网技术,依托互联网网站,如中国司法案例网作为接收、展示来自各个单位、个人所推荐的商事指导性案例的平台。这样做,一方面可以通过一线法官推荐案例得以扩大商事指导性案例的来源,全面地了解、总结一线的审判经验,直击法律实施中所遇到的现实情况;另一方面,恰当地运用互联网技术有利于让一般公众也参与到案例推荐活动中,例如,一般公众可以在线留言点评被推荐的裁判文书是否符合遴选条件等。各类推荐主体也能直接在互联网网站上传推荐的裁判文书,或者针对其他单位、个人推荐的裁判文书提出自己的意见文书。

---

[20] 陈甦:《司法解释的建构理念分析——以商事司法解释为例》,载《法学研究》2012年第2期。

通过多方主体讨论研究使得所推荐的商事指导性案例具备多样性、典型性，真正解决《民法典》总则编实施中的疑难问题。

其次，从遴选的主体而言，转变最高人民法院垄断指导性案例遴选权的现状，可以适当地向省或直辖市的高级人民法院下放指导性案例的决定权限。原因在于：其一，各省或直辖市的高级人民法院每年通过公务员考试或调任等方式积聚了一大批法律精英，其中不乏优秀的法学博士、经验丰富且表现优异的基层法官，这为高级人民法院遴选商事指导性案例提供了大量的人才资源。其二，各省或直辖市的高级人民法院通常审理的是在本辖区内有重大影响的案件，该类案件案情复杂，法律关系庞杂，这不仅要求高级人民法院具备良好的法律适用能力、说理能力，还有效地提高了高级人民法院处理法律事务的能力，培养其先进的法律思维。这为高级人民法院遴选商事指导性案例提供了充足的能力储备。其三，高级人民法院从成立之初就开始发挥着捍卫法制统一的作用，在地方统一法律的适用，这是和商事案例指导制度为促进"同案同判"的司法目的不谋而合的。而且高级人民法院素来就有权通过答复请示案件、发布法律适用意见、发布审判业务指导文件等途径确立规则之治，〔21〕指导下级法院作出公正、统一的法律裁决，加上高级人民法院本有权颁布参考性案例且在实践中已有不少高级人民法院定期发布参考性案例，并颇有成效，这都为高级人民法院遴选商事指导案例奠定实践基础。遴选主体自然而然地落在高级人民法院和最高人民法院是合情合理的。等到指导性案例遴选机制发展成熟之时，我们甚至可以构建众评式案例遴选机制，在商事指导性案例形成过程中引入多元主体参与的商事指导性案例的遴选。社会公众参与遴选的方式可以是参加研讨会、听证会甚至是网络投票决定等。真正使得商事指导性案例成为来自于人民在商业实践中形成的智慧结晶，而不是最高人民法院的个人成果，并经历社会检验，符合商业实践。

再次，从遴选的案例分类以及时效而言，考虑到商事关系中不同类型的法律关系之间也存在很大的差异性，在法律适用方面有不同的特点，因此应当按照商事关系的类型定期、定向对案例进行整理，对于典型的案例，予以上升到商事指导性案例的地位。注意到商事活动的多变性和商事关系的灵活性，新型的商业实践模式变化较快，因此应当为商事指导性案例制定较短的时效要求，要及时根据商业实践更新商事指导性案例，并通过商事指导性案例对法律适用进

〔21〕 廖希飞：《论我国高级人民法院的职能——以行政审判为视角》，载《中共浙江省委党校学报》2015 年第 6 期。

行指导,保护合法的商业创新,鼓励商主体的积极性。

最后,从遴选的标准而言,最高人民法院在《关于案例指导工作的规定》第2条中明确了遴选条件:“(一)社会广泛关注的;(二)法律规定比较原则的;(三)具有典型性的;(四)疑难复杂或者新类型;(五)其他具有指导作用的案例。”该条件过于概括化、模糊化与抽象化,难免在商事指导性案例遴选的过程中产生任意性,受到遴选人员的主观意志影响较大。我们应该在已有的遴选条件基础上,强调商法在价值取向和功能上与民法的差异,融入商事审判的思维,注重体现商事审判的特点,维护交易效率和交易秩序,维护商事活动的营利性,同时也要注意商事活动的负外部性,在商事监管方面也应有所涉及。

(二)建立商事指导性案例与商事习惯的衔接

对策二,是建立商事指导性案例与商事习惯之间的衔接。商事习惯是商事活动中的交易主体在长期、广泛的商事活动中反复实践,总结归纳并自发渐进形成的自治性规范,主要体现为交易习惯和行业规范的形式。商事习惯不仅能及时反映多样多变的商事活动、各类新型交易关系,还能较直接地体现商事活动中交易主体各方经过磋商、让步后妥协的意志。商事活动由于交易的频繁,在减少交易成本的导向下,更倾向于建立相对长期稳定的契约,这也是公司契约理论所认为的公司出现的重要原因之一。因此,商事活动中充斥着大量的商事习惯,这些商事习惯所代表的规范就是哈耶克所称的自发形成的秩序,对法律关系的当事人来说更容易接受,是有一种有效率的安排。

商事习惯通过《民法典》第10条法律适用条款获得了正式法源的地位,这个变动对商法的发展而言无疑影响深远。商事习惯是实现司法上相对“民商分立”的重要通道,并且其强大的规范创设能力能够填补《民法总则》中加入的商事规范所存在的缺陷,而其对现有秩序的确认和保护价值,能够满足商事活动的特殊性的要求。但如前文已述,《民法典》总则编并未区分民事习惯和商事习惯的划分,而是将他们“一视同仁”,统称为习惯,并没有考虑商事习惯在产生、认定、形式等方面与民事习惯间存在的差异,要求商事指导性案例对这种实际存在的差异予以明确。

《民法典》总则编实施后的商事指导性案例,应当发挥其对于商事习惯的识别和认定方面的作用。由于商事活动的专业性,商事习惯蕴含了复杂的商业成本的计算和商业模式的设计,对于普通的民事主体,甚至是许多的法官都难以理解,导致某些商事习惯在现实中受到批评。比如在健身行业通常与顾客约定办好的健身卡不能退钱,不能转让,必须本人使用,这被许多顾客认为是霸王条款。但实际上对于健身房而言,其场所、设备等固定成本非常大,因此场所、设备的设置需要根据客户的数量以及平均使用时长进行安排。如若允许顾客退卡或更换使用人,将导致健身房无法控制成本,难以营业。由于商事活动整体上倾向于保护商品的流动性、提高周转频率和保护商事流转的结果,强调平衡商事交易中的各方利益以促进交易完成,追求商事效益最大化,在很多问题上,商事习惯与民事习惯有着显著的差别,例如商事习惯更能反映市场的易变性、营利性诉求,商事习惯会更侧重解决物在"动态流转"过程中的权利再分配问题、商事习惯会降低对第三人的注意义务要求等。

因此在《民法典》总则编的实施过程中,应通过商事指导性案例对这些专业的商事习惯进行识别,以维护正常的交易秩序,赋予商主体更多的自主性,指导法官进行正确的法律适用。同时,从习惯的形成过程来看,商事指导性案例在商事习惯的形成过程中能够有促进作用,即通过商事指导性案例的反复适用使得该案例所涉及的行为成为商事习惯,获得正式的法律渊源效力,从而发挥商事案例指导制度在创设规范、完善《民法典》总则编的体系、填补《民法典》总则编中的漏洞的功能。这个过程与商事案例指导制度对商事习惯的识别与认定不同,是法院通过商事案例指导制度在创制商事习惯,是司法能动的体现,并且是在司法权的范围内进行的。因此,商事案例指导制度和商事习惯的衔接增加了商事指导性案例促进《民法典》总则编的实施和完善的作用途径,并且其并没有脱离《民法典》总则编规则自给的范畴,有助于《民法典》总则编的稳定性。

(三)厘清商事指导性案例与司法解释的关系

对策三,是要厘清商事指导性案例与司法解释之间的关系,据此完善商事案例指导制度并保证《民法典》总则编的有效实施。前文已述,商事案例指导制度和司法解释之间有着许多的相似性,在制定主体、目的、效力上都具有同源性。商事案例指导制度能够实现的功能,大多都能够通过司法解释实现。但笔者认为,与司法解释相比,商事指导性案例具有不可替代性,为了对商事指导性案例进行完善,保证《民法典》总则编有效地实施,我们需要厘清商事指导性案例与司法解释之间的关系。

厘清商事指导性案例与司法解释的关系,要对商事案例指导制度与司法解释进行对比,以明确商事案例指导制度的特点。笔者认为,商事指导性案例具有如下特点:首先,司法解释是抽象性规则,而商事案例指导制度则是通过具体的案例对法官正确适用法律提供规范;其次,从生成机制来说,商事指导性案例的颁布要比司法解释的出台更容易,更新亦更为便捷;最后,从适应性来说,商事指导性案例具备更多的灵活性,能够适应商事活动的多变性,并且比司法解释更加地贴合司法实践。

厘清商事指导性案例与司法解释的关系,需要关注《民法典》总则编的出台给民法渊源带来的变化。《民法典》总则编第10条规定:"处理民事纠纷,应当依照法律;法律没有规定的,可以适用习惯,但是不得违背公序良俗。"有观点认为立法者这样设置的目的在于使民法形成封闭、自足的体系,法官的裁判依据有且仅有全国人民代表大会制定的法律已经习惯,阻止国务院通过行政法规的方式对民事关系进行插足,[22]同时也否定了最高人民法院通过制定的司法解释创设民法规范的可能性。按照这种理解,《民法典》总则编的生效将使司法解释失去约束力,要对《民法典》总则编的实施进行规范,其重任落在商事案例指导制度上。

笔者认为,《民法典》总则编生效实施后,司法解释在《民法典》总则编实施中能够发挥的作用将十分有限,司法解释原本承担的职能,特别是在商事审判中的功能,将有大部分由商事案例指导制度进行取代。至少与现在蔚为大观的司法解释体系相比,将明显下降。事实上,司法机关通过发布司法解释成为事实上的"立法者",这或多或少是受到"立法中心主义"理念的影响,而其实这并不利于司法对民商法,特别是商法体系发展的续造,也不利于《民法典》总则编本身的稳定性。试图通过制定实质上等同于成文法的司法解释来克服《民法典》总则编的固有缺点,促进《民法典》总则编的有效实施,却忽略了现行的司法解释其实并未跳出成文法的窠臼。现行的指导性案例中有部分案例就是为了引导法官理解和适用司法解释,当中就可以看出这种趋势。[23] 从长远来看,司法解释将淡出历史舞台,而更加贴合司法实践的商事指导性案例将大放光彩。即使从短期来看,商事案例指导制度在促进《民法典》总则编的实施方面无法完全替代司法解释的功能,将来仍需要制定《民法典》总则编的司法解释,也应当"为完善司法解释形成机制以确保司法解释优化质量,须强调基于审判经验启

---

[22] 《民法总则》(三审稿)第9条规定:处理民事关系,应当依照法律法规规定;法律法规没有规定的,可以适用习惯,但是不得违背公序良俗。获得人大表决通过的《民法总则》则删去了"法规"二字,与一审稿和二审稿一致。如此一来,国务院的行政法规对法官就没有法律约束力了。

[23] 如最高人民法院公布的第8号指导性案例认为公司组织机构内部运行混乱属于公司经营管理发生严重困难情形,而这一内容其实是在解释《最高人民法院关于适用〈中华人民共和国公司法〉若干问题的规定(二)》第1条第1款所规定的问题。

动具体的司法解释形成过程”。[24]

## 五、结　　语

商事案例指导制度的研究方兴未艾,而《民法典》总则编的生效带来的实施需求,将为商事案例指导制度带来新的发展机遇。如何实现《民法典》总则编有效实施及商事案例指导制度充分完善的双赢局面,是值得关注的话题。笔者提出的一种可能的思路是:首先,充分发挥商事案例指导制度对《民法典》总则编实施的促进作用,通过商事案例指导制度来实现司法上相对的“民商合一”,保证《民法典》总则编中“一体适用”的商事规范统一适用,并在填补“成文法漏洞”的同时,维护《民法典》总则编的开放性和灵活性;其次,在这一过程中寻找商事指导性案例自身存在的问题,充分发掘《民法典》总则编的实施对商事案例指导制度提出的新要求;最后,根据实际情况对商事指导案例进行完善,使之能够更好地服务于《民法典》总则的正确适用和有效实施。

结合商事案例指导制度实施现状以及即将生效的《民法典》可能带来的影响,为了完善商事案例指导制度,使其更好地促进《民法典》总则编的有效实施,笔者提出我们应当改进商事指导性案例的遴选机制、建立商事指导性案例与商事习惯的衔接、厘清商事指导性案例与司法解释的关系。商事案例指导制度的完善,必须立足于《民法典》总则编的实施需求,同时也要坚持其“商”的品性。笔者坚信,商事案例指导制度既是《民法典》有效实施的保障,也是处理好民法与商法之间关系的桥梁!

（责任编辑:高晨晨）

[24] 陈甦:《司法解释的建构理念分析——以商事司法解释为例》,载《法学研究》2012年第2期。

# 未登记动产返还原物请求权诉讼时效问题研究

## ——我国《民法典》第196条第2项的问题与解决

傅雪婷*

**摘要：**

《民法典》第196条第2项将未登记的动产物权人返还原物请求权纳入诉讼时效适用范围的做法，一方面，因物债二分之区别，使得物在法律上就无从归属，陷入权利真空状态。这既冲击人们的法感情，也与司法实践相左。同时，该规定与其他法律规定相结合造成了法律漏洞。另一方面，其正当性无法从通过诉讼时效维护第三人交易安全，以及解决占有作为动产物权公示方式面临的挑战等方面得到解决。有必要通过法律解释，从未登记动产返还原物请求权诉讼时效之规范基础的性质、适用范围，以及相应的配套制度入手，解决《民法典》第196条第2项带来的问题。

**关键词：**

未登记动产；诉讼时效；返还原物请求权；权利真空；物权公示

《中华人民共和国民法典》（以下简称《民法典》）于2020年5月28日通过，这是改革开放40多年民事立法的集大成者，其规则具有基础性、典范性的特点，是最为重要的民事法律规则。[1] 从反对解释出发，《民法典》第196条第2项将未登记的动产物权人返还原物请求权纳入了诉讼时效的适用范围。《民法典》第196条第2项是新增规定，不是法律移植的结果，而是选择性接受既有理论共识并进行一定程度理论创新的体现。[2] 但是，从通常观念、司法实践、价

---

* 傅雪婷，清华大学法学院2020级博士研究生。

〔1〕 王利明：《彰显时代性：中国民法典的鲜明特色》，载《东方法学》2020年第4期。

〔2〕 杨巍：《论不适用诉讼时效的请求权——我国〈民法总则〉第196条的问题与解决》，载《政治与法律》2018年第2期。

值判断和学理基础来看,《民法典》第 196 条第 2 项妥当与否,不无疑问。既有的文献往往是对未登记动产返还原物请求权的正当性进行讨论或批判,从排除未登记动产返还原物请求权适用诉讼时效的角度展开的。[3] 在《民法典》已经公布,未登记动产返还原物请求权适用诉讼时效"木已成舟"的情况下,对如何通过法律解释,把未登记动产返还原物请求权适用诉讼时效的负面效应降到最低,则少有关注。笔者拟借助本文,在分析《民法典》第 196 条第 2 项的规范含义的基础上,分析其存在的问题及其背后的价值判断,探究关于此问题的解决办法,以期有助于我国民事法律制度的完善。

## 一、未登记动产返还原物请求权诉讼时效正当性批判

### (一)未登记动产返还原物请求权适用诉讼时效的问题

#### 1."所有权空虚":从物债二分理论及其重构与取得时效谈起

有学者从债权请求权适用诉讼时效出发,论证返还原物请求权适用诉讼时效的正当性。概言之,债权请求权作为债权的主要内容,其因时效消灭后,债权也会变得名不副实,成为所谓"变态"债权,然而学者对此却均表示认可而未提出疑问。如果主张返还原物请求权不适用诉讼时效,就不知法律为何偏爱物权人而鄙视债权人。[4]

笔者认为,要回答这一问题,首先要从物债二分谈起。19 世纪末期,注释法学派的代表人物任夏尔·奥布里(Charles Aubry)与其同事夏尔·劳(Charles Rau)提出物权与债权的区分。他们认为,物权在人和物之间创造出了直接和支配性的关系,因此可以对抗一切人。我国自清末继受大陆法,及至今日,已在实定法与理论通说上形成债权和物权的界分,[5] 认为物权是绝对权和具有排他性的权利,而债权是对人权和相对权。[6] 然而,自物债二分理论诞生以降,其批判

---

[3] 参见杨巍:《论不适用诉讼时效的请求权——我国〈民法总则〉第 196 条的问题与解决》,载《政治与法律》2018 年第 2 期;张翔:《论遗失物返还请求权的诉讼时效——对〈民法总则〉第 196 条和〈物权法〉第 107 条关系的解释》,载《西北大学学报》(哲学社会科学版)2017 年第 4 期;阳雪雅:《返还原物请求权不适用诉讼时效新论——兼评〈民法典·民法总则专家建议稿〉》,载《湖北社会科学》2016 年第 3 期;朱虎:《返还原物请求权适用诉讼时效问题研究》,载《法商研究》2012 年第 6 期。

[4] 程啸、陈林:《论诉论时效客体》,载《法律科学》2000 年第 1 期。

[5] 唐勇:《债权质权:物债二分体系下的"骑墙者"》,载《中外法学》2013 年第 6 期。

[6] 王利明主编:《民法》(第 6 版),中国人民大学出版社 2015 年版,第 152 页。

理论也在逐渐发展。[7] 社会经济发展随之而来的"物权的债权化"与"债权的物权化"之倾向也对此界分发起了挑战。笔者认为,以"在债权受到侵害以后,债权人只能对债务人主张权利"来论证债权是对人权和相对权,以物权的"权利人可以对抗一切人,任何人负有不得妨害、侵害的义务"来论证物权是对世权和绝对权,并以此作为债权、物权的根本区别是不妥当的。因为这种区分标准将"受到侵害后的债权"与"未受到侵害的物权"对比,模糊了权利受到侵害前后的时间节点,自然会得出错误的结论。这种区分方法必须要回答这样两个问题:不特定第三人可以随意侵害债权吗?在物权受到侵害之后,物权人能否找到特定的义务人来对自己承担责任?如果第一个问题的答案是否定的,[8] 而第二个问题得到了肯定的回答,我们不禁发问:债权、物权的界分何在呢?笔者并不欲否定债权、物权二分,只是认为"在债权受到侵害以后,债权人只能对债务人主张权利",物权的"权利人可以对抗一切人,任何人负有不得妨害、侵害的义务",故而"物权是绝对权和具有排他性的权利,而债权是对人权和相对权",并据此作为债权、物权的区分标准,并不准确。或许,"在权利没有受到侵害的情况下,债权人就能找到特定的相对人对其履行义务,而物权人则需要等到权利受到侵害的情况下,才能找到特定的相对人对其履行义务"是一种更加严谨的

---

[7] 例如,Planiol 的人格主义理论。概言之,一切权利涉及的都是权利主体和义务主体之间的关系;在物权关系中,义务主体是为其他社会成员的整体所代表,物权对应的是某种消极的普遍义务。当然,人格主义理论也面临着批判的声音,认为"消极的普遍义务太过抽象",是一个法律虚构,混淆了权利的客体和权利对于第三人的对抗性。

[8] 关于是否承认第三人侵害债权之侵权行为的存在,英美法惯以"干扰合同关系"称呼第三人侵害债权,对第三人侵害债权负侵权责任呈现出肯定态度。法国法的学说与判例中,承认第三人侵权行为责任的见解乃通说。在德国法上,判例及多数说适用否定说;适用肯定说系少数说的见解。日本先后于 1915 年两份大审院的判决中表述了权利具有不可侵的效力,采肯定说;现在的学说上,作为一般论亦承认了侵害债权之侵权行为的存在。详见韩世远:《合同法总论》(第 4 版),法律出版社 2018 年版,第 895 ~ 896 页。我国在 2009 年《侵权责任法》之前,尽管《民法通则》第 106 条第 2 款中的"财产"在语义射程上可涵盖债权,但在我国学者通说及通常司法见解上,则将债权排除在外。《合同法》没有保留《合同法(草案)》(第三次审议稿)第 122 条关于第三人侵害债权承担侵权责任的规定,可以说是有意的法律漏洞。2009 年《侵权责任法》对第三人侵害债权是否应受该法调整,没有明确规定,但大多数意见持肯定态度。该法第 2 条第 2 款的"等人身、财产权益"被认为可以涵盖第三人侵害债权的问题。司法实务中业已出现第三人侵害债权的案例。可以说,不特定第三人在第三人侵害债权制度在我国经历了从理论探讨到在立法、司法领域逐步接纳并确立的过程。详见韩世远:《合同法总论》(第 4 版),法律出版社 2018 年版,第 896 ~ 897 页;李宝军、隋卫东:《论我国第三人侵害债权制度的构建》,载《河南师范大学学报》(哲学社会科学版)2015 年第 6 期。

表述。[9] 由此，我们不难发现，在物权受到侵害之后，物权人为了恢复其物权圆满状态，请求妨害人为一定行为或不为一定行为，与债权人为了实现其债权，请求特定的义务人为一定给付，两者何其类似！无怪乎有学者称："某些请求权性质上本应属债权，但基于特别的原因而被视为一种独立于债权的权利，如'物权请求权'。"但是，同样通过对债权、物权二分理论的分析，我们可以发现，尽管从请求特定人为特定给付的这一方面分析，债权请求权和物权请求权极为类似；但从"原权"和"救济权"的角度分析，作为债权权能之一的所谓"债权请求权"与作为物权受侵害而产生的所谓"物权请求权"，其性质和特征就完全不同：前者是"原权"中包含的权能，而后者却是"原权"（物权）受到侵害以后产生的救济权。[10]

行文至此，我们就可以尝试回答一开始的问题了。根本原因在于，如果债权请求权和物权请求权均适用诉讼时效，那么，一旦诉讼时效届满，对于债权而言，失去了获得强制执行的权利是其"原权"中包含的权能（债权请求权）；而对于物权而言，失去了获得强制执行的权利仅为其"原权"受到侵害以后产生的救济权（物权请求权）。债权请求权和物权请求权各自在债权权能和物权权能的地位不可同日而语，[11] 因此，两者在适用诉讼时效和取得时效的衔接上就出现了分野。对于债权而言，当债权请求权失去了获得强制执行的权利之后，债权之"血肉精神"近乎全部被掏空殆尽。此时，根本无需通过以取得时效来消灭实体权利的方式来给予权利最后的"致命一击"。[12] 既然债权不适用取得时效，那么对于债权请求权而言，诉讼时效与取得时效无法衔接的问题也就无从谈起。然而，对于物权而言，情况则截然不同。真正能消灭物权这一实体权利的，乃取得时效。但是，如果返还原物请求权适用诉讼时效，那么，一旦诉讼时效期间届满，会使得返还义务人将获得诉讼时效抗辩权。物权人在仍然拥有物权的情况下，失去了获得强制执行的权利。由此导致的结果是：物权人仍然享有物权，但无权占有人可以永久性地非法占有他人之物，而物权人则永久地丧失对自己之物的占有。此时，占有人就享有了经济学理论中的"产权"，物权就成为

---

〔9〕 笔者此处也并非主张对抗性是区分债权物权的根本标准。债权、物权最本质的差别何在？或许直接性是一个更稳妥的答案。

〔10〕 参见尹田：《论诉讼时效的适用范围》，载《法学杂志》2012年第3期。

〔11〕 可以说债权请求权乃债权"原权"之核心。而物权的主要权能在于支配和处分，物权请求权不过是物权效力范围的表现。

〔12〕 依笔者愚见，这也可以从侧面说明为何取得时效仅适用于物权，而不适用于债权。

了经济学上的“共同财产”。正因如此,有学者认为,“在返还原物请求权的诉讼时效届满之后,也同样发生取得效力”。[13] 对此,至少有两个问题有待回答。第一,取得时效和时效的成立条件并不完全相同,为何却能在“发生取得效力”[14]方面发生同样效果,这种乍一看近乎“分裂”的做法,应当如何证成其正当性?第二,如果适用诉讼时效的是物权,则存在权利真空问题,因为,物权因诉讼时效届满而消灭,物权人之相对人尽管事实上支配着标的物,但并未同时取得物权,这样,该标的物在法律上就无从归属,陷入权利真空状态。[15] 应当如何解释这种古怪、不自然的物权与占有相分离的状态?对于第二个问题,有学者尝试进行讨论。[16] 但是,以笔者所见,该讨论实际并未正面回答该问题。原因在于,该学者给出的理由有二:一是在取得时效和消灭时效之间一般有时间差距,在该期间占有人物权处分可依第三人可以依据权利继受者的规定受到诉讼时效的有利保护或是依据善意取得直接取得权利,法律都已对此提供了救济之道,占有人未取得所有权不会影响到权利的可处分性。二是以《荷兰民法典》的“搭桥条款”——第3:105条第1款[17]为例,认为法律应考虑取得时效和诉讼时效在规范上的协调。笔者认为,该学者提出的这两点理由,并非在回答物权与占有相分离的状态的正当性,而恰恰是在说明物权与占有相分离的状态所造成的问题。就第一个理由而言,其造成了在遗失物返还问题上,善意受让人

---

[13] Piekenbrock, Befristung, Verjhrung, Verschweigung und Verwirkung, Mohr Siebeck Verlag, 2006, s. 395f. 转引自朱虎:《返还原物请求权适用诉讼时效问题研究》,载《法商研究》2012年第6期。

[14] 此处的“发生取得效力”是就取得经济学意义上的“产权”而言的,详见前文。

[15] 李建华等:《论我国物权请求权诉讼时效制度的立法选择》,载《法学评论》2003年第5期。对于在有取得时效制度且取得时效制度期间长于诉讼时效期间的情况下,占有人或许还有取得物权,变成物权人的一天。而在没有取得时效制度的情况下,这种占有与物权相分离的状态恐怕会永久持续下去。有学者用“裸体权利”、“空虚所有权”、“名义上权利”、“不完全权利”或“残废权利”来形容此种状态下与占有相分离的所有权。该种修辞形容参见 Vgl. Dernburg, Das burgerliche Recht des Deutschen Reichs und Preuens, Bd. 1, Aufl. 3, Keip Verlag, 1906, s. 601。转引自朱虎:《返还原物请求权适用诉讼时效问题研究》,载《法商研究》2012年第6期。

[16] 参见朱虎:《返还原物请求权适用诉讼时效问题研究》,载《法商研究》2012年第6期。

[17] 《荷兰民法典》第3:105条第1款规定:“终止占有之请求权的诉讼时效届满时,财产的自主占有人取得该财产,即使该自主占有人并非善意”。

并未比恶意受让人享有更大的法律期间利益的法律漏洞。[18] 就第二个理由而言,对《荷兰民法典》第3:105条第1款批评的声音不绝于耳,甚至有学者批评《荷兰民法典》第3:105条第1款导致荷兰成为“窃贼的天堂”。[19]

2. 法律漏洞:对《民法典》第196条和第312条关系的解释

将《民法典》第196条的规定叠加在《民法典》第312条之上,所表现出的失主的未经登记的遗失物返还请求权规则为:失主对拾得人的返还请求权适用诉讼时效期间;遗失物的受让人及次受让人享有前手的诉讼时效抗辩权;受让人具备善意取得的一般要件,适用《民法典》第312条的规定,但是失主在该条所规定的期间内主张权利的,适用诉讼时效期间;受让人不具备善意取得的一般要件,适用诉讼时效期间,且遗失物的转让行为应具有导致诉讼时效中止的效力。上述解释表明,在遗失物返还问题上,善意受让人并未享有比恶意受让人更大的法律期间利益,即出现了法律漏洞。[20]

3. 与既往司法实践经验和民众的“法感情”相左

未登记的动产物权人返还原物请求权适用诉讼时效,意味着一旦3年之诉讼时效期间届满,会使得返还义务人将获得诉讼时效抗辩权。由此导致的结果是:物权人仍然享有该未登记动产的物权,但无权占有人可以永久性地非法占有他人之未登记的动产,而物权人则永久地丧失对自己之物的占有。在此情况下,物权人难免产生这样一种感觉:“明明是我的东西,怎么因为3年未曾索要,就由‘我的’变成‘别人的’了呢?”当然,此种感觉并不准确,因为诉讼时效届满发生的是令返还义务人将获得诉讼时效抗辩权的效力,而非所有权转移的效力,甲仍然是物权人。但是,如果从诉讼时效届满后,就会形成一个无法回复圆满支配状态的所有权,所有权与占有持续分离的角度观之,上述观感有其合理之处。未登记动产的物权人失去自己对该动产的占有,其后果如此之严重,所需时间又如此之短,难谓妥当。当然,作为自然债务,的确存在无权占有人“良心发现”,归还未登记的动产的情况。但这实际上是要求未登记的动产物权人将重新占有自己之物的全部希望系于该动产之无权占有人自行放弃自己的非法占有,希望之渺茫,自不待言。

---

〔18〕 详见张翔:《论遗失物返还请求权的诉讼时效——对〈民法总则〉第196条和〈物权法〉第107条关系的解释》,载《西北大学学报》(哲学社会科学版)2017年第4期。

〔19〕 Vgl. Siehr, Verj hrung der Vindikationsklage, ZRP 2001, s. 346f.

〔20〕 参见张翔:《论遗失物返还请求权的诉讼时效——对〈民法总则〉第196条和〈物权法〉第107条关系的解释》,载《西北大学学报》(哲学社会科学版)2017年第4期。

正因上述将未登记的动产物权人返还原物请求权纳入诉讼时效适用的适用范围会产生的种种问题,在《民法典》将未登记的动产物权人返还原物请求权纳入诉讼时效适用的适用范围之前,已有的司法实践中,由于无明确法律规定,司法机关通常依据学理认定返还原物请求权不适用诉讼时效,亦未区分该物是否登记而有所不同。例如"串井小等诉贾计生返还出借的名画案",被告占有原告父亲的名画长达20余年,原告请求被告返还而被告以诉讼时效届满为由抗辩。法院依据所谓"物权理论",判定原告的返还原物请求权不受诉讼时效限制。[21] 又如"章丘市绣惠镇建筑工程公司与章丘市第三建筑工程公司返还原物纠纷案",原告请求被告返还涉案22间房屋,被告以诉讼时效届满为由抗辩。法院以返还原物请求权不适用诉讼时效为由支持原告诉讼请求,但在说理部分未提及涉案房屋是否登记与裁判结果有关联。[22]

(二)制度效应:对可能正当性理由的反驳

1. 维护第三人交易安全?

诉讼时效制度的正当性理由,大致有惩罚在权利上睡眠者,督促权利人行使权利、保护义务人免受陈腐请求之干扰、降低审判成本等。上述正当性理由都各自受到了强有力的质疑。[23] 在此基础上,有学者试图从保护第三人信赖的角度来论述诉讼制度的正当性。其理由在于:如果权利人长期不行使返还原物请求权,该物长期处于义务人的控制下,就可能会给第三人以义务人对该物享有权利从而增加义务人整体财力的表象。如果返还原物请求权不适用诉讼时效,则不特定第三人所具有的信赖利益就会被损害。这会导致严重的后果,即第三人可能会付出大量成本以保证交易的稳定和安全。第三人的交易安全问题当然可通过保险和协商等制度解决,但这些解决方案仍然以第三人获得信息作为前提。在此过程中,第三人仍然要付出信息成本。虽然第三人和所有权人可以通过协商解决,从而在无其他交易成本的前提下不影响资源的最终配置,

---

[21] 最高人民法院中国应用法学研究所编:《人民法院案例选》(2000年第2辑,总第32辑),人民法院出版社2000年版。转引自杨巍:《论不适用诉讼时效的请求权——我国〈民法总则〉第196条的问题与解决》,载《政治与法律》2018年第2期。

[22] 山东省济南市中级人民法院(2014)济民四终字第740号民事判决书。转引自杨巍:《论不适用诉讼时效的请求权——我国〈民法总则〉第196条的问题与解决》,载《政治与法律》2018年第2期。

[23] 参见朱虎:《返还原物请求权适用诉讼时效问题研究》,载《法商研究》2012年第6期。

但开展协商的前提仍然是确定真正的所有权人。而在返还原物请求权适用诉讼时效的情况下,由于所有权人提出的请求可使得诉讼时效中断,因此他有充分的动机提出请求,从而降低第三人确定真正权利人的信息成本。[24] 笔者认为,上述理由乍一看很有道理,但仔细推敲,不无商榷的余地。我国返还原物请求权是从物权人知道或者应当知道权利受到损害以及义务人之日起开始计算,而非从请求权发生时开始计算。上述通过诉讼时效制度促使权利人主张权利,从而降低第三人确定真正权利人的信息成本,达到保护第三人信赖的路径,在义务人无权占有,侵害了物权人的物权,物权人已经知道或应当知道自己的权利受到损害的情况下,并无不当。问题发生在倘如占有人系有权占有,但又对物权人之物进行了无权处分的场合。在此场合下,存在两种可能。第一种情况是,物权人知道或者应当知道权利受到损害,此时诉讼时效开始起算。物权人当然有可能为了保护自己的物权,在诉讼时效的催促下,立即主张权利,此时第三人确定真正权利人的信息成本的确大幅降低。但是,因为诉讼时效是一个期间,所以物权人在已经知道了自己的权利受到侵害的情况下,也可能并不着急立刻主张权利。[25] 第二种情况是,物权人根本不知道、也不应当知道自己的权利受到了侵害,此时诉讼时效根本不开始起算,也就谈不上通过诉讼时效制度促使权利人主张权利,从而降低第三人确定真正权利人的信息成本,达到保护第三人信赖的目的了。总之,在物权人知道或者应当知道权利受到损害,诉讼时效开始起算,物权人毫不迟疑地立刻主张权利的场合下,第三人的确定真正权利人的信息成本的确降低了。但是,在其他场合下,诉讼时效能否起到保护第三人信赖的作用,笔者持保留意见。更重要的是,对于交易中的第三人而言,他不能确定自己面临的到底是前述的哪种情况,[26] 他还是得展开调查,此时第

---

[24] 参见朱虎:《返还原物请求权适用诉讼时效问题研究》,载《法商研究》2012 年第 6 期。

[25] 以未登记的动产物权人返还原物请求权的诉讼时效为例,纵然未登记的动产物权人返还原物请求权适用的普通诉讼时效期间,也足有 3 年。物权人不立刻主张权利,或许是出于需要时间准备的考虑,又或许是并无主张权利"时不我待"的紧迫感……物权人基于何种理由在知道了自己的物权受到侵害后不立刻主张权利,并不重要,重要的是只要不超过诉讼时效期间,在这 3 年中未登记的动产物权人什么时候主张权利,完全是物权人的自由。

[26] 因为即使在权利人毫不迟疑地主张权利的场合,只要该主张没有到达交易第三人,交易第三人就不免还是疑惑。他永远不能确定权利人是不存在、不会来,还是"正在立即赶来的路上"。

三人确定真正权利人的信息成本是否真的大幅降低，不免让人生疑。

2. 应对占有作为动产物权公示方式的不足？

从立法过程来看，《民法总则专家建议稿》（征求意见稿）第181条直接从正面规定了诉讼时效的适用范围，将返还原物请求权排除在诉讼时效的适用范围外。到了《民法总则》（草案），“一审稿”至“三审稿”把未登记的物权人的返还原物请求权纳入了诉讼时效的适用范围。[27] 有学者分析，该条规定的来源似乎是最高人民法院《第八次全国法院民事商事审判工作会议（民事部分）纪要》（法〔2016〕399号）第24条，“登记权利人请求无权占有人返还不动产或者动产”不适用诉讼时效。[28] 在提请人大审议时，为回应某些代表提出不少农村地区房屋尚无登记制度的意见，该条才最终修改为《民法典》第196条第2项之表述。[29] 由此产生两个问题：第一，法律为何偏爱登记物权人而鄙视未登记物权人，认为前者比后者值得拥有更大的法律期间利益？第二，如果可以因为不少农村不动产尚无登记制度这一理由，将未登记不动产排除在诉讼时效的适用范围之外，那么，我国目前尚无统一的动产登记制度，为何未登记动产就被纳入了诉讼时效的适用范围。同是未登记，法律为何偏爱不动产物权人而鄙视动产物权人？笔者认为，《民法典》第196条第2项背后隐藏的暗线是对面对占有作为动产物权的公示方式的不足，立法者或有意或无意地拔高了登记在物权公示中地位。但实际上，这一理由并不成立。

原则上，不动产物权以登记为公示方式，动产物权以占有为公示方式。[30] 随着经济社会的发展，对物权的征表于外而言，占有显得有些力有不逮。例如，间接占有中占有与所有是相分离的。又如，直接占有中，一方面，如果所有人通过占有辅助人进行直接占有，此时直接占有不具有物理上的可察性；另一方面，

---

〔27〕 其表述均为：“下列请求权不适用诉讼时效：……（二）登记的物权人请求返还财产；……”为何可以从反面解释出发，认为此规定将未登记的物权人的返还原物请求权纳入了诉讼时效的适用范围，可参照本文第一部分。因同理可得，故笔者在此不加赘述。

〔28〕 参见杨巍：《论不适用诉讼时效的请求权——我国〈民法总则〉第196条的问题与解决》，载《政治与法律》2018年第2期。

〔29〕 石宏主编：《中华人民共和国民法总则条文说明、立法理由及其相关规定》，北京大学出版社2017年版，第472页。转引自杨巍：《论不适用诉讼时效的请求权——我国〈民法总则〉第196条的问题与解决》，载《政治与法律》2018年第2期。

〔30〕 张文可：《物权法编纂过程中物权公示公信原则之构建》，载《郑州大学学报》（哲学社会科学版）2016年第6期。

即使所有人不通过占有辅助人进行直接占有,占有人与被占有物的物理上之管控关系,也常常无法显露于外。[31] 那么,提高登记在物权公示中的地位,是不是能恰当地解决这一问题呢? 笔者认为,答案是否定的。

第一,占有作为动产物权的公示方式的弊端并未严重到要动摇其根基的程度。首先,从历史的脉络分析,公示公信原则乃近代物权法的产物。在此之前,占有才是征表物权的“自然之选”。[32] 从历史的角度来看,就征表物权而言,登记是占有的例外,而不是反之。其次,面对占有公示作用的力有不逮,物权理论通过物权法定原则和特定原则进行了自洽的尝试。[33] 最后,虽然占有无法真正公示动产物权,但其却具有推定权利的效力。[34]

第二,如果抛弃占有,也不存在其他合适的动产物权公示方式。一方面,以为登记也无法完全避免偏差。以我国房产物权登记为例,其审查究竟是形式审查还是实质审查,素有争议。[35] 最高人民法院在《关于审理房屋登记案件若干问题的规定》第 12 条的用语乃需要达到“合理审慎”的标准,这恰恰表明了立法者的矛盾心态:既希望登记最大程度的真实,又意识到实质审查的问题:要耗费大量人力财力,影响了交易的便捷性、加大国家财政负担,并产生了国家赔偿责任的问题。[36] 另一方面,以登记作为动产物权公示方式,可操作性太低。即便是对占有作为动产物权公示方式抨击最猛烈的学者,也不主张以登记作为动产

---

〔31〕 梅夏英:《民法上公示制度的法律意义及其后果》,载《法学家》2004 年第 2 期。

〔32〕 谢在全:《物权法论》(上册),中国政法大学出版社 1999 年版,第 61 页;陈华彬:《物权法研究》,(香港)金桥文化出版有限公司 2001 年版,第 17 页;梅夏英:《民法上公示制度的法律意义及其后果》,载《法学家》2004 年第 2 期。

〔33〕 参见常鹏翱:《再谈物权公示的法律效力》,载《华东政法大学学报》2011 年第 4 期。

〔34〕 参见纪海龙:《解构动产公示、公信原则》,载《中外法学》2014 年第 3 期;[德]鲍尔·施蒂尔纳:《德国物权法》(上册),张双根译,法律出版社 2004 年版,第十章边码 6;王洪亮:《物上请求权的功能与理论基础》,北京大学出版社 2011 年版,第 32 页。

〔35〕 参见常鹏翱:《再谈物权公示的法律效力》,载《华东政法大学学报》2011 年第 4 期;杨宏云、孙春雷:《形式审查还是实质审查——〈物权法〉不动产登记审查的解析及完善》,载《学术界》2008 年第 5 期。

〔36〕 参见杨宏云、孙春雷:《形式审查还是实质审查——〈物权法〉不动产登记审查的解析及完善》,载《学术界》2008 年第 5 期。

物权的公示方式[37]。即使简化登记审查,"轻负担"也不等于"无负担","虱子多了压死象",即便每一个登记对当事人来说都极为轻松,但是要登记的动产过多,[38]汇在一起,也不失为一种沉重的负担。

综上,立法者或有意或无意地拔高了登记在物权公示中地位,以期望能克服占有作为动产物权的公示方式的种种弊端。反映到《民法典》第196条中,则是将未登记的动产物权人返还原物请求权纳入诉讼时效的适用范围。但是,如前所述,拔高登记在物权公示中的地位,并不能解决动产物权公示面临的困境。因此,《民法典》第196条第2项也就无法通过"拔高了登记在物权公示中之地位,以解决动产物权的公示方式的困境"来证成其合理性。

## 二、问题的解决:未登记动产返还原物请求权诉讼时效之规范性质分析——基于民法规范论的视角

### (一)关于《民法典》第196条第2项规范内涵的学说争鸣及评述

从反对解释出发,可认为《民法典》第196条第2项将未登记的动产物权人返还原物请求权纳入了诉讼时效的适用范围。现有的释义书也作此解释。[39]

---

[37] 有的学者认为,虽然动产所有和占有经常分离,但是物权表征方式的确立,逻辑上必然以表征方式标示的物权信息有发生错误之可能为前提。如果绝对不会出错,则无需法律确定表征方式。其次,确立物权表征方式乃旨在打造法定的物权信息传递渠道,节省物权信息成本,经验事实并非决定性因素。在必须确立表征方式的前提下,对于动产也没有比占有更好的选择。参见叶金强:《公信力的法律构造》,北京大学出版社2004年版,第58页。类似观点可参见梅夏英:《民法上公示制度的法律意义及其后果》,载《法学家》2004年第2期。有的学者对占有作为动产物权公示方式进行了猛烈的抨击。其抨击如此强烈以至于得出了在此情形下应当抛弃物权公示公信原则的结论。然而,即便如此,该学者依然承认,当今社会对于动产是无法构建于此基础上,针对动产,其认可的依然是占有的推定力,也承认善意取得中是出让人让受让人获得占有的能力构成了权利外观。参见纪海龙:《解构动产公示、公信原则》,载《中外法学》2014年第3期。

[38] 从通常事理来看,一个人拥有的动产数量自然要远远多于其拥有的不动产。这也是不动产登记可以变为现实而动产登记不现实的原因之一。

[39] 参见王利明主编:《中国人民共和国民法总则详解》(下册),中国法制出版社2017年版,第936页。

但是,有学者提出,这种解读失之草率且有违设置该规则的本意。[40] 本质是希望通过否定《民法典》第 196 条第 2 项乃未登记动产返还原物请求权诉讼时效的规范基础,规避未登记动产返还原物请求权适用诉讼时效带来的诸多问题。

对此,笔者认为,后一种观点混淆了应然与实然。诚然,将未登记的动产物权人返还原物请求权纳入诉讼时效,有欠妥当。但由此直接得出该条未作此规定的结论,显然不妥。《民法典》并未从正面规定诉讼时效的适用范围,而是从反面规定了不适用诉讼时效的请求权。[41] 若对此加以否定,固然可解一时之困,但终将令诉讼时效的适用范围陷入迷踪,破坏法的安定性与可预测性。长久来看,并非良策。总之,笔者赞成《民法典》第 196 条第 2 项有欠妥当,但不认为可通过对现行法的解释,直接将未登记的动产物权人返还原物请求权排除在诉讼时效的适用范围之外。

(二)未登记动产返还请求权的自治路径与处分边界

既然无法通过对《民法典》第 196 条第 2 项的规范分析,直接将未登记动产返还原物请求权排除到诉讼时效的适用范围之外,那么,是否意味着规范分析的方法在解决这个问题上无计可施呢?笔者认为,答案是否定的。借助民法规范论的利器,[42] 问题可迎刃而解。

1. 诉讼时效强制性之反思

就诉讼时效而言,自 20 世纪 80 年代以来,我国学界通说就主张诉讼时效

---

〔40〕 参见杨巍:《论不适用诉讼时效的请求权——我国〈民法总则〉第 196 条的问题与解决》,载《政治与法律》2018 年第 2 期。

〔41〕 此种立法技术是否恰当,也值得研究。实际上,《民法总则专家意见稿(征求意见稿)》采用的是正面规定的方法,于第 180 条规定了诉讼时效的适用范围。但是,最终并未被采纳。从比较法的角度来看,《德国民法典》采用的是正面规定加反面规定的方法,先于第 194 条第 1 款规定了所有基于合同的和法定的请求权均受消灭时效的约束之原则,后于第 194 条第 2 款、第 902 条、第 898 条、第 758 条、第 924 条、第 1138 条、第 2042 条第 2 款规定了家庭法上的请求权、源于土地登记簿上登记的权利的请求权、更正土地登记簿的请求权和一些其他的请求权不适用消灭时效。参见[德]本德·吕斯特、[德]阿斯丽德·施塔德勒:《德国民法总论》(第 18 版),于馨淼、张姝译,法律出版社 2017 年版,第 77~78 页。

〔42〕 所谓民法规范论,是在民法领域对法律规范的类型进行区分的基本理论。根据不同的学说与区分标准,存在任意性规范、强制性规范和混合性规范之分,以及倡导性规范、授权第三人规范和强制性规范之别。相关内容可参见王轶:《民法典物权编规范配置的新思考》,载《法学杂志》2019 年第 7 期;王轶:《法律规范类型区分理论的比较与评述》,载《比较法研究》2017 年第 5 期;王轶:《民法典的规范类型及其配置关系》,载《清华法学》2014 年第 6 期。

的强制性。[43] 实定法上,从最高人民法院《关于审理民事案件适用诉讼时效制度若干问题的规定》第2条到《民法典》第197条,对诉讼时效的强制性进行了确立与具体化。然而,诉讼时效强制性的正当性受到了新近学说的有力质疑。有学者从诉讼时效追求的公益性理论基础、时效法的不可变更与诉讼时效具体法律制度的不可协调性、挫败当事人的正当期待与诱发背信行为、比较法立法例等角度对诉讼时效正当性展开批判。[44] 亦有学者通过对诉讼时效的价值流变和当代时效改革发展趋势的分析,认为意思自治理念自始内含于诉讼时效制度之中,其价值基础在于对不特定交易第三人信赖利益的保障,以及社会整体债权信用体系和交易秩序的公益维护。[45] 其共同的结论在于,应当肯定诉讼时效法为任意性规范,同时出于满足当事人特定需要和平衡私益与公益间的价值均衡,为当事人的意思自治设置一定的边界。

是否要诉讼时效法强制性这幢大厦,暂且不论。但具体到未登记动产返还原物请求权诉讼时效领域,在其适用带来的问题如此明显且严重的情况下,不若先从诉讼时效强制性大厦中最为“高危”的部分进行整改。具体而言,即将未登记动产返还原物请求权诉讼时效例外地规定为任意性规范,允许当事人的意思自治,同时从当事人保护与利益平衡的角度出发,对当事人的意思自治设置一定的边界。

2. 未登记动产返还原物请求权诉讼时效的自治路径

将未登记动产返还原物请求权诉讼时效规范定位为任意性规范,原则上,允许当事人的意思自治。具体而言,首先,允许当事人约定延长或缩短未登记动产返还原物请求权诉讼时效期间。当然,此种约定有必要从上限和下限进行限定,详见后文。其次,未登记动产返还原物请求权时效的中止、中断事由可由当事人约定。最后,未登记动产返还原物请求权诉讼时效中,当事人可以预先约定抛弃时效利益。总之,通过登记动产返还原物请求权诉讼时效的自治路径,实现任意性规范公平地分配典型交易中当事人的权利义务和风险成本的

---

〔43〕 参见佟柔主编:《中国民法学:民法总则》,中国人民公安大学出版社1990年版,第314页;谢怀栻:《民法总则讲要》,北京大学出版社2007年版,第201页。

〔44〕 参见金印:《诉讼时效强制性之反思——兼论时效利益自由处分的边界》,载《法学》2016年第7期。

〔45〕 参见胡安琪:《诉讼时效的自治进路及规范配置——基于利益衡量》,载《学术交流》2018年第1期。

“指导图像”功能。[46]

3. 未登记动产返还原物请求权诉讼时效的处分边界

在坚持未登记动产返还原物请求权诉讼时效规范为任意性规范的前提下，需要一种适度的强制状态，既是平衡当事人自治与国家管制的需要，[47]也有利于满足特殊当事人的特殊利益需要。具体而言，可以从以下角度对当事人关于未登记动产返还原物请求权诉讼时效的约定加以限制。首先，为缩短或延长时效期间的约定设置上限或下限，前者是公益性的要求，后者则是基于公平的考量。[48] 其次，对于某些特殊类型的请求权，例如，对于作为当事人故意而产生的责任的返还原物请求权，[49]法律禁止当事人通过约定缩短时效期间。这主要是为了避免当事人通过时效约定架空法律。最后，未登记动产返还原物请求权诉讼时效的约定不得不利于某些特殊的主体，例如消费者和格式条款的接受者，这是基于保护特定主体与维持法的价值一致性的考量。[50]

## 三、未登记动产返还原物请求权诉讼时效的适用范围

### (一)商事领域的适用：从民商合一与民商分立谈起

民商合一抑或民商分立，是民商法领域一个持久而经典的问题。从历史源流与比较法角度考察，路径各不相同，且背后各自都有强有力的理由支撑。我国法采民商合一的体例，有其深厚的历史背景、理论与实践基础，相应地也面临挑战与问题。[51] 笔者认为，民商合一的必然后果是民法的商法化。例如，《民法典》中新增规定的超级优先权、物权编中将善意取得的适用范围由传统民法

---

[46] 关于任意性规范的功能，参见苏永钦：《私法自治中的国家强制》，中国法制出版社2005年版，第27页。

[47] 宁红丽：《民法强制性规范的反思与优化》，载《法学》2012年第4期。

[48] See Ole Lando et al., ed., “Principles of European Contract Law”, Part III, *Kluwer Law International*, 2003. p. 208.

[49] 此处涉及返还原物请求权基础的类型化分析，详见后文。

[50] 参见金印：《诉讼时效强制性之反思——兼论时效利益自由处分的边界》，载《法学》2016年第7期；胡安琪：《诉讼时效的自治进路及规范配置——基于利益衡量》，载《学术交流》2018年第1期。

[51] 关于民商合一与民商分立的讨论，可参见李建伟：《〈民法总则〉民商合一中国模式的检讨》，载《中国法学》2019年第3期；施天涛：《商事关系的重新发现与当今商法的使命》，载《清华法学》2016年第7期。

理论中的动产扩展至不动产、债权人代位权对“入库规则”的突破、婚姻法对夫妻债务的处理等,均是民法商法化,呈现出交易原教旨主义、保护信赖的体现。[52] 然而,民法与商法毕竟不同,其根源在于两者的基本价值追求不尽相同。前者以正义为追求,后者以效率为价值。

具体到未登记动产返还原物请求权诉讼时效领域,前文讨论的其正当性理由中较有力者——保护第三人交易安全,并非全无道理。需要进一步思考的是,在正义与效率(信赖)产生价值冲突时,何时后者能压倒前者?答曰:当法律调整的是商事关系时。我国采民商合一,有关商法的一般性规则纳入民法典中。未登记动产返还原物请求权诉讼时效规则也能调整商事关系。出于未登记动产返还原物请求权诉讼时效的种种负面效果,也考虑到对不特定交易第三人信赖利益的保障,不若将未登记动产返还原物请求权诉讼时效的适用范围限缩解释为商事领域。如此,正义之价值追求和交易秩序的公益维护之价值可得均衡。

### (二)民事领域:未登记动产返还原物请求权的所指——基于“返还原物”的类型化建构

#### 1.返还原物请求权基础的类型化分析

首先,返还原物请求权作为保护所有权的最主要方式,旨在救济所有权人对物的占有被剥夺的侵害行为,是民法上一项极为重要的物权请求权,[53] 自不待言。实物返还不能时,原则上走向价额补偿,此处又牵连出不当得利返还与所有人—占有人返还关系规则。[54]

其次,“返还原物”在债权法中也有极为重要的地位。合同法中,合同无效和撤销后,返还原物请求权的性质,主流的学术观点主要有债权请求权说(不当得利返还请求权)、物权请求权说(返还原物请求权)以及请求权竞合说三种理论。[55] 合同解除后,依“直接效果说”和“折衷说”之分,“恢复原状”下的返还

---

[52] 也可参见夏小雄:《私法商法化:体系重构及其制度调整》,载《法商研究》2019年第4期。

[53] 参见滕佳一:《返还原物请求权体系解释论》,载《比较法研究》2017年第6期。

[54] 关于此问题的争议与厘定,可参见汤文平:《法律行为解消清算规则之体系统合》,载《中国法学》2016年第5期。

[55] 参见李永军:《论债的科学性与统一性》,载《法律科学》2013年第1期;陈怡伊:《刍议合同无效或被撤销后返还请求权之性质》,载《法学杂志》2015年第3期。

原物请求权的性质,有“物权请求权”与“独立的债权请求权”之别,[56]司法和实务层面争论不休。[57] 侵权法中,返还原物请求权同时作为物上请求权与侵权责任方式而存在。侵权责任法中的财产返还,有其独立的功能,其与物权请求权性质的原物返还请求权并不相同。在一定情况下,二者可能构成竞合,即基于同一事实而发生,此时并不能根据规范竞合说,认为只存在一个实体法上的请求权,因为,此时物上请求权与侵权法上的返还财产请求权的内容并不相同,应当遵守各自的规定。[58] 此外,不当得利法与无因管理法中,也各自存在返还原物请求权。[59]

2. 适用诉讼时效的未登记动产返还原物请求权的路径选择

如前所述,未登记动产返还原物请求权适用诉讼时效将带来诸多问题。基于“返还原物”的类型化分析,对“未登记动产返还原物请求权诉讼时效”中的“未登记动产返还原物请求权”的所指进行限缩解释,从而尽可能地限缩其适用范围,消弭其负面影响。

笔者认为,可以将“未登记动产返还原物请求权诉讼时效”中的“未登记动产返还原物请求权”所指的限缩解释为两类:第一类是在未登记不动产转让时,其价金返还请求权适用诉讼时效,其余情况,非诉讼时效涵射范围;第二类是债权请求权性质的返还原物请求权。如此一来,也可和“债权请求权适用诉讼时效,物权请求权则否”的民法基本理论耦合,《民法典》第 196 条第 2 项所产生的问题也可迎刃而解。

---

[56] 参见韩世远:《合同法总论》(第 3 版),法律出版社 2018 年版,第 668 ~ 685 页;崔建远:《解除权问题的疑问与释答》(下篇),载《政治与法律》2005 年第 4 期;崔建远:《解除效果折衷说之评论》,载《法学研究》2012 年第 2 期。

[57] 陆青:《合同解除效果与违约责任——以请求权基础为视角之检讨》,载《北方法学》2012 年第 6 期。

[58] 参见王洪亮:《原物返还请求权:物上请求权抑或侵权责任方式》,载《法学家》第 2014 年第 1 期;魏振瀛:《论返还原物责任请求权——兼论所有物返还请求权比较研究》,载《中外法学》2011 年第 6 期;王洪亮:《返还原物请求权构成解释论》,载《华东政法大学学报》2011 年第 4 期。

[59] 参见汤文平:《法律行为解消清算规则之体系统合》,载《中国法学》2016 年第 5 期。

## 四、未登记动产返还原物请求权诉讼时效的配套制度

如果未登记动产返还原物请求权适用诉讼时效从通常观念、司法实践、价值判断和学理基础来看,均会产生诸多问题,在《民法典》已经出台,未登记动产返还原物请求权适用诉讼时效"木已成舟"的情况下,那么相关制度就必须围绕上述两个前提进行建构,以期将《民法典》第196条第2项带来的负面效应降到最低。[60]

(一)未登记动产返还原物请求权的内部教义

1. 未登记动产返还原物请求权诉讼时效期间的类型

将未登记的动产物权人返还原物请求权的诉讼时效期间由适用3年的普通诉讼时效期间,改为适用更长的特殊诉讼时效期间。从比较法的角度考察,众多国家和地区将返还原物请求权排除在诉讼时效的适用范围之外。[61] 而将返还原物请求权纳入在诉讼时效的适用范围的国家和地区,其诉讼时效期间也远远长于我国所规定的3年。[62] 将物权请求权纳入诉讼时效适用范围的做法,批评的声音不断。[63] 该做法让未登记动产的物权人失去自己对该动产的占有,

---

〔60〕 若无特别声明,本节针对作为典型物权请求权的未登记返还原物请求权诉讼时效。

〔61〕 例如,《意大利民法典》第948条第3款规定:"返还所有物之诉不因时效而消灭,但是基于时效取所有权的情况不在此限。"《葡萄牙民法典》第1313条也作类似规定。《欧洲合同法通则》第14:101条和《欧洲民法典共同参考框架草案》第I-7:101条也同样排除了诉讼时效对返还原物请求权的适用。日本未明确规定返还原物请求权是否适用诉讼时效,而由学理及实务解决。日本的学理及实务主流意见均认为返还原物请求不适用诉讼时效。日本"民法改正研究会"起草的民法修正案中,新增条文规定所有权及其所产生的返还原物请求权不适用诉讼时效。参见[日]加藤雅信:《日本民法典修正案I第一编总则》,朱晔等译,北京大学出版社2017年版,第43、450页。

〔62〕 例如,《德国民法典》第197条第1款第1项规定返还原物请求权应适用30年的诉讼时效期间。参见王泽鉴:《民法总则》,北京大学出版社2009年版,第414~415页。《法国民法典》第2224条规定了动产诉讼和债权诉讼的时效期间为5年,第2227条规定了不动产物权诉讼的时效期间为30年。《荷兰民法典》第3:306条规定返还原物请求权一般适用20年的诉讼时效期间。

〔63〕 即使是在坚守立场的德国,以1989年的"汉堡城市印章案"、1993年的"萨弗莱根德案"和1998年的"神圣家族绘画案"为契机,学者的批评也日渐加强。参见NJW,1990. 899. NJW1993. 1480. City of Gotha and Federal Republic of Germany v. Sotheby's and Cobert Finance S. A. ,1 WLR 114(1998)。

即经济学意义上的"产权",其后果如此之严重,如果需要的时间又过于短暂,那么对于物权人而言,难免过于严苛。所以,可以通过延长诉讼时效期间的方法来缓解对物权人产生之后果的严厉程度。

2. 未登记动产返还原物请求权诉讼时效期间的起算

未登记的动产物权人返还原物请求权从物权人知道或者应当知道权利受到损害以及义务人之日起开始计算。从比较法上考察,将返还原物请求权纳入诉讼时效适用范围的立法例[64]中,以《德国民法典》为代表,的确有坚持返还原物请求权诉讼时效自请求权发生时起算的操作。[65] 但是,此种做法既不符合我国现行法的规定,从保护权利人的角度来看,也未尽妥当。故而,笔者不认为有采此种立法例的必要。

3. 未登记动产返还原物请求权诉讼时效期间的中止与中断

在未登记的动产物权人返还原物请求权诉讼时效的中止与中断方面,需要讨论的是:如果返还原物请求权所指向的未登记动产已经通过交易由第三人占有,此时如何建立起与诉讼时效制度的法律衔接?对于此问题,张翔教授曾在讨论遗失物返还请求权的场合,从诉讼时效中止事由和诉讼时效中断事由的区分入手,论证转让行为系属诉讼时效中断事由。[66] 此种见解,从现行法的框架出发,可谓妥当。但是,诉讼时效中止事由和诉讼时效中断事由的界分并非泾渭分明。例如,德国新的诉讼时效规定,比先前更加倚重于所谓的消灭时效中止。之前导致期间中断并因此重新计算期间的一系列的事实情况,如今只有中止的效力。原有法律规定的中断情形中,只有第 212 条借助新的名称("消灭时效的重新开始")被保留下来。[67] 因此,在诉讼时效中止事由和诉讼时效中断事

---

〔64〕 例如,《德国民法典》第 197 条第 1 款第 1 项规定了返还原物请求权适用 30 年的诉讼时效。《法国民法典》第 2224 条规定了 5 年的动产诉讼和债权诉讼之时效以及 30 年的不动产物权诉讼之时效。《荷兰民法典》第 3:310a 条和第 3:310b 条规定了在不同情形下返还原物请求权分别适用 1 年、5 年、30 年和 75 年的时效期间。《英国出诉期限法》第 2、3 条和第 15 条第 1 款规定,返还动产诉讼和返还土地诉讼都适用出诉期限。

〔65〕 参见朱虎:《返还原物请求权适用诉讼时效问题研究》,载《法商研究》2012 年第 6 期。

〔66〕 参见张翔:《论遗失物返还请求权的诉讼时效——对〈民法总则〉第 196 条和〈物权法〉第 107 条关系的解释》,载《西北大学学报》(哲学社会科学版)2017 年第 4 期。

〔67〕 [德]本德·吕斯特、[德]阿斯丽德·施塔德勒:《德国民法总论》(第 18 版),于馨淼、张姝译,法律出版社 2017 年版,第 82 页。

由的区分之外,我们还可以转而向诉讼时效制度的正当性理由及权利人和第三人的利益平衡考察。从保护交易第三人出发,返还原物请求权所指向的未登记动产已经通过交易由第三人占有,发生诉讼时效的中止;若物权人在诉讼时效期间内,对第三人主张权利,可以发生诉讼时效的中断;同时,物权人对转让人的返还请求权诉讼时效,构成了物权人对第三人的返还请求权的法律屏障,自不待言。

4. 未登记动产返还原物请求权诉讼时效期间经过的法律效果

诉讼时效作为抗辩而存在。未登记动产返还原物请求权诉讼时效期间届满,返还义务人获得时效抗辩权,未登记的动产物权人失去了返还原物请求权获得强制执行的权利。有疑问的是:未登记动产返还原物请求权诉讼时效届满后,如果占有人将物转让给第三人,物权人能否主张依不当得利取得占有人所获得之价金?返还原物请求权诉讼时效的届满会对与之伴随的涉及孳息、费用、损害赔偿等从请求权的诉讼时效以及同属物权请求权的排除妨碍、消除危险和停止侵害请求权产生什么影响?因为其制度基点在于保护第三人交易安全,未登记动产返还原物请求权诉讼时效届满后,第一,其涉及的孳息、费用、损害赔偿等从请求权的诉讼时效也随之届满。第二,权利人不能因义务人转让物获得价金而对其行使不当得利请求权。第三,权利人针对义务人的排除妨碍、消除危险和停止侵害请求权也不可行使,以防止未登记动产返还原物请求权诉讼时效的制度目的无法实现。[68]

(二)未登记动产返还原物请求权的外在体系协调

1. 未登记动产返还原物请求权与遗失物善意取得制度的衔接

如前所述,《民法典》第196条第2项和《民法典》第312条的叠加适用会造成法律漏洞,即善意受让人未比恶意受让人享有更大的时效期间利益。这一问题可以通过前文的未登记动产返还原物请求权诉讼时效的适用范围和配套制度得到解决。此外,还可以考虑将遗失物排斥于善意取得的适用范围之外。随着失主对受让人的遗失物返还请求权统一适用诉讼时效期间的限制,上述法律漏洞同样可以得到弥补。[69]

2. 未登记返还原物请求权与取得时效的衔接

取得时效和诉讼时效,其立法依据均为稳定财产秩序不惜牺牲长期不行使

---

〔68〕 参见朱虎:《返还原物请求权适用诉讼时效问题研究》,载《法商研究》2012年第6期。

〔69〕 参见张翔:《论遗失物返还请求权的诉讼时效——对〈民法总则〉第196条和〈物权法〉第107条关系的解释》,载《西北大学学报》(哲学社会科学版)2017年第4期。

权利的权利人的利益,[70]是两根缺一不可的拐杖,失却一端,时效便成为跛脚的制度。[71] 如果一定要将未登记物权人返还原物请求权纳入诉讼时效的适用范围,则存在权利真空问题。因为,物权因诉讼时效届满而消灭,物权人之相对人尽管事实上支配着标的物,但并未同时取得物权,这样,该标的物在法律上就无从归属,陷入权利真空状态。[72] 此时,就有必要建立取得时效制度,给占有和所有权一个重新回归统一的机会。否则,前述怪异的"权利真空状态"很可能将永久持续下去。当然,这一问题解决还关系到取得时效的构成要件、取得时效期间和诉讼时效期间的衔接问题。[73] 取得时效制度之所以在我国迟迟没有建立,一开始是因为《民法通则》制定过程中受到了苏联民法的影响。后来,在制定《物权法》的过程中,全国人大常委会法制工作委员会2004年8月形成的物权法室内稿中,取得时效制度被取消。其解释是因有同志认为"取得时效应当与诉讼时效接轨,故物权法上无须规定"。就前一个原因而言,随着物权理论的流行,取得时效在学说上得到了肯定,而人们观念上也不再认为取得时效"违背我国拾金不昧、物归原主的传统美德"。就后一个理由而言,人们也逐渐认识到取得时效和诉讼时效系时效之两拐,并不相同、共同作用。[74]

## 五、结　　论

综上所述,本文的结论如下:

《民法典》第196条第2项将未登记的动产物权人返还原物请求权纳入诉讼时效适用范围的做法,一方面,因物债二分之区别,使得物在法律上就无从归属,陷入权利真空状态。这既冲击人们的法感情,也与司法实践相左。同时,该

---

〔70〕 但两者的事实状态、时效期间的确定因素、适用范围、举证责任分配、时效期间计算、法律后果等均不同。参见尹田:《论物权法规定取得时效的必要性》,载《法学杂志》2005年第8期。

〔71〕 尹田:《论诉讼时效的适用范围》,载《法学杂志》2012年第3期。

〔72〕 参见李建华等:《论我国物权请求权诉讼时效制度的立法选择》,载《法学评论》2003年第5期。

〔73〕 相关研究,参见黄立:《民法总则》,中国政法大学出版社2002年版,第463页;[德]鲍尔·施蒂尔纳:《德国物权法》(下册),申卫星、王洪亮译,法律出版社2006年版,第520~527页。

〔74〕 参见尹田:《论诉讼时效的适用范围》,载《法学杂志》2012年第3期。

规定与其他法律规定相结合造成了法律漏洞。另一方面,其正当性无法从通过诉讼时效维护第三人交易安全,以及解决占有作为动产物权公示方式面临的挑战等方面得到解决。有必要通过法律解释,从未登记动产返还原物请求权诉讼时效之规范基础的性质、适用范围以及相应的配套制度入手,解决《民法典》第196条第2项带来的问题。

(责任编辑:陈皆如)

# 论未届期的股权转让后出资责任承担

梁　昕*

**摘要：**

针对认缴制下对未届期的股权转让后出资责任的承担问题，司法判决和理论学说中存在五种不同的责任承担模式。有鉴于此，本文试图建构一个相对合理并且更适应认缴制的责任承担模式。具体而言，出资责任的承担应当是具有顺序性的。有限公司基于其独立法人的地位，应作为第一顺位的责任承担主体，以其独立财产为限承担责任。如公司“不能清偿”到期债务，此时股东便成为第二顺位的责任承担者。而股权转让后，转让股东和受让股东二者之间的责任如何分担，就涉及出资义务的性质认定问题。原则上，应由受让股东承担责任，例外情况下转让股东才承担出资责任。

**关键词：**

股权转让；出资责任；认缴制

## 一、新问题出现：未届期股权转让后出资责任如何承担？

2013年12月底，全国人民代表大会常务委员会对《中华人民共和国公司法》（以下简称《公司法》）资本制度的部分限制作出了修改，主要体现在取消最低注册资本额、出资缴纳时间由股东自由灵活设置、出资形态的限制减少。其实对于新法的修改，诸多学者提出肯定的同时也提出了很多担忧，特别是不断涌现的新问题得不到妥善的解决。本文论述的重点为出资责任，目前尚无法律、司法解释对股东因出资期限未届满而未缴纳出资就转让股权时由谁承担出资责任进行明确规定。[1] 例如，甲、乙、丙、丁在2015年6月6日成立了A有限

---

* 梁昕，女，中央民族大学2017级民商法学硕士，研究领域为公司法、破产法。

〔1〕 参见杨临萍：《当前商事审判工作中的若干具体问题》，载《人民司法》2016年第4期。

责任公司。该A有限责任公司的章程约定,注册资本为2000万元,各自认缴500万元,认缴期限为2048年6月6日。2016年3月15日,A有限责任公司作为买方与B公司签订货物买卖合同,合同约定于签订日15日后支付600万元货款。期限届至,A有限责任公司无力清偿。现B公司请求甲、乙、丙、丁四位股东承担责任。经查,2015年10月2日,丁将股权转让给戊,并且办理了股权登记。此时,法院就此种情况应该如何处理呢?

这里涉及的就是未届认缴期限的股权转让后,债权人请求股东承担责任的分配问题,需要解决的主要问题是:(1)股东出资义务的履行期限没有届至,是否可以成为抗辩理由?(2)究竟应该由转让股东承担责任,还是由受让股东承担责任,抑或二者都承担责任?(3)如需承担责任,责任性质究竟是补充责任还是连带责任?(4)如该案例股权转让时间发生在债权债务发生时间之后,对于前面问题的回答是否会有影响?这些问题的妥善回答,直接影响到债权人权利的救济程度,同时也引发了实务界和学理界热烈讨论,值得深究。

## 二、五种责任模式:基于理论与实践的双重解读

在实缴制背景下,股东未履行或者未全面履行出资义务会触发违约出资的问题。但是,新公司法的出台变实缴制为认缴制,是否依然可以直接适用实缴制下的法律规范,引发极大的争议和讨论。本文通过在中国裁判文书网、北大法宝、中国司法案例网、无讼等判决公开网站上对“未届出资期限”“股权转让”关键词进行搜索,以及对最高人民法院《关于适用〈中华人民共和国公司法〉若干问题的规定(三)》(以下简称《公司法司法解释(三)》)第18条的适用情况进行检索,一共收集了将近300个判决文书。对检索出的文书,排除与本文欲探讨问题无关的判决,除去对同一案件不同审级的判决重复,对剩余判决的事实情况和法律适用进行梳理。发现判决的案件事实具有高度相似性,其相同点在于:(1)公司股东存在未完全出资或者未出资的情形,且约定的出资期限距设立公司的期限长达十几年甚至几十年不等。(2)债务履行期限届至公司未清偿借款或货款。(3)债权人起诉时,出资期限未届至。(4)公司部分股东存在一次或者多次的股权变动,引发转让股东和受让股东责任分配问题。其事实部分的差异主要在于:(1)债权债务关系成立时间与股权转让成立时间有先后之别。(2)股权转让支付的对价存在差异。而相较之下,突出的分歧点在于法律适用上:(1)法律适用依据不同。(2)判决路径不同,由此导致最后的责任承担结果呈现巨大差异。

所以,本文采取以裁判不同结果为导向的方式对判决文书进行分类。将其分为五类:(1)转让股东与受让股东都承担责任之情形(此结果较多,约占2/7);(2)转让股东与受让股东都不承担责任之情形(广东省法院判决结果基本与之保持一致,由于商业发达,类似案件较多,约占2/7);(3)转让股东承担责任受让股东不承担责任(占比略少于1/7);(4)转让股东不承担责任受让股东承担责任(占比略多于1/7);(5)执行环节追加为被执行人(该类案件属于执行环节发生异议的案件,本文未将其与前四类一起计算,就是否追加而言,追加结果的案件大约占1/3)。每一类都挑选出具有代表性的案例,由于大多数案件都历经了两审,所以本文以终审结果为主要依据,现梳理如下(见表1):

**表1 典型判决责任承担结果**

| 序号 | 责任承担主体 | | 典型判决文书 |
|---|---|---|---|
| | 转让股东 | 受让股东 | |
| 1 | — | — | 东莞市东霸鞋业有限公司与袁某、李某等买卖合同纠纷2016民终15689二审民事判决书(2016)粤01民终15689号 |
| 2 | — | — | 佛山市禅城区华恩制衣厂、罗某买卖合同纠纷二审民事判决书(2017)粤06民终8260号 |
| 3 | — | — | 浙江省浙商商业保理有限公司与浙江凯骏电子科技有限公司、永丰精密电子(扬州)有限公司合同纠纷一审民事判决书(2016)浙0103民初8638号 |
| 4 | — | — | 黄某、杨某买卖合同纠纷二审民事判决书(2017)粤04民终1834号 |
| 5 | 执行环节追加为被执行人 | | 张某与天津全程德邦物流有限公司执行异议之诉一审民事判决书(2017)津0116民初2444号 |

### (一)转让股东与受让股东都承担责任之情形

在东莞市东霸鞋业有限公司与袁某、李某等买卖合同纠纷一案[2]中二审和一审都对于受让股东符某承担补充清偿责任没有异议,[3]所以二审的争议焦点为转让股东袁某、李某是否承担责任。法院认为袁某、李某在出资不足的情况

〔2〕 参见(2016)粤01民终15689号,东莞市东霸鞋业有限公司与袁某、李某等买卖合同纠纷2016民终15689二审民事判决书。

〔3〕 关于一审判决受让股东承担责任的理由会在第四类情形有所提及和体现,在此不再赘述。

下将股权全部转让给符某,自转让之日起,袁某、李某出资不实的事实可以认定。袁某、李某违反了公司章程规定足额出资的义务,虽然股权已经协议转让,但其对补足出资的义务不能因股权转让而免除。[4] 所以,维持一审判决符某(受让股东)承担补充清偿责任以及判决袁某、李某(转让股东)也对债务承担补充责任。[5]

该判决并没有明确具体的法律条文适用,仅模糊给出结论,大多数类似判决是直接适用《公司法司法解释(三)》第13条第2款、第18条。[6] 通说观点一般认为,此法条是基于《中华人民共和国合同法》(以下简称《合同法》)第73条[7]代位权制度而设立的,其成立条件之一是已到期债权,映射至该难题,由于认缴期限没有届至,不符合到期债权这一条件限定,代位权的路径行不通。但是,部分学者主张扩大适用代位权,即认为为保障公司债权人的利益,贯彻诚实信用原则,当公司不能清偿到期债务时,股东的出资义务视为已经到期,公司债权人有权直接要求股东履行相应的义务。[8] 如此一来,就可以按照原有的法律条文,如果受让股东不"善意"的情况下,让转让股东和受让股东承担连带责任。

此观点似乎在努力尝试不改变现有法律的基础上的同时,又使新出现问题得到解决,以期达到接受成本最小,但这看似对现有体系的维护,实则是本末倒置的。将源源不断的新问题囊括在现有体系内,反而易使得原有的原则和规则被打破,不能一以贯之。

---

〔4〕 参见(2016)粤01民终15689号,东莞市东霸鞋业有限公司与袁某、李某等买卖合同纠纷2016民终15689二审民事判决书。

〔5〕 与(2017)粤06民终1714号判决结果相同,但(2017)粤06民终1714号的角度是将原股东的退出,新股东的进入这种模式判断为类似于增资发起人的角色,所以判决新旧股东内部的连带责任,对外承担补充清偿责任。

〔6〕 在(2017)粤04民终1834号中,其认缴期限为2064年5月7日,一审法院认为转让股东和受让股东在持有公司股份时均没有足额出资,应在未出资本息范围内承担补充赔偿责任。从而回避了认缴制下的股东期限利益。在(2018)浙0122民初2138号,法院认为股东的出资是公司资产的最初来源,是公司取得独立人格的必备条件;受让股东,明知出资期限未届满且以一元为对价,亦未到庭举证其合理性,与转让股东承担连带责任。

〔7〕 该条规定:"因债务人怠于行使其到期债权,对债权人造成损害的,债权人可以向人民法院请求以自己的名义代位行使债务人的债权,但该债权专属于债务人自身的除外。代位权的行使范围以债权人的债权为限,债权人行使代位权的必要费用,由债务人承担。"

〔8〕 参见周珺:《论公司债权人对未履行出资义务股东的直接请求权》,载《政治与法律》2016年第5期。

(二)转让股东与受让股东都不承担责任之情形

在佛山市禅城区华恩制衣厂、罗某买卖合同纠纷[9]中,一审和二审的结论是一致的,都认为转让股东与受让股东都不要承担责任。一审法院认为让股东承担出资责任与加速到期有关,但法律没有明确规定,若基于某些因由认定股东出资责任加速到期则明显于法无据;另外,若允许单个债权人通过诉讼直接向股东主张清偿责任,则势必会造成对其他债权人的不公平。二审法院认为让股东承担责任的权利基础是代位权,[10]而可代位行使的权利仅限于到期债权,出资期限未届期可通过申请公司清算、进入破产程序等方式寻求救济。[11]

一审、二审都侧重于论述能否加速到期,即通过判断能否直接适用《公司法司法解释(三)》第 13 条,若能适用第 13 条,支持加速到期,则变为第一种情形,转让股东和受让股东都承担责任;若不能直接适用第 13 条,否定加速到期,则二者皆不用承担责任。这是基于现行法,运用《公司法司法解释(三)》第 18 条的前提是第 13 条关于有无责任的认定,按照逻辑如果第 13 条都无法适用则无需考虑第 18 条的责任分担问题。

能否适用第 13 条的关键因素在于,“未出资或未全面履行出资义务”(第 18 条的表述与之保持一致)是否涵盖“股东未届到期出资”之情况。对此,有两种学说:李建伟[12]、梁上上等教授持扩张解释说观点,尤其是梁上上教授清楚阐释“未出资或未全面履行出资义务”应理解为,不仅仅包括到期的履行违约行为,也包括尚未到期的未出资行为。[13]其扩张适用条文的效果,相当于在认缴制下还原嫁接了实缴制下的责任承担模式,使得未届期出资成为瑕疵出资行为的一种情况。王建文持严格解释说,认为瑕疵出资与未届期出资有本质区别,前者属于违约出资,后者可以法定期限利益为抗辩事由,因此,《公司法司法解

〔9〕 参见(2017)粤 06 民终 8260 号,佛山市禅城区华恩制衣厂、罗某买卖合同纠纷二审民事判决书。

〔10〕 认为《公司法司法解释(三)》第 13 条和第 18 条是基于代位权的理论与实缴制下是保持一致的。类似的判决还有(2017)粤 06 民终 6203 号的二审判决理由。

〔11〕 参见(2017)粤 06 民终 8260 号佛山市禅城区华恩制衣厂、罗某买卖合同纠纷二审民事判决书。

〔12〕 参见李建伟:《认缴制下股东出资责任加速到期研究》,载《人民司法》2015 年第 9 期。

〔13〕 参见梁上上:《未出资股东对公司债权人的补充赔偿责任》,载《中外法学》2015 年第 3 期。

释(三)》第18条第1款不能直接适用于股权转让背景下未届期出资义务的履行责任确认。[14] 亦即严格适用条文,则未届期的股权转让就不属于出资违约,不符合适用第13条和第18条使用的前提,无论是转让股东还是受让股东都可以援引期限利益抗辩,不承担责任。

在本案中,法院得出不适用第13条和第18条之结论后,着眼于债权人整体利益而非单个债权人利益,为避免个别清偿寻求推荐通过破产路径解决。《公司法司法解释(三)》第18条适用的前提是,公司不能清偿到期债务,[15]其与破产法的申请破产的条件有部分情况的重合。如果公司不能清偿单个债权人到期债权,那么其往往也资不抵债,或者明显缺乏清偿能力,或者有丧失清偿能力可能。此时按照《中华人民共和国企业破产法》(以下简称《企业破产法》)第2条,公司已经符合破产条件,所以更应当保障全体债权人的利益。单个的债权追及诉讼不尽符合《企业破产法》第31条和第32条的精神。债权人应当申请债务人破产,进入破产程序后再按照《企业破产法》第35条使股东出资义务加速到期,最终在真正意义上保护全体债权人利益。[16] 其缺点是破产法的适用条件严格,且程序繁琐耗时耗力,破产清偿率比较低。最为关键的是,即使是进入破产程序,依然面临棘手的问题,未届期的出资属于破产财产,那补足出资的责任承担究竟是转让股东还是受让股东?所以,破产路径仅解决了破产财产的清偿问题即"去向"问题,但没有解决破产财产的"来源"问题。

(三)转让股东承担责任受让股东不承担责任

在浙江省浙商商业保理有限公司与浙江凯骏电子科技有限公司、永丰精密电子(扬州)有限公司合同纠纷[17]中,原告要求吴某、许某(系保理融资业务发生时的公司股东,即受让股东)承担责任被驳回,法院仅判决转让股东承担责任。法院认为,许某、吴某作为彼时的新股东并没有通过延长认缴来规避债务。根据《公司法》第3条第2款,《公司法司法解释(三)》第13条第2款、第18条的规定,股东承担补充赔偿责任的前提之一是未履行或者未全面履行出资义

---

[14] 参见王建文:《再论股东未届期出资义务的履行》,载《法学》2017年第9期。

[15] 我国没有具体的明文规定什么程度是不能清偿,也没有明确的立法解释和司法解释。

[16] 参见杨临萍:《当前商事审判工作中的若干具体问题》,载《人民司法》2016年第4期。

[17] 参见(2016)浙0103民初8638号浙江省浙商商业保理有限公司与浙江凯骏电子科技有限公司、永丰精密电子(扬州)有限公司合同纠纷一审民事判决书。

务。其认缴期限均未届至,故而不承担责任。

此案中,对于转让股东的责任承担,几乎没有争议,所以法院在分析责任承担时,更多关注受让股东的责任承担。与其判决不同的是,法院还提及了《公司法》第3条。《公司法》第3条[18]第1款立法目的是规定公司的独立法人地位,第2款是规定公司股东的有限责任。但是,也有学者主张此条可以解释出:股东对公司外部债权人的责任范围以认缴出资为限,无论该出资是否已届缴纳期限。[19] 通过此条文达到"加速到期"之效果,使债权人请求未届期股东承担责任时,不受期限利益之抗辩。同时,他认为股权转让协议不能处理作为第三人的公司债权,公司配合办理受让股东变更登记手续是对法定义务之履行,不能解释为对认缴义务转移之同意。因此,《公司法》第3条关于转让股东的认缴义务,不因股权转让而免除。[20] 王建文认为认缴制后没有明确依据时,似乎可以根据《公司法》第3条第2款[21]追究转让股东的出资责任,使其出资义务不得因股权转让而概括转移至受让股东,也可能是个有效的方案。[22]

(四)转让股东不承担责任受让股东承担责任

在黄某、杨某买卖合同纠纷中,二审法院认为公司进行股权变更时,原股东杨某、黄某的出资期限尚未届满。而且,在该次股权变更之后,杨某、黄某的出资义务由新任股东继承。因此,本案不属于最高人民法院《公司法司法解释(三)》第18条所规定的有限责任公司的股东未履行或者未全面履行出资义务即转让股权的情形,所以请求杨某、黄某(转让股东)承担补充赔偿责任不予支持。[23]

二审法院在认定转让股东是否承担责任时的出发角度为出资义务随股权

---

〔18〕《公司法》第3条:"公司是企业法人,有独立的法人财产,享有法人财产权。公司以其全部财产对公司的债务承担责任。有限责任公司的股东以其认缴的出资额为限对公司承担责任;股份有限公司的股东以其认购的股份为限对公司承担责任。"

〔19〕参见蒋大兴:《论股东出资义务之"加速到期"——认可"非破产加速"之功能价值》,载《社会科学》2019年第2期。

〔20〕参见李志刚、李后龙、叶林等:《认缴资本制语境下的股权转让与出资责任》,载《人民司法》(应用)2017年第13期。

〔21〕王涌提出,若按加利福尼亚州最高法院的解释方式,该条文为公司债权人对未实缴出资股东请求权的基础。参见王涌:《论公司债权人对未实缴出资股东的请求权》,载《中国工商报》2014年8月9日,第3版。

〔22〕参见王建文:《再论股东未届期出资义务的履行》,载《法学》2017年第9期。

〔23〕参见(2017)粤04民终1834号黄某、杨某买卖合同纠纷二审民事判决书。

转让而转移,[24]并且认为不属于第18条规定之情形,也即认为《公司法司法解释(三)》第18条不能作为解决该问题的依据。同样,部分学者也尝试从股东与公司之间订立的出资协议出发,试图厘清出资责任的承担主体。王建文认为,在《合同法》框架下,股东在认缴(购)股份后通过公示即取得股东资格,嗣后,其未届期出资在性质上为其与公司之间的一种特殊的债权债务关系,这种特殊性使公司可以通过正当程序合法限制股东行使部分股东权(如分红权),但这种特殊性不能改变债权的相对性质。[25] 对于公司而言,转让股东欠缴的出资,视为对公司的债务。公司认可并办理受让股东受让股权,系认可债务转让至受让股东,转让股东不再承担原债务。[26] 按照此逻辑,通过股权转让,转让股东可以顺利将出资义务移转至受让股东(受让股东以知道或者应当知道为限)。[27] 但是,股东出资契约不仅是一种交易性契约,而且是一种组织性契约,重在强调对股东以及董事等公司控制者机会主义行为的控制。[28] 所以,不能简单地将出资义务的转移视为股权转让之效果,而应该先确认股权转让协议的效力,再明晰股权转让的效果是否会导致出资义务的概括转移。

(五)执行环节"曲线救国"之情形

股东出资类型的案件,多数情况都会碰到虽然债权人胜诉,但由于公司无法清偿债务而被迫宣告执行终结。何况现在对于未届期的股东出资责任承担的相关规定并不明确,法院的判决也存在着巨大的差异,所以促使部分债权人采用了一种"曲线救国"之路径——先以公司为被告取得胜诉判决后在执行环节申请追加股东为被执行人。执行环节的追加依据通常为最高人民法院《关于

---

[24] (2016)粤01民终15689号中一审法院同样认为转让股东已经不是公司股东,请求其承担责任,没有法律依据。

[25] 参见王建文:《再论股东未届期出资义务的履行》,载《法学》2017年第9期。

[26] 参见李志刚、李后龙、叶林等:《认缴资本制语境下的股权转让与出资责任》,载《人民司法》(应用)2017年第13期。

[27] 彭真明进行了更细致的划分,将全部股权转让视为免责的债务承担,将部分股权转让视为并存的债务承担,同时补充受让人继受未认缴出资的责任以签订股权转让协议时"明知或应当知道"为限。参见彭真明:《论资本认缴制下的股东出资责任——兼评"上海香通公司诉昊跃公司等股权转让纠纷案"》,载《法商研究》2018年第6期。

[28] 参见赵树文:《股东出资加速到期司法适用问题研究——以"上海香通国际贸易有限公司诉上海昊跃投资管理有限公司等"一案为研究样本》,载《法律适用》(司法案例)2017年第22期。

民事执行中变更、追加当事人若干问题的规定》第 17 条、第 19 条,[29] 未履行出资义务的股东可追加为被执行人。企图通过这一路径回避未届期的股东的责任认定环节,直接进入执行环节。法院对于这类诉讼态度不一,主要分为支持和不支持两种,具体涉及追加的股东是转让股东还是受让股东,还有细微差别。

1. 支持追加股东为被执行人

张某与天津全程德邦物流有限公司执行异议之诉和于某与天津全程德邦物流有限公司执行异议之诉,是同一案件的两个股东作为原告提出的执行异议,于某为受让股东,张某为转让股东。法院认为,根据《公司法》第 3 条,在公司资不抵债时,其用于清偿债务的资产不仅包括到期应缴未缴的出资,还包括分期缴纳尚未届满缴纳期限的出资。因此,最高人民法院《关于民事执行中变更、追加当事人若干问题的规定》第 17 条中规定的"未足额缴纳出资"也应包括出资期限尚未届满且尚未缴纳出资的情形,否则股东可能滥用认缴资本制度和出资期限,恶意规避公司债务,进而损害债权人的利益。根据《公司法司法解释(三)》第 18 条和最高人民法院《关于民事执行中变更、追加当事人若干问题的规定》第 19 条,虽在诉讼过程中将其股权全部转让,但仍应对已追加其为被执行人的债务承担清偿责任。[30] 支持追加受让股东的理由与上述保持一致。[31]

2. 不支持追加股东为被执行人

在江苏金鹏工贸总公司与汪某、胡某执行异议之诉二审民事判决书中,一审、二审法院认为根据该公司章程规定,被上诉人转让公司股权,亦未违反法律的规定,不符合最高人民法院《关于民事执行中变更、追加当事人若干问题的规定》第 19 条规定的应当追加为被执行人的情形。判决不支持追加转让股东为

---

[29] 第 17 条:"作为被执行人的企业法人,财产不足以清偿生效法律文书确定的债务,申请执行人申请变更、追加未缴纳或未足额缴纳出资的股东、出资人或依公司法规定对该出资承担连带责任的发起人为被执行人,在尚未缴纳出资的范围内依法承担责任的,人民法院应予支持。"第 19 条:"作为被执行人的公司,财产不足以清偿生效法律文书确定的债务,其股东未依法履行出资义务即转让股权,申请执行人申请变更、追加该原股东或依公司法规定对该出资承担连带责任的发起人为被执行人,在未依法出资的范围内承担责任的,人民法院应予支持。"

[30] 参见(2017)津 0116 民初 2444 号张某与天津全程德邦物流有限公司执行异议之诉一审民事判决书。

[31] 参见(2017)津 0116 民初 2443 号于某与天津全程德邦物流有限公司执行异议之诉一审民事判决书。

被执行人。[32] 在姜某与马某申请执行人执行异议之与一审民事判决书中,法院通过期限利益的角度,根据《公司法》第26条、第28条的规定可知股东认缴情况作为一种公示信息,债权人对此应当知晓,对于交易过程中的风险也可以并且应当预见,在无证据显示股东存在欺诈或者其他恶意损害债权人利益的情形下,直接要求股东放弃期限利益,并不符合股东出资认缴制度的设立初衷。判决不支持追加受让股东为被执行人。[33]

(六)小结

对于未届期股权转让后的出资责任承担问题,尤其是责任承担主体和责任分配次序,理论和实务上存在不同的观点。理论界和实务界可以达成的共识是:目前没有具体的现实法律规范、立法解释和司法解释对该问题给出明确的答案。因此,各方给出的解决路径有二:其一,解释现有法律规范。其争议的具体分歧点在于:(1)"未出资或未全面履行出资义务"是否包括出资义务未届期。(2)是否扩张解释代位权。(3)通过申请破产是不是最佳路径。(4)执行环节能否追加股东为被执行人。其二,制定新的法律规范。其争议的具体分歧点在于:(1)是否适用加速到期制度。(2)是否区分债权债务与股权转让的先后顺序。(3)是否需要类推适用抑或重新构建一个更为严格具体的制度。下文将从出资责任分配的本质出发,对这些争议点进行一一回应,并且提出较佳的股东责任承担的解决方案。

## 三、出资责任分配的本质

(一)出资义务系约定与法定义务结合

出资义务来源于两部分,一部分是股东之间的出资契约的约定,属于约定义务,是站在平等主体的角度上考察的;另一部分是公司法的法律规定,属于法定义务,是站在公司整体的角度上考察的。股东出资义务的具体内容虽然是在当事人意思自治基础上达成,但却受到公司法上公共利益和公序良俗的考量。[34] 只有

---

[32] 参见(2018)苏01民终8670号江苏金鹏工贸总公司与汪某、胡某执行异议之诉二审民事判决书。

[33] 参见(2017)京01民初255号姜某与马某申请执行人执行异议之与一审民事判决书。

[34] 参见朱慈蕴:《股东违反出资义务应向谁承担违约责任》,载《北方法学》2014年第1期。

将二者结合起来，将股东出资义务视为预定与法定的复合体，才能尽善尽美地揭示其本质。[35] 本文不认为出资义务性质存在由约定到法定的这一变化。出资义务由于从民法和商法看待角度不同，对于其规范的方式不同，会呈现不同的义务属性，这恰恰说明二重属性的共存性，而不是由其中一个向另外一个进行转变。因为公司设立登记后，并不意味着出资契约的终止，相反，出资契约依然保持着原有的形态。事实上，出资义务的双重属性，一是通过契约自由实现股东出资自由，二是通过法律规定保护债权人的合法利益。

（二）股权转让后的出资义务

1. 承担出资义务主体变更

股东根据股权转让的协议约定，公司办理了股东变更登记，即完成了股权转让。此时，如在实缴制下，股东未完全履行出资义务而转让股权，属于出资违约，应承担违约责任；但在认缴制下，股东未完全履行出资义务是由于义务履行期未届至不会发生出资违约的法定后果，那么厘清股权转让后出资义务承担主体究竟是否发生变化就十分重要。部分学者赞同依然苛责转让股东承担出资义务，刘凯湘认为股权转让后，原股东并不因股权转让而解除出资义务，因为其从未实缴的股权转让中获得利益；针对受让人，如果其在受让时知道或者应当知道未实缴出资事实的，应当与原股东承担连带责任，但如果不知道且无重大过失的，不承担出资责任，而且公司章程对股权的限制也不得适用。[36] 部分学者不赞同转让股东承担出资义务，李后龙认为认缴资本制下，未届出资期限，转让股东并无实际出资义务，即使是转让出资前的债务也不能再追究转让股东连带责任，除非有证据证明其系恶意转让以逃避出资义务，否则不能再追究。[37] 本文赞同后者转让股东原则上不再承担出资义务。如前文所述，出资义务具有约定义务和法定义务双重属性。股权转让使转让股东不再具有“股东身份”，受让股东成了真正意义上的股东，这是约定义务使然；法律规定，股东需要缴纳出资，受让股东自然承接了原股东的出资义务，这是法定义务使然。亦即出资义务的法定属性并没有改变，只是承担法定义务之主体由转让股东变为受让股东。

---

〔35〕 参见郭富青：《资本认缴登记制下出资缴纳约束机制研究》，载《法律科学》（西北政法大学学报）2017 年第 6 期。

〔36〕 参见刘凯湘、张其鉴：《公司资本制度在中国的立法变迁与问题应对》，载《河南财经政法大学学报》2014 年第 5 期。

〔37〕 参见李志刚、李后龙、叶林等：《认缴资本制语境下的股权转让与出资责任》，载《人民司法》（应用）2017 年第 13 期。

2. 内部协议的外部效力

股权转让后的承担出资义务主体变更为受让股东,部分学者将会提出质疑,此举是否会削弱对于债权人的保护,损害债权人的利益。刘建功曾提出,要害在于防范股东在认缴期限届至前知道公司不行了,然后找穷亲戚顶缸的事情发生。[38] 针对于此问题,就必然涉及股东之间股权转让的内部协议对于第三人(债权人)的效力问题。

回答此问题的前提是,股权转让协议(内部协议)是否有效。如股权转让的协议无效,[39]则股权转让的效果不发生,转让股东依然是股东,依然承担出资义务。在此背景下,有一种特殊情况,转让股东与受让股东进行恶意串通导致合同无效,则是出让人与受让人产生连带责任,但是需注意的是,此时,股东依然是出让人(承担出资义务),受让人由于协议的无效不是股东,与本文讨论的重点无关,不作详细阐述。如股权转让协议有效,那么是否关切债权人的利益则至关重要。

在此,我们划分两种情况:(1)先发生股权转让后发生债权债务关系,对于债权人来说,股权转让是否发生抑或发生后产生的效果,都不影响债权人对于是否要放贷给公司的商业判断。(2)先发生债权债务关系后发生股权转让,这种情况下,先后股东的清偿能力变化将直接影响债权人的利益。毕竟,债权人进行商业判断的时点是转让股东未退出公司的情形。在这种情形下,受让人作为公司股东应当对之前公司的业务承担责任;原则上,尊重股东的推出自由,转让股东不承担责任,除非债权人可以证明当初的债权债务关系的存在与转让股东具有高度的依赖、信赖关系。[40]

## 四、出资责任分配规则

### (一)出资责任承担的顺序性

债权人对公司的债权已到期,根据合同相对性,则债权人应当请求公司承

[38] 参见李志刚、李后龙、叶林等:《认缴资本制语境下的股权转让与出资责任》,载《人民司法》(应用)2017年第13期。

[39] 如无效,但进行了变更登记,则适用表见代理原则,对于债权人来说有效,所以归类为有效一类。

[40] 具体的责任承担方案,还需要受到其他因素的影响,后文会针对不同情形进行详细的论述。

担清偿责任。若公司可以清偿债务，该债权债务关系结束，回归圆满状态，不会发生本文所探讨的问题。若公司达到“不能清偿”的状态，且符合加速到期制度之情形，债权人可以请求股东履行出资义务。但是，如果股权经过了转让，且已经完成股东变更登记，那么，请求对象究竟是转让股东还是受让股东，抑或请求两者皆可？

上文已经展示了实缴制下该问题相关的判决思路：(1)实缴制不存在未届期出资问题，凡转让股东到期没有出资，便造成了出资违约之效果，当然承担违约责任；(2)之后再判断受让股东是否属于“知道或者应当知道”之范畴，属于就产生连带责任之效果。显然，顺序是先判断转让股东责任，再判断受让股东责任。所以，尽管已经是认缴制，大多数学者依然沿袭了该思路进行责任分担的思考。例如，郭富青在论述承担补充责任的范围时，提出了依据《公司法司法解释(三)》第18条，公司为第一顺位，原股东原则上为第二顺位，受让股东为第三顺位。[41]

本文并不赞成该责任的分担顺序。因为实缴制下先判断转让股东承担责任是因为其出资违约，理应承担责任。但是，未届期的股权转让，出资期限没有届至，不存在违约之事实，即不应该默认转让股东的责任承担。并且，在无其他违法事由的情况下，受让股东已经通过合法手续登记成为此时公司的股东，不应当优先判断受让股东的责任问题吗？所以，本文认为，应当先厘清受让股东是否承担责任，再考虑转让股东的责任承担，而不是为了保护债权人的利益不顾一切。

根据本文前述之观点，出资义务是具有法定与约定的是双重属性，未届期股权可以约定转让给受让股东，出资义务的法定性不变，仅仅是因约定导致承担法定义务的主体由原股东转移至受让股东。如此一来，顺序恰恰与原来的制度设定相反，原则上由受让股东承担责任，例外情况下转让股东与受让股东承担连带责任，且是有顺序的连带责任。正如刘建功所述“转让后的债权人不可以找转让股东自然没有问题，但转让前的债权人能不能找转让股东，是最实质的问题”。[42]

---

〔41〕 参见郭富青：《论公司债权人对未出资股东及利害关系人的求偿权》，载《北方法学》2016年第4期。

〔42〕 李志刚、李后龙、叶林等：《认缴资本制语境下的股权转让与出资责任》，载《人民司法》(应用)2017年第13期。

《意大利民法典》第2356条规定,[43]转让尚未缴足全部股款的股票的,从转让之日起3年内,出让人与受让人连带承担缴纳尚未付清股款的责任。即此为出让人承担责任的例外情形,受让人是第一顺位承担责任。《德国有限责任公司法》第22条第3款规定,前权利人的责任仅限于缴纳在5年的期限内催缴的出资。此期间从权利继受者在与公司的关系上被视为营业份额持有人之日起开始起算。[44] 意大利和德国的法律规定的顺位与本文是一致的,这样既能使股东尽可能高效地退出公司,又能在一定程度上保护债权人的利益。具体何种情况,转让股东可以自由退出公司,何种情况是例外情况,受哪些因素的影响,将在本文作具体论述。由此可以看出,事实上,对于出资责任的承担是具有顺序性的:公司是一顺位的,受让股东是第二顺位的,转让股东是第三顺位的。

(二)第一顺位:公司承担责任

当公司未能达到"不能清偿"的状态时,债权人是不能逾越公司这一顺位,直接请求股东承担责任。如债权人跳过公司直接请求股东承担责任,就使得"揭开公司面纱"成为常态,将有限责任束之高阁。有学者提出,直接交由破产法的破产制度解决是否为更佳的途径?因为根据《企业破产法》第35条[45]、最高人民法院《关于适用〈中华人民共和国企业破产法〉若干问题的规定(二)》第20条[46]、最高人民法院《关于适用〈中华人民共和国公司法〉若干问题的规定(二)》第22条[47]规定,股东尚未缴纳的出资为清算财产之范围,且不得以出资

---

〔43〕 参见《意大利民法典》,陈国柱译,中国人民大学出版社2010年版。

〔44〕 《德国商事公司法》,胡晓静、杨代雄译,法律出版社2014年版。

〔45〕 人民法院受理破产申请后,债务人的出资人尚未完全履行出资义务的,管理人应当要求该出资人缴纳所认缴的出资,而不受出资期限的限制。

〔46〕 管理人代表债务人提起诉讼,主张出资人向债务人依法缴付未履行的出资或者返还抽逃的出资本息,出资人以认缴出资尚未届至公司章程规定的缴纳期限或者违反出资义务已经超过诉讼时效为由抗辩的,人民法院不予支持。管理人依据公司法的相关规定代表债务人提起诉讼,主张公司的发起人和负有监督股东履行出资义务的董事、高级管理人员,或者协助抽逃出资的其他股东、董事、高级管理人员、实际控制人等,对股东违反出资义务或者抽逃出资承担相应责任,并将财产归入债务人财产的,人民法院应予支持。

〔47〕 公司解散时,股东尚未缴纳的出资均应作为清算财产。股东尚未缴纳的出资,包括到期应缴未缴的出资,以及依照公司法第二十六条和第八十一条的规定分期缴纳尚未届满缴纳期限的出资。公司财产不足以清偿债务时,债权人主张未缴出资股东,以及公司设立时的其他股东或者发起人在未缴出资范围内对公司债务承担连带清偿责任的,人民法院应依法予以支持。

期限为抗辩。所以,许多学者认为通过破产程序,可直接适用明文规定的加速到期,还可避免高级人民法院顾虑的单个债权人清偿损害其他债权人的利益之情况,从而主张破产是现实法唯一可选择的路径。多数研究者针对未届期股权出资责任的承担最多也就讨论到如上述破产与其他路径相比的优缺点。但是,进入破产程序后,出资责任最后由谁承担没有学者接下去具体论述。因为股东未缴纳出资是属于破产财产,管理人发现未缴纳出资的情况下,需要向股东催缴。如果股权没有经过转让,自然不存在向谁催缴的问题,但是,一旦未届期股权经过转让,就存在两个客观上可供选择的催缴对象:转让股东和受让股东。此时面临的困境实际上和未进入破产程序前是一致的,因为无论是否进入破产程序都无法避免公司资产的来源问题。暂且不论对单个还是多个债权人清偿,即不讨论公司资产的“去向”,先关注公司资产的“来向”,未届期的出资责任必须明确到一个具体的责任主体之上才具有意义。否则,破产管理人仅知道可以向股东催缴,但不知具体是向哪位股东催缴,法律制度就存在缺陷。

王建文认为,破产程序是解决未届期下唯一具有法律依据的救济手段。但是,当他讨论股权转让背景下履行未届期出资义务主体时却认为“在未届期出资义务履行责任破产程序的适用方面,其实与非破产情形下股东出资义务的责任承担无异,只不过在破产程序中该出资义务因法律规定而提前到期了”。[48]接着又提出了另外一套单独的适用制度,似乎可以推断出他认为适用破产制度,仅仅是介于目前没有法律规定破产之外的加速到期制度。以至于当涉及未届期股权转让后,首先公司享有合同法框架下对出资义务概括转让的同意权,然后根据是否支付了转让价款和是否具有恶意串通之情形,来考量责任的承担。[49]

如此进行制度构建,将会把简单的问题复杂化。如按照本文的责任承担方式,完全避免了两套制度构建的叠加,责任承担的顺序性依然可以解决转让后股东责任划分问题。即使是进入破产程序[50]后,受让股东已经是合法登记股东,理应作为第二顺位承担出资责任;如债权人可以证明转让股东的出资责任不能免除,转让股东需作为第三顺位承担出资责任。直接适用破产制度,看似

---

〔48〕 王建文:《再论股东未届期出资义务的履行》,载《法学》2017 年第 9 期。

〔49〕 参见王建文:《再论股东未届期出资义务的履行》,载《法学》2017 年第 9 期。

〔50〕 本文认为破产条件要比“不能清偿”的范围要窄,所以当“不能清偿”的情况更严格的符合破产条件时,债权人可以根据自己的利益,选择求偿的路径。

简单,有法可依,但是股权一经转让就变得极为复杂,需要构建其他制度。因此,本文认为,企业破产法不是最佳的解决路径。

(三)第二顺位:受让股东承担责任

在公司不能清偿的前提下,受让股东是第二顺位的责任承担者。但是,影响受让股东责任承担的因素有二:(1)是否需要区分债权债务关系与股权转让的先后顺序;(2)是否需要判断受让股东属于“知道或者应当知道”之情形。此也是在本文第一部分归纳总结的分歧点,在此一一阐述。

1. 区分股权转让前后债权

为探讨是否需要区分债权和股权转让的先后顺序,以及如何区分、区分后责任承担的效果如何,将从理论和实务两个方面进行细致分析(见表2):

**表2 因股权转让前后债权对于责任承担的影响**

| 判决代号 | 审级 | 债权债务发生时间 | 股权转让发生时间 | 转让股东 | 受让股东 |
| --- | --- | --- | --- | --- | --- |
| A(2016)浙0103民初8638号 | 一审 | 2014年10月30日至11月3日 | 1. 吴某2013年2月20日受让股权,2015年4月16日再出让转回。2. 2014年10月15日受让股权,2015年3月24日再出让转回 | — | — |
| B(2017)粤06民终6203号 | 一审 | 2016年7月至9月 | 2016年9月19日 | — | — |
| | 二审 | | | — | — |
| C(2017)粤06民终1714号 | 一审 | 2015年10月至2016年1月 | 第一次转让2014年8月发起人黎、梁退出王、孙经、周、蒋接盘 | — | — |
| | 二审 | | 第二次转让2015年4月孙经、周、蒋退出 | — | — |
| D(2017)粤06民终8260号 | 一审 | 2016年3月16日 | 该案经过多次转让,最后一次的转让2017年2月20日,罗、梁、方、石、杨、陈、焦股东将股权转让给吴某、陈某 | — | — |
| | 二审 | | | — | — |
| E(2016)粤04民终2599号 | 二审 | 2014年7月23日签订合同,2015年8月5日签订尾款支付协议 | 2015年7月13日谢、李转让给张、李 | — | — |

续表

| 判决代号 | 审级 | 债权债务发生时间 | 股权转让发生时间 | 转让股东 | 受让股东 |
|---|---|---|---|---|---|
| F(2016)粤01民终15689号 | 一审 | 2011年9月至2012年8月 | 1.2011年10月符转让给袁、李<br>2.2014年12月26日,袁、李转让给符 | — | — |
| | 二审 | | | — | — |
| G(2017)粤04民终1834号 | 一审 | 2013年1月至2015年12月31日 | 2016年7月1日苏、杨某、黄转让给苏、潘 | — | — |
| | 二审 | | | — | — |
| H(2018)浙0122民初2138号 | 一审 | 2017年3月29日 | 2017年9月1日王、张某转让给孙、张士某 | — | — |
| I(2017)陕0111民初119号 | 一审 | 2016年8月3日 | 2016年4月6日田小某、田玉某转让给田少某 | — | — |

如表2所示,这是本文选取的部分有代表性的案件,[51]通过将其债权债务发生的时间点和股权转让的时间点进行对比,下画线部分为发生在先的。同时,标出相应的责任承担对象。通过表2责任承担结果观察得知:(1)债权债务发生在先的情况下,单独的转让股东承担责任、单独的受让股东承担责任、转让股东与受让股东都承担责任、转让股东与受让股东都不承担责任,四种情况都存在;(2)股权转让发生在先的情况下,上述四种情况也都存在。由此说明,法院对此并没有一个统一的态度,且以上大部分的判决理由都未涉及该问题,也没有将该问题作为责任承担的影响因素。少数判决有所关注,但侧重点也不尽相同。通过以上判决,可以得出结论,区分债权债务与股权转让的先后顺序在判决中应用的较少,关注的要点为:(1)被告股东与债权债务的发生是否具有关联性;(2)涉诉时的股东。

理论界关于是否区分债权与股权转让的先后顺序,有两种学说:(1)赞成说。彭冰认为区分转让发生前后债权人是必须的。转让只能损害原债权人,此后的债权人则不会受到损害。[52] 叶林认为,若债权成立于股权转让之前,可推定债权人信赖转让股东的存在。[53] (2)不赞成说。该学说认为,这使得程序间

[51] 亦可参见本文第一部分有关内容。

[52] 参见李志刚、李后龙、叶林等:《认缴资本制语境下的股权转让与出资责任》,载《人民司法》(应用)2017年第13期。

[53] 参见李志刚、李后龙、叶林等:《认缴资本制语境下的股权转让与出资责任》,载《人民司法》(应用)2017年第13期。

题更加复杂,司法成本也将大增,建议不考虑债权人债权形成的时间,统一赋予其对于之前或之后未实缴出资股东的请求权。[54] 还有提出借鉴德国的制度,[55] 如一个股东获得了第二股股份,则两股股份都保持其各自的独立性(《德国有限责任公司法》第15条第2款)。在这里,《德国有限责任公司法》放弃了同一原则(《德国有限责任公司法》第5条第2款)。这是因为,如果该股份的出让人的出资仍未完全到位,或者还未履行其增缴股款的义务,那么就还必须保留追究其责任的可能性。[56] 可见,德国并没有对债权形成的先后顺序进行规定,提出参照德国的制度,也不建议设置。认为有设置必要的学者也提出了区分后的责任承担:(1)参照美国法的做法是将债权人分为两类,必须是"水股"(也称"掺水股份",是指股东以低于面值价格购买的公司股票)发行之后的债权人才有资格行使请求权。[57] (2)吴光荣认为,应当区分债权形成的时间,针对转让前的债权人是并存的,针对转让后的债权人是免责的。[58]

本文认为,应该采取区分债权与股权转让的先后顺序。因为债权发生时的现任股东与债权人的关系最为密切,也是债权人进行商业判断的衡量因素之一,不能因为程序性的繁琐,就不仔细区分责任分担的情况。关于德国的制度设计,虽没有明文规定区分前后债权人,但是并不代表其对这个因素没有进行制度考量。德国之所以规定前手在5年内依然具有缴纳出资的责任,是因为债权人可能对转让股东具有高度的信赖,转让是发生在债权形成之后,所以为了防止"恶意"转让,设置了一个笼统的规则,这也是考虑时间先后顺序的表现。

实际上,区分转让前后债权,与我国《合伙企业法》关于退伙和入伙对于债务的责任承担是具有类似性的。在合伙企业里,入伙的新合伙人对之前发生的全部债务承担连带责任。退伙人应当对原合伙期间发生的债务承担清偿责任,若已经清偿其需分担的份额,对全部债务承担连带责任。而转让股东就相当退

---

〔54〕 参见王涌:《论公司债权人对未实缴出资股东的请求权》,载《中国工商报》2014年8月9日,第3版。

〔55〕 参见朱思璇:《论出让人对转让后届期出资的补充责任》,华东政法大学2018年硕士学位论文。

〔56〕 参见[德]托马斯・莱赛尔:《德国资合公司法》,高旭军等译,法律出版社2005年版。

〔57〕 参见王涌:《论公司债权人对未实缴出资股东的请求权》,载《中国工商报》2014年8月9日,第3版。

〔58〕 参见李志刚、李后龙、叶林等:《认缴资本制语境下的股权转让与出资责任》,载《人民司法》(应用)2017年第13期。

伙人,受让股东就相当于入伙人。

但是,有限责任公司与合伙企业最大的区别在于,有限责任和合伙人之间是紧密的利益共同体。所以,转让股东对转让前债务承担的是有限责任,且仅以其出资额为限;受让股东对之前所有的债务承担有限责任,且仅以其出资额为限。当股权转让发生在先,债权发生在后,对于债权人来说,只要工商登记与真实保持一致,[59]转让似乎是没有发生的,因为没有债权人会去追溯公司的历史股东,此时受让股东自然承担第二顺位的清偿责任;当债权发生在先,转让发生在后,对于债权人来说,其当时与之交易时公司的股东发生了变化,根据上述理论,受让股东是肯定要对之前的所有债务承担有限责任的。

但是,转让股东是不是必然承担责任?转让股东与退伙人类似,但并不完全一样,合伙企业具有高度的人合性,其是利益风险共担共同体。所以,只有债权人证明其发生交易是因为与转让股东产生高度的依赖,否则转让股东不承担责任。毕竟,与债权人进行交易的是公司这个独立法人,股东的资信状况并不是决定清偿能力的唯一因素。

2. 无需考量受让人“知道或者应当知道”

受让人“知道或者应当知道”主要来源于《公司法司法解释(三)》第 18 条规定,如受让人对于股权瑕疵之事实“知道或者应当知道”,债权人可以请求其与转让股东承担连带责任。法院在实缴制判决中同样遵循这套思路,“在瑕疵股权转让中受让人是否善意的认定是受让人承担法律责任的前提,公司受让股权时并未出资,等价有偿是民法基本原则之一,在商事领域尤其如此,在未支付股权对价的情况下成为股东,又未能提供合理的解释”。[60] 变更认缴制后,多数学者主张对该条规定股东范围的前提“未履行或者未全面履行”扩张解释为包括未到期出资,并且叠加适用加速到期制度,这样《公司法司法解释(三)》第 18 条在认缴制下仍有适用的空间,可以直接适用。在这种解决思路下,对于受让人是否承担责任,就要结合受让人对出资“瑕疵”的主观状态。针对受让人,如果其在受让时知道或者应当知道未实缴出资事实的,应当与原股东承担连带责任。但如果不知道且不重大过失的,不承担出资责任。[61] 至于如何判断是否

---

〔59〕 如工商登记与真实情况未保持一致,如仅进行了股权转让但未进行工商登记,该种情况将在后文详细阐述。

〔60〕 参见(2016)苏民再 443 号陆某与徐某、程某等民间借贷纠纷再审民事判决书。

〔61〕 刘凯湘、张其鉴:《公司资本制度在中国的立法变迁与问题应对》,载《河南财经政法大学学报》2014 年第 5 期。

明知的这样主观心态,大多学者赞成通过一些外在的客观标准进行判决。例如,可以考察其股权转让支付的对价,其是否可以通过其他途径可得而知等。而这些的举证责任,应该由原告承担。在(2017)京01民终6776号判决中,“应由原告举证被告公司存在明知、应知出资不实而仍然愿意受让其股权的情形存在”。[62]

本文不认同对《公司法司法解释(三)》第18条的“未履行或者未全面履行”进行扩大解释,该条款规定的股东是出资瑕疵的股东,所以受让人明知的事实也是转让股东出资瑕疵之事实。但是,转让股东在认缴制下未完全出资不是因为其逾期出资或出资违约而是出资期限还未届至,不存在瑕疵出资之事实。况且,对于出资期限、认缴金额在公司章程以及社会公示等其他方式进行了合理的公示,不存在隐瞒之事实。由此推之,判断受让人承担连带责任的“知道或者应当知道”的前提是转让股东转让的股权属于瑕疵股权。法律规定,股东享有期限利益,所以未届期股权转让不存在出资瑕疵之事由。既然判断前提都不存在,那么判断受让股东“知道或者应当知道”就无需存在。退一步说,受让股东在成为公司新股东时,就承担了法定的出资义务,需要在章程约定的期限内缴纳其认缴的出资,与其“知道或者应当知道”无关。

(四)第三顺位:转让股东承担责任

1.对转让股东高度信赖

(1)商事外观引发信赖利益——股权转让在前

前文提到股权转让在前时,原则上是由受让股东承担责任,例外由转让股东承担责任。因为,如果股权转让合同有效,且已经进行变更等价,就可以对抗善意的债权人,债权人考虑是否交易的公司股东就是受让股东,所以原则上应由受让股东承担责任。但是,如果转让合同有效,却没有变更登记,则债权人仅能够知道的就是转让股东,如需进行审查,也仅会对转让股东进行审查。此时,受让股东因没有登记进行公示,对于债权人来说是一个不存在的“透明人”。如此,债权人能够获取的信息与公司真实的股权归属状况不一致,必然引发债权人在请求股东承担清偿责任时股东相互推诿的现象。由于部分有限公司管理松散,不严格,所以股权转让后不进行股权登记变更的情况比较多见。

针对于此问题,法院认为,虽然陆刚在原告的债权发生之前已转让其股权,但其应缴出资仍未实际缴纳。基于公司登记的信赖利益,故在思远公司本身无

---

[62] 参见(2017)京01民终6776号中国投融资担保有限公司与无锡国联实业投资集团有限公司、中经信投资有限公司股东损害公司债权人利益责任纠纷二审民事判决书。

足够财产可供清偿债务的情况下,陆刚仍需与思远公司其余未履行出资义务的股东一同对思远公司未能清偿之债务承担补充赔偿责任。[63] 可见,法院肯定了债权人对于公司登记的信赖利益,支持了债权人。股权以登记作为其公示的方式,债权人可以合理地相信登记的股东与真实的股东就是一致的,可以信赖股东的出资缴纳能力以及偿债能力。这种由商事外观引发的信赖利益值得保护,其原理和股权的善意取得有异曲同工之妙。该问题的另一个关键在于证明责任的归属。债权人善意的基于登记产生了信赖,与公司发生了交易,根据权利义务的对等性,不应该再苛责债权人对此承担证明责任。作为转让股东,转让股权后没有尽到注意义务进行股权变更登记,应当承担证明责任。亦即只要转让股东可以证明,债权人与公司进行交易的关键影响因素不是来源于转让股东或者是基于高度的信赖转让股东,转让股东就可以免于责任的承担。如不能证明商业交易与自己不具有高度的关联性,则转让股东应当承担以其认缴的出资额为限承担出资补缴责任。

(2)债权人对转让股东高度确信——股权转让在后

针对债权发生在先,股权转让发生在后的情形,部分债权人会向法院主张追加转让股东为被告。原因主要可能有:①转让股东与债权人签署过关于清偿问题的承诺书等一些使债权人对转让股东产生高度信赖作用的文书;②转让股东与受让股东的清偿能力相差悬殊,受让股东的清偿能力较弱,债权人希望多拉一个“垫背的”,以期保障其债权的清偿。针对第一种情形,债权人因信任原股东而与公司进行商业交易,其不会预见也不能预见后面的股权转让给商业交易带来的风险,即商业交易的对价里是不包含股权转让后的风险因素。此时,债权人要求转让股东承担责任是可期待的。在(2016)浙 0103 民初 8638 号判决中,转让股东辩称“原股东承担未缴付出资义务的案例中,均存在原股东承担未缴付出资义务的案例中,均存在原股东作为股东期间实际实施了造成债务行为的情形,如原股东收取交易对方款项,不履行己方义务,造成交易对方损失后再恶意将股权转让给不知情的第三方,意图摆脱应承担的未出资义务”,[64] 法院认同其答辩意见,因为此案中的转让股东确实没有参与实际的经营,其股权也最后转让给最初的股东,判决其不承担责任。从侧面可以看出,法院对债权

---

[63] 参见(2017)京 01 民终 6776 号中国投融资担保有限公司与无锡国联实业投资集团有限公司、中经信投资有限公司股东损害公司债权人利益责任纠纷二审民事判决书。

[64] 参见(2016)浙 0103 民初 8638 号浙江省浙商商业保理有限公司与浙江凯骏电子科技有限公司、永丰精密电子(扬州)有限公司合同纠纷一审民事判决书。

人高度信赖,让转让股东承担责任还是持认可态度的。

但是,同时与前述(一)的证明责任承担的情况不同,此时的证明责任再分配给转让股东便是单方面的加重责任。该证明责任应该由债权人承担,只要其可证明其之所以进行交易,是由于高度信赖转让股东,则其可以请求转让股东承担出资责任。针对第二种情形,一般为债权人认为受让股东的资信能力要明显弱于转让股东,债权人希望自己的债权及时获得清偿,更希望清偿能力强的股东能承担补充清偿责任。反之,受让股东的偿债能力很强,债权人也不会主动要求转让股东承担责任,对其来说反而是件不可多得的好事。所以,通过以上分析,我们会发现,股权只要转让就会带来,前后股东的资信能力变化,有可能是由强到弱,也有可能是由弱到强,甚至有可能是理想状态的均等。如果由强到弱,支持债权人请求转让股东承担责任,那么是否在由弱到强的情况下,还要追究债权人的不当得利的可能性呢?在相关判决中,原告会质疑受让股东的履行出资义务的能力,但是如何判断出资能力,是一个极其困难的事情,何况在出资期限可以由章程约定的情况下,经历了一段时间,其出资能力也是在变化的。所以,针对股东出资能力发生变化的情况,不支持转让股东承担责任。

2. 转让股东“恶意”

多数学者之所以极力想让转让股东与受让股东承担连带责任,是因为转让股东可能通过转让的方式实现“恶意避债”的目的,该转让行为无疑加大了债权人债权不能完全实现的风险。但是,我们不能因噎废食,不能把所有股东的转让行为都认为是恶意的。所以,一方面为了市场的自由流通,促进商业发展,我们应该允许股东依据自己的商业判断自由转让股权;另一方面,我们不能对部分“钻空子”的恶意股东视而不见。当债权人可以举证证明转让股东的转让行为是存在恶意的,应该让其与受让股东承担连带责任。对于主观之恶意,其具体的表现形式可能有:①恶意延长出资期限;②以不合理对价甚至是无偿转让。

针对第一种情况,恶意延长出资期限,需要注意的是恶意延长,而不是单纯地设立较长的出资期限,后者不属于该范围之内。如何认定是恶意延长,本文通过三个不同程度的判决来举例说明。在第一个判决中,原告提出各未出资的股东为了逃避出资义务和为了逃避公司债务恶意任意延长出资期限。法院认为,进行股权转让和股权转让之后变更公司章程的行为不违反强制性规定,仅凭现有证据不能认定上述行为属于恶意避债,进而否定相关的行为。[65] 该案被

---

〔65〕 参见(2017)粤06民终8260号佛山市禅城区华恩制衣厂、罗某买卖合同纠纷二审民事判决书。

告仅是设置了较长的缴纳期限,法院对于其行为没有进行否定性评价,不违反强制性的规定。在第二个判决中,许某在公司设立时,承诺在2014年10月15日前履行剩余300万元出资义务。但约半年后,将出资期限从2014年10月15日延迟至2032年10月15日。北京市第二中级人民法院认为,该公司章程修改出资期限未违反相关法律规定。公司设立后,许某将持有的公司股权全部转让,该股权转让行为亦未违反相关法律规定。故本案不能认定许某出资期限届满未足额缴纳出资。北京市高级人民法院认为,这在客观上对公司资本充实造成了妨害,并损害了信赖利益,有违诚实信用原则,构成出资不实。在公司已经法院生效裁定认定无财产可供执行的情况下,支持在未实缴出资额范围内承担责任的主张。[66] 判决思路是,公示的承诺履行期限不能够对于资本充实造成损害,如债权人因产生信赖利益而受到损害,转让股东应该承担责任。在第三个判决中,被告公司根据相关规定延长出资期限已经在工商行政主管部门登记备案,在一般情况下,被告公司的上述行为未违反法律规定,应得到法律的肯定。原告主张被告公司股东在其提起诉讼后,出资期限将至的情况下,修改公司章程延长出资期限存在恶意,损害其利益,被告公司亦已无债务履行能力,被告公司股东应当在各自的出资范围内承担补充责任。对此,被告公司股东对延长出资期限的原因作出了解释,原告虽提出异议,但未能提供证据予以推翻,在此情况下,本院不能作出公司已无债务履行能力的论断,故要求股东在各自的出资范围内承担责任的上诉理由不能成立。[67] 在该案中,原告认为股东在诉讼中恶意延长期限,但被告公司股东提出了证据证明其是合理的,原告没有拿出足以推翻股东的证据,所以法院不支持原告的诉讼请求。实际上,上述三个判决的程度是递进的,如公司在初始阶段设置较长缴纳期限,其行为是在法律的允许范围之内的,不可归责的;如公司已陷入债务不能清偿,债权人有证据证明在涉诉中股东通过操纵股东会恶意延长期限,此时转让股东应该承担责任;当然,如转让股东可以证明其是基于合理的理由或者商业判断,债权人就需要承担该行为不合理的证明责任。

针对第二种情况,在判决中也是屡见不鲜。例如,在(2017)粤06民终8260号判决中工商登记材料显示,股权转让的对价是以1元作为对价进行的

---

〔66〕 参见(2016)京执复106号中国金谷国际信托有限责任公司与浙江优选中小企业投资管理有限公司执行裁定书。

〔67〕 参见(2017)苏09民终1498号另案被告、另案原告与另案原告、嘉凯城集团名镇天下商业资产管理有限公司等房屋租赁合同纠纷二审民事判决书。

股权转让。[68] 象征性的1元转让价款,与无偿转让相差无几。但是,不能因一个绝对低的数额就直接判断其具有股权转让的恶意。转让对价的合理性应该是其与股权价值相差不大的情形,明显相差悬殊,转让股东又无法证明其合理性,应当认定转让股东具有恶意。

## 五、结　论

本文认为出资责任的承担是具有顺序性的。有限公司基于其独立法人的地位,应作为第一顺位的责任承担主体,以其独立财产为限承担责任。至于转让股东和受让股东二者之间的责任如何分担,就涉及出资义务的性质认定问题。判断此因素的前提是转让股东因出资瑕疵承担违约责任,但是转让股东在认缴制下未完全出资不是因为其逾期出资或出资违约而是出资期限还未届至,不存在瑕疵出资之事实。在本文规则之下,转让股东是否因股权转让协议,完全退出公司而不承担任何责任呢?答案是否定的,转让股东在某些例外情况下应作为第三顺位的责任承担主体。例外情况二:(1)有债权人对转让股东具有高度的信赖。当股权转让在前时,如果转让合同有效,却没有变更登记,则债权人仅能够知道的就是转让股东。此时应该保护由商事外观引发的信赖利益,让转让股东承担出资责任,除转让股东证明债权人与公司进行交易的关键影响因素不是来源于转让股东或者是基于高度的信赖转让股东。(2)转让股东具有"恶意",普遍比较争议的客观表现形式是缴纳期限延长和不合理对价。针对缴纳期限的延长,如公司在初始阶段设置较长缴纳期限,其行为是在法律的允许范围之内的,不可归责的;如公司已陷入债务不能清偿,债权人有证据证明在涉诉中股东通过操纵股东会恶意延长期限,此时转让股东应该承担责任。针对不合理对价,转让对价的合理性应该是其与股权价值相差不大的情形,明显相差悬殊,转让股东又无法证明其合理性,应当认定转让股东具有恶意。

(责任编辑:徐房茹)

---

[68] 参见(2017)粤06民终8260号佛山市禅城区华恩制衣厂、罗某买卖合同纠纷二审民事判决书,参见(2018)浙0122民初2138号中也是类似的情况,以1元对价进行转让。

# 夫妻债务中“用于夫妻共同生活、共同生产经营”标准之审视

## ——以最高人民法院法释〔2018〕2号第3条为评析视角

曹亚君*

**摘要：**

最高人民法院法释〔2018〕2号第3条提出“用于夫妻共同生活、共同生产经营”标准，该标准在认定夫妻共同债务中的使用率高，但其使用率高在于其是具有“兜底性”的、关于夫妻关系的伦理性表述，而并不在于该标准是一个经过实践检验的、裁判性价值高的具体规则。“用于夫妻共同生活、共同生产经营”的解释标准难统一，关于夫妻共同债务之认定标准，应当逐步引导模糊的“用于夫妻共同生活、共同生产经营”标准走向明确的“共债共签”标准；应当逐步引导婚姻法回归民法；对于夫妻一方所负债务，亦应当以符合民法基本原理的“共债共签”标准为认定该债务是否为夫妻共同债务的具体标准。

**关键词：**

夫妻共同债务；共同生活；共同生产经营；共债共签

## 一、问题的提出

夫妻共同债务纠纷在生活中大量存在，是民间借贷纠纷中的典型类型之一。[1] 其中，夫妻一方在婚姻关系存续期间的债务是否属于夫妻共同债务是有关争议的焦点。如何厘清夫妻共同债务与夫妻一方个人债务的界限和

---

* 曹亚君，中山大学法学院2018级博士研究生。

〔1〕 笔者在“聚法案例”网上按照关键词“民间借贷”检索，检索出8,429,309个结果，再在结果中以关键词“夫妻共同债务”检索，检索出5,080,435个结果，即涉及夫妻主体的民间借贷纠纷案件约占民间借贷纠纷案件的2/3。数据更新日期：2019年5月24日。

认定标准,是理论和实践中的难题。为了防止夫妻之间恶意串通、转移财产、逃废债务,出于保障债权人利益的角度,2003年12月4日,最高人民法院公布了《关于适用〈中华人民共和国婚姻法〉若干问题的解释(二)》(以下简称《婚姻法司法解释(二)》),其中第24条第1款规定了夫妻共同债务的"时间认定标准",其认为原则上在"夫妻关系存续期间"的债务属于夫妻共同债务。〔2〕第24条由于认定标准简单,适用起来便捷,所以它便成为法院审理夫妻共同债务纠纷中的首选规则。但是,司法实践表明,第24条使得一些妇女"卸下了婚姻,负上了巨债",〔3〕一些妇女在办理离婚时才知道配偶在婚姻关系存续期间欠下债款,而自己尽管对债款毫不知情却还是要承担清偿责任。这类案件不在少数,类似案例陆续被报道,维权妇女不断发声。〔4〕2017年2月28日,最高人民法院公布《关于适用〈中华人民共和国婚姻法〉若干问题的解释(二)的补充规定》,规定了"恶意串通、虚构债务"和"从事赌博、吸毒等"所负的债务不受法律保护,〔5〕这就将部分非法债务排除在夫妻共同债务的范畴之外,对保护举债方配偶的权益具有一定积极意义。但是,《婚姻法司法解释(二)》第24条存在的"使不知情配偶背负巨债"的问题仍然没有解决。

2018年1月8日,最高人民法院公布《关于审理涉及夫妻债务纠纷案件适用法律有关问题的解释》(以下简称法释〔2018〕2号),该司法解释对夫妻共同债务规则做了梳理,提出了"共债共签""日常家事代理""用于夫妻共同生活、

---

〔2〕 2003年12月4日,最高人民法院公布《婚姻法司法解释(二)》,该司法解释第24条第1款规定:"债权人就婚姻关系存续期间夫妻一方以个人名义所负债务主张权利的,应当按照夫妻共同债务处理。但夫妻一方能够证明债权人与债务人明确约定为个人债务,或者能够证明属于婚姻法第十九条第三款规定情形的除外。"

〔3〕 参见马贤兴:《夫妻债务司法认定及实案评析》,法律出版社2018年版,第236页。

〔4〕 《"反24条"联盟:近百妻子因前夫欠款"被负债",结盟维权》,2016年10月8日报道,载网易财经新闻网:http://money.163.com/16/1008/08/C2REKJCC002580S6.html#,最后访问日期:2019年3月12日。

〔5〕 该补充规定在《婚姻法司法解释(二)》第24条的基础上增加两款,分别作为该条第2款和第3款:"夫妻一方与第三人串通,虚构债务,第三人主张权利的,人民法院不予支持。""夫妻一方在从事赌博、吸毒等违法犯罪活动中所负债务,第三人主张权利的,人民法院不予支持。"

共同生产经营”等标准，[6]废止了在我国施行了14年之久的《婚姻法司法解释（二）》第24条，废止了将“夫妻关系存续期间的债务”原则上推定为夫妻共同债务的规则。最高人民法院法释〔2018〕2号的价值基础和实施效果值得探讨，笔者认为，最高人民法院法释〔2018〕2号第3条中提出的“用于夫妻共同生活、共同生产经营”标准模糊性最大、争议点最多，所以，本文着重分析“用于夫妻共同生活、共同生产经营”标准。

## 二、夫妻生活与利益共同体之“共同”的伦理之辨

### （一）夫妻生活共同体

黑格尔认为家庭是一种“直接的伦理精神”，“婚姻是家庭的基础，实质上是一种伦理关系”。[7] 婚姻关系以精神的统一为基础，精神的统一可以理解为夫妻之间的亲密情感，这种亲密情感应建立在具有平等主体地位的男女之间。夫妻是婚姻的主体，夫妻关系理应是具有平等主体地位的夫与妻之间以亲密情感为基础的生活共同体。夫妻关系这种亲密情感和紧密联系“使得第三人甚至举债方配偶认为夫妻一方欠的债务应当由夫妻共同承担，这是伦理观念行为，规定在法律上就适得其反了”。[8] 所以，分析夫妻共同债务问题，需要先探讨夫妻生活共同体的伦理价值。

1. 夫妻生活共同体以平等的夫妻关系为基础

夫妻生活共同体是自然和历史的选择。从自然角度而言，两性结合、繁育后代是人类情感需要和基因的本质；从历史的角度而言，人类从无序群婚发展到一夫一妻制，经过漫长的历史选择。

---

〔6〕 最高人民法院法释〔2018〕2号的具体内容为：第1条“共债共签”的内容为“夫妻双方共同签字或者夫妻一方事后追认等共同意思表示所负的债务，应当认定为夫妻共同债务”。第2条“家事代理权”的内容为“夫妻一方在婚姻关系存续期间以个人名义为家庭日常生活需要所负的债务，债权人以属于夫妻共同债务为由主张权利的，人民法院应予以支持”。第3条“用于夫妻共同生活、共同生产经营”的内容为“夫妻一方在婚姻关系存续期间以个人名义超出家庭日常生活需要所负的债务，债权人以属于夫妻共同债务为由主张权利的，人民法院不予支持，但债权人能够证明该债务用于夫妻共同生活、共同生产经营或者基于夫妻双方共同意思表示的除外”。

〔7〕 ［德］黑格尔：《法哲学原理》，杨东柱等译，北京出版社2007年版，第81页。

〔8〕 贺剑：《论婚姻法回归民法的基本思路》，载《中外法学》2014年第6期。

夫妻关系是以平等的人身关系为基础的生活共同体。夫与妻意味着共同生活、相互扶持、相互照顾的权利和义务,夫与妻的主体地位平等,尽管在交易中“夫妻作为社会大众的交易方理所当然地被认为是一个团体”,[9]但是,夫妻关系是具有平等主体的一男一女结合形成的法律关系,主体地位的平等性不因婚姻关系的成立而丧失。男女结成夫妻后,女方并不变成男方的附庸、财富,女方是独立的个体并具有完全行为能力,这是现代夫妻制度与封建时期夫妻制度的显著区别。夫妻生活共同体中的事项应当由双方共同决定、共同行为,或者双方各自在特定范围内为家庭生活需要而决定。“缔结婚姻后夫妻各自仍然保持独立的人格,具有独立的意志。”[10]所以,夫妻共同债务应当具有夫妻共同举债的意思表示。

2. 夫妻生活共同体的家庭职能和社会职能

第一,夫妻生活共同体具有“同居共财”的家庭职能。[11] “在狭义上,将共同维持家计的生活共同体称之为家。”[12]家庭中的各个成员各有分工,无论是对于“男主外、女主内”的家庭模式还是“夫妻双薪”的家庭模式,夫妻“同居共财”体现了对夫妻各自劳动付出的认可。即便女方没有外出工作,但是女方承担了照顾长辈、养儿育女、家务劳动等责任,这同样产生价值。正如夏吟兰教授所言:“家务劳动是劳动力再生产所不可缺少的生产手段,当然产生价值,此价值构成劳动力即商品价值之一部分。”[13]

第二,夫妻生活共同体具有“凝心聚力”的社会职能。夫妻生活共同体是历史选择出来的最具有紧密联系、最能激发人类生产积极性、最具传承性的社会组织模式,以夫妻生活共同体组成的家庭是社会的细胞。就政治职能而言,“家作为私法意义上的存在的同时,还是公法意义上的存在,即亦是通过国家权力

---

[9] 朱程斌、李龙:《民法典增加家事代理:身份权与财产权益冲突的解决路径——从案例和司法解释出发设计民法分则家事代理》,载《西南政法大学学报》2018年第2期。

[10] 最高人民法院:《〈关于审理涉及夫妻债务纠纷案件适用法律有关问题的解释〉的理解与适用》,载《人民司法》(应用)2018年第4期。

[11] 参见[日]滋贺秀三:《中国家族法原理》,商务印书馆2013年版,笔者使用的“同居共财”这个词是该书中使用的表述。滋贺秀三学者在《中国家族法原理》中指出,将“同居共财”的词语作为所谓的家族共产制的问题由法学的视角最先加以注意的是中田熏博士。

[12] [日]滋贺秀三:《中国家族法原理》,商务印书馆2013年版,第59页。

[13] 夏吟兰:《对中国夫妻共同财产范围的社会性别分析——兼论家务劳动的价值》,载《法学杂志》2005年第2期。

掌握人民的单位”。[14] “家”也叫“户”,国家通过户籍制度管理公民,古时以“户”为单位征税;[15]就经济职能而言,“私”的产生更能激发人的生产积极性,在群婚时期,人无固定的配偶,不知道谁是自己的子女,多获取的食物无法保存或者“留给家人”,生产积极性就不高。当人们有固定配偶、有自己的子女,有了“私”的概念并且知道自己的劳动能够保留、传承,人们的生产积极性就会逐渐提高,从而对整个社会的经济发展产生积极作用,夫妻共同财产制度即是鼓励夫妻同心同德、共同创造财富的制度。

(二)夫妻利益共同体

1. 夫妻财产共同体与夫妻债务共同体的非对等性

我国婚姻法规定的是夫妻共同财产制度,包括法定共同财产制和约定共同财产制。有观点认为,“确立夫妻共同债务推定规则的法理基础是我国的法定夫妻财产制系婚后所得共同制”,也即夫妻财产共同体意味着夫妻债务共同体。[16] 笔者并不赞同这种观点:

第一,夫妻财产共同体与夫妻债务共同体并不必然符合权利与义务对等的关系。夫妻财产共同体的价值基础是“推定夫妻二人对家庭的贡献相等”,[17]夫妻是一个生活共同体和利益共同体,无论是“男主外、女主内”的家庭模式还是“夫妻双薪”的家庭模式,都应当认可夫妻各方对家庭所做贡献的平等性。就夫妻共同债务而言,推定夫妻承担共同债务的价值基础同样也应当是夫妻关系所具有的生活共同体和利益共同体的属性,而不是夫妻共同财产制。夫妻财产共同体当中的“推定贡献相等”并不意味着“推定利益共享”,夫妻一方所负的债务并不一定用于夫妻共同生活,只有被认定为符合夫妻生活共同体和夫妻利益共同体的债务才能被称为夫妻共同债务。

第二,共同财产是赋予权利,共同债务是负担义务,权利可以放弃因而赋予对方权利时通常无需对方同意,义务不可以放弃因而让对方负担义务时通常需要对方同意。正如有学者提出,“夫妻共同财产制是基于婚姻关系赋予一方配偶以权利,共同债务是施加给举债方的义务”。[18] 《婚姻法司法解释(二)》第

---

〔14〕 [日]滋贺秀三:《中国家族法原理》,商务印书馆2013年版,第57页。

〔15〕 参见[日]滋贺秀三:《中国家族法原理》,商务印书馆2013年版,第58页。

〔16〕 参见汪金兰、龙御天:《我国夫妻共同债务推定规则的法理基础与适用》,载《安徽大学学报》(哲学社会科学版)2018年第2期。

〔17〕 龙俊:《夫妻共同财产的潜在共有》,载《法学研究》2017年第4期。

〔18〕 李洪祥:《我国夫妻共同债务构成依据的反思》,载《江汉论坛》2018年第7期。

24条推定“夫妻关系存续期间”的债务为夫妻共同债务,这不仅是对举债方配偶强加义务的行为,而且也导致了实践审判中使得举债方配偶背负不明债款的不公平现象。

第三,如果说夫妻共同财产制能推出某些“夫妻共同债务”,那也应当是指“夫妻共同财产应为哪些债务负责”,而不是“配偶为夫妻一方引起的哪些债务负责”。[19] 夫妻共同财产制不具备使举债人配偶直接成为共同债务人的理论基础。并且,我国婚姻法没有关于“共同财产与个人财产之间相互补偿的规定”,即以夫妻共同财产用于偿还举债方债务时,非债务人的夫妻一方可以请求举债方予以补偿的制度,[20]因此,以夫妻共同财产制推导夫妻共同债务无疑是对举债人配偶权益的剥夺、侵害。

2. 夫妻利益共同体与夫妻合伙共同体的非同一性

夫妻财产关系的价值基础是夫妻利益共同体,有些观点认为夫妻财产关系是合伙关系,“我们更需要一种在承认男女性别差异的基础上的平等理念的植入,这种理念是将婚姻视为一个分工合作、互惠共享的合伙共同体”。[21] 对此,笔者认为夫妻财产关系不能类比于合伙关系。冉克平教授同样不赞同将夫妻财产关系类比于合伙关系,他认为这存在“逻辑上的跳跃”,夫妻关系具有情感和伦理基础、具有封闭性,合伙关系不具有情感和伦理基础,并且其经营范围、经营账号等一定程度上需公开。[22]

第一,夫妻关系的核心是人身关系,合伙关系的核心是财产关系。“婚姻是有关身份关系的契约”,[23]合伙是有关财产关系的契约。婚姻关系是由情感为纽带的人身关系的结合,合伙关系是以物质为基础的财产关系的结合,夫妻关系在人身关系上更加紧密,合伙关系在人身关系上相对松散;夫妻关系在财产关系上以法定共同财产制为主、以约定财产制为辅,合伙关系在财产

---

[19] 缪宇:《美国夫妻共同债务制度研究——以美国采行夫妻共同财产制州为中心》,载《法学家》2018年第2期。

[20] 参见裴桦:《夫妻财产制与财产法规则的冲突与协调》,载《法学研究》2017年第4期。

[21] 胡苷用:《婚姻合伙视野下的夫妻共同财产制度研究》,法律出版社2010年版,第3页。

[22] 参见冉克平:《论夫妻共同债务的类型与清偿——兼析法释〔2018〕2号》,载《法学》2018年第6期。

[23] 巫昌祯、夏吟兰主编:《婚姻家庭法学》(第2版),中国政法大学出版社2016年版,第5页。

关系上以约定财产制为主;夫妻关系在债务关系上,夫妻约定财产制可对外生效,但合伙关系在债务关系上对内可约定、对外无限连带责任为主。

第二,夫妻"共同生产经营"行为不是合伙行为。首先,从目的角度而言,夫妻"共同生产经营"是基于夫妻共同生活的需要,是夫妻利益共同体的表现;夫妻"共同生产经营"行为是出于共同提高家庭生活水平、抚养孩子、赡养老人等利他性目的,而合伙行为则是出于通过一起经营而最终使个人财富增长的利己性目的。其次,从认定标准而言,夫妻"共同生产经营"也可能是夫妻一方生产、经营但利益由夫妻双方共享,所以,"共同生产经营"并不是仅仅指"夫妻档"生产经营体,而是指夫妻利益共享体;而合伙除了利益共享外,还要求合伙人必须要么出资,要么出力,要么出资又出力。最后,从代理权的权利限制来看,夫妻关系中的家事代理权和"用于夫妻共同生活、共同生产经营"事项的代理权目前没有明确的范围限制,而合伙行为通常有营业范围的限制。也正是因为合伙行为有营业范围的限制,所以在由于共同生产经营所负担的债务问题上,合伙行为中的债权人会有审查义务,并且合伙人一方的代理权事实上也受到营业范围等限制。但是,在夫妻关系中,夫妻一方的代理权范围并不明确,哪些借贷属于用于夫妻"共同生产经营"也并不清晰。

## 三、"用于夫妻共同生活、共同生产经营"的规范分析

### (一)"用于夫妻共同生活、共同生产经营"的现行立法

用"共同生活"、"共同生产经营"或"共同生活、共同生产经营"这些表述作为认定夫妻共同债务的规范,具有其立法演进过程。北洋政府时期带有强烈夫权主义的《民国民律草案》(亲属编)对"共同生活""妻一方经营"的夫妻之权利义务作出了规定。[24] 1950年《婚姻法》在"离婚后的财产和生活"一章中,正式采用了"共同生活"标准来认定夫妻共同债务,夫妻共同生活所产生的债务以共同生活时所得财产偿还,出于保护女性利益的考虑,该法还规定了共同财产不

---

〔24〕《民国民律草案》(1925年)(亲属编)第1134条:"由婚姻而生一切费用,归夫担负。但夫无力担负者,妻担负之。"第1120条:"关于同居及其他共同生活事务,由夫主持。但妻得陈述意见或以行为实行协助。前项前段情形,如系夫滥用职权,致妻受有污辱或损害之虞者,妻无遵从之义务。"第1125条:"妻得夫允许为一种或数种营业者,在其营业范围内,对于一切营业事项,有自由处决之权。前项允许,夫得撤销或限制之。但其撤销或限制,不得与善意第三人对抗。"

足清偿时由男方负责清偿。[25] 1980年《婚姻法》对夫妻共同债务问题作出了规定，它延续了1950年《婚姻法》采用的“共同生活”标准，同时还增加了财产不足清偿时由“双方协议”清偿的条款。[26]

1. 1993年《离婚财产分割意见》和2001年《婚姻法》

1993年，最高人民法院公布《关于人民法院审理离婚案件处理财产分割问题的若干具体意见》(以下简称《离婚财产分割意见》)，第17条规定“夫妻为共同生活或履行抚养、赡养义务等”所负的债务为夫妻共同债务，应以夫妻共同财产偿还，同时还列举了几种不能认定为夫妻共同债务的情形，主要包括非以逃避债务为目的的约定为个人债务的情形、一方未经对方同意所负的债务等情形。[27] 2001年修正的《婚姻法》第41条对夫妻共同债务作出了规定，该条款延续了“共同生活”标准并规定了“协议清偿”的规则。[28]

1993年《离婚财产分割意见》第17条和2001年《婚姻法》第41条均规定了“共同生活”标准来认定夫妻共同债务，但2003年《婚姻法司法解释(二)》出台后，《婚姻法司法解释(二)》第24条随即把1993年《离婚财产分割意见》第17条和2001年《婚姻法》第41条架空。[29]

---

[25] 《中华人民共和国婚姻法》(1950年)第24条：“离婚时，原为夫妻共同生活所负担的债务，以共同生活时所得财产偿还；如无共同生活时所得财产或共同生活时所得财产不足清偿时，由男方清偿。男女一方单独所负的债务，由本人偿还。”

[26] 《中华人民共和国婚姻法》(1980年)第32条：“离婚时，原为夫妻共同生活所负的债务，以共同财产偿还。如该财产不足清偿时，由双方协议清偿；协议不成时，由人民法院判决。男女一方单独所负债务，由本人偿还。”

[27] 1993年最高人民法院《离婚财产分割意见》第17条：“夫妻为共同生活或为履行抚养、赡养义务等所负债务，应认定为夫妻共同债务，离婚时应当以夫妻共同财产清偿。下列债务不能认定为夫妻共同债务，应由一方以个人财产清偿：(1)夫妻双方约定由个人负担的债务，但以逃避债务为目的的除外。(2)一方未经对方同意，擅自资助与其没有抚养义务的亲朋好友的债务。(3)一方未经对方同意，独自筹资从事经营活动，其收入确未用于共同生活所负的债务。(4)其他应由个人承担的债务。”

[28] 《中华人民共和国婚姻法》(2001年修正)第41条：“离婚时，原为夫妻共同生活所负的债务，应当共同偿还。共同财产不足清偿的，或财产归各自所有的，由双方协议清偿；协议不成时，由人民法院判决。”

[29] 司法实践表明，2003年《婚姻法司法解释(二)》出台后，大量的案子依据《婚姻法司法解释(二)》第24条做出裁判，1993年《离婚财产分割意见》第17条和2001年《婚姻法》第41条事实上被架空。叶名怡学者发表在《法学》(2017年第6期)上的文章《〈婚姻法解释(二)〉第24条存废论——基于相关统计数据的实证分析》中也论述了这一现象。

2. 最高人民法院法释〔2018〕2 号

2018 年 1 月 8 日，最高人民法院法释〔2018〕2 号中第 3 条规定了在夫妻关系存续期间，超出家庭日常生活需要的、以夫妻一方个人名义签订的债务不属于夫妻共同债务，但“债权人能证明该债务用于夫妻共同生活、共同生产经营”或者“基于夫妻双方共同意思表示的除外”。

解读最高人民法院法释〔2018〕2 号的第 3 条可知，依据该条规定，符合夫妻共同债务需同时满足“在夫妻关系存续期间”“夫妻一方以个人名义签订的债务”“超出家庭日常生活需要”“用于夫妻共同生活、共同生产经营或基于夫妻双方共同意思表示”这四个要件。但是事实上，由于“超出家庭日常生活需要”这个要件同样是个非常模糊的概念，因此，“日常家事代理权的范围的判断，应从一般的社会观念和民众的生活习惯出发”；〔30〕全国各地经济水平和生活方式存在差异，社会不断发展变化，哪些事项属于“超出家庭日常生活需要”的范围很难区分。另外，由于“基于夫妻双方共同意思表示”与最高人民法院法释〔2018〕2 号第 1 条规定的“共债共签”理念一致，所以该项内容在最高人民法院法释〔2018〕2 号第 3 条中重复规定的意义不大。因此在实践中，最高人民法院法释〔2018〕2 号的第 3 条事实上只需满足三个要件：“在夫妻关系存续期间”、“夫妻一方以个人名义签订的债务”和“用于夫妻共同生活、共同生产经营”，并且最高人民法院法释〔2018〕2 号的第 3 条事实上是第 1、2 条的兜底条款。笔者用表 1 来表示最高人民法院法释〔2018〕2 号中夫妻共同债务的认定标准之间的关系。

**表 1　最高人民法院法释〔2018〕2 号中夫妻共同债务认定标准之间的关系**

| | | | |
|---|---|---|---|
| 第一步 | 婚姻关系存续期间 | “共债共签”（包括夫妻事后追认等） | 适用于对夫妻关系存续期间任何债务的判断 |
| 第二步 | 婚姻关系存续期间+夫妻一方名义 | “为家庭日常生活需要”所负的债务 | 数额小、能认定为“为家庭日常生活需要”所负的债务，以第二步的标准判断，第二步不能判断的，用第三步的标准判断 |
| 第三步 | | “用于夫妻共同生活、共同生产经营”所负的债务 | |

从表 1 可以清晰地看出“用于夫妻共同生活、共同生产经营”这一条款在认定夫妻共同债务规则体系中的“兜底作用”。这一条款发挥兜底作用的原因如下：一方面，“用于夫妻共同生活、共同生产经营”体现了夫妻作为生活共同体和利益共同体的伦理价值，以具有伦理价值的基础性条款作为认定夫妻共同债务的兜底条款能够起着类似于“没有规则，适用原则”的作用。另一方面，将“用于夫妻共同生活、共同生产经营”这一认定标准作为兜底标准也说明了这一认定

〔30〕 冉克平：《论因“家庭日常生活需要”引起的夫妻共同债务》，载《江汉论坛》2018 年第 7 期。

标准并不是一个具体、明确的标准。

(二)"用于夫妻共同生活、共同生产经营"的条款属性

本文中的"用于夫妻共同生活、共同生活经营"标准特指最高人民法院法释〔2018〕2号第3条,从规范分析的角度而言,该第3条具有描述性条款、抽象性条款、特殊性条款的属性。并且由于这些属性,该第3条决定了"用于夫妻共同生活、共同生产经营"标准一方面难以成为实践中统一裁量的具体规则,另一方面,该标准亦存在与相关法律冲突、架空具体裁判规则等问题。

1. 描述性条款

描述性条款属于定义性条款。[31] "夫妻共同生活、共同生产经营"是婚姻关系中夫妻的常规生活状态,把"用于夫妻共同生活、共同生产经营"的债务认定为夫妻共同债务是对夫妻共同债务的一种描述或者定义,也即根据情理而言,在举债方配偶知情的情况下,该债务若确实用于夫妻共同生活、共同生产经营,那么该债务可以被描述或定义为"夫妻共同债务"。

从新中国成立之前的北洋政府《民国民律草案》(亲属编)规定的带有夫权特征的关于夫妻"共同生活"的债务认定规则,到新中国成立之后的1950年《婚姻法》、1980年《婚姻法》中规定的关于夫妻"共同生活"的债务认定规则,"共同生活"这一"标准"实质上发挥的是形式上的定义性价值,其裁判性价值并不显著,有关的争议和讨论也不多。[32]

---

〔31〕 参见汪全胜、张鹏:《法律文本中"定义条款"的设置论析》,载《东方法学》2013年第2期。

〔32〕 笔者查阅了我国婚姻法立法的有关资料,包括:张希坡:《中国婚姻立法史》,人民出版社2004年版;金眉:《中国亲属法的近现代转型——从〈大清明律草案·亲属编〉到〈中华人民共和国婚姻法〉》,法律出版社2010年版。笔者发现在1980年《婚姻法》颁布及之前,关于夫妻债务问题的论述非常少。这一定程度上反映了当时的社会实践情况中夫妻债务纠纷比较少,同时也印证了当时的婚姻制度更多地体现了对结婚、离婚的实质要件和对夫妻人身关系的关注,对夫妻财产关系的关注相对少一些,对于夫妻债务问题的关注更少。尽管这些法律中规定了"共同生活"作为夫妻共同债务的认定标准,但也并没有对何为"共同生活"标准做出限定或解释,但这是符合当时的社会实际需求的。笔者同时查阅了"全国报刊索引",以关键词"夫妻共同债务""夫妻债务"检索近代的文献,只检索出一篇文献,是胡长清学者于1931年发表在《法律评论》(北京)上的一篇文章《夫妻财产制之一考察:夫妻对于债务之责任及生活费用之负担》,文章中分析了《中华民国民法》(亲属编)的财产制度和夫妻债务规则,除此之外,笔者未能检索出近代的关于夫妻债务的其他报道。笔者在"爱如生"数据库中以关键词"夫妻债务""夫妻共同债务"进行全文检索,检索出的结果是零,表明当时的案例或者论述非常少,或许当时有夫妻债务纠纷而未被报道或记录。但从现有资料上看,法律规范中"共同生活"这一标准在近代的司法实践中没有发挥过显著的裁判性价值,也即其裁判性价值没有经过近代司法实践的检验,但其却在立法沿革中被延续,这只能一定程度上体现"共同生活"标准对夫妻共同债务的描述性或定义性价值。

最高人民法院法释〔2018〕2 号第 3 条提出“用于夫妻共同生活、共同生产经营”的债务是夫妻共同债务，该条款依然未摆脱从定义到定义、从概念到概念的困境。“用于夫妻共同生活、共同生产经营”标准仅仅可以作为夫妻共同债务定义的部分描述，若倚重该描述性标准作为司法实践中认定夫妻共同债务的标准，显然会给司法实践带来“规则虚无”的难题。

2. 抽象性条款

抽象性条款与具体性条款、类型性条款相对应。具体性条款、类型性条款以阐明、列举具体事项、具体范围、具体类型为特征，而抽象性条款则以高度的概括性为特征。“用于夫妻共同生活、共同生产经营”标准具有抽象性条款的属性，该标准未具体阐明什么是夫妻共同生活、共同生产经营，哪些事项属于夫妻共同生活、共同生产经营的范围，比如，夫妻任一方的衣食住行、医疗、美容、健身、进修、社交等是否属于夫妻共同生活？再比如，夫妻共同生产经营指哪些情形，是指以夫妻共同财产投资经营，还是指夫妻共同参与经营管理，抑或指以夫妻共同财产投资并且夫妻共同参与经营管理？

“用于夫妻共同生活、共同生产经营”标准的抽象性属性使该标准不可避免地具有以下不足：第一，“共同”二字高度抽象、空泛，缺乏具体性规则、类型性规则所具有的确定性。第二，强调“共同”、忽视“个体”，虽然夫妻关系在总体上、对外上呈现出一个共同性的、整体性的生活样态，但是夫妻在同一片屋檐下又存在着个体生活样态，这些个体生活样态是否能直接推定为夫妻共同生活样态是存疑的，如个人的一些高消费的衣食住行能直接推定为夫妻共同生活消费吗？个人的美容、健身、进修等消费能直接推定为夫妻共同生活消费吗？又如，夫妻共同生产经营如何认定，夫妻共同生产经营中的个人经营行为是否有限度，明显不合理的、超越正常经营需要的行为也能推定为夫妻共同生产经营行为吗？

3. 特殊性条款

特殊性条款与一般性条款相对应。夫妻共同债务纠纷属于民间借贷纠纷范畴，而关于民间借贷合同的相关条款属于一般性条款，因此，婚姻法领域中关于夫妻共同债务纠纷的条款相比较而言属于特殊性条款。夫妻共同债务条款涉及三方主体包括债权人、举债方、举债方配偶，夫妻共同债务条款并不意在确认债权人和举债方之间的债权债务关系，而意在确定举债方的配偶是否需共同承担该债务。

如果要平衡债权人、举债方、举债方配偶之间的权利义务关系，那么就必须要处理关于民间借贷纠纷的一般性条款和处理夫妻共同债务纠纷的特殊性条款之间的关系。最高人民法院法释〔2018〕2号出台之前的《婚姻法司法解释(二)》第24条同样属于特殊性条款,该特殊性条款将“夫妻关系存续期间的债务”原则上推定为夫妻共同债务,这违背了民间借贷纠纷一般性规则中合同主体的相对性、义务主体的知情权和承诺权等基本理念,因此就导致了偏重于保护债权人的利益而导致对举债方配偶的权利保障不足的结果。最高人民法院法释〔2018〕2号第3条同样是特殊性条款,也同样存在着与民间借贷一般性规则中合同主体的相对性、义务主体的知情权和承诺权等基本理念冲突的问题,因而从规范性角度而言,该第3条规定的“用于夫妻共同生活、共同生产经营”标准需慎用、少用。

## 四、“用于夫妻共同生活、共同生产经营”的实践分析

### (一)举证人视角:难以完成的举证

#### 1.“用于夫妻共同生活、共同生产经营”的范围模糊

关于哪些事项属于夫妻共同生活、共同生产经营的范围,目前并没有统一的标准。我国现行的《婚姻法》及最高人民法院的司法解释没有对夫妻共同生活、共同生产经营的范围作出明确规定,2018年1月18日,最高人民法院发布了关于审理夫妻共同债务纠纷的法释〔2018〕2号,随后发布了《〈关于审理涉及夫妻债务纠纷案件适用法律有关问题的解释〉的理解与适用》,其中谈到关于“用于夫妻共同生活、共同生产经营”范围和举证责任的争议,但并未作出明确说明。浙江省高级人民法院随后发布了相应的指导意见,在指导意见中对“用于夫妻共同生活、共同生产经营”的债务范围作了规定。

浙江省高级人民法院《关于妥善审理涉夫妻债务纠纷案件的通知》(以下简称浙高法〔2018〕89号)规定了“用于夫妻共同生活、共同生产经营”范围的界定标准,笔者将其归类为三点:第一,“共同行为标准”,比如认定夫妻共同生活中的“共同消费支配”“共同决定生产经营事项”“用于夫妻双方共同从事的工商业或共同投资”等。第二,“共享利益标准”,比如认定夫妻共同生活中的“用于形成夫妻共同财产的支出”标准、认定夫妻共同生产经营的“举债用于举债人单方从事的生产经营活动,但配偶一方分享经营利益的”等。第三,“婚姻状态反推标准”,这一标准主要反映在浙高法〔2018〕89号规定的“可以考虑认定为个人债务”的几种情形:婚姻持续短暂且婚姻关系存续期间无较大笔的家庭开销,债务不可能用于家庭共同生活或共同生产经营;在婚姻关系不稳定、夫妻分居

期间,且配偶有稳定收入等。[33]

关于浙高法〔2018〕89号中规定的“共同行为标准”、“共享利益标准”和“婚姻状态反推标准”这三个标准依然有值得思考的地方。第一,对于“共同行为标准”如何认定是夫妻共同行为的结果,是否最终要依靠“共债共签”来认定;如果要依靠“共债共签”来认定,那么“共同行为标准”就是对“共债共签”的解释,而不是对“用于夫妻共同生活、共同生产经营”的解释。第二,“共享利益标准”理念上与“用于夫妻共同生活、共同生产经营”一脉相承,但是没有解决证明标准和证明责任问题。第三,“婚姻状态反推标准”,该标准无法解决大量的发生在婚姻状态正常时夫妻一方借贷是否为夫妻共同债务的认定问题。

2.“烫手”的举证责任:谁来承担?

有学者提出,让债权人对债务用于夫妻共同生产、共同生产经营承担举证责任难度大、证明力不强,所以,从实质公平角度出发,举债人应当承担部分举债责任。其制度构想是:当举债方提供了证据证明该债务用于夫妻共同生活或者共同生产经营,而举债方的配偶无法提供相反证据证明该债务未用于夫妻共同生活或共同生产经营时,该债务即属于夫妻共同债务。[34] 笔者认为,该观点和制度构想很可能无法发挥预期效果:

第一,如果举债方想转移财产、逃废债务,那么他们就不会提供证据证明该债务用于夫妻共同生活或共同生产经营,这对债权人利益的保护依然无法发挥作用。

第二,如果举债方想要配偶与自己共同承担债务,那么他们就需提供相应的证据,但是这给司法实践带来的问题是,这个证据要符合什么条件?举债方是否不仅要证明该债务用于夫妻共同生活或共同生产经营,还要证明配偶对使用情况知情或者知道这是债务?因为如果只证明该债务用于夫妻共同生活或共同生产经营,而配偶对使用情况并不知情或者并不知道这是债务,配偶一方就需共同承担这笔债务,这是否有悖公平原则呢?如果配偶不知道用于夫妻共同生活或共同生产经营的某些资金是债务,配偶以为使用的是夫妻共同财产,这种情况下配偶需要共同承担债务吗?但如果要举债方证明配偶对债务和债务的使用情况知情,那么主观意识领域的“知情”应如何证明?

---

〔33〕 参见浙江省高级人民法院于2018年5月23日作出《关于妥善处理涉夫妻债务纠纷案件的通知》(浙高法〔2018〕89号)。

〔34〕 参见李洪祥:《我国夫妻共同债务构成依据的反思》,载《江汉论坛》2018年第7期。

鉴于此,对用于夫妻共同生活、共同生产经营债务的举证责任似乎只能回归到“谁主张,谁举证”这一基本规则。对于举债人一方名义负担的债务,债权人若要主张这是夫妻共同债务,那么他们就不仅要证明该债务存在,而且要证明该债务用于夫妻共同生活或共同生产经营,严格来说,债权人同时还需证明举债人配偶对“该债务的存在以及该债务用于夫妻共同生活或共同生产经营”知情。对于债权人来说,这是几乎不可能完成的举证。因此,对用于夫妻共同生活、共同生产经营的债务承担举证责任是个“烫手山芋”,无论由哪一方承担都有不合理之处。

(二)法官视角:解释标准不统一的兜底条款

1. 对“用于夫妻共同生活、共同生产经营”使用率高

在相关案例的实践审判中,最高人民法院法释〔2018〕2 号第 3 条关于用于夫妻共同生活、共同生产经营债务问题的规定相对于法释〔2018〕2 号第 1 条、第 2 条的使用率高得多。笔者用表 2 来呈现检索结果。

**表 2　最高人民法院法释〔2018〕2 号的使用情况**〔35〕

| 检索关键词 | 判决数量/份 | 所占比例/% |
|---|---|---|
| 第 1 条 | 22,726 | 27.8 |
| 第 2 条 | 9999 | 12.2 |
| 第 3 条 | 48,950 | 59.9 |

在使用最高人民法院法释〔2018〕2 号第 3 条的案例中,绝大多数案例的案由是“民间借贷纠纷”,其余案件的案由包括金融借贷合同纠纷〔36〕、买卖合同纠纷〔37〕、追偿权合同纠纷〔38〕、建设工程施工合同〔39〕等,少部分案件的案由是婚姻家庭、

〔35〕 此表数据的检索工具是“聚法案例”,数据更新日期为 2019 年 5 月 21 日。笔者意在通过此表呈现有关的比例关系,而并非意在呈现出一个精准的数据情况。此表的精准性受到两个方面的影响,一是有些案例可能没有上传到网站,二是笔者并未在表格中反映出有些数量不大的样本情况,比如同时使用第 1 条和第 2 条的判决、同时使用第 2 条和第 3 条的判决等样本情况,这些样本的数量并不会对此表中的比例关系产生较大影响,所以为了更直观地比较三个法条的使用情况,此表未呈现这些小数量样本。

〔36〕 比如北京市第二中级人民法院(2018)京 02 民终 5017 号。

〔37〕 比如广东省梅州市中级人民法院(2018)粤 14 民终 1172 号。

〔38〕 比如广东省广州市中级人民法院(2018)粤 01 民终 1767 号。

〔39〕 比如河南省新乡市中级人民法院(2018)豫 07 民终 5879 号。

继承纠纷。笔者用图1来呈现检索结果。

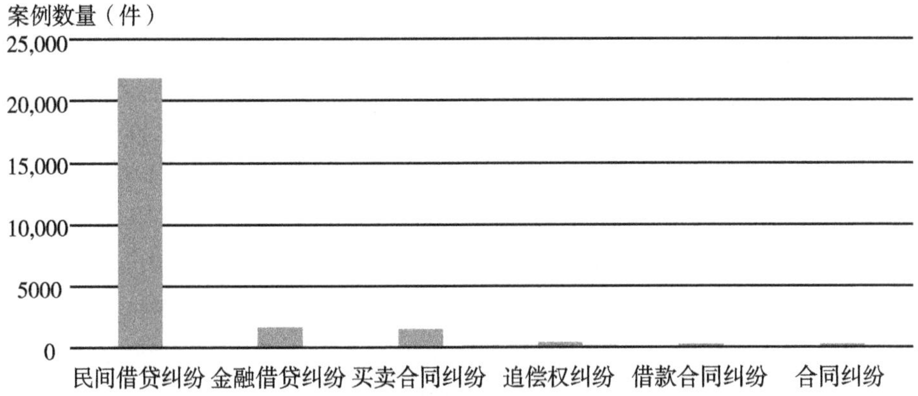


**图1　最高人民法院法释〔2018〕2号第3条的使用情况**〔40〕

由表2、图1可知，最高人民法院法释〔2018〕2号第3条的使用率相对较高，并且以"民间借贷纠纷"为主要案由。在"民间借贷纠纷"案例中，有依据"借贷发生在婚姻关系存续期间，且配偶一方参与了公司经营"作为认定该借贷为夫妻共同债务的，如北京市第三中级人民法院审理的一个案件〔41〕、黑龙江省高级人民法院审理的一个案件〔42〕等。也有依据"债权人未提供证据证明该债务用于夫妻共同生活、共同生产经营"判定该债务不属于夫妻共同债务的案例，如江西省高级人民法院审理的一个案件〔43〕、徐州市中级人民法院审理的一个案件〔44〕等。

最高人民法院法释〔2018〕2号第3条在以"婚姻家庭、继承纠纷"为案由的案件中的使用率较低，〔45〕因为大部分涉及夫妻债务问题的案件是由债权人提起的诉讼，而以"婚姻家庭、继承纠纷"为案由的涉及夫妻债务问题的案件相对少

〔40〕　此表数据的检索工具是"聚法案例"，数据更新日期为2019年5月21日。

〔41〕　北京市第三中级人民法院(2018)京03民终4921号。

〔42〕　黑龙江省高级人民法院(2018)黑民终270号。

〔43〕　江西省高级人民法院(2018)赣民终107号。

〔44〕　徐州市中级人民法院(2017)苏03民终6164号。

〔45〕　笔者于2019年5月24日在"聚法案例"网上用关键词"《关于审理涉及夫妻债务纠纷案件适用法律有关问题的解释》第3条"检索出48,950个判决，其中以"婚姻家庭、继承纠纷"为案由的判决只有232份。在这232份中，相应的"继承纠纷"判决有178个，相应的"婚姻家庭纠纷"判决为54个。

得多。事实上,以“夫妻共同债务确认纠纷”为具体案由的案件通常也是由债权人提起的诉讼。由夫妻一方提起的有关夫妻共同债务问题的诉讼通常与离婚纠纷、继承纠纷案件紧密联系,比如浙江省江山市人民法院审理的一起“离婚后财产纠纷案”〔46〕,该案是夫妻一方起诉另一方共同承担债务,而不是债权人诉请夫妻双方共同承担债务。再比如北京市第三中级人民法院审理的一起“被继承人债务清偿纠纷案”〔47〕,该案是一起典型的在继承关系中审理夫妻共同债务问题的案件。

由以上数据分析可知,夫妻共同债务问题不是家庭内部问题,有关案件纠纷由“民间借贷纠纷”占绝大部分,而不是由“婚姻家庭纠纷”占大多数,对待夫妻共同债务问题应当“回归民法的基本思路”〔48〕,应当遵循合同的相对性原则,而不是过度解释婚姻家庭的伦理观念;“用于夫妻共同生活、共同生产经营”是夫妻关系、家庭生活的伦理表述,让其承担认定夫妻共同债务的“主力裁判依据”既不符合合同的相对性原则和民法基本思路,又未能正确解读婚姻家庭的伦理价值。

---

〔46〕 浙江省江山市人民法院(2018)浙0881民初1539号。在该案中,原告廖某(女方)起诉被告王某(男方)共同承担夫妻关系期间廖某向银行借贷的30万元。2013年,廖某与王某已经登记结婚,两人商量共同经营一家女装店。女装店营业后不久,廖某在与王某及其父母、朋友林某等人商量后以廖某的名义向银行借贷30万元,王某及其父母、朋友林某等提供担保。廖某偿债后认为,该30万元借贷应属于夫妻共同债务,王某应承担一半的清偿责任,遂提起诉讼。法院经过审理认为,该女装店平时由廖某个人经营,王某赋闲在家,廖某未举证证明王某参与了女装店的经营,并且在第二笔30万元借贷发生时,廖某和王某因感情不和处于分居状态。法院依据最高人民法院法释〔2018〕2号第3条作出的判决结果是“驳回原告廖某的诉讼请求”。该案的原告不服本案判决,提起了上诉,案号为“(2018)浙08民终571号”,二审法院判决“驳回上诉,维持原判”。

〔47〕 北京市第三中级人民法院(2018)京03民终2603号。在该案中,上诉人杨某(女)的丈夫荆某2死亡,一审法院判决,对于荆某2在夫妻关系存续期间向被上诉人张某的借贷的500万元本金及利息,杨某承担清偿责任,杨某的儿子荆某1在继承荆某2的遗产范围内承担连带清偿责任。杨某和荆某1不服一审判决,提起上诉。就该债务是否用于夫妻共同生活、共同生产经营的认定方面,杨某提供荆某1在英国读书三年期间的开支明细,以此证明荆某1的留学支出方式、金额等与张某向荆某2借贷的金额、方式等不一样,从而否定该债务用于夫妻共同生活。张某恰恰以此为依据证明杨某和荆某2的收入不足以支撑荆某1的留学开支,所以该债务用于了夫妻共同生活。一审、二审法院都支持了张某的说法。

〔48〕 参见贺剑:《论婚姻法回归民法的基本思路——以法定夫妻财产制为重点》,载《中外法学》2014年第6期。

2.“用于夫妻共同生活、共同生产经营”解释标准难统一

最高人民法院法释〔2018〕2号一共3条,提出三个认定夫妻共同债务的规则,第1条提出“共债共签”规则,这就是认定夫妻共同债务的具体规则,最高人民法院把该规则在第1条中提出,可见该具体规则的重要地位。但是,司法审判实践中,第1条“共债共签”这一具体规则的使用率远远低于第3条“用于夫妻共同生活、共同生产经营”这一抽象条款。这一现象必然与目前案件具体情况有关,毕竟目前“共债共签”的夫妻共同债务案例太少,若在现阶段一刀切地认为未经过夫妻共同签名的债务就是举债方个人的债务,审判机关担心对债权人的利益保障不足,因为很多涉及夫妻主体的债权债务关系成立于最高人民法院法释〔2018〕2号颁布之前,普通群众还没有建立起“共债共签”的意识。尽管如此,我们仍很有必要考察目前审判机关对“用于夫妻共同生活、共同生产经营”的适用情况和适用逻辑,探讨如何改变“共债共签”这一具体规则被架空的情况。笔者抽样选取了一定数量的案例进行分析,以此探讨法官如何运用“用于夫妻共同生活、共同生产经营”标准。

第一,考察依据“用于夫妻共同生活、共同生产经营”标准判定争诉债务属于夫妻一方个人债务的案例,法院通常以“债权人没有提供相关证据证明该债务用于夫妻共同生活、共同生产经营”作为认定该债务属于夫妻一方个人债务的判决说理。[49] 比如广东省揭阳市中级人民法院审理的一起“民间借贷纠纷案”。[50] 本案法官依据实际情况认定夫妻档鱼铺在正常经营状态下不需要20万元的借款,尽管借条上写着“用于鱼铺经营”,尽管该鱼铺档口是夫妻俩唯一的经营对象,但是法官根据自己的经验和认知做出价值判断,认定债权人提供

---

〔49〕 此类案例比较多,比如:广东省梅州市中级人民法院(2018)粤14民终1172号、江苏省南通市中级人民法院(2018)苏06民终4258号、吉林省白城市中级人民法院(2018)吉08民终1476号、四川省成都市中级人民法院(2018)川01民终17670号、贵州省六盘水市中级人民法院(2018)黔02民终2558号、吉林省通化市中级人民法院(2018)吉05民终846号等。

〔50〕 广东省揭阳市中级人民法院(2018)粤52民终991号。该案的上诉人林某是债权人,被上诉人翁某(男)、吴某(女)是夫妻,翁某与林某签订了20万元的借贷合同,翁某最后未能如期对这20万元借贷还款,林某起诉。林某提供了写着“用于经营鱼铺生意”的借条,并且证明翁某和吴某除了共同经营鱼铺生意并无其他工作。一审法院认为尽管借条写着“用于经营鱼铺”,并且夫妻俩确实只依靠经营鱼铺为生,但是林某未证明这20万元的借款用于鱼铺的经营,鱼铺的经营不需要20万元的借款,并且翁某平时有赌博的行为,故此认为该20万元借款是翁某的个人借款。

的证据不能证明该债务用于夫妻共同经营的鱼铺。笔者对这个案例的思考是,同样的情形下,如果是债权人只借出10万元给这个夫妻档鱼铺,那么该10万是否可以被认定为"用于夫妻共同生产经营"的夫妻共同债务,以借款金额来认定是否实际经营所需、是否用于夫妻共同生产经营,这实属适用抽象性条款的无奈。

第二,考察依据"用于夫妻共同生活、共同生产经营"标准判定争诉债务属于夫妻共同债务的案例,法官会根据债权人提供的证据具体分析后认定该债务属于共同债务。在这些被认定为夫妻共同债务的案例中,债权人的提供的证据包括:"债务人的收款人为举债人配偶",[51]"某公司是夫妻双方共同出资设立,且根据该公司的银行流水可知该债务用于了该公司的经营",[52]"夫妻共同经营某一实体,事实证明该经营实体有借款需要,且举债人在借贷期间无不合理开支"[53]等。比如甘肃省庆阳市中级人民法院审理的一起"民间借贷纠纷案"。[54] 在此案中,法官认定涉案债务用于夫妻共同生产经营的依据包括:夫妻具有共同经营行为;涉案债务用于夫妻共同经营活动;举债人配偶对该债务知情。本案的特点在于,尽管夫妻两人各开公司,但是这两个公司经营范围、经营场所一致,因而法官认定夫妻两人从事同一经营活动。如果夫妻两人经营公司的经营范围和经营场所不一致,那么就需要对两个公司的资金流情况进行分析,判断两个公司的资金是否混同。以上列举的债权人提供的证据都是不一样的证明角度,这些案件的法官最终认可了这些证据材料,所以说,如何证明某债务用于"夫妻共同生产经营"并没有统一的、明确的标准,有些以共同投资认定,有些以举债方配偶知情认定等,实践中一些案件也存在诸多争议。

由以上分析可知,从法官的视角而言,"用于夫妻共同生活、共同生产经营"是个空泛的概念,如何认定某债务是否"用于夫妻共同生活、共同生产经

---

[51] 比如河南省新乡市中级人民法院(2018)豫07民终5879号、浙江省湖州市中级人民法院(2018)浙05民终1131号等。

[52] 广东省潮州市中级人民法院(2018)粤51民终538号。

[53] 广西壮族自治区北海市中级人民法院(2018)桂05民终303号。

[54] 甘肃省庆阳市中级人民法院(2018)甘10民终1518号。此案中,景某(男)和王某(女)在债务发生期间是夫妻,景某、王某分别以个人名义成立两个公司,但是这两个公司的经营范围、经营场所具有一致性。景某在夫妻关系存续期间向李某借款50万元。景某和王某对外享有债权,王某曾将一工程合同交给李某,由李某行使代位权,代收工程款163,000元。最后,法院判决认定景某向李某借的50万元用于了景某和王某共同生产经营,该债务属于景某和王某的夫妻共同债务。

营”纯粹依靠法官的经验、认知,抽象性条款给司法实践带来挑战。因此,“用于夫妻共同生活、共同生产经营”标准在认定夫妻共同债务问题上的使用率高是因为其是一个“兜底性”规范,是一个纯粹需要法官依靠经验和认知进行价值裁判的规范。“用于夫妻共同生活、共同生产经营”标准的高使用率并不能表明该标准是经过实践检验的认定夫妻共同债务的最佳规则。事实上,《婚姻法》第 41 条已规定“共同生活”标准,《婚姻法》第 41 条的有关表述很简单,即“原为夫妻共同生活的债务由夫妻共同承担”,这样简单的表述被质疑其裁判价值,[55]司法实践也表明这个条款让法官只能依靠价值裁判。最高人民法院法释〔2018〕2 号第 3 条中的“用于夫妻共同生活、共同生产经营”标准又回到了《婚姻法》第 41 条规定的“共同生活”标准的模式,它依然没有解决《婚姻法》第 41 条的模糊性问题,同时还架空了最高人民法院法释〔2018〕2 号第 1 条中的“共债共签”这一具体规则。如果条件成熟,法院能够尽最大可能地适用“共债共签”标准,少用、慎用“用于夫妻共同生活、共同生产经营”标准,那么关于夫妻共同债务纠纷的案件的裁判才有真正意义上的统一裁判尺度。

## 五、结　　论

公正是法律的道德坚持和价值基础,夫妻共同债务的认定标准在实践中产生很多争议,寻求化解争议的永恒真理是坚守公正。公正是公平正义,是对各个权利主体的平等保护,反映在夫妻共同债务问题上,公正就是对债权人、举债人及举债人配偶合法权益的平等保护。薛宁兰教授认为,在民法典编纂中,关于夫妻债务制度的设计,“应树立平等保护债权人利益与夫妻双方利益、兼顾维护交易安全与维护婚姻家庭稳定的理念”。[56]

“用于夫妻共同生活、共同生产经营”标准在认定夫妻共同债务中的使用率高不是因为其是一个经过实践检验的裁判规则,而是因为“用于夫妻共同生活、共同生产经营”描述了夫妻共同债务的伦理特征,是一个范围模糊的“兜底性”规范。以“用于夫妻共同生活、共同生产经营”标准作为司法实践中认定夫妻共

---

〔55〕 参见龙俊:《夫妻共同财产的潜在共有》,载《法学研究》2017 年第 4 期。该文章中提到《婚姻法》第 41 条是“对夫妻债务及其简单、含糊的表述”。

〔56〕 薛宁兰:《中国民法典夫妻债务制度研究——基于财产权平等保护的讨论》,载《妇女研究论丛》2018 年第 3 期。

同债务的“主力”标准,这样既不符合合同的相对性原则和民法基本思路,又未能正确解读婚姻家庭的伦理价值。夫妻共同债务的认定一直是个难题,很大程度上是因为其认定标准落在了一个模糊的“兜底性”规范。涉及夫妻共同债务的纠纷数量庞杂,因此,应当引导夫妻共同债务认定标准由模糊走向具体,应当逐步引导“用于夫妻共同生活、共同生产经营”标准走向“共债共签”标准;对于夫妻一方所负债务,亦应当以符合民法基本原理的“共债共签”标准为认定该债务是否为夫妻共同债务的具体标准。

(责任编辑:缪子仪)

# 错误救济的理念基础与规则构建

周　冰*

**摘要：**

自由主义和个人主义的原则在近代以来的私法传统中根深蒂固，错误救济制度由此成了一个反体系的存在。为错误提供救济，必先出示其法理正当性。从法制史和比较法的角度着眼，对错误救济正当性问题的基本回应，大致有基于大陆民法的意思主义立场与衡平法的实质正义立场。在制度构建中，意思主义的合意视角有助于形成统一的错误法框架，但规则之具体设置必须考虑适用后果是否符合实质正义原则。德国错误二元论以形式上的错误类型判定代替了实质上对个案中利益和价值冲突之权衡，不足为训。错误救济制度的构建思路，需要实现由错误类型化到错误重要性的转变。

**关键词：**

重大误解；错误救济；错误二元论；错误重要性

## 一、引言：私法体系中的错误救济

私法之首要目的为定分止争，现实中，纠纷可能由交易当事人的无心之失导致，使行为后果背离其本意，这就是错误制度的规制领域。此时，法律可能为错误人提供救济。我国自《民法通则》第59条第1款第1项以来，以“重大误解”为错误之指称，《合同法》第54条第1款第1项与《民法总则》第147条因袭之。就语词使用而言，“误解”较之“错误”，在观察角度、概念外延等方面都有不同。[1] 不过，“重大误解”作为一个表意符号一开始就在语义及功能上与“错误”几乎等同。[2] 因此，本文统一使用“错误”概念展开分析。

---

* 周冰，浙江大学光华法学院2017级本科生。

[1] 参见朱庆育：《民法总论》（第2版），北京大学出版社2016年版，第266～267页。

[2] 参见陈甦主编：《民法总则评注》（下册），法律出版社2017年版，第1050页。

错误救济在所有的法律体系中都是棘手的问题。自由主义和个人主义在近代以来的私法传统中根深蒂固,个人有权依其意志形成法律关系,同时自己行为自己负责,对其错误不得期待宽恕。因而,错误救济在表面上是一个反体系的存在。在“我等崇尚自由的法律制度通常任由当事人承担自己的疏忽而带来的后果”的理念下,错误制度的发展可能正是意味着“个人责任的理论严重衰败”。[3] 因此,为错误提供救济,必先出示其法理正当性;建立于不同法理基础之上,错误救济的具体规则也当然有所区别。

错误法的核心问题,即决定何种错误可以获得救济。如果认为所有的错误都能得到救济,则契约的严肃性将不复存在;一律断绝对错误救济的途径,又有违人们的正义感。所有国家的错误法,无不在这两个极端中允执厥中。各国立法例对这一问题的回应不尽相同,立法技术差异的底层原因是理念的分歧。从探究错误救济的理念基础着手,对既有方案加以检讨和借鉴,可为我国错误救济规则的构造打开全新的思路。

## 二、错误救济理念的传统立场

从法制史和比较法的角度着手,传统私法理论上对于错误救济正当性问题的回应,大致有两种立场:或是基于意思自治原理的意思主义立场,或是关注实质正义的衡平法立场。前者的视角是契约缔结之过程本身,考察特定程序之瑕疵是否影响缔约之效力;后者则关注契约缔结之后果,探讨是否应当赋予契约内容法律拘束力。[4]

### (一)意思主义立场

意思主义立场滥觞于罗马法传统,后经中世纪自然法学家的发展,分化出意志论(will theory)和表示论(declaration theory)两条进路,前者强调探究行为人的主观意图,后者则引入了相对人信赖保护的视角。[5] 两种理论虽侧重不同,但本质上都是将错误救济建立在意思自治的基础上,涉及问题的核心,是错

---

〔3〕 参见[美]杰弗里·费里尔、[美]迈克尔·纳文:《美国合同法精解》(第4版),陈彦明译,北京大学出版社2009年版,第504页。

〔4〕 参见陈自强:《契约法之现代化Ⅳ:契约错误法则之基本理论》,新学林出版股份有限公司2015年版,第198页。

〔5〕 See Reinhard Zimmermann, *The Law of Obligations: Roman Foundations of the Civilian Tradition*, Oxford University Press, 1996, p. 613.

误实质性地破坏了当事人的合意。[6] 在此框架下,意志论和表示论的拉锯战,构成了近代大陆民法错误理论发展的主旋律。

意思主义立场的错误理论最终成熟于萨维尼(Friedrich Carl von Savign)之手,并直接影响了《德国民法典》的制定。萨维尼受康德哲学影响至深,故以意志论为其理论底色,认为契约是"以决定法律关系为目的之意志联合"[7];但不同于纯粹意志论者以行为人主观意识为唯一标准,萨维尼又吸收了表示论的思想,强调行为人的内心意志必须借助向外的意思表示才具有可识别性。[8] 萨维尼对此观点有过清晰的表述:"归根到底,意志是唯一重要的东西,而仅因为它是内在的、不可识别的事件,如果他人需要了解它,我们给它一个标识,这个意志外显的标识就是表示。"[9]在此视角之下,萨维尼认为,行为人仅在其外在表示偏离内心真意时才能获得救济。其正当性在于,此时契约的内容形式上由外在意思表示决定,但真正重要的却是行为人的内心真意,二者因错误而不相符合,无法成立健全的法律行为,法律应该提供矫正的手段。[10]

(二)衡平法的实质正义立场

不同于受意思主义立场影响斐然的大陆民法传统,至少在 19 世纪中期以前,英美契约法的分析几乎没有是建立于合意观点之上的。[11] 错误救济的英国观点无法归诸意志论或表示论中的任何一种,而有自己独立的发展道路。[12] 普通法严格遵循形式主义的契约解释论,对错误的问题几乎没有回应,英美法中的错误救济制度主要是对英国衡平法中错误制度的继承。[13]

"衡平"(equity)一词本就蕴含"公平"(fairness)与"公正"(justice)之义,其

---

〔6〕 参见谭和平:《意思表示瑕疵理论:与立法比较研究》,中国政法大学出版社 2013 年版,第 42 ~ 43 页。

〔7〕 See Catharine MacMillan, *Mistakes in Contract Law*, Bloomsbury Publishing, 2010, p. 140.

〔8〕 参见顾祝轩:《民法概念史 · 总则》,法律出版社 2014 年版,第 224 页。

〔9〕 See B. S. Markesinis et al., *The German Law of Contract: A Comparative Treatise*, Hart Publishing, 2006, pp. 277 – 278.

〔10〕 See Catharine MacMillan, *Mistakes in Contract Law*, Bloomsbury Publishing, 2010, p. 142.

〔11〕 See Martin Hogg, *Promises and Contract Law: Comparative Perspectives*, Cambridge University Press, 2011, p. 244.

〔12〕 参见谭和平:《意思表示瑕疵理论:与立法比较研究》,中国政法大学出版社 2013 年版,第 45 页。

〔13〕 See Richard Edwards, Nigel Stockwell, *Trusts and Equity*, Pearson, 2005, p. 2.

核心目的在于弥补普通法形式主义的缺陷,实现个案裁判结果的实质正义。[14] 这一宗旨也决定了衡平法较少关注抽象法律概念的特点,也就不将错误救济视为一般的法律原则,而是一种在个案中防止不正义结果发生的手段;[15] 衡平法院考虑的是建立于错误之上的契约的道德性,而不关心错误是否影响了行为人的自由意志。

1873 年英国《司法条例》(Judicial Acts)通过后,衡平法中的错误制度开始融合入普通法中。也正是在这个时期,英国的契约法学者才开始尝试以科学、理性的方式重述英国契约法,其间借鉴了大陆民法学者的著述,开始引入契约合意的观点展开分析。[16] 当前,英国契约法在错误的处理上,先从当事人合意的角度,建立了共同错误(common mistake; shared mistake)、双方错误(mutual mistake)和单方错误(unilateral mistake)三分的基本框架,再以实质正义目的之考量,确立其相应的法律后果。[17]

## 三、错误二元论与我国的继受

### (一)意思主义的发展与德国错误二元论的确立

如前所述,萨维尼将意思主义的错误救济观点发展为较为完善的体系,直接影响了《德国民法典》的制定。面对错误救济的棘手问题,德国的立法和司法实践却能够做到高度的一贯性,这很大程度上要归功于萨维尼清晰的理论思路。[18] 在其理论中,萨维尼以意思表示的不同阶段为划分标准,将错误类型二分为意思形成错误(动机错误)和意思表达错误,法律原则上只为后者提供救济。原因在于,意思表达错误是外在表示与内心真意相悖时,存在意思的欠缺,是需要矫正的情形;而动机错误不过是意思形成时的错误设想,并没有消除意

---

〔14〕 参见高鸿钧等主编:《英美法原论》(上),北京大学出版社 2013 年版,第 74 ~ 75 页。

〔15〕 See Catharine MacMillan, *Mistakes in Contract Law*, Bloomsbury Publishing, 2010, pp. 38 – 42.

〔16〕 See Catharine MacMillan, *Mistakes in Contract Law*, Bloomsbury Publishing, 2010, p. 293.

〔17〕 See Richard Stone, James Devenney, *The Modern Law of Contract*, Routledge, 2015, pp. 322 – 323.

〔18〕 See B. S. Markesinis et al., *The German Law of Contract: A Comparative Treatise*, Hart Publishing, 2006, p. 277.

思本身。[19] 依据萨维尼的理论,《德国民法典》第 119 条第 1 款明确将可撤销的错误类型限定于内容错误和表示错误,二者均属于意思表达错误的类型;而动机错误原则上不得撤销。[20]

虽然萨维尼的理论得到普遍的认可,《德国民法典》将其规范化的过程中仍然进行了许多修正。事实上,《德国民法典》中的错误救济制度不再是单纯地奉行意思主义立场,而是加入了很多基于实质正义和法律功效的考量,甚至立法委员会的思维进路也已与萨维尼渐行渐远。例如,萨维尼认为错误导致法律行为无效,而《德国民法典》规定的效力则为可撤销;萨维尼否定了错误方损害赔偿责任,《德国民法典》却明确肯定之。以上两点显然是立法委员会在综合考虑了表示论的观点后折中的结果。[21]

第二起草委员会清楚地表达了其思维进路:"如果人们坚持原则上既不采纳意思说也不采纳表示说的做法,特别是不单纯贯彻这两种理论之中的某一理论,也即未经重大修订不贯彻其中任何一种理论,那么关键的应当是,在最大限度地平衡错误表意人、相对人及第三人相互利益的基础上制定一个合乎公平正义的法律规则。"[22]

当立法委员会强调错误救济规则构建的关键在于实现各方当事人利益平衡上的公平正义时,这可能已经违背了萨维尼创立错误二元论学说的初衷了。[23] 萨维尼对动机错误和表达错误的划分,是将康德意志论哲学实证化的理论演绎的结果,其间几乎不涉及"合理解决问题之意图"。这也符合萨维尼一贯的风格。萨维尼构建理论的出发点,并不是基于目的论的考虑,而是"先验"正确的观点。[24] 但后世学者在解释《德国民法典》错误救济的理由时,几乎总是

---

〔19〕 参见[德]维尔纳·弗卢梅:《法律行为论》,迟颖译,法律出版社 2013 年版,第 524 页。

〔20〕 参见朱庆育:《民法总论》(第 2 版),北京大学出版社 2016 年版,第 267 ~ 270 页。

〔21〕 See Reinhard Zimmermann, *The Law of Obligations: Roman Foundations of the Civilian Tradition*, Oxford University Press, 1996, pp. 615 – 616.

〔22〕 参见[德]维尔纳·弗卢梅:《法律行为论》,迟颖译,法律出版社 2013 年版,第 532 ~ 533 页。

〔23〕 参见[德]维尔纳·弗卢梅:《法律行为论》,迟颖译,法律出版社 2013 年版,第 530 页。

〔24〕 参见[德]霍尔斯特·海因里希·雅科布斯:《十九世纪德国民法科学与立法》,王娜译,法律出版社 2013 年版,第 193 ~ 194 页。

从目的论的视角出发,至于萨维尼的本意,则逐渐被忘却。

笔者认为,《德国民法典》的制定过程体现了单纯的意思主义立场不足以支撑实证规范的构建,因为结果的公平公正作为考量因素必然纳入错误救济制度中。可以说,在制度构建中,意思主义的合意视角有助于形成统一的错误法框架,但是规则的具体设置必须考虑适用后果是否符合实质正义的原则。这一过程在我国错误法的混合继受过程中也有清晰的体现:我国继受了德国错误法的基本框架,司法解释则直接让实质正义的考量进入了错误救济的构成要件。

(二)我国对错误救济制度的混合继受

我国民法受德国潘德克顿法学体例影响最著,错误("重大误解")制度也效仿德国,被置于总则中,作为法律行为一般效力瑕疵事由。《民法总则》第147条规定:"基于重大误解实施的民事法律行为,行为人有权请求人民法院或者仲裁机构予以撤销。"在形式上,该条兼具构成要件和法律效果,系完全法条;然而,"重大误解"却属于不确定概念,需要学说和司法裁判的补充,细化其构成要件。[25] 鉴于《民法总则》第147条直接承袭了《民法通则》第59条第1款第1项,在《民法总则》欠缺相关配套司法解释的情况下,可以参照仍在实践中被广为使用的最高人民法院《关于贯彻执行〈中华人民共和国民法通则〉若干问题的意见》(以下简称《民通意见》)第71条对于"重大误解"所作的界定。该条认为:"行为人因为对行为的性质、对方当事人、标的物的品种、质量、规格和数量等的错误认识,使行为的后果与自己的意思相悖,并造成较大损失的,可以认定为重大误解。"

《民通意见》第71条首先列举了错误认识发生的对象,似乎采取了错误类型化的方案;然而,该条未就不同对象上产生的错误在法律效果上作任何区分,因此只不过是一种可能产生错误情形的不完全例示,并没有太大的意义。重点在于,该条将错误之特征的界定落脚于"使行为的后果与自己的意思相悖",可见采取的是意思主义立场。不过,该条界定"重大误解"之"重大"的观察视角又骤然转变,由缔约过程转向缔约后果,最终落足于"造成较大损失",是为一大特色。如此已经背离了大陆民法的意思主义立场,因为意思主义立场下的错误制度旨在为行为人的错误表达提供救济途径,而非弥补错误造成的经济损失。[26] "造成较大损失"成为错误救济的积极要件,显然是受到了英美契约法上实质正义观点的影响。因此,《民通意见》第71条对于"重大误解"的界定采

〔25〕 参见韩世远:《重大误解解释论纲》,载《中外法学》2017年第3期。

〔26〕 参见朱庆育:《民法总论》(第2版),北京大学出版社2016年版,第276页。

取的是意思主义立场和实质正义立场的混合观点。

## 四、实质正义视角下错误二元论的局限

错误二元论作为意志论哲学经演绎后实证化的产物，带有浓厚的概念法学色彩，其优势是逻辑严密，标准统一，但是以形式上的错误类型判定代替了实质上对个案利益和价值冲突的权衡。一方面，在实质正义的视角下，动机错误和表达错误的二分缺乏理念上的正当性；另一方面，现实交易中的错误类型难以为立法完全覆盖，致使众多特殊错误类型游走在二分格局中的灰色地带。

### （一）错误二分格局的正当性质疑

将动机错误和表达错误二分，首先会面临的诘问是，为何前者较之后者更具可非难性，以致后者可获救济而前者不可？联系现实交易场景，如果卖家按错打字机，导致商品标价出错，此时发生的是表达错误，卖家可以撤销其意思表示；然而，如果是卖家在计算价格时按错了计算器，导致低估成本，报价过低，此时因其计算基础未对外显示，属于隐藏的计算错误，依德国通说，仅构成单纯的动机错误，卖家无撤销权。[27] 令人不解的是，上述两种情形都只是卖家按错了键盘，何以法律效果迥异？[28]

如前所述，萨维尼的错误学说是意志论法哲学与意思表示理论结合后的结果，其间几乎不涉及错误可非难性之考量，甚至缺乏相对人视角，所以无法正面回应这个问题。后世学者提出了众多见解，但即使是最具影响力的一些观点，也不足以支撑起动机错误与表达错误的二分格局。

有学者认为，动机仅存在于表意人内心意思的形成中，而表达错误是外在表示和效果意思的背离，所以二者的区别在于表达错误是具有可识别性的错误。动机变化多端，千差万别，如果为不具可识别性的动机错误提供救济，交易安全将无以确保。[29] 又有学者从风险分配的视角，认为动机错误是意思形成阶段因未能充分地收集信息，而对事实产生不正确的认识，表意人原则上应对此

---

〔27〕 参见朱庆育：《民法总论》（第2版），北京大学出版社2016年版，第274～275页。

〔28〕 参见陈自强：《契约法之现代化Ⅳ：契约错误法则之基本理论》，新学林出版股份有限公司2015年版，第193页。

〔29〕 参见胡长清：《中国民法总论》，中国政法大学出版社1997年版，第239页；黄立：《民法总则》，中国政法大学出版社2002年版，第305页；施启扬：《民法总则》（修订第8版），中国法制出版社2010年版，第247页。

自负风险,而不得转嫁相对人。[30] 还有学者从私法自治的角度指出,动机错误仅影响意思的决策,不破坏意思本身,有瑕疵之意思形成仍不失为意思自治;令动机错误不可撤销,不致出现无意思却要承担责任的结果,因而不违反意思自治原则。[31] 但笔者认为,这三种观点都不足以为错误二元论提供足够的正当性。

首先,关注错误的"可识别性"未必有助于现实纠纷的解决。在现实交易中,表意人的效果意思对相对人而言也是难以得知的,与动机错误情形的相差无几。正如有日本学者指出的:"为交易安全的保障,相对方对表示是否具有善意信赖为关键,而错误在表意人的内心上与意思相关还是与动机相关并非重要问题。"[32] 以"可识别性"的标准对效果意思和动机进行区分,更多是一种概念上的游戏,而非现实纠纷的解决方案。

其次,虽然合理分配风险对错误救济规则非常重要,但法律默认意思形成中的风险一律由表意人承担,未见得是合理的配置方案。与自由市场的高度复杂相较,人之理性十分有限,意思形成过程中的错误判断是难以在事先预料和应对的。自由市场越是发达,市场交易越是频繁,交易主体在决策时所面临的变量也就越大。如果要完全避免发生动机错误的风险,表意人对其需要付出的信息搜集成本将不堪重负。萨维尼初创错误二元论之时的市场发达程度与当下早已不可同日而语,固守动机错误不得撤销的立场,完全由表意人负担缔约风险,现在已是不合时宜的做法。

最后,错误二元论对私法自治的意义也值得怀疑。完整意义上的私法自治,要求行为人的意思形成既无法律性障碍,亦不受事实上的损害;动机虽不进入意思表示本身,但已在实质上损害了行为人的意思形成,基于此作出的法律行为,也难以算是行为人的内心真意。[33] 笔者认为,错误二元论将意思形成过程排除出私法自治涵盖领域的做法不值得赞许。

### (二)错误类型设定的困局

即使搁置类型区分之正当性依据不论,错误二元论的问题还在于无法适应

---

[30] 参见李宇:《民法总则要义:规范释论与判解集注》,法律出版社2017年版,第511~512页;梅伟:《意思表示错误制度研究》,法律出版社2012年版,第307页。

[31] 参见[日]山本敬三:《民法讲义Ⅰ总则》,解亘译,北京大学出版社2012年版,第153页。

[32] 参见谭和平:《意思表示瑕疵理论:与立法比较研究》,中国政法大学出版社2013年版,第80~81页。

[33] 参见郑永宽:《德国私法上意思表示错误理论之分析检讨》,载《政法论丛》2004年第5期。

复杂的现实交易场景。《德国民法典》以逻辑严谨、体系周密著称，但在错误类型的设定上仍是挂一漏万，导致性质错误、法律后果错误、“签名错误”、计算错误等特殊错误类型体系定位困难，学界和实务界争议不断。[34]

以性质错误为例。《德国民法典》第 119 条初步突破了僵硬的二分格局，规定“在交易上重要的人或物的性质错误”视为内容错误而可撤销。根据德国通说，此性质错误本质系属动机错误，只是法律通过拟制的手段使其法律后果与内容错误等同。[35] 然而，德国学界关于性质错误的归属其实一直争议不断。弗卢梅（Werner Flume）就认为，性质错误本质上既不属于动机错误，也不属于表达错误，应以具体法律行为内容为断，而难以直接在二分格局下找到归属。[36] 此外，性质错误存在于人或物上，与同一性错误界限模糊，二者在解释论上的区分亦成为问题。[37] 可见，《德国民法典》第 119 条试图以例外规则缓和二元论的弊端，却因为缺少清晰的思路，反而进一步陷入困境。如今，德国学者几乎一致认为，第 119 条第 2 款是“一条失败的规定”。[38]

纵观全球，错误二元论在国际上也未被普遍接纳。国际契约法统一文件中，首要关注之错误即属于意思形成阶段上的事实错误及法律错误，而意思表达阶段之错误仅视同契约当事人错误而处理。继受了德国法规则的日本，学说也从解释论上主张不区分二者的一元论。日本最近的债法修正，与其他较新的立法（如瑞士），也不约而同确认意思形成阶段错误为错误法则规范对象。[39]

---

〔34〕 参见［德］迪特尔·梅迪库斯：《德国民法总论》，邵建东译，法律出版社 2013 年版，第 571～576 页。

〔35〕 参见［德］卡尔·拉伦茨：《德国民法通论》（下册），王晓晔等译，法律出版社 2013 年版，第 515～516 页；参见朱庆育：《民法总论》（第 2 版），北京大学出版社 2016 年版，第 271 页。

〔36〕 参见［德］维尔纳·弗卢梅：《法律行为论》，迟颖译，法律出版社 2013 年版，第 568～569 页；参见［德］迪特尔·梅迪库斯：《德国民法总论》，邵建东译，法律出版社 2013 年版，第 580～581 页。

〔37〕 参见冉克平：《民法典总则视野下意思表示错误制度的构建》，载《法学》2016 年第 2 期。

〔38〕 参见［德］迪特尔·梅迪库斯：《德国民法总论》，邵建东译，法律出版社 2013 年版，第 580 页。

〔39〕 参见韩世远：《重大误解解释论纲》，载《中外法学》2017 年第 3 期；参见陈自强：《契约法之现代化Ⅳ：契约错误法则之基本理论》，新学林出版股份有限公司 2015 年版，第 311 页；叶金强：《私法效果的弹性化机制——以不合意、错误与合同解释为例》，载《法学研究》2006 年第 1 期。

在如此趋势之下,我国学说继续在德国法的错误二元论后面亦步亦趋,恐怕并非上策。

## 五、从错误类型化到错误重要性

动机错误和表达错误的二分法虽为德国民法的原创性贡献,但底层的思维模式其实在罗马法中就已经奠定,也就是错误类型化的立法方法。错误类型化的基本做法,即自始将可救济之错误限定在特定错误形态。如此,法院不须再抽象论断错误是否重大或重要,凡属于列举错误形态即得撤销,凡未明文列举者即不得救济,以使法律适用单纯化。〔40〕 德国的错误二元论与罗马法在错误类型化方面并无本质区别,只是后者类型划分以发生错误的行为对象为标准,前者根据的则是意思表示的不同阶段。既然错误类型并非最可取的方案,不如转变思维进路。

究其本质,不论是何种意义上的错误类型化,目的皆在于限制错误救济的适用情形。为此,以"重大错误"中的"错误"为着力点,产生了错误类型化的做法。但转变视角之后,笔者认为,更理想的方案或许是从"重大错误"中的"重大"入手。也就是说,法律无须例示可救济错误之形态,而采纯粹概括条款立法,决定错误救济适用的则是错误之重要性。

如此思维方式,于《民通意见》第71条"造成较大损失"要件中已初见端倪,不过其仅以经济损失为错误重大性的判断标准,颇欠妥当:此处"重大",若为绝对金额之"重大",则小额交易的当事人将无法得到救济;若为损失占交易总额比例的相对金额之"重大",又对大额交易不公平。〔41〕 因此,必须另外为"错误重大性"寻找可操作的界定标准。

笔者认为,所谓"错误之重要性",可以包括三方面的内涵:其一,因果关系意义上之重要性,包括主观重要性和客观重要性,对此各国立法和学说几近公认。其二,还应该包括错误法律行为所造成结果之重大性。此与衡平法的实质正义立场一脉相承,由此突破大陆民法意思主义传统的局限,引入行为结果的视角。其三,判定错误重大性的时候还应当注意所涉及的交易领域和交易类型,尤其是要区分民事交易和商事交易,以及不同契约类型的典型交易目的。

---

〔40〕 参见陈自强:《契约法之现代化Ⅳ:契约错误法则之基本理论》,新学林出版股份有限公司2015年版,第193页。

〔41〕 参见朱庆育:《民法总论》(第2版),北京大学出版社2016年版,第276页。

此外，基于实质正义的理念，还应当权衡双方利益，一方面加入错误人无重大过失之要件，另一方面斟酌相对人对错误产生之参与。

在以"错误重要性"为错误救济制度之核心的观点下，可将错误救济("重大误解"撤销权)的构成要件表述为：(1)须有法律行为的成立；(2)须行为人于法律行为成立之时发生错误；(3)受到不利影响的一方当事人必须没有承担错误的风险；(4)错误须为重大，即行为人表达的意思与其真实意愿存在着重大差别，并且极大地影响了当事人所应享受的权利和应承担的义务；(5)行为人对错误的发生无重大过失。前三个要件为错误救济的前提条件，若未满足，则无错误制度的适用余地；若以上情形都满足，则进入错误重大性的判断。最后，进入契约双方当事人情事之斟酌：于错误人，应要求其无重大过失；于相对人，若其对于错误的产生有积极的参与，则在利益衡量上又要向错误人倾斜。

以错误重要性为标准限制错误救济的思维进路，一方面能够保持错误救济的前提条件大致不变，不影响其作为法律行为效力瑕疵事由的体系定位，能与我国立法所采的潘德克顿式的总则体例相容；另一方面又能引入实质正义立场下的观点，有助于法律适用中个案正义的实现，也与国际立法趋势相合。以下，笔者将沿着上述思维进路，详细论述错误重要性视角下的错误救济规则的具体构造。

## 六、错误救济规则的重新构造

### (一)错误救济的前提条件

#### 1. 法律行为业已成立

错误作为法律行为效力瑕疵事由，前提是法律行为业已成立。单方法律行为于意思表示发出时即成立，此亦其效力瑕疵的判断时点。若为契约行为，错误有时会妨碍合意的达成。合意与否，须以契约内容为断。当事人人就契约内容必要之点意思一致，即可推定契约成立。[42] 对于"必要之点"，最高人民法院《关于适用〈中华人民共和国合同法〉若干问题的解释(二)》第1条第1款认为："当事人对合同是否成立存在争议，人民法院能够确定当事人名称或者姓名、标的和数量的，一般应当认定合同成立。但法律另有规定或者当事人另有约定的除外。"双方当事人未对必要之点达成意思一致，则契约不成立，而是进入风险分配的领域。

---

〔42〕 参见王泽鉴：《债法原理》，北京大学出版社2013年版，第201页。

2. 行为人于法律行为成立之时发生错误

若为意思表达的错误,错误必于法律行为成立时产生,自不待言;若该错误是行为人对客观情形的错误假设,还须该错误假设涉及的是法律行为成立时之客观情事。这一点对于共同错误而言尤为重要:若双方对客观事实有共通的错误假设,于错误契约缔结之时产生的错误认识是错误制度的调整领域,而契约缔结后客观情事的变化偏离双方原有认识则是履行艰难(impossibility)及目的受挫原则(frustration)的范畴。在美国契约法学说中,它们调整的都是契约基本假设落空(failure of a basic assumption)的问题,区别主要就是当事人假设所涉及的是契约缔结时的事实状态,还是契约缔结后的事实状态。[43]

3. 受到不利影响的一方当事人必须没有承担错误的风险

一个人是否承担了错误风险的问题,是分析其可否免除履行义务的核心问题,承担了错误风险的当事人不得主张错误作为其逃避合同义务的依据。[44] 例如,海事保险人可能明确地承担了被保险船舶已经沉没的风险。[45] 此时排除错误救济的默认配置,正当性有二:第一,根据私法自治,当事人合意优先于作为任意规范的错误制度;第二,出于市场效益的考量,如果交易当事人已对某种给定错误的风险分配有了约定,这种分配一般就应当被认为是有效率的。[46]

错误风险的既定分配方式不但可以由当事人的明示确定,也可从其意思中推知,典型情形是,当事人尽管知道正面临一系列不可知的情势仍然缔约。例如,在 *City of Everett v. Estate of Sumstad*[47]中,拍卖人向买受人出卖了"保险箱及箱内之物",而锁的钥匙则无处寻找。买受人在打开锁后发现保险箱内藏有3.2万美元的现金。法院认定,买卖保险箱的行为"反映了当事人都同意买卖(保险箱内的)不可知物"。从经济学上分析,此时出卖人已经将风险计算到价格中去,买受人同样在决定愿意支付的价格中计算了标的物可能无价值的风

---

[43] 参见[美]E. 艾伦·范斯沃思:《美国合同法》,葛云松、丁春艳译,中国政法大学出版社2004年版,第613~615页。

[44] 参见[美]杰弗里·费里尔、[美]迈克尔·纳文:《美国合同法精解》(第4版),陈彦明译,北京大学出版社2009年版,第498页。

[45] 参见[美]E. 艾伦·范斯沃思:《美国合同法》,葛云松、丁春艳译,中国政法大学出版社2004年版,第624页。

[46] See Melvin A. Eisenberg, "Mistake in Contract Law", *California Law Review* 91, 2003, p. 1579.

[47] City of Everett v. Estate of Sumstad, 631 P. 2d 366, 95 Wash. 2d 853 (1981).

险。所以,标的物的风险和可能的收益经由双方当事人而转移,并无错误制度的适用余地。[48]

错误风险的预先分配还可能因为交易性质而发生。根据德国学说的补充,在风险行为和担保行为中,也要排除错误撤销权的适用。原因在于,风险行为(如画作、古董、艺术品等交易)本身即意味着交易目的落空之可能,当事人涉此领域,可推断为自冒风险;而保证行为本身即意味着承担偿付风险。[49]

(二)错误重大性的判断标准

1. 因果关系的重大性

错误意思表示的撤销,须错误与意思表示具有因果关系,即错误人之意思表示系因错误而为之,如误认为手表遗失而另购新表。[50] 为了限制撤销权的滥用,还要求因果关联对行为实施本身的重要性,即错误对于决定行为实施与否所具有影响力,包括主观与客观两个方面:主观重要性,是指若行为人知悉实情就不会作出此等意思表示;客观重要性,指的是行为人经理智评价即不会作出意思表示,而所谓"理智评价",以抽象理性人为判断标准,即错误人应被视为理性、不偏执或愚笨之人。[51] 前者之限定原因在于,没有理由为明知错误却仍作同样意思表示之人提供救济;后者之限定则出于交易安全的考虑,因为如果只需表意人认为该错误重要即可撤销意思表示,会严重危害交易安全。[52]

2. 行为结果的重大性

《民通意见》第71条的缺陷,除前述的判断行为结果重大性的标准选取失当外,还在于该条直接为个案中实质性问题的衡量限定了唯一可行的标准,恐怕本身就是一种僭越。对应错误法的复杂性,行为结果的重大性也必然是各种因素综合考量下的结果,本该交由法官在个案中裁决,立法应当节制其为之提供标准化的定义、分类以及解释规则的冲动。[53] 而学说可以试图回答:行为结

---

[48] 参见[美]杰弗里·费里尔、[美]迈克尔·纳文:《美国合同法精解》(第4版),陈彦明译,北京大学出版社2009年版,第498~499页。

[49] 参见朱庆育:《民法总论》(第2版),北京大学出版社2016年版,第272页。

[50] 参见王泽鉴:《民法总则》,北京大学出版社2016年版,第361页。

[51] 参见朱庆育:《民法总论》(第2版),北京大学出版社2016年版,第276页。

[52] 参见[日]山本敬三:《民法讲义I总则》,解亘译,北京大学出版社2012年版,第166页。

[53] 参见朱庆育:《物权立法与法律理论:评〈物权法草案〉第一章》,载《中外法学》2006年第1期。

果重大性之判定应受到哪些理念的支配？美国有契约法学者认为,这些支配性理念应当包括效率(efficiency)和道德(morality)。[54]

从效率角度需要回答的问题是,如果为特定错误提供救济,这会给将来的缔约者提供怎样的激励(incentive),最后的结果是否促进了交易的效率。从表面上看,为错误提供救济可能会使行为人没有动机事先采取预防错误发生的措施,导致低效的交往,因此错误救济必须严格适用。但是,最大限度的预防措施并不总是有效率的。例如,如果法律要求行为人对标的物进行三番五次的检查,那反而会降低交易效率。[55]

在道德方面,裁判者应该同时考虑交易双方的因素,也就是说,是以错误救济令错误方免除履行义务更合乎道德,还是令相对人保有对错误人的履行请求权更合乎道德。[56] 一般而言,错误由错误人自己的原因导致,而允许错误人不履行其义务会致使相对人的期望落空,与个人责任的道德原则相悖。但在特殊情况下,错误将使契约之强制履行显失公平(unconscionable),此时任由错误人蒙受过度的损失,也无法在道义上站得住脚。再者,错误方的损失通常会转化为相对方的收益,这意味着相对人基于他人之错误收获了大量意外之财,也不为道德所倡导。总之,个人责任的道德准则要求错误人为其行为负责,但如果此时契约履行的结果是显失公平的,则应当免除错误人的履行义务。比较法上,如美国《第二次契约法重述》第143条规定,错误救济的一个要件是"该错误十分严重,以致如果履行该合同会显失公平"。[57]

3. 交易领域与交易类型

鉴于现实交易场景的复杂多样,裁判者在判断错误重大性时必须考虑所涉交易所处的领域及其类型,以把握特定交易领域与交易类型下较合理的错误重大性的衡量尺度。

首先,应当区分的是民事活动与商事活动,前者更加注重意思自治、诚实信用、公平正义等理念,而在后者这些理念会让位于交易效率和交易安全。因此,

---

[54] See Melvin A. Eisenberg, "Mistake in Contract Law", *California Law Review* 91, 2003, p. 1575.

[55] See Melvin A. Eisenberg, "Mistake in Contract Law", *California Law Review* 91, 2003, pp. 1578 – 1579.

[56] See Melvin A. Eisenberg, "Mistake in Contract Law", *California Law Review* 91, 2003, p. 1579.

[57] 参见傅崐成:《美国合同法精义》,厦门大学出版社2008年版,第475~476页。

在民事活动中构成“重大”之错误,在商事交往中可能不受斟酌。我国有学者建议,在商事领域应该对《民法总则》第 147 条采用目的性限缩的方法,以下三种情形,纵有重大错误,亦不得撤销:其一,法律行为已经成为基础法律关系的;其二,一旦撤销将严重危害交易安全或伤害商主体团体利益的;其三,基于风险分配应当配置给商主体而非消费者的。[58]

其次,民事活动需要再区分财产法领域与亲属法领域。在亲属法领域,意思自主之价值往往要让位于亲属关系稳定性之维系与既有亲属身份事实之保护,因而几乎无“重大错误”之存在余地,排除错误撤销权。[59]

最后,在财产法领域中,还要根据所涉法律行为之典型交易目的,认定错误是否“重大”。任何法律行为都应服务于某个特定的经济目的,错误的重大程度在此意义上就是错误是否会致使该经济目的落空。例如,借款合同具有授信之特点,贷款人的债权能否实现完全取决于借款人的资产和信用,故借款人的信用状况于借贷合同之经济目的实现具有重要意义;但信用状况在现金交易中则重要性甚微。[60] 又如,色盲对美工人员而言有交易上的重要性,雇主可以错误为理由撤销劳动契约,但色盲对公司秘书而言则不然。[61]

(三)错误人无重大过失

萨维尼认为,错误之所以破坏契约之效力,是因其消极地导致了“合意的欠缺”,否认了债务原因的存在,而非基于错误本身的积极事由。《德国民法典》承袭萨维尼之理论,将表意人之过失排除出了错误救济的考量范围。[62] 《德国民法典》的规定值得检讨。如果错误救济不以过失为要件,意味着任何缺乏理性、谨慎态度之错误人,得仅以承担信赖利益损害赔偿为代价,从之前的一切鲁莽行为中解放出来;无辜的相对人则可能因撤销权的行使而丧失履行利益,所能获得的不过是信赖利益的弥补,这显然有失公允。

---

〔58〕 参见陈彦晶:《重大误解规则商事适用的限制》,载《华东政法大学学报》2019 年第 1 期。

〔59〕 参见陈棋炎、黄宗乐、郭振恭:《民法亲属新论》,三民书局 2011 年版,第 28 ~ 30 页。

〔60〕 参见[德]本德·吕特斯、[德]阿斯特丽德·施塔德勒:《德国民法总论》(第 18 版),于馨淼、张姝译,法律出版社 2017 年版,第 397 页;张谷:《借款合同分析》,载《金融法苑》2005 年第 2 期。

〔61〕 参见王泽鉴:《民法总则》,北京大学出版社 2016 年版,第 356 页。

〔62〕 参见顾祝轩:《民法概念史 · 总则》,法律出版社 2014 年版,第 201 页。

置换至我国语境,德国无过失要件的立场则进一步走入困境。一方面,学者受德国观点影响,认为错误撤销权的行使无关行为人的过失;另一方面,《民法总则》第157条规定,法律行为被撤销后,仅有过错方才需承担损害赔偿责任。如此,无过失错误人滥用撤销权将无从限制。我国还有少数学者走入另一个极端,直接将行为人的过失作为错误救济的积极要件。[63] 这种做法的后果是,错误救济的大门对无过失的行为人关闭,有过失者反而有获得救济的可能。

一旦将动机错误纳入错误救济的范围内,就必须追问:当事人在内心意思形成的过程中应尽到何种程度的最低注意义务?仅在此标准以上,行为人纵有错误,方有获得救济的可能。于此,过失作为错误救济的要件实际起到了确定最低注意义务标准的作用。对此问题的回应,我国台湾地区民法学界"抽象轻过失说"、"具体轻过失说"与"重大过失说"诸说并存。[64] 笔者认为,在现实交往中,错误几乎无不因过失所致;无任何过失而发生错误的情形,或许仅在概念世界中存在。若采取轻过失的标准,无论是抽象轻过失还是具体轻过失,都不当地限制了错误救济的适用情形,对市场交易主体提出的要求过于严苛。权衡之下,以"表意人无重大过失"作为错误救济要件,应当是最可行的做法。这里的"重大过失",是指"衡量该当情事之根本,严重欠缺普通人所应具有的注意情形"。重大过失的可非难性接近于故意,此时表意人不值得被保护;利益衡量上,令其负担损害赔偿责任仍不足够,还需使意思表示有效。[65]

(四)相对人事由之斟酌

意思主义立场重在意思形成自主及无瑕疵之确保,单纯从表意人个人情事设定错误救济之要件与限制,而不考虑相对人之情事。[66] 在我国法律与司法解释中,无论相对人对重大误解是否知情或有无诱因,均不影响重大误解的构成。[67] 实质正义立场的方案以错误重大性限制错误救济,但如果相对人并非积极地特别值得保护,或消极地欠缺信赖保护之必要,则错误救济无须再附加错

---

[63] 参见王利明:《民法总则研究》,中国人民大学出版社2018年版,第570页。

[64] 参见王泽鉴:《民法总则》,北京大学出版社2016年版,第360~361页。

[65] 参见[日]四宫和夫:《日本民法总则》,唐晖、钱孟姗译,五南图书出版股份有限公司1995年版,第189页。

[66] 参见陈自强:《契约法之现代化Ⅳ:契约错误法则之基本理论》,新学林出版股份有限公司2015年版,第201页。

[67] 参见李宇:《民法总则要义:规范释论与判解集注》,法律出版社2017年版,第547页。

误重大性之要求。笔者认为，视角转换后，相对人之情势应当在错误救济中予以斟酌。主要有两种情形：

第一，错误由相对人非故意的不实陈述所致。在我国，相对人若故意为不实陈述，由欺诈法与侵权法提供救济；但在相对人非故意或难以证明其为故意之情形，法律则没有明确的救济规则。将后者纳入错误救济的范畴，就能起到“过失欺诈”的替代作用，填补法内漏洞。[68] 相对人如构成过失不实陈述（negligence misrepresentation），表意人亦得主张撤销契约，一如故意不实陈述。[69] 例如，顾客询问售货员某双鞋是否防水，售货员作肯定回答。实际上该双鞋并不防水，而售货员不知情，顾客可依据错误主张撤销契约。[70]

第二，错误虽非相对人所致，但相对人对此明知或应当知道。国际契约法统一文件基于信赖保护原则，有此种规定。对于所谓“相对人应当知道”，可依理性人标准加以判断。于此场合，错误人还应证明相对人负有提醒其错误的告知义务。[71] 此外，说明错误如果对相对人无期待可能，如涉及营业秘密、隐私或因事实上原因无法传递讯息等情形，亦排除错误撤销权。[72]

## 七、总　　结

自由主义和个人主义的原则在近代以来的私法传统中根深蒂固，错误救济制度由此成了一个反体系的存在。为错误提供救济，必先出示其法理正当性。核心问题在于错误救济的适用情形，各国立法例对这一问题的回应不尽相同，立法技术差异的底层原因也是理念的分歧。传统的错误救济理念清晰可见两大发展脉络，即为大陆民法传统所奉行的意思主义立场和英国衡平法开创的实质正义立场。在制度构建中，意思主义的合意视角有助于形成统一的错误规则，但是规则的具体设置必须考虑其适用后果是否符合公平公正的实质正义原

---

〔68〕 参见张谷：《对当前民法典编纂的反思》，载《华东政法大学学报》2016 年第 1 期。

〔69〕 参见陈自强：《契约法之现代化Ⅳ：契约错误法则之基本理论》，新学林出版股份有限公司 2015 年版，第 204 页。

〔70〕 See Melvin A. Eisenberg, *Gilbert Law Summaries on Contracts*, Thomson/West, 2002, p. 158.

〔71〕 参见韩世远：《重大误解解释论纲》，载《中外法学》2017 年第 3 期。

〔72〕 参见陈自强：《契约法之现代化Ⅳ：契约错误法则之基本理论》，新学林出版股份有限公司 2015 年版，第 214 页。

则。在此视角下,德国的错误二元论作为意志论哲学演绎后的实证化产物,因为缺少了对实质正义的考量,终不免会面对现实交易场景和个案裁判需求的种种质疑。我国通说在错误二元论后简单地亦步亦趋,就难免东施效颦之弊。笔者主张,错误救济制度的构建思路,需要实现由错误类型化到错误重要性的转变。在错误重要性的思路下,应从因果关系重要性和行为结果重要性两方面限制错误救济的适用,并注意不同交易领域和交易类型下错误重要性评价尺度的变化。基于实质正义的理念,还应当加入错误人无重大过失之要件和引入相对人参与的视角。如此完成错误救济制度的构建,既能够保持错误救济作为法律行为效力瑕疵事由的体系定位,与潘德克顿式的总则体例相容,又能引入实质正义立场下的观点,克服错误二元论的弊端,也与国际立法趋势相合。

(责任编辑:徐明)

# 风险社会下过失犯预见可能性的反思

张雨凡*

**摘要：**

风险社会中公众对风险的感知更加敏锐，而由此形成的公众对权利保障的关切推动国家对风险管控的关注。对于作为风险的主要实现途径——过失犯的管控当然地成为防范风险的主要途径。在此态势下，过失犯构造偏于客观归责，预见可能性地位下降。强调客观归责的趋势下，其作为基础的规范与注意义务有着其自身的先天不足，缺乏对具体个人的权利保障的考量，需要预见可能性作为过失罪责要素，进行具体分析以缓和刑法预防目的与具体个人权益之相互抵牾。

**关键词：**

风险社会；过失；预见可能性；客观归责；预防刑法

## 一、缘起：风险社会下对权利的关切

当下随着科学技术的发展，风险似乎无处不在，人们时刻处于风险之中：食品安全事故、安全生产事故、交通安全事故、环境污染问题以及恐怖主义威胁等。危险与现代科学技术有用性相伴而生。“二战”后，科学技术与经济活动迅速发展，其产物大量普及的结果也导致技术本身有危险地发生。[1] 因此，随着现代化的科学技术成倍数地飞速发展，各种超出人类预测和控制范围的风险也呈爆炸式地迸发。各种从未在人类文明史中出现的灾难纷至沓来。毋庸置疑，面对层出不穷的各类风险与其灾难式的毁坏后果，人类力有未逮。相应地，人类生存与生活的基本权利受到威胁——权利保障遭遇挑战。

---

* 张雨凡，武汉大学2018级刑法学硕士研究生。

〔1〕 参见[韩]金尚均：《危险社会与刑法》，成文堂2001年版，第1页。转引自马克昌：《危险社会与刑法谦抑原则》，载《人民检察》2010年第3期。

这些风险备受关注的缘由在于其不可控性,或者说是不确定性。不确定性是指这些风险的实现无法预测。而此风险特征则是基于现代社会人们的“知”与“不知”。一方面,“站在巨人肩膀上的”的当代人类无疑拥有更多的知识储备,更好的科学条件,并由此创造更多兼具效益与危险的科学技术成果。与此同时,现代社会也是一个信息爆炸的时代,人们可以迅速接收到各式信息,并基于已有的认知判断风险的存在。此为“知”——人类制造并感知风险,形成内心确信。但另一方面,也正是由于人类“知”才导致了人类的“不知”,二者相互对照,相伴而生。德国学者乌尔里希·贝克指出:当代严格的科学性和其所助长或容忍的生命威胁达成了一种隐秘的合谋,追求精确、严格控制的科学理性本身便是制造风险的来源。[2] 风险社会开启了由“我饿”到“我怕”的新纪元,共同的焦虑取代了共同的需求。[3] 人类对世界探索的越多,留下的未知也就越多。人类内心的惶恐不安恰恰是由于其“一知半解”。同样,正是由于对风险的感知,才导致对风险的“不知”。

一方面,现代意义的风险本身所带有的不可控性与毁坏性使得公民权利遭遇威胁——加强权利保护势在必行。另一方面,人类对风险的主观感知以及风险的复杂性使得权利保护愈加重要——人类对风险的恐惧不安放大了其对权利保护的实际需求。正如贝克指出,风险并非完全实在意义上的概念,而是兼具实在性与建构性,正是文化感知和定义构成了风险。[4] 在风险社会中人人自危的态势之下,权利保护当然地成为关注的话题。

现代社会的风险又往往拥有群体性的特质,风险的爆发通常面向公众,由此法律对风险采取了更加严格的态度,最终风险被高度政治化和价值化了。[5] 法律作为一种以国家强力保障实施的公共政策,其本身所代表的意义就在于国家透过风险管控以完成维护安全的任务。针对人们日益不安的情绪,控制风险

---

〔2〕 参见[德]乌尔里希·贝克:《风险社会》,张文杰,何博闻译,译林出版社2018年版,第66页。

〔3〕 参见[德]乌尔里希·贝克:《风险社会》,张文杰,何博闻译,译林出版社2018年版,第48页。

〔4〕 参见[英]亚当等:《风险社会及其超越:社会理论的关键议题》,赵延东等译,北京出版社2005年版,第321页。

〔5〕 参见劳东燕:《风险社会与变动中的刑法理论》,载《中外法学》2014年第1期。

以安抚民众成为现代社会压倒性的政治需要。[6] 刑法作为保障权利的最后一道防线，不可避免地成为管控风险的有力途径。同时，风险实现的方式也日益多样化和复杂化，且风险的实现往往并非有意，即制造风险者或实现风险者并非存有主观上的恶意，这也就意味着过失犯成为风险社会下刑法关注的重点。

例如，仅就立法层面而言，我国《刑法》在第 134 条第 1 款规定的重大责任事故罪之后，又设置了第 134 条第 2 款规定的强令违章冒险作业罪、第 135 条规定的重大劳动安全事故罪、第 135 条之一规定的大型群众性活动重大安全事故罪、第 136 条规定的危险品肇事罪、第 137 条规定的工程重大安全事故罪、第 138 条规定的教育设施重大安全事故罪、第 139 条规定的消防责任事故罪、第 139 条之一规定的不报、谎报安全事故罪等。相比之下，我国 1979 年《刑法》只规定了第 114 条的重大责任事故罪和第 115 条的危险品肇事罪两个罪名。风险社会对过失犯的关注可见一斑。然而，与人权保护在过失犯中扩张适用相比，过失犯构造中预见可能性则呈淡化趋势。

## 二、预见可能性在风险社会权利保护下遭遇的挑战

风险社会下，公众对于权利保护的焦虑与需求推动刑法在管控风险、保障安全、维护权利的大道上一路狂奔。在刑法对公众焦虑作出回应的同时，其自身也发生了相应转变：安全与效率并重。与此同时，预见可能性在某种程度上与当下刑法维护安全与经济效率之要求并不相洽，由此产生了对其自身存在是否必要的质疑。

### （一）行为本位的预防刑法占据主导地位

21 世纪，面对风险社会的来临，刑法的谦抑图像正在发生结构性转向。尽管刑法的任务依然是保护法益，但其已然变为社会安全管控的工具。[7] 在风险社会中，刑法关注的重点在于管控行为人制造的风险，从而保证生活共同体的安全。[8] 在此背景下，基于对公民权利保护需求的应对，安全管控成为刑法功

---

〔6〕 参见劳东燕：《风险社会中的刑法：社会转型与刑法理论的变迁》，北京大学出版社 2015 年版，第 33 页。

〔7〕 参见[德]汉斯·约格·阿尔布莱希特：《安全、犯罪预防与刑法》，赵书鸿译，载《人民检察》2014 年第 16 期。转引自何荣功：《预防刑法的扩张及其限度》，载《法学研究》2017 年第 4 期。

〔8〕 参见魏汉涛：《风险社会的刑法防范及其预防》，载《北方法学》2012 年第 6 期。

能的首要之义,预防成为刑法适用的首要目标。

风险社会下,刑法由传统的罪责刑法向安全刑法转型,罪责刑法强调刑法的事后应对,安全刑法重视事前预防;前者的重心在于限制强大的国家刑罚权力以保障公民个人自由,后者的核心在于维护社会的安全秩序。[9] 预防刑法意味着刑法对危害结果的提前预防以及对社会风险的管控,这也就是说刑法由传统古典主义的结果本位转而投向行为本位的怀抱,其评价重心由结果转向行为。而预见可能性所预见的是对危害结果的预见,是基于后果,通过经验事实的分析判断而对行为人心理状态的追溯。显而易见,预见可能性之基础在于危害结果,这无疑与预防刑法的行为本位倾向背道而驰。由此看来,预见可能性的衰落是当下刑法功能转型选择的结果。

(二)刑事司法中过失犯罪偏重规范性注意义务

风险社会下,权利保护成为重要课题,公众对权益保护的极度关切影响了国家的决策与判断,形成了注重预防的安全刑法的政策导向。与此同时,由于现代科学技术的发展,事物联系纷繁复杂,风险难以预见,预见可能性需要更多的资源与时间判断或甚至难以判断。此外,在处理业务过失或监督过失时,管理者或监督者往往因为不具备预见可能性而免于追责。[10] 在风险刑法看来,由于风险的不可认识性、不可支配性与交互复杂性,以行为人对结果有故意或过失为前提的主观归责条件难以成立,也无法查明和认定,所以其任务是要解决现代科技高度发展下风险行为的归责问题,从客观构成要件的类型化来解决行为人的归责问题,以打击犯罪,保障权利。[11] 而新兴的客观归责理论提出了是否制造法所不容许的风险、是否实现法所不容许的风险、所发生的结果是否处于构成要件的效力范围内等原则,并且每一原则之下又都有若干正面肯定和反面排除的规则,从而具有检验标准相对明确、统一、可适用性强、能够较好地避免恣意判断等优点,俨然成为刑法学界过失犯论的新宠。[12]

基于回应公众权利保护期待以及实现司法判断经济有效的考量,在对过失犯的处理上也逐渐偏于客观的规范层面——注重对规范上注意义务的违反。例如,在监督过失的认定中,强调监督者所负有的监督的注意义务,因而承担过

---

[9] 参见周铭川:《风险刑法理论研究》,上海人民出版社2017年版,第103页。

[10] 参见劳东燕:《过失犯中预见可能性理论的反思与重构》,载《中外法学》2018年第2期。

[11] 参见周铭川:《风险刑法理论研究》,上海人民出版社2017年版,第97页。

[12] 参见周铭川:《风险刑法理论研究》,上海人民出版社2017年版,第252页。

失责任。因此,在过失认定的过程中客观规范的违反成为重心,预见可能性的作用逐渐减小,即过失犯以主观归责为重心向以客观归责为重心转变。

(三)刑法理论中预见可能性的争议

淡化预见可能性的缘由也在于预见可能性自身理论的争议繁多,仅预见可能性之程度问题便有一般结果说、具体结果说以及违法性与结果预见说之争。关于预见可能性的质疑主要有以下几个方面:

首先便是预见可能性的范围程度争议较多。在其标准方面,有客观说、主观说以及折中说争论。在其程度方面,有一般结果说、具体结果说以及违法性与结果预见说之争。关于预见可能性的理论之争的确是现实存在,无可避免,但抛开这些争议不谈,预见可能性本身对过失构造起到了无可替代的基础作用。而且,这些理论之争并非无休无止,没有在现实适用中最为适宜的选项。

其次,预见可能性的体系位置含混不清。一方面,人们将预见可能性当作过失本身的内容。另一方面,又在随后的因果关系与结果归责的判断中用到预见可能性,似乎预见可能性是万金油,既可以在过失的认定中承担作用,又能够在过失的归责判断中发挥功能。对此,我国学者指出预见可能性在过失犯构造中体系位置的混乱,根源在于未能区分过失构造与归责。[13] 但这实然系"过失"在犯罪论体系变动下的窘迫。古典法律学派中对过失作罪责要素看待,预见可能性当然地处于罪责范畴;而随着新古典学派揭示主观违法要素,目的行为论将过失首先作为不法行为在构成要件中讨论,过失实行行为化以及客观归责原则兴起。[14] 在区分过失不法与罪责的当下,原本在古典法律学派下跟随过失承担罪责认定的预见可能性有位置混乱之嫌,也就不足为奇。然而,预见可能性在过失中的位置并非不可厘清。过失的本质在于侵害了本不应被侵害的法益,而预见可能性通过从危害结果回溯到行为当时,揭示了行为人主观的心理瑕疵,确定了其法益侵害的"不应当",构成过失结果归责的依据。因此,预见可能性构成过失归责的基础。

最后,有观点主张,依据预见可能性为重心的归责机制所得出的结论可能有违正当性的要求。以预见可能性为重心会使得特定行业从业者的业务过失

〔13〕 参见劳东燕:《责任主义与过失犯中的预见可能性》,载《比较法研究》2018 年第 3 期。

〔14〕 参见陈兴良:《阶层理论在过失犯认定中的司法适用》,载《华东政法大学学报》2018 年第 6 期。

极易成立,而在监督过失中,往往做出不公平的分配安排。[15] 诚然,以预见可能性为重心的传统归责机制确有上述不当之处,但这是将预见可能性作为重心的传统归责机制在应对风险社会时面临的问题,是涉及整个机制结构体系分配的问题,而并非单指预见可能性便是造成不公正结果的罪魁祸首,这并不能成为否定预见可能性合理性与必要性的理由。

## 三、预见可能性于过失犯构造之必要

### (一)预见可能性之标准及程度

预见可能性属于经验事实范畴,是以"理性的观察者"的立场对行为进行审视以分析判断,即通过客观条件来进行主观心理状态的判断。正如前文所述,理论上对于预见可能性有不同主张。

关于预见可能性的标准,主观说立足于道义责任论,认为应以行为当时具体条件下其本人的认识能力和认识水平为标准。[16] 客观说立足于社会责任论,主张应以社会的一般人的认识能力和水平来衡量。[17] 折中说试图在主观说与客观说之间予以平衡,认为行为人的注意能力比一般人的注意能力高时,以一般人为标准;反之,以行为人为标准。[18]

首先,若依客观说主张,预见可能性以一般人认识水平来衡量,那其与规范意义上的注意义务并无差别。规范意义上的注意义务是面向公众或特定群体而设定的标准,是抽象的,适用于同等条件下的任何人。而实际中行为人的预见通常并不是单一性的,往往需要结合其他具体情况来予以考量。因此,以一般人作为标准并不恰当。其次,若依折中说主张,当行为人认识能力高于一般人的场合,以一般人作为标准;当认识能力低于一般人时,以行为人的认识能力作为标准,综合考虑两方面情况。这样的标准看似兼顾两种情况,但实则陷入了逻辑的混乱。如果说当行为人为"一般人"时,那与其说是依据一般人标准,倒不如说是采主观说。更不必说当行为人的认识低于"一般人"认识能力时,以行为人

---

〔15〕 劳东燕:《风险社会中的刑法:社会转型与刑法理论的变迁》,北京大学出版社2015年版,第316页。

〔16〕 参见马克昌主编:《犯罪通论》,武汉大学出版社1991年版,第331页。

〔17〕 参见马克昌主编:《犯罪通论》,武汉大学出版社1991年版,第331页。

〔18〕 参见[日]大塚仁:《刑法概说(总论)》,冯军译,中国人民大学出版社2003年版,第206页。

认识能力为标准。而且,当行为人认识能力高于一般人标准时,以一般人为标准认定,可能会放纵罪犯。相比较而言,主观说针对行为人具体情况,更为合适。

关于预见程度问题,具体结果说认为危害社会的结果只能在法律规定的范围内理解。[19] 一般结果说认为行为人只需预见到一般的危害结果就足够。[20] 违法性与结果预见说主张,预见既包括预见自己行为的违法性,也包括其行为与危害结果的因果关系。[21] 若依照一般结果说只需预见到危害结果,则与过失犯本质——违反注意义务相悖,无法说明过失的刑法可谴责性;而违法性与结果预见说主张需预见具体的因果关系,在实践中也难以达到,预见内容应当是对其行为与造成危害结果之间的常态联系,而非具体的客观因果关系。同时,危害结果只能在法律规定的范围内理解,即预见可能性必须包含违法性意识或违法性意识的可能性。

(二)过失构造中预见可能性之必要

从旧过失论到新过失论乃至新近兴起的新·新过失论(危惧感说),预见可能性都占有重要地位。旧过失论受德国19世纪古典过失理论影响,以心理事实说为基础构建过失,认为责任的基础在于人的自由意思,而过失心理事实表现为欠缺必要的意思紧张和集中,过失的责任根据在于对结果的预见可能性。旧过失论将预见可能性放置于过失构造的核心地位。[22] 主张规范违反说的新过失论则将重心由结果预见转为结果避免,将过失犯的构成要件符合性和违法性理解为违反防止结果义务。[23] 新·新过失论是在随着日本社会进入经济高速发展时期,以环境污染等公害现象日益严重的背景下提出,主张扩大过失犯的处罚范围。其不要求对具体结果有预见可能性,行为人只需对危险的发生有危惧感,即可成立过失。[24] 尽管预见可能性在以上三种学说中所承担的作用有

---

〔19〕 参见林亚刚:《刑法学教义(总论)》(第2版),北京大学出版社2017年版,第233页。

〔20〕 参见林亚刚:《刑法学教义(总论)》(第2版),北京大学出版社2017年版,第234页。

〔21〕 参见林亚刚:《刑法学教义(总论)》(第2版),北京大学出版社2017年版,第234页。

〔22〕 参见黎宏:《日本刑法精义》,中国检察出版社2004年版,第169页。

〔23〕 参见黎宏:《日本刑法精义》,中国检察出版社2004年版,第169页。

〔24〕 参见黎宏:《日本刑法精义》,中国检察出版社2004年版,第169页。

所区别,但无疑预见可能性在过失之构建中不可或缺,理由如下:

首先,预见可能性系过失构造之必然基础。刑法否定评价对象的共同点在于对法益造成威胁或损害,但这并不是值得动用刑法的唯一原因。正如故意犯的可谴责性在于其主观上对侵害法益的容认,过失成为刑法评价对象的缘由在于其侵害了本不应被侵害的法益。而这里的“本不应被侵害”应当从两方面进行理解:第一,具备注意能力,即具有预见可能性以及结果可避免性;第二,客观上违反规范所要求的注意义务。要求预见可能性的目的在于希望行为人在预见行为可能导致法益侵害结果后,能够形成反对动机,并在该动机主导下采取回避措施以避免侵害结果发生。[25] 而规范上注意义务则体现了行为人为回避危害结果发生而为的努力。客观的违反规范行为系过失认定之外部表征,而主观的预见可能性则揭示了过失之内在实质。行为只有建立在预见可能的基础之上,才能进一步讨论过失是否成立,即预见可能性是过失成立的必要条件,而非充分条件。

其次,预见可能性作为行为人的心理瑕疵,为过失归责提供前提。古典犯罪论体系认为“违法是客观的,责任是主观的”,因而过失一直被归属于罪责阶层。[26] 预见可能性虽然属于客观的事实经验范畴,但却涉及了传统古典主义所提倡的“意志自由”。冯军教授指出:“责任是以个人的决定自由为前提的,只有行为人有能力根据法规范作出不实施犯罪行为的决定时,行为人才应该承担没有抑制犯罪动机以避免实施犯罪行为的责任。”[27] 换言之,行为人只有在具备预见可能性的场合下,才可基于意志自由而做出选择决定。而随着社会法学兴起,个人在法律上的身份由道德主体转为社会主体,罪责内容呈“社会—个人”二元关系,法律评价重心为行为本身是否背离社会规范的期待。[28] 基于“社会”崛起而发展的规范责任论,关注规范义务的建设,对过失犯以是否违反规范上的注意义务来进行判断,但规范上的注意义务仅在过失构成要件该当性层面上承担行为归责的作用,而无法在罪责层面上对行为人进行结果归责。若将注意义务分别在不法与罪责层面作两次认定,则不免陷入该说对预

---

〔25〕 参见郑世创:《过失犯构造问题检讨》,载《刑事法杂志》2011年第1期。

〔26〕 参见王俊:《过失犯的主观不法构成要件研究——以过失个别化理论为视角》,载《比较法研究》2016年第6期。

〔27〕 冯军:《论刑法中的“责任”概念》,载冯军主编:《比较刑法研究》,中国人民大学出版社2007年版,第22页。

〔28〕 劳东燕:《责任主义与过失犯中的预见可能性》,载《比较法研究》2018年第3期。

见可能性位置不明批驳的窠臼。因而,无论旧过失论还是新过失论都无法脱离预见可能性的范畴,即通过预见可能性而判断的心理瑕疵是过失归责必不可少的前提。

最后,客观上的规范违反行为为“本不应被侵害”提供了形式上的一般化标准,而具备预见可能性的心理瑕疵的主观判断则针对行为人本身进行了个体化的分析判断。规范是具有普遍性的一般化标准,但现实中具体的案件千差万别,行为人所处环境不同,各种因素相互掺杂作用,预见可能性因各种具体因素而有所不同。若单纯关注一般意义的规范标准,恐怕难以应对复杂多变的具体情况。因此,预见可能性在过失构造中必不可少,同时在刑法规制过失犯时,通过预见可能性会得出较为合理的结论。

当下,过失构造由结果本位转向行为本位,客观归责则是大势所趋,而在这一股浩浩汤汤的大潮中,坚持预见可能性在过失构造中的必要性既是对过失建构的完备,也是对刑法谦抑性的坚守。只有这样,才能在注意义务这样统一化的标准下具体问题具体分析。同时也唯有如此,才不至于在风声鹤唳的风险社会中被冲昏了头脑,突破个人权利保护的界限。

## 四、风险社会下淡化预见可能性的反思

### (一)偏重客观归责过失构造之不足

过失犯与故意犯不同。故意犯的罪责依据在于其主观的恶意,而过失犯没有主观恶意,其罪责依据在于侵害了本不应受到侵害的法益。在过失犯客观归责的前提下,规范的违反成为归责的依据。虽然其能直接明了地判断过失,有效地迎合了公众对于权益保障的期待,符合风险社会下预防刑法的要求——至少形式上有效地管控风险(通过扩大责任主体范围)。显然,风险社会下,规范成了过失认定中最核心的一环。规范成了一把标尺,作为是否成立过失以及承担过失罪责的依据。尽管这样的客观化标准似乎能够满足群体性的权益保障需求,但其也具有先天的不足:

首先,作为标准本身的客观规范具有不合理之处。正如前文所述,风险社会下,风险本身的复杂性与针对对象的广泛性,以及公众对风险的敏锐感知影响着国家的政策走向,渗透进规范的制定,从而给行为人科予更重的注意义务。这样带有明显倾向性的规范制定的合理性恐怕也留有疑问。

其次,规范成为扩大责任主体的最好连结点。规范责任为过失犯的认定提供了一般化的标准,而趋于一般化的标准模糊了个体化的要求,扩大了过

失犯责任主体的范围。例如,在对矿山安全责任事故罪的犯罪主体范围的界定上,2007年最高人民法院、最高人民检察院颁布的《关于办理危害矿山生产安全刑事案件具体应用法律若干问题的解释》便体现了这一倾向。其中第1、2条扩大了《刑法》第134条重大责任事故罪的主体,将其扩充为"对矿山生产、作业负有组织、指挥或者管理职责的负责人、管理人员、实际控制人、投资人等人员,以及直接从事矿山生产、作业的人员",第3条将《刑法》第135条重大劳动安全事故罪的主体扩大为"对矿山安全生产设施或者安全生产条件不符合国家规定负有直接责任的矿山生产经营单位负责人、管理人员、实际控制人、投资人,以及对安全生产设施或者安全生产条件负有管理、维护职责的电工、瓦斯检查工等人员"。虽然主体并非入罪的充分条件,客观上的管理失职与主观上依据预见可能性确定的监督过失与管理过失对于入罪而言才更为重要。[29] 但通过模糊个性化的要求,主体范围的扩大意味着可追责范围的扩大。随着现代科技的飞速发展,事故原因往往有各种因素掺杂,难以确定,因此此类扩大主体的规范成为确定责任归属的最佳选择,最终演变成了归责而归责。

最后,作为规范内容的客观注意义务难以在实体法上达到明确化与定型化。第一,注意义务的根据繁杂,在实践中难以通过规范形式一一得以确定。过失犯有实行行为定型化弱的特点,刑法对过失犯的罪行描述不可能在经验上穷尽。[30] 过失犯的行为违法需借助行政法规、章程制度、组织条例、生活习惯、交往规范等予以判断。[31] 因而注意义务的根据包括法律法规和规章制度、先行行为以及习惯常理。尽管其中的法律法规与规章制度将部分注意义务予以确定,但带有偶然性质的先行行为以及主观色彩较浓的习惯常理却仍需要针对个体进行具体分析,即使将这些注意义务以规范形式确定,这在当下也是难以实现的。第二,注意义务的内涵与外延随时代发展而不断变化。随着各种新型的危害人类安全事故的出现,过失犯罪的类型日益多样化和复杂化,而其中所蕴含的注意义务也随之改变。比如,初期重大责任事故犯罪以在工矿等企业生产和管理过程中违反相关规定而发生的重大伤亡事故或造成其他严重后果的情形为典型,但

---

[29] 参见陈兴良:《刑法的知识转型(学术史)》(第2版),中国人民大学出版社2017年版,第475页。

[30] 参见陈兴良:《过失犯论的法理展开》,载《华东政法大学学报》2012年第4期。

[31] 参见胡洋:《注意义务论纲——基于行为无价值论的新思考》,载《中国刑事法杂志》2016年第2期。

现在其犯罪类型已远远超过当初的范围。[32] 其中的注意义务也当然地发生变化,规范总是滞后于现实,无法满足不断增长且如此庞杂的过失情形。

当下的社会治理中,刑法正承担着越来越多的使命和功能,“刑法万能论”和“崇尚刑法”有卷土重来之势。[33] 追溯其偏重客观归责的过失结构的原意在于呼应公众对现代社会风险的焦虑,通过刑法规制以管控风险,保障权益。但如此真的能实现其目的吗?或者说刑法具有这样的功能吗?

答案恐怕是否定的。首先,追根溯源,刑法本身的意义在于恢复社会的公平正义,修复被害者被打破的对社会的美好期待,维护社会的和平稳定。而且,刑法属于事后追责的机制,具有滞后性。这也就意味着刑法预防功能的有限性。同时,即便承认刑法的威慑作用,肯定其预防功能,但刑法作为对公民而言最为严厉的谴责机制,其惩罚对象是“恶”。而过失犯不同于故意犯,其主观上并无恶意,其可谴责性也就在于其侵害了本不应被侵害的法益,那么对于一个缺乏预见可能性,无意触犯刑法的行为人来说,刑法的威慑作用恐怕也难以充分实现。由此看来,与其说这是控制风险、保障权益的有力举措,倒不如说是在公众关切下国家所应展现的重视态度,至于其效用如何,在所不论。刑法介入的滞后性以及其威慑作用的有限性使得其偏重客观归责的过失构造也难以满足其保障权利的目的。

(二)淡化预见可能性趋势下的隐忧

在风险社会中,人人自危的公众焦虑与对风险的持续关注,势必会影响政治的讨论,进而影响政策与立法的走向。德国著名学者许乃曼教授认为以结果来作为判断过失犯的依据有违公平原则的考量,且刑法处罚的威慑与预防效果会大大削弱。因而所有欧洲国家的立法均已摒弃传统过失犯罪概念,转而采纳危险犯罪概念。根据上述许乃曼教授的观点,过失犯存在向危险犯的演变趋势。[34]

许乃曼教授倾向危险犯罪设立之缘由在于其打击犯罪的“便捷有效”。过失犯罪的危害结果发生具有偶然性,而为了保障“公平”,则将刑法介入过失犯罪的时间提前至危害结果尚未发生之时,所有的过失犯罪均得到“公平”的处

---

〔32〕 参见刘崇亮:《风险社会视野下过失犯构成设置模式之思考》,载《中国人民公安大学学报》(社会科学版)2010 年第 4 期。

〔33〕 参见王强军:《刑法功能多元化的批判及其限制路径》,载《政法论坛》2019 年第 1 期。

〔34〕 参见陈兴良:《刑法的知识转型(学术史)》(第 2 版),中国人民大学出版社 2017 年版,第 467 页。

罚。而实质上这样处理或许可以得到形式上的公平对待,但一方面扩大了刑罚适用范围,使社会中的每个人都可能会随时随地地遭受刑法否定评价的风险,这样处置的本身便是对权利的威胁;另一方面,对社会而言,这也并非实现社会稳定有序的最佳选择。过失犯罪转为危险犯罪的路径在于:通过客观规范来事先对行为的危险性进行判断。然而,首先客观规范对危险行为的预设在实践中可操作性较小。现实生活总是日新月异,不断变化的,规范本身无法穷尽所有的危险性行为。通过客观规范来划定危险行为无异于扬汤止沸,隔靴搔痒。此外,这样的做法也是弱化预见可能性的体现。区别于概念层面的抽象危险预设,预见可能性是立足于具体行为的当时情景,基于经验事实,更具有针对性的分析判断。而此处提前设定行为危险性则是规范层面上的"武断",对实践中本千差万别的行为情景进行统一化标准,若完全摒弃预见可能性,则无助于实现保障权利,也无助于维持社会稳定。

此外,淡化预见可能性在过失构造中的作用,客观归责趋于一般化的评价标准模糊了具体行为人在具体环境下的具体情况,这样抽象的标准在过失认定时有着显著的入罪功能。在司法实践中,往往为了追求效率,回应社会公众的呼吁,规范成了过失确定最明确有效的显性手段。在此背景下,预见可能性淡化成为必然趋势。然而,预见可能性解释了行为人的心理瑕疵,是过失成立的必要条件,为过失责任提供了基础。淡化预见可能性无疑扩大了刑罚的适用范围,进一步推动刑罚权扩张。另一方面,在风险社会下,规范性的注意义务将顺应公众的期待而以前所未有的态势持续扩张。权利与义务各以对方的存在作为自己存在的前提。[35] 二者之间属于此消彼长,相互掣肘的关系。当顺应公众保障权利需求时,对具体个人必然加以更重的义务。但这样是否能真正落实刑法保障人权的目的?

正如前文所述,刑法的启动滞后性与其威慑效用的有限性使得其难以迎合公众期待,有效保障公共权益。此外,刑法的保障对象——公共权益本身便属于抽象概念,其真正意义上的保障仍需从具体个人入手。所谓的"公共权益"与"个人权益"并非相互对立的概念,而是属于结构意义上的组合关系,即具体的单个个体构成公共集体。集体、社会、人类只能在普遍的个人之中存在,离开了个人,集体、社会、人类不过是一种空洞的抽象。[36] "集体"在现实生活中并没有与之相对的实体,其在现实生活中的显现则是通过每个具体个体的利益诉求

---

〔35〕 参见李步云:《论人权》,社会科学文献出版社2010年版,第145页。

〔36〕 参见李步云:《论人权》,社会科学文献出版社2010年版,第41页。

一致而形成概念上的“公共权益”,即个体在其关系中处于核心地位。缺乏实体对照的“公共权益”也仅仅是一个抽象概念,这也就是说刑法基于公共权益的保护对象并不明确。

在刑法本身保护力度的有限性的前提之下,对此抽象性人权的保障也难以真正落实。在其保障人权效用存有疑问的前提下,以保障不确定的抽象性人权为名,对具体个人的权利义务结构予以改变,这样的举措是否合理?当下基于风险社会的大背景下,公众对风险的敏锐感知与紧张焦虑推动刑法实践与理论层面注重风险预防与规范效率,从而偏重客观归责的过失构造。过分追求行为本位的趋势下,“公众权益至上”被奉为圭臬,刑法以此为名而不断扩张,刑罚权也一反保守态势,而在刑法这样的积极姿态下是否也潜含着对具体个体权利侵蚀的可能?这是否也是暗藏对具体个人权利的重大威胁?

回归刑法目的——保障人权本身,人权是人之所以为人的权利,从主体感知角度而言,人权是人所必需的权利。人权具有道德上的依据,即人权必须依据于道德权利,其先于法律而存在,而不论实在法是否承认。[37] 就这一点而言,尽管人权通过国家立法予以确定实体内容,但其自身概念是一个道德判断。风险社会下,公众对风险的感知导致其对自身重要权益的危机感,换言之,在风险感知极度敏感的社会,人权概念本身的价值化极易被予以泛化和扩张。与此同时,群体性的人权主张与具体个人权利的相互抵牾也就不足为奇。但所谓“公众”“社会”“群体”都是由具体的个人组成,当一个具体个人权利受损时,其权利损害被“群体性的多数权益”压倒,但长此以往,以此趋势来看,恐怕受损的“少数”也未必是少数,更不必说这样的“多数压倒少数”是否恰当。

## 五、进路:区分过失不法与罪责

诚如前文所述,规范性注意义务兴起在风险社会下有过失判断效率之考量,但也不免有种种不足;而预见可能性在应对风险社会时之窘迫也难掩其在过失犯中之作用。一偏客观归责,一重主观归责,二者似乎异质扞格,各奔东西,但却并非不可调和,无法并存。其进路在于区分过失不法与罪责,依特性分别将其置于相应恰当之位置。规范上的注意义务宜置于过失犯构成要件该当性层面,作不法判断;预见可能性宜于过失犯责任层面,作罪责确定。

---

〔37〕 参见王启富、刘金国主编:《人权问题的法理学研究》,中国政法大学出版社 2003 年版,第 68 页。

风险社会下偏重客观归责的过失构造在其保障人权的原意上作用有限,且其通过明显带有倾向性的客观规范对具体个人课以更多的注意义务,该设置具有强烈的入罪功能,不利于具体个人的权益保障。预见可能性在过失构造中必不可少,其不仅承担着作为行为人心理瑕疵的过失归责前提的作用,还具有针对具体行为人的情境的指向性,在判断过失中能够具体分析以达至适宜的结论。在风险社会的大背景下,过失犯的客观归责已不可避免,而正因如此,才需更加注重预见可能性作为过失中的作用,二者结合才能适应社会需求,将维护公民权益落到实处。因此,有必要在确定规范意义上的注意义务作不法判断之后,再设置一道预见可能性的门闸,使过失判断过程呈漏斗式的确定范式。通过一般化的规范以达到效率与安全预防之效用,再通过预见可能性进一步地排查筛除以缓和刑法预防目的与具体个人权益之抵牾,确保刑法谦抑性之维持。

(责任编辑:张琛)

# 交通肇事中逃逸行为的性质分析
## ——以规范保护目的为切入点

董晓艳*

**摘要：**

我国1997年《刑法》在交通肇事罪中新增“肇事逃逸”和“逃逸致死”规定的保护目的是防止被害人权利损害的扩大，故逃逸行为的认定应以先前交通肇事致被害人重伤为前提。无论是根据行为说、法益说还是构成要件说，交通肇事后的逃逸行为均已超出交通肇事罪的规制范围，应考虑将其单独认定为“交通肇事逃逸罪”。但是，成立该罪必须以先前的交通肇事行为致人重伤为前提，否则极易导致刑法错位为行政管理法，刑罚处罚范围不当扩大。主张“逃逸致死”属于加重构成要件观点之解释目的无法证成，且有违行为危险性之客观判断原则，处罚亦不符合罪刑均衡原则，不应采纳，应将其理解为“交通肇事逃逸罪”的结果加重犯。

**关键词：**

逃逸；规范保护目的；社会危害性；交通肇事逃逸罪

## 一、问题的提出

道路交通事故频发是目前我国交通运输领域存在的一大安全隐患，在中国裁判文书网中，将检索条件设置为“交通事故”和“2018年”，可以得到754,625个结果。[1] 这一统计结果充分表明目前道路交通事故的多发性，自然地也就说明进一步加强道路交通运输管理以及正确适用相关法律处理此类案件的重要性。有关《刑法》第133条规定的交通肇事罪，通常的适用逻辑是：首先必须判断是否存在引发了重大事故的交通肇事行为，再结合案件具体情况，判断是否

---

* 董晓艳，武汉大学法学院2018级刑法学硕士研究生。

〔1〕 检索日期为2019年6月16日。

存在“肇事逃逸”和“逃逸致死”的情节。然而,交通肇事中的二次碾压责任不清案件,对这一法律规范的适用方法与适用逻辑提出了质疑。交通肇事中的二次碾压,是指在交通肇事案件中,同一被害人在遭受了前行为人车辆之碰撞(或碾压)并形成一定损害的基础上,再次受到具有结果回避可能性的后行为人车辆的第二次碾压,最终导致被害人重伤或死亡的情形。在二次碾压责任不清的案件中,虽然结合相关证据可知,被害人的死亡是前后两车共同碰撞或碾压所致,但是每次肇事行为对被害人造成的具体损害无法得知。以罗某交通肇事一案为例,行为人罗某将过人行横道的被害人李某撞倒并碾压,后驾车逃离现场。随后,李某又先后被岳某驾驶的出租车和邢某驾驶的出租车碾压,当场死亡。结合相关证据,不能证明各车分别给被害人造成的损害后果。[2] 至此,该如何认定本案罗某的责任?

通说认为,第133条中的“逃逸致死”属结果加重犯,交通肇事行为致人重伤是其适用前提。而在二次碾压责任不清案件中,无法确定一次肇事是否致被害人重伤,进而无适用结果加重规定的可能。然而另有观点认为,“逃逸致死”实属加重构成要件,肇事行为是否致被害人重伤不决定“逃逸致死”的认定,将“逃逸致死”规定为结果加重犯是导致该条款虚置化的重要原因,应摒弃这一理论。[3] 在罗某交通肇事一案中,后车的交通肇事行为是不能阻断前车肇事行为与死亡结果之间因果关系的非异常介入因素,其逃逸行为是被害人死亡的原因,因此应对被告人罗某适用第三档法定刑。至此,依照加重构成要件的逻辑,若被告人罗某交通肇事致被害人李某当场死亡,成立“交通肇事致一人死亡”,适用第一档法定刑;若被告人罗某交通肇事后逃逸致被害人李某死亡,成立“逃逸致死”,适用第三档法定刑。不难发现,行为人的逃逸行为是对其适用高幅度法定刑的依据。

综上,二次碾压责任不清案件的认定争议实质上源于对逃逸行为的不同理解。若主张不用考虑交通肇事的结果,逃逸行为本身就能充分证明其刑法层面的社会危害性,则“交通肇事逃逸罪”或“逃逸致死”的认定均无需以先前交通肇事行为致被害人重伤为前提。若认为必须结合先前交通肇事的结果(是否致被害人重伤)来考察逃逸行为所具有的社会危害性,则不应将单纯的逃逸行为规定为“交通肇事逃逸罪”,“逃逸致死”亦应以先前肇事行为致被害人重伤为

---

[2] 参见重庆市第一中级人民法院(2016)渝01刑终577号刑事裁定书。

[3] 参见陈洪兵:《“逃逸致死”条款虚置化的原因及其克服》,载《法学》2018年第2期。

前提。故在下文中,笔者将从逃逸规定的保护目的出发,在对逃逸行为进行分析的基础上,证立应将逃逸行为从交通肇事行为中分离出来进行评价,但先前肇事行为导致重伤结果是成立“交通肇事逃逸罪”的前提,“逃逸致死”则成立此罪的结果加重犯。

## 二、逃逸规定的保护目的

### (一)防止被害人权利损害的进一步扩大是立法本意

我国1979年《刑法》关于交通肇事罪的规定中,仅规定了“情节特别恶劣的,处三年以上七年以下有期徒刑”,没有具体地将逃逸情节作为单独的处罚条件。[4] 但是,实务中出现了很多肇事者畏罪逃跑的案件,极大地干扰了案件侦查,在致人重伤的场合,肇事者逃跑使被害人未得到及时救助而死亡。因此,1997年《刑法》增设了交通肇事后逃逸和逃逸致死两种情节。[5] 由此可知,肇事者交通肇事后逃逸的,主要会引发两个问题:(1)提高案件侦查难度;(2)导致被害人权利损害的进一步扩大。而前者不能作为对行为人适用刑罚的依据。

交通事故中案件的侦查工作主要涉及划分事故责任以及追究肇事者刑事责任两方面。事故责任是交通管理部门对事故作出的行政认定,对此行为人应依法承担相应行政责任;刑事责任则是行为人因交通肇事行为而依法应承担的刑法层面的否定性法律评价。行为人逃跑导致上述责任追究难度增大,不能成为对其适用刑罚处罚的依据。可以将逃逸本身理解为行为人对自己的“窝藏、包庇行为”,而刑法所处罚的窝藏、包庇行为针对的是第三人,不包括行为人本身。不论是行政处罚还是刑事处罚,作为一种否定性的法律评价,均是对行为人人身或财产的不利益。趋利避害乃人之本性,犯罪后因惧怕刑事制裁而逃避法律追究实属人之常情。我国《刑法》第67条明文规定,犯罪后行为人主动投案,将自己置于司法机关控制下的,成立自首,是对其从轻或减轻处罚的依据。这正体现了规范对于行为人交通肇事后自首所采取的态度是“鼓励”而非“强求”,为违反法秩序的行为人架设了一道回头的“金桥”。

---

〔4〕 1979年《刑法》第113条第1款规定:“从事交通运输的人员违反规章制度,因而发生重大事故,致人重伤、死亡或者使公私财产遭受重大损失的,处三年以下有期徒刑或者拘役;情节特别恶劣的,处三年以上七年以下有期徒刑。”

〔5〕 参见王作富、刘树德:《刑法分则专题研究》,中国人民大学出版社2013年版,第223页。

防止被害人权利损害的进一步扩大的观点则符合体系解释的要求。交通肇事罪属过失犯罪这一点是理论和实务界的共识,当具体案件不涉及公共安全时,其本质和我国《刑法》第233条和第235条所规定的两个过失犯罪(过失致人死亡罪、过失致人重伤罪)基本相同,然而刑法并未对这两种犯罪中的逃逸行为规定加重处罚。笔者认为,其根本原因在于:交通事故极易导致交通参与人重伤,此时若肇事者驾车逃逸,被遗弃在事故现场的被害人很容易因得不到及时救助或受到途经车辆再次碾压,导致权利损害的进一步扩大,这一点无疑具有较高的非难可能。这是我国刑法将交通肇事案件中的逃逸行为界定为不作为,对其适用更高法定刑的依据,也是立法者未对过失致人重伤或死亡案件中的逃逸行为作出相同规定的原因。

(二)"逃避法律追究说"容易引起处罚漏洞及处罚不当问题

最高人民法院《关于审理交通肇事刑事案件具体应用法律若干问题的解释》(以下简称《交通肇事案件司法解释》)第3条对逃逸进行了"为逃避法律追究而逃跑"的目的限定,对此学界大多持反对意见。笔者亦认为,该规定的合理性有待商榷。

案例1:驾车追杀仇人的王某,在发生交通事故致被害人重伤后,选择继续追杀仇人而未进行救助,最终导致被害人因未得到及时救助而死亡。[6]

案例2:行为人刘某甲无证驾驶二轮摩托车行驶,后刹车不及时,与被害人李某驾驶的电动自行车发生碰撞。事故发生后,行为人刘某甲将被害人送到医院后逃逸,后被害人经医院抢救无效死亡。[7]

按照《交通肇事案件司法解释》的规定,发生交通事故以后,将被害人置于原地放任其死亡的王某不构成交通肇事后逃逸,而将被害人送医后逃跑的行为人刘某甲构成逃逸,这明显不合理。从法益保护的角度出发,案例2中行为人积极履行救助义务,被害人已得到及时救助,后行为人逃离医院的行为不具有进一步侵害被害人法益的危险,虽然这会妨碍到司法机关对刑事责任的追究,但如前所述,逃跑导致案件侦查难度加大不能成为对行为人适用刑罚的依据。而在案例1中,行为人交通肇事后逃跑,放任被害人死亡,综合其客观行为与主观恶性,这才是应受刑罚处罚的逃逸行为。

综上,在交通肇事致人受伤尤其是重伤的场合,行为人的逃逸不救助行为极可能伴随引发被害人因得不到及时救助而自然死亡或受到来车再次碾压而

---

〔6〕 参见张明楷:《刑法学》,法律出版社2016年版,第722~723页。

〔7〕 参见山东省郓城县人民法院(2015)郓刑初字第290号刑事判决书。

死亡的后果。因此,督促行为人积极履行救助义务,防止损害结果的进一步扩大才是我国1997年《刑法》增设的"肇事逃逸"和"逃逸致死"规定中逃逸行为的实质内涵。

## 三、逃逸行为的属性分析与"交通肇事逃逸罪"的合理性

### (一)逃逸行为的认定应以先前事故致人重伤为前提

应当承认,在行为人逃逸致被害人死亡的场合,即使先前的交通肇事行为仅致被害人轻伤,因行为人的交通肇事行为、逃逸行为与被害人的死亡结果之间具有因果关系,仍应追究行为人交通肇事罪的刑事责任。仍需探讨的是,此类案件是否成立"逃逸致死",即"逃逸致死"的认定是否应以先前的交通肇事行为致人重伤(成立交通肇事罪)为前提。这是二次碾压责任不清案件存在争议的根本原因。若坚持构罪前提说(即结果加重犯说),则在二次碾压责任不清案件中,只能认定行为人成立交通肇事罪(交通肇事致人死亡),对其适用第一档法定刑;若坚持加重构成要件说,行为人构成"逃逸致死",对其适用第三档法定刑。笔者认为,肇事逃逸及逃逸致死的成立,均必须以先前的交通肇事行为致人重伤为前提。

1. 加重构成要件说所持"克服条款虚置化"目的的不合理性

"克服'因逃逸致人死亡'条款的虚置化"[8]不能成为将"逃逸致死"理解为加重构成要件的合理依据。坚持以先前的交通肇事行为成立交通肇事罪为前提,是保障犯罪嫌疑人、被告人权利的要求,也是正确理解与适用《刑法》第133条的要求。不可否认的是,结果加重犯说对司法实务中具体案件的侦查工作提出了严格的要求,特别是在二次碾压案件中,追诉机关需围绕逃逸行为与死亡结果之间的因果关系进行周密举证,比如,若依客观条件可以证明即使得到及时救助被害人仍会死亡,则不能成立"逃逸致死"。而加重构成要件说则在很大程度上简化了证明要求、克服了上述困境。但是,上述证明困难并未超出立法预期,正如犯意方面的证明困难不足以否定犯意在构成要件中的地位一样,仅因证明困难就对"逃逸"进行实质性变更理解,并不合理。[9]

其一,大多案件并非无法证明而是"怠于证明"。正如持"加重构成要件

〔8〕 参见陈洪兵:《"逃逸致死"条款虚置化的原因及其克服》,载《法学》2018年第2期。

〔9〕 参见劳东燕:《交通肇事逃逸的相关问题研究》,载《法学》2013年第6期。

说”的论者所述,我们可以根据肇事行为发生的时间、地点(如距离医院的远近、医疗的条件、水平等)以及伤害的程度等,分析及时救助下被害人死亡结果的避免可能性。[10] 至于一次肇事的造成被害人重伤后果这一证明要求,在大多数案件中,我们可以通过法医鉴定撞击或碾压部位等,判断是否造成重伤。在罗某交通肇事一案中,鉴定人出庭说明:“钟某遭受罗某撞击后形成了颅脑损伤和脾破裂等非常严重的伤情,李某1的碾压对被害人死亡起加速加重作用,被害人存活是时间长短问题,存活概率非常低,能否存活,要靠医疗水平和患者生命力。”由此,本案法官可以得出行为人一次肇事致被害人重伤的结论,进而适用“逃逸致死”条款。[11] 所以,对于大多案件,并不是无法查明,只是查证繁琐。依前述规定,将一次肇事致人轻伤的情况也纳入“逃逸致死”规制范畴,对行为人适用7年至15年的有期徒刑,有逃避举证责任,漠视犯罪嫌疑人、被告人权利之嫌。

其二,对于那些结合相关证据确实无法证明一次肇事致人重伤的案件,法官应坚守司法者的本位,调节和平衡司法公平与司法正义之间的关系,灵活理解与适用刑法规范,而不能以避免刑法条款虚置的目的惩罚犯罪人,这既是对立法的误解也是对被告人权利的侵犯。表现于文本的法律,其生命正是在司法者的解释与适用中得以体现。立法者在制定法律时,总是以特定时代中多发的、典型的情况作为参考模型,然而现实生活的流变性与复杂性,往往会衍生出超出这些模型的情况,这也是成文法在参与社会治理过程中必然会遇到的难题。对此,司法者需要做的便是结合特定立法的目的与价值,权衡不同处理结果的“合法性”与“合理性”。具体到二次碾压责任不清案件的刑事责任认定,从惩罚犯罪与保障人权相结合的理念出发,根据事实存疑有利于被告的基本原则,认定一次肇事未致被害人重伤,又因死亡结果与肇事行为之间存在的因果关系,将案件认定为“行为人交通肇事致一人死亡”,成立交通肇事罪,笔者认为

---

〔10〕 参见陈洪兵:《交通肇事“逃逸”规范目的的相对性解读》,载《东方法学》2016年第6期。

〔11〕 参见吉林市船营区人民法院(2017)吉0204刑初202号刑事判决书。案情:2015年11月12日5时42分许,行为人罗某在未取得机动车驾驶证的情况下,驾驶无号牌农用三轮车至某一路口时,将由东向西方向推人力三轮车的钟某撞倒,发生事故后,罗某下车查看伤者,之后,驾驶事故车辆逃逸。当日5时51分许,李某1驾驶尼桑车至同一路口处左转弯时,车轮挤压因交通事故卧倒在路面上的钟某,李某1驾驶车辆驶离现场。被害人钟某于当晚19时30分许经医院抢救无效死亡。

是比较妥当的做法。

2. 行为危险性的判断应坚持事前判断

加重构成要件说认为，即使一次肇事未致被害人重伤，只需逃逸行为与被害人的死亡结果之间存在因果关系，行为人仍然构成“逃逸致死”。[12] 笔者认为，这种观点混淆了行为判断与结果判断，该说对交通肇事致人轻伤案件中逃逸行为危险性的判断是以逃逸行为引发的死亡结果为核心基点进行的，或者说死亡结果已经主导了对行为属性的判断。事前判断是对行为危险性进行判断时必须坚持的方法，以一般人在实施行为当下能认识到的事实（特殊情况下包括行为人的特别认知）为判断基准，行为实施完毕后的事态、状态等不能作为判断资料。[13] 基于此，在一次肇事仅致被害人轻伤的案件中，行为人逃逸通常不会导致被害人因得不到救助而死亡。而在交通肇事致人重伤的场合，被害人已经丧失或基本丧失自救能力，此时被害人的权益保护极大地依赖于行为人履行救助义务，故行为人的逃逸不救助行为对被害人法益的危害性不言而喻。因此，不能搁置一次肇事的结果，直接通过肯定因果关系来证明行为人成立“逃逸致死”。（笔者认为，单纯的“不能自救、丧失自救能力”标准太过抽象，为避免出现裁判不公，必须结合重伤结果进行理解。）

对行为社会危害性的考察离不开对其所导致的结果的考察。通说认为，严重的社会危害性、刑事违法性和应受刑罚处罚性是犯罪的三大属性，其中“严重社会危害性”在我国《刑法》中具体表现为分则中大量罪名以“情节或数额”作为入罪条件，这是总则第 13 条“但书”的实质要求，也是刑法与道德、行政法等其他社会政策或法律协调运转，共同参与社会治理的表现。但是，这并不意味着要将结果上升为行为社会危害性考察的主要标准，我国刑法原则上处罚未遂犯与预备犯的规定充分说明了这一点。在未遂犯、预备犯的场合，并未发生刑法所预设的结果，若从结果出发进行判断，行为并没有严重社会危害性，故对此不应适用刑法规范。然而，从行为本身出发，结合行为时的客观情况，行为本身具有（引发危害后果的）严重危险性，虽未实际发生预期结果，对此类行为仍应加以规制，故我国《刑法》第 22 条、第 23 条以得减的方式对犯罪预备与犯罪未遂进行了规定：可以比照既遂犯从轻或者减轻处罚（预备犯可以免除处罚），非直接认定为无罪。因此，对交通肇事罪的判断亦应遵循这一逻辑，从事前的角

---

〔12〕 参见陈洪兵：《“逃逸致死”条款虚置化的原因及其克服》，载《法学》2018 年第 2 期。

〔13〕 参见周光权：《行为无价值二元论与未遂犯》，载《政法论坛》2015 年第 2 期。

度对行为危险性进行客观判断。

行为本身具有的严重社会危害性是行为犯罪化的合法依据。不可否认的是,出于保障国民安全的需求,现代刑法已经突破了传统古典刑法所坚持的“刑法必须尽可能对可观察的现实侵害确定处罚规范”,而将刑法的预防机能置于重要地位,如对预备犯、抽象危险犯等进行处罚。这一演变确属刑法作为上层建筑的组成部分,回应现实社会需求时所进行的必要调整。但是,即使接受此种演变对犯罪含义的概括——犯罪是侵害法益或者对法益有侵害危险的行为——我们仍需从严重社会危害性这一根本依据出发对行为危险性进行判断,这是刑法作为社会治理体系的一部分所被单独赋予的特征,也是作为司法法、保障法的刑法与作为社会管理法的行政法有机联动、共同参与社会治理的要求。诚如学者所言,“既然在风险社会中刑法的根本任务仍然是保护法益,那么预防刑法的正当性就仍然必须围绕法益来展开。具体来说,就是要确立法益侵害危险作为法益保护的限度”。[14] 行为的社会危害性是行为本身所固有的属性,应结合行为时的主客观条件进行判断,危害结果只是行为危险性的“兑现”。通常情况下,危害结果未发生不会对行为的危险性及其刑事认定产生实质影响,仅关系到既未遂的认定。在交通肇事致人重伤的场合,行为人的逃逸行为具有类型化的、使身受重伤的被害人权利损害进一步扩大的紧迫危险,这才是将其认定为“交通肇事逃逸罪”的依据。直接以结果认定行为的方法,无法准确衡量行为本身的危害性,这一认定方法不能充分保障犯罪嫌疑人、被告人的合法权利。对被害人而言,在交通肇事已经致其重伤的场合,若行为人逃逸后被害人被其他人救助,未导致死亡结果,根据上述观点,则无法对行为人的不救助行为进行刑法评价,这明显不利于保护被害人的权利。

3. 坚持重伤前提是遵循罪刑均衡原则的要求

“刑罚的性质和犯罪的性质相适应,刑罚的轻重和犯罪行为对社会的危害性大小相均衡。”[15] 笔者认为,即使在交通肇事致被害人重伤后逃逸(最终致被害人死亡)的案件中,逃逸行为的社会危害性仍无法与故意杀人罪中的杀人行为等同,除非行为人出于故意或放任的目的再次碾压被害人致其死亡(此种情况不属于本文讨论的“二次碾压”),因为对行为人的逃逸行为所反映的行为人主观危害性的判断始终不可能完全独立于其先前引发交通事故时主观的过失心态。过失造成结果的行为人,其主观恶性并非像故意犯罪的行为人那般恶

---

〔14〕 何荣功:《预防刑法的扩张及其限度》,载《法学研究》2017年第4期。

〔15〕 林亚刚:《刑法学教义》,北京大学出版社2014年版,第17页。

劣,以至于主动实施悖反和破坏法秩序的行为,在这种非故意心理支配下实施的逃逸行为的危害性明显远低于故意杀人行为。与此同时,因为行为人逃逸时主观方面乃故意,其对被害人的死亡结果存在一定认识,故逃逸行为所反映的行为人的人身危险性一般要高于过失致人死亡行为。综上,从罪刑均衡的角度出发,对逃逸致死行为的处罚也应介于故意杀人罪与过失致人死亡罪之间。我国刑法对过失致人死亡罪规定的法定刑为6个月至7年的有期徒刑,故意杀人罪为3年至10年的有期徒刑、无期徒刑或死刑,而"交通肇事后逃逸"的法定刑为3年至7年的有期徒刑,"逃逸致死"为7年至15年的有期徒刑。笔者认为,在交通肇事致人重伤的场合,行为人逃逸致人死亡的,对其适用为7年至15年的有期徒刑符合上述原则。

需要说明的是,在交通肇事仅致被害人轻伤(但因逃逸最终致被害人死亡)的场合,从客观层面进行分析,逃逸行为所具有的危害性明显要小于致人重伤后逃逸的情形;从主观层面进行分析,行为人此时的主观恶性亦明显要低于致人重伤的情形,因而对其适用的刑罚也应与后者有所区别。笔者认为,对"轻伤逃逸"(致人死亡)案件中行为人逃逸行为及其后果的认定以及对应的刑罚的设定,应参照过失致人死亡罪中"情节轻微"的处理方式。首先,行为人成立"交通肇事基本犯",应对其适用3年以下有期徒刑的法定刑。其次,应当在法定刑幅度内进一步结合罪刑均衡原则进行考量。由于此类案件存在行为人故意实施的不救助行为,对行为人可谴责性要高于完全因过失导致的过失致人死亡案件,故建议在法定刑幅度内对其从重处罚。

### (二)致人重伤基础上的逃逸应成立"交通肇事逃逸罪"

#### 1. 新设"交通肇事逃逸罪"是明晰规范保护目的之需要

在确定了逃逸行为的认定应以先前交通肇事行为致人重伤为前提的基础上,需要进一步明确的是:应将逃逸行为(包括"肇事逃逸"和"逃逸致死")理解为交通肇事罪的结果加重犯还是应新设"交通肇事逃逸罪"。交通肇事后的逃逸行为,实质上是行为人的一种不作为行为。鉴于道路交通状况的复杂性和二次碾压事故的多发性,从保护法益的基本原则出发,结合各国立法实践,一直有观点主张应新设"交通肇事逃逸罪"。[16] 笔者认为,此问题涉及交通肇事罪之规范保护目的的讨论。关于规范保护范围的认定,主要存在危害行为说和法益

---

〔16〕 参见莫洪宪、曾彦:《论交通肇事犯罪人的特点及刑事责任》,载《北方法学》2009年第3期;姜敏:《交通肇事逃逸罪可行性研究》,载《西南民族大学学报》(人文社会科学版)2012年第10期。

侵犯说的观点。

按照危害行为说,逃逸行为无法为交通肇事罪的基本构成要件所包容。交通事故发生以后,肇事行为的性质与结果便已确定,事后的逃逸行为已经超出交通肇事罪的规制范围,行为人事后的逃逸行为不会对已发生行为的性质产生影响。[17] 根据法益侵害说,交通肇事行为与逃逸行为所侵害的主要法益并不相同。我国刑法对交通肇事罪的章节编排,表明了该行为本身所具有的危害公共安全的属性,而逃逸行为所侵害的仅是先前交通事故中的特定被害人的法益,逃逸行为所侵犯的法益无法为交通肇事罪所包容。逃逸行为于交通肇事行为而言,是行为所侵犯法益的变化而非简单的罪量增加,因此,根据法益侵害说,逃逸行为亦不属于交通肇事罪的规制范畴。发生交通事故(致人重伤)以后,负有救助义务的行为人逃避义务履行,全然不顾被害人可能被往来车辆再次碾压或因得不到及时救助而死亡,其不作为行为具备严重的社会危害性,行为对被害人法益的危害性进一步提升,应给予该行为独立的刑法评价。

值得一提的是,在上述主张将交通肇事中的逃逸行为从交通肇事罪中独立出来单独定罪的观点中,有论者在借鉴韩国、俄罗斯等国立法经验的基础上,主张应将致人重伤、死亡或使公私财产遭受重大损失的逃逸行为认定为“交通肇事逃逸罪”。法律借鉴固然可取,但首先必须从制度层面进行整体考察。俄罗斯刑法典对逃逸行为的规定是以先前的肇事后果为基础的:发生特定后果后逃离事故现场的,处3年以下限制自由或6个月以下拘役,并处或不并处剥夺特定活动资格。[18] 回观我国对肇事逃逸的规定,法定刑为3年至7年的有期徒刑,高幅法定刑的适用必须以更高的危害性为基础,而逃逸行为的危害性必须结合先前肇事行为的后果进行考察。主张将逃逸行为的后果,如致人重伤、死亡作为判断是否成立“交通肇事逃逸罪”的观点既无法全面判定行为人行为的社会危害性,也无法充分维护被害人的权利。

2. 结合评价不利于交通肇事罪的认定与适用

上述《交通肇事案件司法解释》第5条规定了交通肇事罪的四类共犯,此举引发各界热议。我国《刑法》第25条明确将共同犯罪限定为二人以上的共同故意犯罪,作为过失犯罪的交通肇事罪并不存在共同犯罪的认定空间与认定可能性。其实,《交通肇事案件司法解释》之规定的矛盾之处,正是《刑法》第133条

---

〔17〕 参见劳东燕:《交通肇事逃逸的相关问题研究》,载《法学》2013年第6期。

〔18〕 参见姜敏:《交通肇事逃逸罪可行性研究》,载《西南民族大学学报》(人文社会科学版)2012年第10期。

将过失的交通肇事行为与故意的逃逸行为统一规定在交通肇事罪一个罪名中的结果。在交通肇事案件中,行为人对结果的发生只能是过失,即应当预见而没有预见或者轻信能够避免危害结果的发生,否则行为人将成立故意杀人罪。而在肇事逃逸的场合,肇事者明知发生了交通事故,却不履行救助义务,其明确认识到自身的不作为极有可能引发严重后果,却故意为之,放任危害结果发生。行为人在故意心态下实施的逃逸行为与其过失实施的交通肇事行为在行为性质方面存在根本区别,这一罪质的差异无法在交通肇事罪中"和谐共生",将其结合评价只会引发上述体系性混乱的问题。肇事者对身受重伤不能自救的被害人负有刑法上的救助义务,第三人明知上述事故还指使行为人逃逸,构成逃逸的共同犯罪,根据"部分实行全部责任"的处罚原理,指使者与逃逸者共同对逃逸的结果承担责任。在指使肇事者逃跑的案件中,行为人的指使行为本质上是独立于肇事者先前的交通肇事行为、是依附于肇事者的逃逸行为的教唆行为。将逃逸行为与先前的交通肇事行为分开进行评价,有助于正确适用交通肇事罪的相关规定,也是与我国关于共同犯罪的刑法理论相契合的应有之义。

综上,笔者认为应为交通肇事(致人重伤)后的逃逸行为设定新的罪名——"交通肇事逃逸罪","逃逸致死"则构成这一犯罪的结果加重犯。在行为人先前的交通肇事行为成立交通肇事罪,其后的逃逸行为又满足前述规定时,应对行为人以交通肇事罪和"交通肇事逃逸罪"数罪并罚。

## 四、结　　语

将成文的、概括的法律规范适用于流变、复杂的现实生活,总需进行解释,而依照一定的原则进行解释,是保障解释"合理、合法"的要求,也是正确适用规范的前提。刑法作为严重"侵犯"行为人基本权利的暴力性法律,在适用时一定要从行为的客观社会危害性判断出发,坚守"惩罚犯罪与保障(犯罪人)人权相结合"的根本原则,既不能超越规范保护目的对行为人进行处罚,亦不能违背罪责相当原则。不能将举证无力的消极后果施加于被告人,以此推进刑法的一般预防效果,避免将定罪发展为一种"表演"。在交通肇事案件中,逃逸行为的认定应以交通肇事致被害人重伤为前提,对于二次碾压责任不清案件,因无法证明前车行为人肇事致被害人重伤,因此,行为人不成立"交通肇事后逃逸",但因前车肇事行为所创造的危险在本案中予以实现,前车的肇事行为与被害人的死亡之间存在因果关系,因此,行为人成立交通肇事罪。至于"交通肇事后逃逸"和"逃逸致死"规定的性质,笔者认为,综合危害行为与法益侵害后果的特征,此处交通肇事(致人重伤)中的逃逸行为已经超出交通肇事罪的规范保护范围,应增设"交通肇事逃逸罪"来予以规制,这也能解决长期以来各界对《交通肇事案件司法解释》中确定的"共同过失"行为的批判。

(责任编辑:郑泽坤)

# 买卖与借贷合同混合的类型化界定

## ——兼论《民间借贷规定》第 24 条的适用

张子鹏*

**摘要:**

房屋买卖合同担保借贷合同的合同性质和效力认定是司法实践中的难题,但最高人民法院《关于审理民间借贷案件适用法律若干问题的规定》第 24 条的规定却语焉不详。本文通过案例分析,认为在买卖与借贷合同混合的情形下,可细分为买卖合意、让与担保和履行期届满前的代物清偿协议三种类型。在买卖合意的类型下,债权人可依照买卖合同获得房屋所有权,在另外两种类型下,需要对债权人课以清算义务。而让与担保与履行期届满前的代物清偿协议亦有区别,前者具有物权效力,债权人有优先受偿权;后者仅具债权效力。同时,第 24 条所适用的对象应限于履行期届满前的代物清偿协议。

**关键词:**

买卖;借贷;让与担保;代物清偿

## 一、引　　言

近几年来,随着我国社会主义市场经济的不断发展,企业的融资需求愈发旺盛,但是一方面苦于没有合适的担保标的物,另一方面传统的融资担保方式成本较高,向金融机构借贷就变得相对困难。当市场上出现了巨大的需求,而传统方式无法满足这一需求时,企业为了生存发展,只有将目光投向民间借贷市场,为了担保债权人的利益,一种新的担保模式应运而生,即本文着重探讨的买卖担保借贷。[1] 买卖担保借贷的一个基本模式是这样的:双方当

---

* 张子鹏,中山大学法学院 2019 级民商法学硕士研究生。

[1] 本文所说的买卖担保借贷,包括下文所述的让与担保和履行期届满前的代物清偿协议。

事人在签订借贷合同时,往往会再订立一份买卖合同,甚至是补充协议,买卖合同或者补充协议中约定,当债务人到期不还款或者欠缺还款能力时,债权人可以通过履行买卖合同或者补充协议,直接取得标的物所有权,无须再另行支付价款。关于买卖担保借贷的性质和效力,从"朱某芳案"[2]到"嘉美公司案"[3],甚至最高人民法院于2015年出台《关于审理民间借贷案件适用法律若干问题的规定》(以下简称《民间借贷规定》)第24条[4]之后,学界也并没有得出统一的意见,甚至越演越烈,争论不休;反映到司法实践中,法官对第24条的不同理解,导致了司法判决中的较大差异。学界对此讨论甚多,各方观点激烈交锋,但是多数学者常常从一个典型案例或者抽象模型出发,对买卖担保借贷进行分析论证,而忽略了实践中该类案件的复杂性,由此导致讨论对象的内涵外延并不统一,也无法很好地回应司法实践。由于买卖担保借贷的案件中,买卖合同的标的物绝大部分是房屋,因此,本文主要以房屋买卖合同为讨论对象,对不同类型的案件进行分类,梳理其中的差异,做出不同的性质效力判断,并对《民间借贷规定》第24条的适用对象和效力做出合理解释,由此才能更好地解决实践中出现的大量纷争。

## 二、买卖合意的类型

《民间借贷规定》第24条的首句为"当事人以签订买卖合同作为借贷合同的担保",该句是关于第24条适用范围的界定,考察双方订立买卖合同的真实意思是为借贷合同设立担保,还是通过支付对价获得买卖合同标的物的所有

---

〔2〕 参见最高人民法院(2011)民提字第344号判决书(公报案例),该案最高人民法院认为《商品房买卖合同》和《借款协议》均为依法成立并生效的合同。

〔3〕 参见最高人民法院(2013)民提字第135号判决书,该案最高人民法院认为双方签订《商品房买卖合同》并办理商品房备案登记的行为应认定为非典型的担保方式,违反流质禁令而无效。

〔4〕 最高人民法院《关于审理民间借贷案件适用法律若干问题的规定》(2015年6月23日通过)第24条:"当事人以签订买卖合同作为民间借贷合同的担保,借款到期后借款人不能还款,出借人请求履行买卖合同的,人民法院应当按照民间借贷法律关系审理,并向当事人释明变更诉讼请求。当事人拒绝变更的,人民法院裁定驳回起诉。按照民间借贷法律关系审理作出的判决生效后,借款人不履行生效判决确定的金钱债务,出借人可以申请拍卖买卖合同标的物,以偿还债务。就拍卖所得的价款与应偿还借款本息之间的差额,借款人或者出借人有权主张返还或补偿。"

权,是处理此类纠纷的基础。[5] 由此观之,买卖合同与借贷合同并存时,人民法院在审理时并不是“一刀切”式地判断,而应当首先探明当事人订立买卖合同的真实目的,如果当事人签订买卖合同是为了提供担保,则应当适用第 24 条;如果当事人之间签订的买卖合同是真实的买卖合意,则不属于第 24 条的范畴。问题的核心在于如何判断当事人之间是买卖合意还是为了提供担保。笔者通过“聚法案例”网站搜索关键词“买卖”“借贷”“《关于审理民间借贷案件适用法律若干问题的规定》第二十四条”,一共有案例 6662 篇。[6] 由于案件数量较多,笔者选取了最高人民法院和高级人民法院的裁判文书作为本文参照,其中最高人民法院审理的案件一共 32 个,高级人民法院审理的一共 185 个,经过进一步甄别,将买卖合同性质认定作为争议焦点或者重要事实依据的,最高人民法院有 26 个,其中 4 个认定为买卖关系,剩余均认为属于《民间借贷规定》第 24 条的情形;高级人民法院中有 139 个,其中 18 个认定为买卖关系,剩余均认为属于《民间借贷规定》第 24 条的情形。在《民间借贷规定》出台之后,买卖合同与借贷合同混合的情形下,按照第 24 条规定的借贷关系审理,属于司法实践的常态。不过,以笔者检索到的 165 个案件为基础,其中亦有 22 个案件中法院支持了买卖合同关系,此点尤值重视,而根据法院的判决理由,笔者进行了分类,具体情况见表 1。由于篇幅有限,笔者仅在表格中提炼了部分案例的裁判理由(在脚注中列明了未在表格中呈现的案例)。

**表 1　最高人民法院认定为买卖关系的案件**

<table>
<tr><th>编号</th><th>案号</th><th>裁判理由概括</th><th>所属类型</th></tr>
<tr><td>1</td><td>最高人民法院(2017)最高法民申 130 号</td><td>1. 缺乏借款关系存在的证据。<br>2. 因此更无法证明买卖是为担保借贷</td><td rowspan="2">缺乏证据证明借款关系存在[7]</td></tr>
<tr><td>2</td><td>河北省高级人民法院(2017)冀民申 6475 号</td><td>1. 无法证明借款关系存在。<br>2. 也没有证据证明本案房屋买卖合同实为该笔借款的担保</td></tr>
</table>

[5] 参见杜万华主编:《最高人民法院民间借贷司法解释理解与适用》,人民法院出版社 2015 年版,第 411 页。

[6] 参见聚法案例网:https://www.jufaanli.com/,最后访问日期:2019 年 11 月 8 日。

[7] 除表中列举外,属于该类型的案件案号有:河北省高级人民法院(2017)冀民申 4544 号、四川省高级人民法院(2016)川民申 3385 号、山东省高级人民法院(2016)鲁民终 2038 号之一、黑龙江省高级人民法院(2016)黑民终 72 号。

续表

| 编号 | 案号 | 裁判理由概括 | 所属类型 |
| --- | --- | --- | --- |
| 3 | 最高人民法院(2018)最高法民申5173号 | 1. 符合购房流程,符合市场价格。<br>2. 证据所确认的相关事实表明买卖合同与借贷合同相互独立,无关联 | 买卖合同属于当事人真实意思表示,与借款合同并无牵连〔8〕 |
| 4 | 湖南省高级人民法院(2015)湘高法民一终字第427号 | 1. 充分的证据证明双方签订了《商品房买卖合同》,并办理了备案登记,亦有购房款收据,合同在实际履行。<br>2. 另一方无法提交《借款合同》 | |
| 5 | 江苏省高级人民法院(2017)苏民申1773号 | 1. 应从房款的支付、房屋的交付使用、是否符合日常房产交易的普遍习惯、房产交易价格的合理性等情况综合认定当事人真意。<br>2. 具体到本案,房款付清,房屋已交付,办理了除争议房屋以外的其他房屋登记,已经用于商业使用 | |
| 6 | 最高人民法院(2015)民一终字第180号 | 1. 双方经协商同意,借款期限提前到期,并将对账确认的借款本息转为购房款。<br>2. 尊重当事人嗣后形成的变更法律关系性质的一致意思表示 | 双方经协商后,借贷合同转化为买卖合同〔9〕 |
| 7 | 最高人民(2017)最高法民申4411号 | 在欠付借款本息的情况下,经清算决定签订商品房买卖合同,将借款本息转为已付购房款 | |
| 8 | 吉林省高级人民法院(2018)吉民申3478号 | 当事人之间协商后,达成明确的用房屋抵付欠款的合意,且出具房款收据 | |

通过检索分析,笔者发现法院认定买卖合意的案件可以细分为三种不同的类型,第一种是双方当事人之间存在买卖合同,虽然一方当事人主张双方关系

〔8〕 除表中列举外,属于该案件类型的案件案号有:吉林省高级人民法院(2018)吉民申4033号、江西省高级人民法院(2019)赣民终125号、江西省高级人民法院(2019)赣民终127号、贵州省高级人民法院(2017)黔民申789号、湖北省高级人民法院(2018)鄂民申1562号、湖北省高级人民法院(2017)鄂民申2208号。

〔9〕 除表中列举外,属于该类型的案件案号有:浙江省高级人民法院(2018)浙民申2688号、黑龙江省高级人民法院(2016)黑民再223号、云南省高级人民法院(2017)云民终264号、福建省高级人民(2018)闽民申2257号。

属于买卖担保借贷，但是没有证据证明借贷关系存在并且二者存在联系，如表 1 中案例 1、2 和脚注 7 中的案例；第二种是虽然当事人之间存在借贷关系，但是借贷与买卖并无牵连，当事人的真实意思是买卖合意如表 1 中的案例 3、4、5 和脚注 8 中案例；第三种是经当事人合意，由借贷合同转化为买卖合同，如表 1 中的案例 6、7、8 和脚注 9 中的案例。

对于第一种情形而言，根据我国《民事诉讼法》第 64 条第 1 款规定，当事人对于自己提出的主张，有责任提供证据。在双方明确存在买卖合同的情况，如果一方当事人主张买卖合同是为担保双方之间的借贷关系而存在，需要提供借贷关系存在以及买卖与借贷之间有牵连的证据，如果举证不能，必然要承担相应的不利后果，同时又无其他理由认定买卖合同无效，法院以此判决双方之间的买卖合同真实有效，是遵循程序正义的合理做法，亦有利于防止一方当事人假借借贷关系随意否认买卖合同效力。

对于第二种情形而言，如何判断买卖合意是否属于当事人的真意，殊难判断，原因在于当事人因为利益冲突而诉争到法院时，为了利益最大化，一定会主张最有利于己方的意思。在买卖合同与借贷合同混合的情形下，房屋所有权人所主张的通常是借贷关系，另一方所主张的则是买卖关系，此时依靠当事人的主观状态来判断双方的合意，显然行不通。因此，法院在解释时应主要依靠客观因素予以甄别。从司法实践中来看，法院通常考虑标的物的价格数量是否符合常理，是否约定有回购条款；此外，时间和履行方式也是重要考量因素。而且，与借贷合同是否存在牵连也是重点考察的内容。在具备买卖合同的基本要素以及有相当的证据表明二者并无牵连的情况下，法院会承认当事人之间的买卖合意，否则极有可能根据《民间借贷规定》第 24 条认定为借贷关系。

对于第三种情形而言，最高人民法院出台的指导案例"汤某案"[10]中采取的是债的变更理论。在这之后，亦有法院在相似案件中遵循了该判决思路。这一指导案例具有重要意义，它区分了具有履行性质的买卖合同和具有担保性质的买卖合同，前者具有清偿性能，后者具有担保性能。第 24 条第 1 款的适用对象应是后者，而非前者；另外，它明确了借款本息转化为购房款后，法院仍应对购房款，即原借款之本息进行审查，违法高利部分不能支持。[11] 本案中双方当事人的目的不是用买卖合同担保借贷合同，而是借款合同到期后，债务人难以

---

〔10〕 即表 1 中案例 6，最高人民法院(2015)民一终字第 180 号民事判决书。

〔11〕 参见陈永强：《以买卖合同担保借贷的解释路径与法效果》，载《中国法学》2018 年第 2 期。

清偿债务时,双方协商通过将债务人所有的商品房出售给债权人的方式,实现双方权利义务平衡的一种交易安排。[12]

虽然笔者认同"汤某案"中最高人民法院判决的结果,但是将其定性为债的变更似有待商榷之处。与债的变更颇为类似的一个概念是代物清偿。两者的区别在于,诺成性的代物清偿不会导致原债务的消灭,因为清偿合同的目的是要消灭债权,因此,即便达成了代物清偿协议,在债权人获得实际满足之前,合同的目的没有实现,原债将继续存在。这与债的变更不同,后者在合意成立新债时,原债就已经归于消灭。[13] 按债的变更理论,买卖合同成立后借款合同便终止,但是将买卖合同置于借款合同本息的审查规范之下,以借款合同来审查借款本息,实际上是认为原债并未立刻消灭,更符合履行期届满后的代物清偿协议。至于是否违反流质禁令,笔者将在本文第四部分讨论。

综上所述,法院在审理买卖与借贷合同混合的案件时,需要结合相关的证据进行认定,并审慎判断买卖合同与借贷合同之间的关系,不可随意适用《民间借贷规定》第24条驳回当事人的起诉,否则可能有损当事人的合法权益。

## 三、买卖担保借贷的类型

在买卖合同与借贷合同混合的情形下,首先应该判断当事人的真意是买卖还是为借贷提供担保,如果是为借贷提供担保,则需要继续判断此种担保究竟属于何种性质的担保。对于买卖担保借贷的性质和效力认定,笔者通过在"威科先行""无讼案例""聚法案例"网站以"买卖""借贷""优先受偿权""《关于审理民间借贷案件适用法律若干问题的规定》第二十四条""非典型担保/让与担保"为检索关键词,[14] 探寻司法实践对于买卖担保借贷是否具有物权效力(优先受偿性)的态度,具体情况见表2。

---

〔12〕 参见沈丹丹、石磊:《〈汤龙、刘新龙、马忠太、王洪刚诉新疆鄂尔多斯彦海房地产开发有限公司商品房买卖合同纠纷案〉的理解与参照——当事人协商一致终止借款合同并将借款转化为购房款的法律关系认定》,载《人民司法》(案例)2018年第23期。

〔13〕 参见肖俊:《代物清偿中的合意基础与清偿效果研究》,载《中外法学》2015年第1期。

〔14〕 根据上述关键词叠加检索或者组合检索,检索案件的结果不少,但是多数案件法院并未说明买卖担保借贷属于债权性质还是物权性质,笔者猜测可能是规则不明晰的情况下法院尽可能地避而不谈。笔者尽可能全面地进行搜集,但是时间和精力所限,能找到的样本容量并不算多,不过管中窥豹,可见一斑:在该问题上,司法实践中确实较为混乱。

**表2 法院对买卖担保借贷效力的态度差异**

| 编号 | 案号 | 是否承认优先受偿性 | 理由/条件 |
| --- | --- | --- | --- |
| 1 | 最高人民法院(2017)最高法民再335号 | 是 | 让与担保中,债务不履行时,担保权人可就该标的物优先受偿。第24条将让与担保将要件中的让渡所有权这一条宽限到让渡物权期待权(只需签订商品房买卖合同即可成立让与担保) |
| 2 | 最高人民法院(2017)最高法民申543号 | 否 | 第24条规定的债权人对买卖标的物申请拍卖而受偿债权,只是普通债权,并不是优先受偿权 |
| 3 | 江西省高级人民法院(2017)赣民终585号 | 否 | 让与担保为债权担保方式,不具有物权效力;但是网签登记后的商品房买卖合同,拍卖标的物应当有别于一般债权 |
| 4 | 辽宁省高级人民法院(2018)辽民终528号 | 是 | 签订房屋买卖合同并备案,属于第24条规定的非典型担保,具有优先受偿性 |
| 5 | 吉林省松原市中级人民法院(2016)吉07民终1260号 | 是 | 双方的法律关系属于第24条规定的借贷关系,原告可以主张对拍卖、变卖双方争议房屋优先受偿。但因该担保行为未进行预告登记,故该优先受偿权不能对抗依法登记的善意第三人 |
| 6 | 浙江省杭州市中级人民法院(2016)浙01民终7295号 | 否 | 第24条并未赋予债权人排他性的优先受偿地位 |
| 7 | 陕西省汉中市中级人民法院(2017)陕07民终398号 | 是 | 买卖合同预售备案登记后,客观上已经具备了物权登记的公示效力,成立担保物权 |
| 8 | 浙江省湖州市中级人民法院(2017)浙05民终1423号 | 是 | 让与担保属于物之担保,应通过物权公示行为而产生担保之效力。但是仅办理了商品房预售备案,无相关物权公示行为使该担保物权有效设立 |
| 9 | 江苏省南京市中级人民法院(2017)苏01民终8268号 | 是 | 让与担保具有优先受偿性,而双方已经办理了产权变更手续,进行了物权公示,属于让与担保 |

法院多以让与担保或者非典型担保定性"买卖担保借贷"的案件,对买卖担保借贷中的担保是否具有物权效力并没有达成共识,虽然绝大部分法院都认可让与担保或非典型性担保的合同效力,但是对其是否具有物权效力,能否优先受偿,存在极大的争议。在肯定买卖担保借贷的担保具有物权效力的法院中,一部分法院认为只要商品房买卖合同成立,即具有物权效力,如表2中案例1、5,不过,案例5中的法院认为未经预告登记不得对抗已登记的善意第三人,将预告登记作为优先受偿的对抗要件;一部分法院认为需要经过备案登记后才具有物权效力,如表2中的案例4、7;一部分法院认为须经变更登记或者预告登记等更强的公示手段,如表2中案例8、9。在否认买卖担保借贷的物权效力的案件中,如表2中案例2、3和6,相关法院认为《民间借贷规定》第24条并未赋予债权人优先受偿性,所谓的担保仅具有债权效力。甚至在更多的案件中,法院在判决中避而不谈。

为何《民间借贷规定》第24条会引起实际判决中的混乱?笔者认为,第24条本身便是模糊的,即没有明确买卖担保借贷的性质和合同效力;同时也是矛盾的,即前面肯定其担保性质,后面又不承认其优先受偿的效力。至于其中的原因,第一,《民间借贷规定》第24条的规定忽略的是买卖与借贷混合的复杂性,因而导致其有关的规定实际是一种骑墙式的态度,解释者并没有区分清楚让与担保与履行期届满前的代物清偿协议,将两种不同的类型混合到一个法条规定中处理。因为让与担保具有物权效力,而代物清偿仅具有债权效力,因而陷入两难境地,只能在第24条中进行模糊化处理,既没有明确说明其性质和效力,也没有说明是否具有优先受偿性。第二,我国是成文法国家,若将买卖担保借贷的情形认定为物权担保合意,暂不论公示方法如何解决,此举无疑开创了司法解释创设非典型物权种类的先河。[15]

笔者认为应根据不同类型的案件进行厘清,在买卖担保借贷的案件中,一方当事人已经进行所有权变更登记,自然应该属于让与担保;在所有权没有转移的情况下,应当根据是否办理公示登记,区分为让与担保和履行期届满前的代物清偿协议,前者属于物权性质的担保,而后者仅仅属于一种合同债权,是双方的诺成性约定,能够起到担保的作用,但是不能认定为狭义上的"担保"。

---

〔15〕 参见张素华、吴亦伟:《担保型买卖合同意思表示之辩》,载《河北法学》2018年第5期。

(一)让与担保

1. 构成让与担保的案件范围

通说认为,让与担保是大陆法系德日等国沿袭罗马法上的信托行为理论并吸纳日尔曼法上的信托行为成分,经由判例、学说所形成的一种非典型的担保方式。通常所谓的让与担保,指的是狭义的让与担保,指债务人或第三人为担保债务人之债务,将担保标的物之权利移转于担保权人,于债务清偿后,标的物将返还于债务人或第三人,债务不履行时,担保权人得就标的物受偿之非典型担保。让与担保的几个特征是,第一,担保债务清偿以移转标的物所有权的方式;第二,移转标的物所有权以担保债务清偿为目的;第三,担保权人对债务人有担保债权存在。[16]

根据上述定义可知,在让与担保中,当事人必须转移标的物所有权,而在买卖合同担保借贷合同的情形下,当事人直接变更登记所有权的情形虽然存在但是并不多见,更多的则是办理商品房买卖预告登记,或者进行了登记备案,或者仅仅在商品房买卖合同中约定"到期不履行债务便直接履行买卖合同"。笔者认为,预告登记后的商品房买卖合同可以构成让与担保,虽然备案登记有一定的公开性,但是难以符合物权公示的要求,不属于让与担保范畴,至于当事人之间仅存在约定的类型,更是无法构成让与担保,因此,下文主要对预告登记和备案登记的类型进行说明。

商品房预告登记具有对抗第三人的作用,在我国现行法并未明确承认让与担保制度,同时没有规定相关登记制度的情况下,买卖担保借贷中的预告登记,实际上是债权人为了保证到期能够通过商品房买卖合同保障自己债权的一种公示手段,与登记备案和转移所有权的约定不同,该行为具有对抗第三人的效力。可以用卡纳利斯所说的话来描述预告登记权利人的法律地位:"这是一种混合形式,其按照其请求权基础是债权性的,而就其处分保护以及其在破产或强制执行中的效力而言,却具有对物权的特征。"[17]一方面,预告登记权利人具有针对第三取得人及其他第三人的物权请求权保护,如排除妨害请求权、防止妨害请求权,对其他第三人还享有原物返还请求权;另一方面,预告登记权利人则享

---

〔16〕 参见谢在全:《民法物权论》(下册),中国政法大学出版社 2011 年修订 5 版,第 1100 ~ 1102 页。

〔17〕 Von Claus-Wilhelm Canaris, Die Verdinglichung Obligatorischer Rechte, Festschrift für Werner Flume zum 70. Geburtstag, B. I, Verlag Dr. Otto Schmidt KG, Köln, 1978, S. 390. 转引自金可可:《预告登记之性质——从德国法的有关规定说起》,载《法学》2007 年第 7 期。

有针对第三取得人及其他第三人的损害赔偿请求权,也即侵权保护。[18] 正是因为这样的特征,使办理预告登记的商品房买卖合同具备物权的部分特征,能够对债权人形成坚强有力的保护,因此,应当赋予其物权效力,使其具有优先受偿性。

有学者认为签订买卖合同并办理备案登记,是以所有权转移为手段实现债权担保的目的,符合让与担保权利转移担保的要件,也构成让与担保。[19] 但是,部分行政法规规定商品房预售合同需要备案登记,只是行政机关进行行政管理的需要,[20] 并非物权公示的手段。该制度的目的在于,登记机关在登记备案的时候通过审查开发商的预售资格防止开发商一房多卖,这在一定程度上能保证交易的顺利进行。如果没有办理相应的备案登记,房管部门会对开发商进行相应的行政处理,但是并没有规定预售登记备案行为对合同双方以外的第三方发生效力。通过登记备案来公示这个合同,公示的是特定的债权债务关系。这个公示当然不具有物权的公示效力,只是使购房者对未来顺利取得该房屋的所有权有所期待而已。[21]

综上所述,已经预告登记的商品房买卖合同因具备较强的公示性和对抗第三人的效力,应当赋予其物权效力,承认其属于让与担保;但是,仅办理备案登记(或者并未办理任何登记)无法达到公示对抗第三人的程度,应仅具有债权效力。

由于我国现行实践中对于让与担保的存立尚存争议,下文即重点论证让与担保在我国现行法律体系下存在的必要性。

2. 承认让与担保的必要性

(1)让与担保无法被抵押权涵盖

有学者认为,让与担保实际上无独立存在的必要性,因为这一概念的外延被抵押权概念的外延所涵盖。[22] 这种观点有待商榷。

---

[18] 参见金可可:《预告登记之性质——从德国法的有关规定说起》,载《法学》2007年第7期。

[19] 参见梁曙明、刘牧晗:《借贷关系中签订房屋买卖合同并备案登记属于让与担保》,载《人民司法》2014年第16期。

[20] 例如《中华人民共和国城市房地产管理法》(1994年7月5日通过)第45条、《城市房地产开发经营管理条例》(2011年1月8日修订)第26条和《城市商品房预售管理办法》(2004年7月13日通过)第10条均对预售备案登记进行了规定。

[21] 参见滕恩荣:《商品房预售合同登记备案不具有物权公示效力》,载《人民司法》2013年第10期。

[22] 参见董学立:《也论"后让与担保"——与杨立新教授商榷》,载《中国法学》2014年第3期。

让与担保与抵押实际存在较大的区别。第一,让与担保是转让标的物财产权,而抵押权则无须转让标的物所有权,二者主观意图存在明显差别。[23] 第二,债权实现方式不同。抵押权的法定实现方式是协议折价或拍卖变卖担保财产。通常情况下,需要经历的法律程序一般包括诉前保全、起诉、立案、文书送达、调解、判决、执行等,这一整套程序耗时可能长达两三年。[24] 让与担保交易中,在其所担保的债权消灭之时,债权人仍保有担保物的所有权,只是负有返还义务;其实现方式可以避免质权及抵押权实现程序的呆板、繁琐,依当事人之意思确定标的物的变价方法,可以估定担保价值。[25] 第三,担保物的范围不同。以不动产抵押为例,法律对于不动产抵押物的审查要求很高,需请由房屋土地管理部门认可的土地评估机构予以评估,并做出评估报告,不能存在瑕疵,因此抵押物范围较小。而让与担保中的标的物具有让与性即可,范围甚广。诸多标的物是否可为担保物权的标的物,往往需要经过漫长演进阶段,但企业经营的需要不容等待,而让与担保正可实现此种财产担保化的目的。[26]

综上所述,相较于以抵押权为代表的典型担保而言,让与担保具有如下优势:第一,让与担保能够扩大融资担保的可能性;第二,设定人继续保留标的物之占有;第三,阻却或削减交易第三人出现的可能性;第四,节约交易成本或制度成本。[27] 因此,正是由于让与担保的独特优点,因而其独立于抵押权存在是必要的。

(2)让与担保可与"物权法定"协调

从比较法观之,大陆法系民法典无一例外将让与担保排除在典型担保之外,其目的并非否认让与担保制度的存在价值。实际上,让与担保广泛的适用性恰恰来自于其对物权法定主义束缚的摆脱,而合同自由及非专属的财产权利均可以让与为条件。[28]

---

[23] 参见王林清:《民间借贷纠纷裁判思路与规范指引》,法律出版社 2015 年版,第 1049 页。

[24] 参见孟强:《〈民法典物权编〉应允许流质流抵》,载《当代法学》2018 年第 4 期。

[25] 参见史尚宽:《物权法论》,中国政法大学出版社 2000 年版,第 425 页。

[26] 参见谢再全:《民法物权论》(下册),中国政法大学出版社 2011 年修订版,第 1103 页。

[27] 参见王林清:《民间借贷纠纷裁判思路与规范指引》,法律出版社 2015 年版,第 1042～1043 页。

[28] 参见梁曙明、刘牧晗:《借贷关系中签订房屋买卖合同并备案登记属于让与担保》,载《人民司法》2014 年第 16 期。

在物权法定主义立场之下,法律所提供的物权种类和内容符合社会永远的需要,故为最理想的设计,但是时过境迁,事实上殆无可能。[29] 物权法定不宜过度僵化,因为立法滞后于司法,滞后于现实中产生的种种问题,如果恪守物权法定主义,对新出现的制度设计予以否认,实际上是忽略了民商事实践的变化以及当事人的智慧,甚至阻碍社会的发展进步。对于此,实际上《民法总则》第10条规定"处理民事纠纷,应当依照法律;法律没有规定的,可以适用习惯,但是不得违反公序良俗"。将"习惯"作为一种重要习惯渊源,便是考虑到法律可能滞后社会经济发展的问题,而让与担保实际上就是实践发展中形成的重要习惯,物权法定缓和,盖有必要。最高人民法院亦表明了自己的态度:要充分发挥担保在缓解融资难、融资贵问题中的积极作用,不轻易否定新类型担保、非典型担保的合同效力及担保功能。[30]

(3)让与担保在实践中存在巨大需求

笔者在"聚法案例"网站中以"让与担保"为关键词进行搜索,发现从2010年到2014年这五年间,涉及让与担保的案件仅有120个,但是在2015年到2018年,相关案件数量达到了惊人的2686个。[31] 显而易见,2015年《民间借贷规定》第24条的出台是影响法院判决的重要因素。案件数量的爆发说明民间对让与担保实际存在着很强的需求,但最高人民法院的暧昧态度实则损害了司法公信力,与其犹豫不决,不如回应现实的关切,承认让与担保制度,给金融市场带去更强的活力。实际上,通过案例的形式,最高人民法院对让与担保的态度是趋于认可的,比如在"黑龙江闽成投资集团有限公司、西林钢铁集团有限公司民间借贷纠纷"一案中,最高人民法院认为当事人之间的股权转让构成了让与担保关系,并认可其优先受偿性。[32] 虽然该案确定的只是股权让与担保的优先受偿效力,但是这实际反映着其观念态度的巨大转变。而在2019年11月14日通过的《全国法院民商事审判工作会议纪要》中最高人民法院更进一步,承认

---

〔29〕 参见谢在全:《民法物权论》(上册),中国政法大学出版社2011年版,第37页。

〔30〕 参见最高人民法院《全国法院民商事审判工作会议纪要》(2019年11月14日通过)。

〔31〕 参见聚法案例网:https://www.jufaanli.com/,最后访问日期:2019年11月8日。

〔32〕 参见最高人民法院2019最高法民终133号判决书。最高人民法院认为该股权转让具有优先受偿性,在股权质押中,质权人可就已办理出质登记的股权优先受偿。举轻以明重,在已将作为担保财产的股权变更登记到担保权人名下的股权让与担保中,担保权人形式上已经是作为担保标的物的股份的持有者,其就作为担保的股权享有优先受偿的权利,更应受到保护,原则上具有对抗第三人的物权效力。

了让与担保制度。即已经完成财产权利变动的公示方式转让至债权人名下，债务人到期没有清偿债务，债权人请求确认财产归其所有的，人民法院不予支持，但债权人请求参照法律关于担保物权的规定对财产拍卖、变卖、折价优先偿还其债权的，人民法院依法予以支持。[33] 最高人民法院的这一做法对结束之前审判不统一的混乱局面，促进社会经济的发展，具有重要意义。

（二）履行期届满前的代物清偿协议

1. 类型化与性质厘清

当事人订立买卖合同担保借贷合同，但是并没有进行变更登记或者预告登记，对于此种行为的性质，争论最甚。以“朱某芳案”为例，双方当事人约定：嘉和泰公司自愿将其开发的百桐园小区十号楼商铺以每平方米4600元的价格抵押给朱某芳，抵押的方式为和朱某芳签订商品房买卖合同，并办理备案手续，开具发票；借款到期，嘉和泰公司一次性还清借款，朱某芳将抵押手续（合同、发票、收据）退回嘉和泰公司，如到期不能偿还，嘉和泰公司将以抵押物抵顶借款，双方互不支付对方任何款项等。同日，嘉和泰公司向朱某芳出具1100万元收据。

在该案中，双方当事人签订协议并约定债务到期后，如果嘉和泰公司履行还款义务，则相应的“抵押手续”退回嘉和泰公司；一旦无法履行还款义务，朱某芳可以直接以房屋抵债。借贷当事人之间的此种约定非常常见，如在“沈阳中基房地产开发有限公司、沈阳东森房地产开发有限公司民间借贷纠纷案”中当事人亦有类似约定：东森公司如能按时偿还借款，则房屋买卖合同自动解除，李某生协助中基公司解除备案。如东森公司未能偿还借款，则上述房产归李某生所有。[34] 在“淮南民生置业有限公司、徐又章买卖合同纠纷”中当事人约定：在清偿期届满前并不转移案涉房屋的所有权，在借贷合同债权不能受偿时通过履行买卖合同来转移案涉房屋的所有权。[35] 在“云南金泰房地产开发有限公司、裴某胜民间借贷纠纷案”中当事人约定：金泰公司所担保的裴某胜依照借款协议履行还款义务，则《商品房购销合同》不发生效力；如裴某胜未依约履行还款义务，则本合同生效，杨某华有权依照本合同办理相关产权备案及变更登记手续。[36]

司法实践中存在的诸多此类案件，虽然当事人之间的约定各异，但是基本

---

[33] 参见最高人民法院《全国法院民商事审判工作会议纪要》（2019年11月14日通过）第71条。

[34] 参见最高人民法院（2019）最高法民申2880号判决书。

[35] 参见最高人民法院（2019）最高法民申3020号判决书。

[36] 参见最高人民法院（2018）最高法民申2081号判决书。

可以抽象为此种模型:在债务的履行期尚未届至之前,当事人订立合同约定债务人无法履行债务时,可以他种给付代替原定给付。因此,对于该类案件的一个解释路径是代物清偿协议。

代物清偿,[37]我国现行法尚未明文规定。我国台湾地区“民法”第319条规定:债权人受领他种给付以代原定之给付者,其债之关系消灭。但是,传统观点认为代物清偿属于要物合同,对于当事人仅约定以他种给付代替原定给付但是并未实际给付的代物清偿协议,我国台湾地区的司法实践会以代物清偿是要物合同为由,认为合同不成立,不生效力。[38] 我国大陆的法院起初亦以要物性否认代物清偿协议效力,如2011年的公报案例“武侯国土局案”[39],但是近年来已逐渐承认代物清偿协议的效力。[40] 笔者认为,代物清偿协议属于诺成化合同,无需当事人受领即可成立并生效,理由如下。

第一,要物合同说混淆了债权行为和物权行为的不同效力。代物清偿应该分为两个阶段,第一个阶段是提出他种给付,第二个阶段是双方原有的债务关系因为他种给付的履行完毕而消灭的阶段,这个阶段虽然有时会重合,但是属于不同的两个法律事实。[41] 代物清偿协议仅能产生债权效力。如果合同达成时立即发生具有相对效力的代物清偿效果,则是由于在该合意履行的同时产生了物权合意,最终是通过该物权合意使代物清偿得以完成,而不是代物清偿协议的效力。因此,当事人之间达成的代物清偿协议的效力仅仅使得债务人负担他种给付的义务,而不会导致直接发生代物清偿的效果。代物清偿发生于第二个阶段,即债务人履行他种给付并由债权人受领,最终使得代物清偿得以完成。

第二,坚持代物清偿的要物性,会产生给付行为与意思表示难以区分的情

---

[37] 亦有称之为以物抵债,对于代物清偿与以物抵债的关系,实务界和部分学者认为二者所指相同,部分学者认为二者有区别,尤以代物清偿需要具备要物性来区分,笔者下文观点是代物清偿协议应该诺成化,这一层面而言代物清偿和以物抵债并无区别。因此本文所述代物清偿实际就是以物抵债。

[38] 参见陈自强:《无因债权契约论》,中国政法大学出版社2002年版,第259~339页。

[39] 参见最高人民法院(2011)民提字第210号判决书。

[40] 参见最高人民法院公报案例(2016)最高法民终字第484号判决书、最高人民法院(2018)最高法民再50号判决书、最高人民法院(2019)最高法民申1411号裁定书等。

[41] 参见翟云岭、于靖文:《代物清偿理论剖析》,载《大连海事大学学报》2012年第1期。

况。比如,张三借给李四1000元,然后二者达成李四用一条项链进行清偿的约定,约定在一个月后交付,一个月后双方开怀畅饮,李四因醉酒处于无意识状态,但仍然进行了给付。此时,李四交付的时候并无清偿的意识,合意不成立,双方原有的债务关系并不消灭。这显然不符合常识,因为双方在两天前就已经达成了相关合意。与典型的要物合同借贷合同相比,借贷合同中,自债权人交付借款(债务人受到借款)开始,便产生了返还借款的义务;交付是要物合同中双方未来权利义务的起点,而在代物清偿中,交付标的物之后,双方的权利义务关系就宣告消灭,双方对于关于合意的履行即交付标的物就是双方合意的内容,这就很难分清此种合意到底是在何时形成。[42]

第三,从当今合同演变的潮流来看,在强调意思主义的背景下,要物合同在类型方面呈逐渐减少的趋势。因此,一味坚持要物性原则的处理方式,在代物清偿关系中,并不利于双方利益的平衡,不符合鼓励交易的原则,同时不符合合同意思自治的原则。在现行法没有明文规定的情况下,代物清偿协议属于非典型合同,不应该生搬硬套境外规则,更应该结合实际生活的本质要求来进行处理。

第四,通过对债权人课以清算义务可以实现民法公平的价值。契约的要物性,实际上就是赋予一方当事人在第一次运用其意志之后仍然有机会第二次运用其意志(即交付标的物)来决定最终受拘束,此乃所谓"反悔权"的设计。[43]坚持要物性的学者认为,在目前的经济发展状况下,不动产尤其是商品房的价值处于一种不稳定的状态,不同的时期的商品房的价值差异较大,很有可能导致借贷之债与代物清偿两者的价值失去平衡,这不符合民法中的公平原则。[44]笔者认为,在债务履行期届满之前,债务人有相当的时间去履行还款义务,并未陷入急迫不能的境地;此外,基于不动产价值可能超出借款的价值,只需要对当事人课以清算义务,即可保障债务人的利益,此点将在本文第四部分详述。

综上所述,代物清偿协议具有债权效力,并不因为尚未给付而无效,将此部分所述的买卖担保借贷(未进行所有权变更登记或者预告登记)案件认定为履行期届满前的代物清偿协议符合相应的构成要件,也正是由于代物清偿协议与让与担保有本质的区别,因此,面对此两种案件时,应当进行不同的处理。

---

〔42〕 参见肖俊:《代物清偿中的合意基础与清偿效果研究》,载《中外法学》2015年第1期。

〔43〕 参见刘家安:《"要物合同"概念之探究》,载《比较法研究》2011年第4期。

〔44〕 参见严之:《代物清偿法律问题研究》,载《当代法学》2015年第1期。

2. 其他学说的简要检讨

(1)后让与担保说之检讨

亦有学者从让与担保制度中得到启发,认为当事人约定债务不履行时,债权人可请求转移商品房所有权的约定形式属于后让与担保,本质与让与担保相同,只不过是所有权转移的先后顺序存在区别。[45] 但是,笔者认为,没有创设后让与担保这一概念的需要。与让与担保相比,后让与担保在物权公示方面存在天然的缺陷,在合同订立时所有权并未进行变更登记或者预告登记,仅在债务人履行不能时,债权人拥有请求转移房屋所有权的请求权,这样的请求权并不能使当事人具有优先受偿的效力,在有更好解释路径的情况上,将其构造成后让与担保并无实益。

(2)买卖合同说之检讨

最高人民法院在"朱某芳案"中便认为买卖合同与借贷合同属于并立且联系的合同,亦有学者认为买卖合意系当事人真实意思表示,应为有效。[46] 这一观点没有关注当事人的真实意图,不能仅因当事人采取了买卖合同的形式,则认为当事人旨在订立买卖合同。债权人并无支付房屋价款的意思,其目的在于保障债权实现。从《民间借贷规定》第24条以"裁定"方式将买卖合同的审理驳回,否认了买卖合同作为实质审查的对象,亦可窥知。[47] 当事人之间的行为属于"通谋虚伪意思表示",应为无效,本文将在第四部分详细讨论。

(3)代物清偿预约说之检讨

有学者认为,当事人之间的约定应定性为代物清偿预约,[48]这种解释路径,由日本学者首倡,经我国台湾地区传入大陆。我国台湾地区学者孙森焱认为,代物清偿预约是当事人约定,债务人不履行债务时,债权人或债务人得请求以

〔45〕 参见杨立新:《后让与担保:一个正在形成的习惯法担保物权》,载《中国法学》2013年第3期。

〔46〕 参见张伟:《买卖合同担保民间借贷合同的解释论——以法释[2015]18号第24条为中心》,载《法学评论》2016年第2期。

〔47〕 李静:《不动产让与担保之合法性探讨——以买卖合同担保借贷合同为视角》,载《中国不动产法研究》2017年第1期。

〔48〕 参见高治:《担保型买卖合同纠纷的法律辨析与裁判对策》,载《人民司法》2014年第23期;张海鹏:《担保性房屋买卖合同法律性质之探析——兼析〈民间借贷司法解释〉第24条》,载《东方法学》2016年第3期。

特定标的物为代物清偿。[49] 由此观之，代物清偿预约并不属于要物合同，成立之后无法立即消灭借贷关系，而需等到代物清偿成立之后。[50]

学界之所以定性为代物清偿预约，乃是基于目前学界通说认为代物清偿以要物性为前提，而买卖合同订立之后，所有权并未转移，因此，依照代物清偿传统理论，当事人之间无法成立代物清偿关系。因此，学界引入代物清偿预约的概念来缓冲要物性之规定，但是，这样就必须拟制出当事人有在之后签订本约的意思表示。

预约是约定将来订立本约的合意，而本约是为了履行该预约而订立的合同。按照预约合同的概念，当事人之间订立代物清偿预约的目的是在将来订立一个代物清偿合同。但是，从该类案件中当事人的意思表示来看，当事人并没有表达出之后再订立本约的意思，当事人的意思仅仅到期不履行债务，债权人可以直接取得商品房所有权。从这样的角度来看，这更像是一种对双方合意的履行行为，而不是预约与本约的关系。将代物清偿与代物清偿预约之间的关系定性为预约与本约的关系，实际是运用了解释论上的一种技巧，这使得要物合同的预约和本约中的合意并无区别，当事人只有一个意思表示，只不过在解释上人为重复了两次，使得构建在要物性前提下的本没有拘束力的合意，变成了有拘束力的合意。就本质而言，以要物性为前提，就必须否认要物合同预约的效力，同时承认要物合同预约和本约的效力是矛盾的。

### （三）第 24 条适用范围之解读

如上分析，在买卖与借贷混合且当事人真意并非买卖时，界定其性质，应该根据是否进行充分的物权公示为标准，将其分为让与担保与代物清偿协议。这两种制度具有本质的区别，让与担保具有物权效力，诺成型的代物清偿协议仅具有债权效力，不能将其混同，二者不能适用同一个法条。那么，第 24 条的规定到底应该适用何种类型？笔者认为，第 24 条的适用范围应仅限于代物清偿协议的类型，不包括让与担保的类型，理由如下。

第一，从文义来说，对于“买卖担保借贷”中的“担保”来说，笔者认为可以有两种解释。首先，仅指担保制度，它具有从属性、补充性和保障债权切实实现等特性，反映在其中的物权担保即是债权人具有优先受偿性，让与担保属于此种类型。其次，从更广义的角度来说，指的是担保作用。它使债务人产生压力，

---

〔49〕 参见孙森焱：《民法债编总论》（下），法律出版社 2006 年版，第 853 页。

〔50〕 参见陈永强：《以买卖合同担保借贷的解释路径与法效果》，载《中国法学》2018 年第 2 期。

感到与其不履行债务而承担民事责任以及其他负担,倒不如适当履行其债务,在经济上更为合算,效益更高(尚且不说道义上的了),从而使债权人的债权得以实现。[51] 从这个层面来说,代物清偿协议亦可起到担保作用。

第二,应对第24条进行整体解读。第24条第2款规定"按照民间借贷法律关系审理做出的判决生效后,借款人不履行生效判决确定的金钱债务,出借人可以申请拍卖买卖合同标的物,以偿还债务。就拍卖所得的价款与应偿还借款本息之间的差额,借款人或者出借人有权主张返还或补偿"。从此处可以看出,债权的实现程序与《民事诉讼法》中规定的一般债权的实现程序并无区别,即通过诉讼获得胜诉判决,债务人不能如期履行判决时,通过申请强制执行债务人的责任财产获得实现。唯一有所不同的地方就在于该款将其责任财产特定化了,即买卖合同标的物,对优先受偿而言,没有实益。因此,实际上第24条第2款否定了此类合同的担保效力,使出借人的债权只能通过普通的强制执行程序得到实现。[52] 因此,第24条不宜适用于让与担保的类型,而应指的是履行期届满前的代物清偿协议类型。

第三,我国《物权法》《担保法》并未规定让与担保制度,在物权法起草过程中,"让与担保"曾经一度被纳入《物权法》草案并作为专章规制,但最终通过的《物权法》并没有独立的"让与担保"一章,2019年4月28日公布的《民法典物权编》(草案二次审议稿)也没有将让与担保纳入进来。原因可能是在传统物权体系下,所有权具有"至上性",担保物权维系的是定限性,如果植入一个"所有权"权能残缺的让与担保制度,与所有权的整体性相矛盾,破坏了物权体系的完整性,也使得该担保制度与其他担保物权制度在逻辑上难以协调。[53] 实际上,德、日等国家也并未在成文法中规定让与担保制度,其也是经由学说、判例发展而来。因此,如果将《民间借贷规定》第24条解释为让与担保,实际上是司法解释创设了新的担保制度,有司法解释立法化之嫌。虽然让与担保在实践中已经广泛运用,但是否必要及可行对其予以明文规定,尚有讨论的空间。基于上述原因,实际上最高人民法院的态度也愈发明确,即

---

〔51〕 参见崔建远:《"担保"辨——基于担保泛化弊端严重的思考》,载《政治与法律》2015年第12期。

〔52〕 参见张海鹏:《担保性房屋买卖合同法律性质之探析——兼析〈民间借贷司法解释〉第24条》,载《东方法学》2016年第2期。

〔53〕 参见高圣平、张尧:《中国担保物权制度的发展与非典型担保的命运》,载《中国人民大学学报》2010年第5期。

通过会议纪要的方式来统一判决,使让与担保作为一种非典型性担保,其效力能够得到确认。[54] 笔者认为,这样的做法符合具体实际,有利于理论体系的完满,也有利于让与担保制度的发展。

综上所述,《民间借贷规定》第 24 条的适用对象应当是履行期届满前的代物清偿协议型的案件,而让与担保作为一种非典型担保,第 24 条对其仅具有参考作用,让与担保的审理应当参照动产质权、不动产抵押权以及股权质押的相关规定确定当事人间的权利义务关系。[55]

## 四、买卖合同的效力解读

在处理当事人签订买卖合同担保借贷合同的案件时,法官通常面临一个非常棘手的问题:买卖合同的效力如何认定。让与担保型与代物清偿协议型案件中,主张无效的理由都包括买卖合同属于双方通谋虚伪意思表示,以及双方的约定违反了流押禁令;在让与担保型案件中,还常常以违反物权法定原则来主张无效,关于此点,上文已经论述过,此处不再赘述。因此,此部分主要从通谋虚伪意思表示和流押禁令两个角度讨论买卖合同的效力。

### (一)通谋虚伪意思表示辨析

通谋虚伪表示,又称为虚假行为,是指表意人和相对人一致同意表示的事项不应该发生法律效力,亦即双方当事人所达成的一致仅仅是表面假象,实际上不欲使其发生法律行为上的效果。[56]

于让与担保类型案件而言,不宜认定为通谋虚伪意思表示而否定买卖合同的效力。理由如下,第一,双方订立买卖合同之后移转登记或者预告登记,是欲使该行为发生效力,从而能为债权人的债权提供担保,虽然当事人关于物权变动的原因不是买卖而是担保,但并不意味着当事人订约时转移标的物所有权的意思是虚假的,相反,买卖合同是其实现让与担保的手段。因此,只需认可其让与担保合意而不认可其买卖合意即可,没有必要使买卖合同全部无效。第二,

---

〔54〕 参见最高人民法院《全国法院民商事审判工作会议纪要》(2019 年 11 月 14 日通过)第 71 条。

〔55〕 参见最高人民法院《全国法院民商事审判工作会议纪要》(2019 年 11 月 14 日通过)第 71 条。

〔56〕 参见[德]卡尔·拉伦茨:《德国民法通论》(下),王晓晔等译,法律出版社 2003 年版,第 497 页。

于司法实践而言,虽然《民间借贷规定》第24条在程序上阻断了当事人请求履行买卖合同,即"人民法院应当按照民间借贷法律关系审理,并向当事人释明变更诉讼请求。当事人拒绝变更的,人民法院裁定驳回起诉",可以让该类案件回到借贷担保的轨道上审理。但是,倘若债务人一方先以主张确认买卖合同无效为由诉至法院,法院依旧需要直面合同效力的问题,此时如果确认合同无效,合同自身不具有约束力,债权人需要再度办理相关登记恢复原状,不仅徒增时间金钱成本,而且一旦买卖合同被认定为无效,债权人主张其担保效力时没有依据,只能沦落为普通债权,不仅不利于债权人信赖利益的保护,而且助长债务人的不诚信行为。第三,在德日等国的学说和判例发展早期,让与担保也曾被视为虚伪表示假装行为而无效,但德国学者提出的信托法律行为,在学说上已经根本解决了让与担保有效性问题,从典型信托行为的手段观之,让与担保当事人以真意进行信托的让与行为,尽管其法律手段超越了经济目的,但当事人的意思是转移真正的所有权,绝非通谋虚伪意思表示。[57] 随着学说的发展,让与担保已获得正当的理论基础,其有效性渐被肯定,尤其在德国、日本和我国台湾地区的司法实践中已鲜有以上述理由否定让与担保有效性的情况。[58]

于履行期届满前的代物清偿协议型案件而言,当事人在订立买卖合同或者一系列补充协议时,约定的是债务人到期不履行债务,债权人可以通过履行买卖合同取得房屋所有权。由此观之,债权人的意思是如不能按期还债,则将房屋"抵债"而非"出卖"。债务人也并无支付价款的意思。因此,当事人的真正意图并不是使买卖合同发生效力,而是转移标的物所有权以抵偿债务。[59] 符合《民法总则》第146条中的虚假表示,即双方都不想使其发生法律上的效力,虚假表示无效;但是,虚假表示无效,隐藏行为是否有效,则取决于该隐藏行为本身是否符合该行为的生效要件,即代物清偿协议的效力另行判断。至于实践中债务人一方主张以买卖合同无效为由诉至法院,为了更好地保障债权人利益,应当参照《民间借贷规定》第24条第1款的规定,按照民间借贷纠纷审理。

---

〔57〕 参见杜万华主编:《最高人民法院民间借贷审判实务指导与疑难解答》,中国法制出版社2015年版,第228页。

〔58〕 参见梁曙明、刘牧晗:《借贷关系中签订房屋买卖合同并备案登记属于让与担保》,载《人民司法》2014年第16期。

〔59〕 参见张海鹏:《担保性房屋买卖合同法律性质之探析——兼析〈民间借贷司法解释〉第24条》,载《东方法学》2016年第2期。

(二)流质禁令辨析

《物权法》第186、211条和《担保法》第40、66条规定,抵(质)押权人和抵(质)押人在合同中不得约定在债务人履行期限届满抵(质)押权人未受清偿时,抵(质)押物所有权直接转移为债权人所有,是为流质禁令。有学者认为应当对流质禁令进行限缩解释,《物权法》只针对抵押和质押规定了禁止流质的条款,就不应该对此进行扩张适用。[60] 亦有学者主张流质契约有效,认为可以通过撤销权制度来保障债务人的利益。[61]

立法规定流质禁令的目的,是因为在设立抵押权(或者质权)的时候,债务人可能迫切需要相关款项,就容易陷入不利地位,而债权人可能利用这种不利地位,与债务人约定,不经任何程序可以直接取得标的物的所有权,从而使得债务人遭受重大的损失。流质契约会引发强势方对弱势方利益的侵占,代表的是放贷者的投机利益,是不合理的。[62] 而撤销权制度的除斥期间只有1年,对于债务人而言过于短暂,同时需要债务人承担举证责任,实践操作中很困难。此外,不将流质条款看作是可撤销条款的一个重要原因就是这不仅是对单个债务人的救济,同时也是在维护市场公平稳定的交易秩序。[63] 流质禁令的立法意旨体现了民法上的公平、诚实信用、等价有偿等原则。从立法目的和宗旨出发,当事人约定的让与担保和代物清偿协议虽然不是设立抵押权或者质权的行为,不属于《物权法》《担保法》辐射的范围,但是该约定对双方发生拘束力之后,一方履行该合同势必导致标的物的所有权发生变动,而在这个层面两者是相同的,应当给予同样的评价,因为只有这样才符合立法的意旨,否则很容易出现法律规避行为。

对于履行期届满后的代物清偿协议而言,债务人并非出于急迫境地,其完全可以和债权人进行协商对账之后,确定合理的价格进行代物清偿,因此不存在不公平和不等价的局面,此时如果当事人达成了代物清偿协议,应尊重当事人的意思自治,因而无适用流质禁令的必要。在《全国法院民商事审判工作会

---

〔60〕 参见陈本寒:《新类型担保的法律定位》,载《清华法学》2014年第2期。

〔61〕 参见孙鹏、王勤劳:《流质条款效力论》,载《法学》2008年第1期。

〔62〕 参见李媚:《流质契约解禁之反思——以罗马法为视角》,载《比较法研究》2013年第5期。

〔63〕 Bianca C. Massimo, *Il divieto del patto commissorio*, Milano: A. Giuffrè, 1957, p. 192. 转引自陆青:《以房抵债协议的法理分析——〈最高人民法院公报〉载"朱某芳案"评释》,载《法学研究》2015年第3期。

议纪要》中,即体现了这种思路。[64]

对于履行期届满前的代物清偿协议和让与担保而言,如果根据流质禁令否认买卖合同的效力,能够最大化地保证债务人的利益,但是这也会导致债权人其关于担保或者代物清偿的期待落空。实际上在债权人与债务人的利益中间,是存在一个平衡点的,那就是清算义务。无需否认合同的整体效力,只需否认直接归属条款的效力,增加清算环节即可。

在履行期届满前的代物清偿协议中,债务履行期届满之后,当事人并不能直接根据此前的代物清偿协议直接取得商品房所有权,而需要进行清算。在债务人届满未清偿借款本息的,债权人可以将标的物进行拍卖或换价处理,并以所得的价款获得清偿。如果拍卖或者换价金额超过借款本息总额,则应当将该超过部分返还给债务人;同理,如果拍卖或者换价金额尚未达到借款本息总额,则就不足部分,债权人仍可以向债务人主张补偿。[65] 此处,值得探讨的是《民间借贷规定》第24条第2款的规定是否表明当事人只能选择拍卖的方式进行清算?笔者认为,不应当将拍卖理解成强制性的措施,而应该理解成债权人可以选择的一种清算方式。第一,拍卖需要经过确定拍卖公司、公司评估、确定低价、缴纳保证金等一系列程序,程序繁琐,耗时耗力,应当是当事人无法达成合意的兜底选择。第二,对这一问题争议的原因在于对第24条第2款的理解不同,根据文义解释,第24条第2款"出借人可以申请拍卖"应是出借人享有实现债权的权利,而根据目的解释,拍卖清算程序旨在实现公平,防止债权人获取暴利,因而应是出借人的义务。首先,文义解释优先于目的解释;再者,拍卖绝非唯一实现公平的方式,借贷双方完全可以通过变卖、折价、协商等方式达成目的。因此,当事人可以自由选择清算方式,第24条第2款的拍卖方式是法律对当事人的兜底保护,即当事人无法就财产的估值和实现方式达成合意时,可以申请拍卖。

在当事人对于标的物的评价额达成合意的情况下,即使其合意之评价额可

---

[64] 参见最高人民法院《全国法院民商事审判工作会议纪要》(2019年11月14日通过)第44条第1款:"当事人在债务履行期限届满后达成以物抵债协议,抵债物尚未交付债权人,债权人请求债务人交付的,人民法院要着重审查以物抵债协议是否存在恶意损害第三人合法权益等情形,避免虚假诉讼的发生。经审查,不存在以上情况,且无其他无效事由的,人民法院依法予以支持。"

[65] 参见王林清:《民间借贷纠纷裁判思路与规范指引》,法律出版社2015年版,第1062页。

能并不妥当，也应当尊重其合意。因为，当事人关于该评价额的合意，是双方讨价还价自由交易的结果，可谓是双方都比较满意的价格，对此，人民法院不宜进行过多的干预。[66]

在清算型让与担保中，由于当事人约定了债权债务人就标的物的价额和债权额之间的差额负担清算义务，应为有效，实现担保时根据当事人约定的清算方式即可。处分型让与担保中，合同整体有效，约定直接归属的条款应为无效，应当进行清算，清算方式亦如上所述。

## 五、结　　语

买卖与借贷混合的案件中，当事人之间的关系纷繁复杂，因此，本文以当事人签订房屋买卖合同为例，主张应当先依其性质进行类型划分，然后根据不同的类型赋予其不同的法律效果，如此才更有利于保障双方当事人的合法权益。《民间借贷规定》第 24 条更像是程序性规定，而并没有对买卖合同的性质和效力进行界定，因此也引发了实践中适用的混乱。本文认为审理此类案件，首先应判断买卖合意是否属于当事人真意，如属于买卖合意，则没有第 24 条适用的可能；然后判断当事人是否办理所有权变更登记和预告登记，将买卖担保借贷分为让与担保与履行期届满前的代物清偿协议，第 24 条应理解为对履行期届满前的代物清偿协议的适用规定，履行期届满前代物清偿协议仅具有债权效力；而让与担保虽不宜明文规定，但应得到司法审判的承认，且应当承认其物权效力。最高人民法院《全国法院民商事审判工作会议纪要》通过纪要的方式承认了让与担保制度并认为其应参照质权、不动产抵押权和股权质押适用，同时提出要区分以物抵债（代物清偿）协议和让与担保，该思路亦是根据过去四年的审判经验和对理论的深入研究而得出，殊值肯定！

随着让与担保的确认和以物抵债协议效力的明晰，值得思考的问题是，让与担保如何与传统的抵押和质押进行更好的衔接，动产让与担保的公示问题如何解决，商事活动中的以物抵债与民事活动中以物抵债是否应当区别对待。这些问题有待更多的争鸣！

（责任编辑：徐明）

---

〔66〕 参见王闯：《关于让与担保的司法态度及实务问题之解决》，载《人民司法》2014 年第 16 期。

# 科技与法

# 网络谣言型寻衅滋事的理解与适用

## ——以“公共场所”和“公共秩序”为中心展开

张玉涛*

**摘要：**

2013年《关于办理利用信息网络实施诽谤等刑事案件适用法律若干问题的解释》将“网络谣言型寻衅滋事”确认为寻衅滋事罪在网络领域的表现形式。这在一定程度上突破了长期以来我国社会的传统认知与司法实践，由此引发了广泛争议。基于此，有必要在现行法秩序的基本框架内，对网络谣言型寻衅滋事作出合理的理解和适用，将网络谣言型寻衅滋事的保护法益界定为“现实社会的公共秩序”。应当严格界定“公共秩序严重混乱”的标准。

**关键词：**

网络谣言；寻衅滋事；公共场所；公共秩序

作为我国刑法中的一个重要罪名，寻衅滋事罪因其罪状描述的模糊性及司法的不严谨而饱受诟病，近年来关于该罪的“存废之争”颇为激烈。[1] 随着2013年《关于办理利用信息网络实施诽谤等刑事案件适用法律若干问题的解释》的出台，“网络谣言型寻衅滋事”走入公众的视野，从而在社会各界引发了更为广泛的争议。通过对司法实践的观察，可以发现，网络谣言型寻衅滋事在现实中面临着突出的适用困境。本文基于法教义学的研究进路，认为应当在现行法秩序的基本框架内，对网络谣言型寻衅滋事的相关问题展开细致的分析探讨。

### 一、问题的提出

2013年8月，北京警方按照公安部统一部署，查处了一个在互联网蓄意制

---

* 张玉涛，华东师范大学法学院2018级法学硕士生。

[1] 参见张训：《口袋罪视域下的寻衅滋事罪研究》，载《政治与法律》2013年第3期。

造传播谣言、恶意侵害他人名誉,非法攫取经济利益的网络推手公司——北京尔玛互动营销策划有限公司,抓获秦某(网名"秦火火")、杨某(网名"立二拆四")及公司其他2名成员。[2] 随后,在全国公安机关集中开展打击网络有组织制造传播谣言等违法犯罪专项行动的社会背景下,2013年9月6日,最高人民法院、最高人民检察院联合发布《关于办理利用信息网络实施诽谤等刑事案件适用法律若干问题的解释》(以下简称《解释(一)》),对利用信息网络实施诽谤、寻衅滋事、敲诈勒索、非法经营等行为进行了全面的法律规制。《解释(一)》通过对利用信息网络实施的两种不同类型寻衅滋事行为的界定,[3] 为寻衅滋事罪在网络空间的适用提供了明确的规范依据。其中,尤其是《解释(一)》第5条第2款的规定,使"网络谣言型寻衅滋事"成为寻衅滋事罪的一种新型样态,这在一定程度上突破了长期以来我国社会的传统认知与司法实践,由此引发了各界人士的热议。

《解释(一)》将寻衅滋事罪进一步扩大适用到网络空间中,在刑法学界引起了讨论。不同刑法学者纷纷表达自己的立场,并形成了针锋相对的不同观点及论据。一方面,有学者旗帜鲜明地表达了对《解释(一)》的认可,并赞扬其顺应时代发展需要的科学合理性。[4] 另一方面,有些刑法学者则对《解释(一)》表现出明显悲观的态度,认为有违罪刑法定原则之嫌。[5]

---

[2] 参见《公安机关集中打击网络有组织制造传播谣言等违法犯罪》,载中华人民共和国公安部:http://www.mps.gov.cn/n2255079/n4180385/n4181417/c4214192/content.html,最后访问日期:2020年1月16日。关于该案的具体情况,可详见"秦某诽谤、寻衅滋事案",北京市朝阳区人民法院(2013)朝刑初字第2584号刑事判决书。

[3] 对这两种类型行为的规制分别体现在《解释(一)》第5条的第1款和第2款。其中,第1款规定:"利用信息网络辱骂、恐吓他人,情节恶劣,破坏社会秩序的,依照刑法第二百九十三条第一款第(二)项的规定,以寻衅滋事罪定罪处罚。"理论界普遍认为,《解释(一)》对该种"网络辱骂恐吓型寻衅滋事"的规定较为清楚明了,属于通常意义上的平义解释。引发较大争议的是第5条第2款对"网络谣言型寻衅滋事"的规定:"编造虚假信息,或者明知是编造的虚假信息,在信息网络上散布,或者组织、指使人员在信息网络上散布,起哄闹事,造成公共秩序严重混乱的,依照刑法第二百九十三条第一款第(四)项的规定,以寻衅滋事罪定罪处罚。"

[4] 参见曲新久:《一个较为科学合理的刑法解释》,载《法制日报》2013年9月12日,第7版。

[5] 参见陈兴良:《寻衅滋事罪的法教义学形象:以起哄闹事为中心展开》,载《中国法学》2015年第3期。

2013年9月12日，甘肃省张家川县张川镇出现一起死亡案件。经过综合调查取证，警方确定死者系高坠致颅脑损伤死亡。调查期间，两名家属及一路人因阻挠尸检，被警方以涉嫌阻碍执行公务拘留。随后，16岁的初三学生杨某于9月14日、15日先后多次通过QQ空间、微博等网络平台发布虚假信息质疑高某死因，并发布“看来必须得游行了！”等煽动性言论。其编造的虚假信息被大量转发，使一些群众被误导从而参与街道聚集，导致交通堵塞。9月17日，警方以杨某涉嫌寻衅滋事罪将其刑事拘留。9月22日，警方决定撤销刑事案件，转为行政拘留7日。〔6〕

该案中警方以杨某涉嫌寻衅滋事罪将其刑事拘留的做法，被有关刑法学者认为是一种明显的“失误”。〔7〕根据警方的办案思路，由于杨某在网络上发布虚假信息，该信息被转发了500次以上，并导致部分社会闲散人员聚集在案发现场，即符合《解释（一）》第5条第2款“编造虚假信息……在信息网络上散布……起哄闹事，造成公共秩序严重混乱”的规定。但若结合案情细节来看，我们可以发现警方对本案的处理的确有诸多值得商榷之处。例如，“信息被转发次数达到五百次以上”是《解释（一）》对诽谤罪中的“情节严重”进行认定的标准之一，〔8〕而当地警方却以此作为认定杨某涉嫌寻衅滋事罪的依据，在法律适用上存在明显错误；杨某随性发表的一句“看来必须得游行了”的说法，很难认定其确实具有煽动游行、起哄闹事的故意；在杨某发布虚假信息之前，高某死亡、高某家属被警察拘留一事已在社会上被渲染得沸沸扬扬，因此，杨某通过网络发布虚假信息与“群众聚集”的结果之间是否具有刑法意义上的因果关系难以得到充分证明。

在本案中，除了上述列举的警方“失误”之处，暴露出的更深层次的问题则是《解释（一）》中的某些具体规范本身便存在理解和适用的困境。最核心的问题便是：第一，如何理解“公共场所”？网络空间是否属于《刑法》第293条第1款第4项所规定的“公共场所”？第二，如何理解“公共秩序”？网络秩序是否属

〔6〕参见《甘肃张家川“少年发帖被拘”始末》，载网易新闻：http://news.163.com/13/0926/09/99MK5EO900014Q4P_mobile.html，最后访问日期：2019年8月28日。

〔7〕参见曾粤兴：《网络寻衅滋事的理解与适用》，载《河南财经政法大学学报》2014年第2期。

〔8〕《解释（一）》第2条规定：“利用信息网络诽谤他人，具有下列情形之一的，应当认定为刑法第二百四十六条第一款规定的‘情节严重’：（一）同一诽谤信息实际被点击、浏览次数达到五千次以上，或者被转发次数达到五百次以上的……”

于《解释(一)》第5条第2款所规定的“公共秩序”?

## 二、解释上宜认定网络空间属于公共场所

### (一)关于“能否将网络空间纳入公共场所概念范畴”的观点争鸣

《解释(一)》第5条第2款所规制的寻衅滋事行为——“编造虚假信息,或者明知是编造的虚假信息,在信息网络上散布,或者组织、指使人员在信息网络上散布”,是一类典型的在“网络空间”实施的行为。而《解释(一)》规定此类行为依照《刑法》第293条第1款第4项的规定来定罪处罚,[9]便意味着“网络空间”实质上被纳入了“公共场所”的概念范畴。就《解释(一)》答记者问时,最高人民法院和最高人民检察院也明确表示“网络空间属于公共空间”。[10]《解释(一)》突破传统观念的此种规定,在刑法学界引起了相当大的争议。学者对此的基本态度,大体可以分为四种类型。

第一,部分学者对此种做法基本持肯定态度。例如,曲新久教授认为,“将刑法第293条(第1款)第4项中的‘公共场所’扩张解释到信息网络系统中的公共空间,是可以接受的”。[11]陈兴良教授虽然对《解释(一)》内容的科学合理性提出了质疑,但在单纯探讨网络空间的性质问题时,其也认为“尽管勉强但还是可以将网络空间解释为公共场所”。[12]此种观点立足于法教义学的思维模式,从解释论切入来分析公共场所与公共空间的关系,颇有价值。笔者亦倾向于赞同此种观点,并力图就此展开更为充分的论证。

第二,有学者在解释技巧的层面上认为“将网络空间解释为‘公共场所’属合理解释”,并不违反罪刑法定原则。但其基于法律效果的分析,认为没有必要

---

〔9〕我国《刑法》第293条第1款规定:“有下列寻衅滋事行为之一,破坏社会秩序的,处五年以下有期徒刑、拘役或者管制……(四)在公共场所起哄闹事,造成公共场所秩序严重混乱的。”

〔10〕参见《两高就办理利用信息网络实施诽谤等刑事案件司解记者问》,载中华人民共和国最高人民法院:http://www.court.gov.cn/zixun-xiangqing-5672.html,最后访问日期:2020年1月16日。

〔11〕曲新久:《一个较为科学合理的刑法解释》,载《法制日报》2013年9月12日,第7版。

〔12〕陈兴良:《寻衅滋事罪的法教义学形象:以起哄闹事为中心展开》,载《中国法学》2015年第3期。

通过扩张解释的方法将“网络空间”纳入“公共场所”的范畴。[13] 此种观点注意到了网络谣言型寻衅滋事的法律风险，颇有警示价值，但遗憾的是，学者并未就此进一步提出有效的防范方案。

第三，有学者认为该规定是类推解释的结果，有违罪刑法定原则。例如，全宗锦教授认为：“将‘公共场所’解释为包括‘信息网络’，这个解释过程意味着有关罪行和法益发生了实质变化”，因而，此种解释“属于类推，不属于扩张解释”。[14] 陈小炜博士亦持此观点。[15] 显然，这就在法律解释的层面上，与前述观点形成了“扩张”与“类推”之分歧。对此，本文以下亦将重点展开讨论。

第四，有学者刻意回避了解释技巧层面上关于扩张解释与类推解释的论争，而是从分析寻衅滋事罪构成要件之行为要素的角度对《解释（一）》的规定表达了自己的观点，其指出，不加区分地将网络信息平台视为公共场所是不妥当的，侦查和检察机关需要举证说明在何种情况下网络空间属于公共空间或者公共场所。[16] 本文以为，这种观点试图采纳一种类型化的处理思路，但并未给出一个精细化的具体应对措施，似有待商榷。

综上，《解释（一）》将“网络空间”纳入“公共场所”概念范畴的做法所引起的争议之大，由此可见一斑。既如此，在《解释（一）》中只有简短法条、缺乏系统阐述的前提下，我们究竟应如何正确理解“网络空间”与“公共场所”的关系？《解释（一）》的规定是否构成了“类推解释”，从而有违罪刑法定原则？这类问题的关键就在于对“公共场所”的概念界定。

### （二）传统认知层面的“公共场所”概念

在我国的法律规范体系中，公共场所是一个较为普遍的概念。《公共场所卫生管理条例》第 2 条对此即有明确规定。[17] 以《公共场所卫生管理条例》对

---

〔13〕 参见潘修平、赵维军：《网络型寻衅滋事罪的定性》，载《江西社会科学》2015 年第 8 期。

〔14〕 参见全宗锦：《对曲新久教授〈一个较为科学合理的刑法解释〉一文的评论》，载新浪网：http://blog.sina.com.cn/s/blog_70043df00101g431.html，最后访问日期：2019 年 8 月 28 日。

〔15〕 参见陈小炜：《论寻衅滋事罪“口袋”属性的限制和消减》，载《政法论丛》2018 年第 3 期。

〔16〕 参见曾粤兴：《网络寻衅滋事的理解与适用》，载《河南财经政法大学学报》2014 年第 2 期。

〔17〕 《公共场所卫生管理条例》第 2 条规定：“本条例适用于以下公共场所：（一）宾馆、饭馆、旅店、招待所、车马店、咖啡馆、酒吧、茶座；（二）公共浴室、理发店、美容店；（三）影剧院、录像厅（室）、游艺厅（室）、舞厅、音乐厅；（四）体育场（馆）、游泳场（馆）、公园；（五）展览馆、博物馆、美术馆、图书馆；（六）商场（店）、书店；（七）候诊室、候车（机、船）室、公共交通工具。”

“公共场所”的列举式规定为基础,长期以来社会公众对“公共场所”形成了一种较为稳定的认知,即所谓公共场所,是指“提供公众进行工作、学习、经济、文化、社交、娱乐、体育、参观、医疗、卫生、休息、旅游和满足部分生活需求所使用的一切公用建筑物、场所及其设施的总称”。[18] 显然,从此种概念界定的内涵来看,我们几乎看不到任何将“网络空间”纳入“公共场所”概念范畴的可能性。而主张“网络空间”不应属于“公共场所”概念范畴的学者,也习惯于将此作为支撑其观点的论据之一。[19] 但笔者认为,行政法律规范与刑事法律规范在法律概念的使用上具有天然的差异性,以《公共场所卫生管理条例》中为了规制特定卫生事项而使用的“公共场所”概念为基础来理解《刑法》中寻衅滋事罪的“公共场所”,并不妥当。我们应当以刑事法律规范为分析基础,对“公共场所”的概念作出合理的界定。

(三)认定网络空间属于公共场所是一种合理的扩张解释

首先,基于刑事法框架下的体系解释,即可以为《解释(一)》的认定提供一定程度的合理性说明。我国《刑法》第291条第1款对“公共场所”进行了列举式规定。据此,“公共场所”具体应包括:车站、码头、民用航空站、商场、公园、影剧院、展览会、运动场或者其他公共场所。[20] 2013年7月22日起施行的《关于办理寻衅滋事刑事案件适用法律若干问题的解释》(以下简称《解释(二)》)第5条将“公共场所”的范围界定为“车站、码头、机场、医院、商场、公园、影剧院、展览会、运动场或者其他公共场所”。[21] 大体来看,二者对公共场所的范围界定虽然略有差异,但内涵基本一致。从列举的具体场所来看,都是倾向于将公共场所认定为现实社会中看得见、摸得着的实体空间。但值得一提的是,二者

[18] 于志刚:《“双层社会”中传统刑法的适用空间》,载《法学》2013年第10期。

[19] 参见孙万怀、卢恒飞:《刑法应当理性应对网络谣言——对网络造谣司法解释的实证评估》,载《法学》2013年第11期。

[20] 我国《刑法》第291条第1款规定:“聚众扰乱车站、码头、民用航空站、商场、公园、影剧院、展览会、运动场或者其他公共场所秩序,聚众堵塞交通或者破坏交通秩序,抗拒、阻碍国家治安管理工作人员依法执行职务,情节严重的,对首要分子,处五年以下有期徒刑、拘役或者管制。”

[21] 《解释(二)》第5条规定:“在车站、码头、机场、医院、商场、公园、影剧院、展览会、运动场或者其他公共场所起哄闹事,应当根据公共场所的性质、公共活动的重要程度、公共场所的人数、起哄闹事的时间、公共场所受影响的范围与程度等因素,综合判断是否‘造成公共场所秩序严重混乱’。”

都规定了具有兜底性质的“其他公共场所”，这也使得在法律框架内将“网络空间”纳入“公共场所”的概念范畴具备了法律解释的操作可能性。

其次，《解释(一)》认定网络空间属于公共场所的做法，一方面，从目的解释的视角来看，其因顺应时代潮流及社会发展需要而具有了解释上的正当性；另一方面，就文义解释的层面而言，《解释(一)》的该种思路，亦基本符合法律概念的规范性与稳定性要求。具体而言，从当今时代的社会现状来看，互联网的迅速发展已经打破了传统的社会交流环境，重新构建了一套多元而广阔的社交网络。从某种程度上来说，虚拟网络与现实实体是处于两个维度的平行空间，并发挥着相辅相成的社会功能，分别提供不同的平台来接纳人类不同类型的活动。在这种背景下，网络已然不再是一种单纯的信息媒介，同时，它也具备了越来越多的生活空间意义。尤其是电子商务的迅速发展、各类社交平台用户量的与日俱增，使得网络空间的公共性特征愈发明显。中国互联网络信息中心(CNNIC)发布的第44次《中国互联网络发展状况统计报告》显示，截至2019年6月，我国网民规模达8.54亿，互联网普及率达61.2%；我国网络购物用户规模达6.39亿，占网民整体的74.8%；我国在线政务服务用户规模达5.09亿，占网民整体的59.6%。[22] 显然，就普通社会民众而言，其对于“公共性”“公共场所”的认知必然会随着网络的发展而悄然发生变化。职是之故，在当今的社会环境下，将公共场所的概念辐射范围延伸到网络环境中，并不会超出公众理解“公共场所”一词的概念边界。

综上而言，笔者认为，《解释(一)》将网络空间认定为属于公共场所，是在维持“公共场所”这一概念的基本内涵的基础上，进一步适应社会发展客观需要的尝试。从法律解释的角度来看，该种认定应属一种较为合理的扩张解释，而非类推解释。

## 三、网络谣言型寻衅滋事的保护法益为“现实社会的公共秩序”

### (一)网络谣言型寻衅滋事的类型化区分

最高人民法院、最高人民检察院就《解释(一)》答记者问时，针对网络谣言型寻衅滋事的适用情形作出了必要的解释，并明确指出，网络秩序也是社

---

[22] 参见中国互联网络信息中心:《第44次〈中国互联网络发展状况统计报告〉》，载中国网信网:http://www.cac.gov.cn/2019-08/30/c_1124938750.htm，最后访问日期:2020年1月16日。

会公共秩序的重要组成部分。[23] 设若依据此种思路来直观地理解《解释(一)》第5条第2款之规定,我们基本上可以对网络谣言型寻衅滋事进行一种类型化的区分:一类是以网络为手段聚集他人到现实生活的公共场所中闹事,造成公共秩序严重混乱;另一类是在网络空间内起哄闹事,造成"网络公共秩序"严重混乱。

在第一类情形中,"网络传谣行为发生在网络空间,其法益侵害结果则发生在现实空间",[24] 即行为与结果之间具备明显的时空差异,尤其突出的是空间差异性。此时,在认定网络造谣传谣行为是否构成寻衅滋事罪时,最核心的前提任务便是确定网络造谣传谣行为与发生在现实空间的法益侵害结果之间是否存在刑法意义上的因果关系。正是由于虚拟空间与现实空间的隔离,使得这种因果性具有了"间接性、转换性、随机性、多样性等特点",[25] 往往难以确定,需要谨慎处理。而在司法机关已经认定某行为构成网络谣言型寻衅滋事罪的前提下、继而对其进行定罪量刑的过程中,则需要重点考虑行为人所从事的造谣传谣行为对现实公共秩序的影响程度。

对于第二类情形,理论界则存在很大争议。一方面,有些学者从根本上否认了将此种类型纳入《解释(一)》第5条第2款所规定的"网络谣言型寻衅滋事"之范畴的可能性。而不同学者的论证依据又各不相同。具体而言,有的学者则通过对"网络秩序"和"网络空间秩序"进行概念区分,来支持其所主张的"网络空间秩序不属于公共秩序范畴"之观点;[26] 还有一些学者重点基于对"起哄闹事"内涵的阐释,表达了"起哄闹事不可能在网络空间内发生"的

---

[23] 针对网络谣言型寻衅滋事的适用情形,两高有关部门负责人指出,"一些不法分子利用信息网络恶意编造、散布虚假信息,起哄闹事,引发社会公共秩序严重混乱,具有现实的社会危害性,应以寻衅滋事罪追究刑事责任。"参见《两高就办理利用信息网络实施诽谤等刑事案件司解记者问》,载中华人民共和国最高人民法院:http://www.court.gov.cn/zixun-xiangqing-5672.html,最后访问日期:2020年1月16日。

[24] 陈兴良:《寻衅滋事罪的法教义学形象:以起哄闹事为中心展开》,载《中国法学》2015年第3期。

[25] 马长山:《法律的空间"穿越"及其风险——从两高办理网络诽谤等刑事案件的司法解释出发》,载《苏州大学学报》(法学版)2014年第4期。

[26] 参见卢恒飞:《网络谣言如何扰乱了公共秩序?——兼论网络谣言型寻衅滋事罪的理解与适用》,载《交大法学》2015年第1期。

观点。[27]

另一方面,有学者则对上述“网络谣言型寻衅滋事”第二种类型的现实存在性持肯定态度。例如,曾粤兴教授基于社学会和刑法学两个维度的研究,认为“网络秩序属于公共秩序,这是顺理成章的结论”,且在其论述中明确指出“网络上的寻衅滋事实际上分为两种情况”。[28] 于志刚教授则通过对“公共秩序”内涵的诠释,将“公共秩序”分为“网络公共秩序”和“现实公共秩序”两部分,在实质上肯定了上述第二种类型的“网络谣言型寻衅滋事”的存在,并进一步呼吁理论界和司法界要转变传统观念,并逐渐达成此种共识——“现实公共秩序和网络公共秩序应当受到刑法同等的重视和保护”。[29]

那么,面对抽象的《解释(一)》规定和学界的各异观点,我们究竟应当如何理解“网络秩序”与“公共秩序”的关系?如何规范界定作为网络谣言型寻衅滋事罪之法益的“公共秩序”?

### (二)“公共秩序”与“网络秩序”的概念分析及关系考察

想要解决上述问题,前提是必须正确理解“公共秩序”的概念内涵。刑法中的“公共”概念,通常意味着“不特定”,即“不特定性乃是公共特性的本质要素”。[30] 所谓“秩序”,则是一种以规范性为内核的事实状态。正如刑法学者所阐明的那样,“一定的社会秩序总是与一定的行为准则相联系”。[31] 此外,谈及秩序,总是离不开自由,二者是辩证统一的概念。刑法所维护的秩序,本质上须

---

〔27〕 李晓明教授认为,《刑法》第293条第1款第4项中规定的“起哄闹事”根本不可能在“虚拟世界”或“网络空间”里发生,而只能是“以信息网络为手段”导致了在现实社会“公共场所”中的“起哄闹事”,最终被追究“寻衅滋事罪”刑事责任。参见李晓明:《刑法:“虚拟世界”与“现实社会”的博弈与抉择——从两高“网络诽谤”司法解释说开去》,载《法律科学》(西北政法大学学报)2015年第2期;陈兴良教授亦赞同李晓明教授的此种观点,认为“正确区分以网络为手段的起哄闹事与发生在网络的起哄闹事是十分重要的:前者应当以寻衅滋事罪论处,后者实际上不可能发生。”参见陈兴良:《寻衅滋事罪的法教义学形象:以起哄闹事为中心展开》,载《中国法学》2015年第6期。

〔28〕 曾粤兴:《网络寻衅滋事的理解与适用》,载《河南财经政法大学学报》2014年第2期。

〔29〕 论者提出了“双层社会”理论,并认为正是在“双层社会”的社会背景下,“公共秩序”乃具有了不同于传统概念的全新含义。参见于志刚:《“双层社会”中传统刑法的适用空间》,载《法学》2013年第10期。

〔30〕 吴贵森:《刑法上“公共”概念之辨析》,载《法学评论》2013年第1期。

〔31〕 张明楷:《刑法学》,法律出版社2016年版,第1030页。

以自由为目的,对于秩序的保障绝不应超出保护自由的需要之外。[32] 基于此,将“公共”与“秩序”的概念相整合,便可以认为,所谓“公共秩序”,即是指社会公共生活中以集体自由为目的、依据共同生活规则而形成的有条不紊之状态。据此,公共秩序并非一个松散任意的环境,只有长期以来在不特定多数人群体中存在着共同遵守的规则体系,才可能有“公共秩序”的存在。那么,“网络空间”内是否的确存在刑法意义上的“公共秩序”呢?本文认为,答案是肯定的。

一方面,我国《刑法》分则的第6章规定了“妨害社会管理秩序罪”,并在第1节具体规定了“扰乱公共秩序罪”,即本节各罪的法益都属于“公共秩序”的范畴。其中,《刑法》第285、286条规定的“非法侵入计算机信息系统罪”“非法获取计算机信息系统数据、非法控制计算机信息系统罪”“提供侵入、非法控制计算机信息系统程序、工具罪”“破坏计算机信息系统罪”,都与现实社会中的实体空间关联不大,其侵害的法益都是在“网络空间”内形成的“公共秩序”。显然,基于体系解释的思路,通过考察《刑法》分则第6章第1节规定的各罪,我们并无法否认“网络公共秩序”在刑事法领域的存在。实质上,自2000年以来,全国人大常委会陆续通过的《关于维护互联网安全的决定》《关于加强网络信息保护的决定》《网络安全法》等一系列法律及相关决定,同样表明了网络空间须有遵守秩序的规则要求。[33] 尤其是于2016年出台的《网络安全法》,其在第5条明便确使用了“网络空间秩序”的概念。[34]

另一方面,从适应现实实践需求的角度而言,我们亦需在一定条件下认可刑法保护“网络公共秩序”的必要性。正如陈洪兵教授所强调的那样,由于网络的高度扩散性,网络空间的活动与纯粹的现实物理空间活动的社会危害性相比,可能有过之而无不及,故而,并没有理由将网络空间秩序排除在刑法保护的范围之外。[35]

### (三)网络谣言型寻衅滋事的保护法益应限定为“现实社会的公共秩序”

在承认“网络公共秩序”存在的前提下,继续回到《解释(一)》所规定的“网络谣言型寻衅滋事”的讨论中,我们是否可以依此便认为“在网络空间造谣传

---

〔32〕 参见王学忠:《自由与秩序平衡下的法治政府建设》,载《新视野》2014年第4期。

〔33〕 参见卢勤忠、钟菁:《网络公共场所的教义学分析》,载《法学》2018年第12期。

〔34〕 我国《网络安全法》第5条规定:“国家采取措施,监测、防御、处置来源于中华人民共和国境内外的网络安全风险和威胁,保护关键信息基础设施免受攻击、侵入、干扰和破坏,依法惩治网络违法犯罪活动,维护网络空间安全和秩序。”

〔35〕 参见陈洪兵:《双层社会背景下的刑法解释》,载《法学论坛》2019年第2期。

谣、起哄闹事,导致网络秩序严重混乱,可以被认定为寻衅滋事罪”？在这个问题上,笔者的答案是否定的。

首先,从构成要件的角度来看,我国《刑法》第285条、第286条规定的非法侵入、控制、破坏计算机系统的行为,都是以侵害特定计算机信息系统的具体“行为”而导致了“网络公共秩序”的破坏,其“危害行为”与“法益侵害结果”之间的因果性清晰明确。而《解释(一)》第5条第2款所规制的一系列“网络行为”,[36]更确切地说,其并非刑法意义上的“危害行为”,实质上乃是一种“言论”。言论是个人思想的表达形式,而言论自由更是《宪法》第35条规定的基本权利。[37] 刑法作为宪法的下位法,其法律运行必须受到后者的严格约束。正如有刑法学者所阐明的那样,“对于刑法规定的相关犯罪的构成要件,必须以言论自由的宪法价值为指导进行解释”。[38] 固然,任何自由都存在其边界,言论自由也不例外。但是,需要注意的是,“言论自由”不同于一般的“行为自由”,它具有极为特殊的双重价值,其不仅是公民个人表达思想、与人沟通交流的基本途径,同时也是“公共治理的信息机制”。[39] 刑法作为制裁性最为严重的法律,应保持其谦抑性,谨慎介入网络空间中的言论表达,以充分保障公民言论自由的应有边界。实质上,在网络这样一个天然容纳各类意见表达的信息平台,不可能有统一的言论标准和表达的规则体系,也不可能存在一个标准统一的“网络言论秩序”。职是之故,言论表达层面上的“网络秩序”并不具有独立成为刑法所保护之法益的价值。从这个意义上来说,网络造谣传谣行为只有在导致现实社会中公共秩序严重混乱之时,才能被认定为寻衅滋事罪。

其次,虽然在当今信息网络与人类生活渐趋融为一体的时代,网络空间的公共属性愈发明显,但网络的本质仍旧在于其工具属性。归根结底,网络只是人类借以操纵的工具和手段。即便我们将网络空间拟制为法律意义上的“公共场所”,这个虚拟空间仍然只是一个为人类所利用的空间、离开了人之后便失去了存在意义的空间。至少截至当前这个社会阶段,网络的工具属性之本质并未发生改变。《解释(一)》标题中“利用信息网络实施诽谤等刑事案件”的“利用”

---

〔36〕 此类行为具体即指,“编造虚假信息,或者明知是编造的虚假信息,在信息网络上散布,或者组织、指使人员在信息网络上散布”。

〔37〕 我国《宪法》第35条规定:“中华人民共和国公民有言论、出版、集会、结社、游行、示威的自由。”

〔38〕 张明楷:《言论自由与刑事犯罪》,载《清华法学》2016年第1期。

〔39〕 姜峰:《言论的两种类型及其边界》,载《清华法学》2016年第1期。

一词,实质上也从法律层面上肯定了网络的工具属性。在这个意义上,《解释(一)》只是对传统寻衅滋事罪的"行为"要素作出了一定程度的突破,而并未对传统"结果"要素作出实质改变,即根据《解释(一)》应将法益侵害结果解释为"现实社会的公共秩序严重混乱"。

再者,从"法益"的基础概念加以审视,亦可支撑前述结论。一般认为,法益是作为个人、社会和国家的具体利益而成为保护对象的,法益概念的属性是经验的实在性以及对个人、社会和国家的有用性。[40] 换言之,当我们试图将一个基础性罪名所保护的法益范畴进行扩张时,除了学理层面的思考之外,最为重要的原则就是,务必不能脱离经验与实践。前已述及,在当前的社会阶段,所谓的"网络空间秩序"并未在实践中形成广泛的概念共识与理解趋同。因此,若盲目将其纳入"网络谣言型寻衅滋事"的法益范畴之中,显然有违法益保护原则的一般性要求。

综上而言,本文认为,在解释上,应当将网络谣言型寻衅滋事的保护法益限定为"现实社会的公共秩序"。

## 四、防止网络谣言型寻衅滋事之扩大化解释

### (一)宜对《解释(一)》第5条第2款的"公共秩序"作限缩解释

《刑法》第293条第1款第4项规定了"在公共场所起哄闹事,造成公共场所秩序严重混乱"的寻衅滋事行为,而《解释(一)》第5条第2款则规定:"起哄闹事,造成公共秩序严重混乱的,依照刑法第二百九十三条第一款第(四)项的规定,以寻衅滋事罪定罪处罚。"这里存在一处从"公共场所秩序"到"公共秩序"的语词变动。那么,如何理解此处法律用语的变化,则需要我们进一步的思考。

根据刑法理论通常对公共秩序概念的理解,它既包括公共场所的秩序,也包括非公共场所人们遵守公共生活规则所形成的秩序。即便从我国《刑法》分则第6章第1节"扰乱公共秩序罪"所具体规定的各罪来看,亦能够清晰地发现,公共场所秩序乃是公共秩序的下位概念。尤其是《刑法》第291条所规定的"聚众扰乱公共场所秩序罪、交通秩序罪",明确将"公共场所秩序"和"交通秩序"并列为同一层次的秩序概念,共同从属于"公共秩序"的概念范畴。显然,无论是刑法理论还是刑事实体法,都肯定了"公共场所秩序"与"公共秩序"之间

---

〔40〕 参见张明楷:《法益保护与比例原则》,载《中国社会科学》2017年第7期。

的种属关系，那么《解释（一）》的规定便“难免有以司法解释替代立法之嫌”。[41] 而最高人民法院、最高人民检察院之所以作出此种规定，则应是主要出于严厉打击网络犯罪的政策考量。

最高人民法院、最高人民检察院在回答记者关于出台《解释（一）》的原因时，深刻指出了当前网络犯罪的泛滥及其严重的社会危害性。[42] 由此可见，适应信息网络迅速发展的社会现实，打击当前日益猖獗的网络犯罪行为，乃是《解释（一）》出台的直接目的。从这个角度来看，《解释（一）》将《刑法》第293条第1款第4项中规定的“公共场所秩序”扩展为“公共秩序”，实质上降低了“寻衅滋事罪”的入罪门槛，必然有助于刑事司法机关依法有力地打击利用网络实施的犯罪活动，这确实具有一定的实践意义。

但归根结底，《解释（一）》所承载的政策价值不应超越法律的基本框架，否则其风险将是巨大的。正如有学者所指出的那样，“《解释》[交通肇事案件司法解释——笔者注]的空间穿越及其风险，在更深层次上则体现出司法的政治面向、法律面向与社会面向的某种失衡……这种失衡则使得司法公信力受到一定程度的侵蚀，并造成社会资本的流失，进而会对法治秩序建构带来严重的不良效应”。[43] 而事实上，《解释（一）》出台后，有学者对针对网络谣言型寻衅滋事的社会适用效果所作的实证评估，[44] 已反映出司法实践在处理此类案件时如果存在飘忽不定的处理程序与结果，会对国家司法的公信力有所损害。

基于此种现状的考量，我们有必要对《解释（一）》第5条第2款中的“公共秩序”作进一步的限缩解释，将其概念内涵限定为与《刑法》第293条第1款第4项中“公共场所秩序”概念边界相当的程度。对此，笔者认为，应当将其界定

---

〔41〕 参见于志刚：《“双层社会”中传统刑法的适用空间》，载《法学》2013年第10期。

〔42〕 “一些不法分子将信息网络作为一种新的犯罪平台，恣意实施诽谤、寻衅滋事、敲诈勒索、非法经营等犯罪……具有严重的社会危害性，人民群众十分痛恨，社会各界反应强烈。为满足同网络犯罪作斗争的需要，回应广大人民群众的呼声，最高人民法院、最高人民检察院在长期调研、广泛征求意见、科学论证的基础上，适时制定出台了《解释》[交通肇事案件司法解释——笔者注]，具有重要的现实意义。”参见《两高就办理利用信息网络实施诽谤等刑事案件司解记者问》，载中华人民共和国最高人民法院：http://www.court.gov.cn/zixun-xiangqing-5672.html，最后访问日期：2020年1月16日。

〔43〕 马长山：《法律的空间“穿越”及其风险——从两高办理网络诽谤等刑事案件的司法解释出发》，载《苏州大学学报》（法学版）2014年第4期。

〔44〕 参见孙万怀、卢恒飞：《刑法应当理性应对网络谣言——对网络造谣司法解释的实证评估》，载《法学》2013年第11期。

为:“在特定的公共场所中,不特定多数人基于共同的规则体系而形成的有条不紊的生活状态。”实质上,也即是在保持传统“公共秩序”概念的本质特征的基础上,将其概念外延进一步收缩,使其“场所化”。

(二)严格界定“公共秩序严重混乱”的适用标准

在将“公共秩序”理解为现实空间中的公共秩序的基础上,还面临着如何理解和适用“公共秩序严重混乱”这一寻衅滋事罪结果要件的问题。在司法实践中,法院往往对该要件缺乏必要的阐释,而直接将“编造虚假信息数量较多,以及虚假信息在互联网被大量点击、观看、转发及评论”等内容直接认定为“造成公共秩序严重混乱”。〔45〕 例如,在陈某某寻衅滋事一案中,法院指出,“上诉人陈某某多次无故拨打报警电话,无事生非、肆意滋事……编造虚假信息超过了2000条,并在信息网络上散布,被转发超过了1600次,其上述行为已构成寻衅滋事罪”。〔46〕 在“贾某、文某与隋某、孟某寻衅滋事案”中,法院认定,“截至案发,该虚假帖文被转发至94家网站,留存于66家网站,点击量达256, 495次,造成了公共秩序的严重混乱”。〔47〕

实际上,我国的任何刑事法律规范都从未以清晰明确的点击量、评论量、转发量等统计数字来作为寻衅滋事罪的成立标准。而司法实践中缺乏统一的适用标准,往往会直接参照《解释(一)》第2条第1项规定的网络诽谤罪“情节严重”之情形来认定网络谣言型寻衅滋事的成立。

不可否认,关于如何认定网络谣言型寻衅滋事中的“公共秩序严重混乱”,2013年7月22日起施行的《解释(二)》第5条的规定可以为我们提供一定的思路。在将“网络空间”解释进《解释(二)》中“其他公共场所”的前提下,司法机关可以“根据公共场所的性质、公共活动的重要程度、公共场所的人数、起哄闹事的时间、公共场所受影响的范围与程度等因素,综合判断是否‘造成公共场所秩序严重混乱’”。从某种程度上来说,这一规范的确为法官判断网络谣言型寻衅滋事的结果要件的成立与否提供了一些积极的参考作用。但由于《解释(二)》是在2013年7月开始施行的,早于2013年9月开始施行的《解释(一)》,通过分析第5条的条文,可以明显看出,其对“造成公共场所秩序严重混

〔45〕 参见姜瀛:《网络寻衅滋事罪“口袋效应”之实证分析》,载《中国人民公安大学学报》2018年第2期。

〔46〕 “陈某某寻衅滋事案”,天津市第一中级人民法院(2018)津01刑终625号刑事裁定书。

〔47〕 “贾某、文某与隋某、孟某寻衅滋事案”,内蒙古自治区兴安盟中级人民法院(2018)内22刑终86号刑事裁定书。

乱”的解释,仍旧是以在现实空间的公共场所内进行的寻衅滋事为中心展开的。职是之故,《解释(二)》对于理解和适用网络谣言型寻衅滋事的结果要件来说,所产生的积极作用有限。

## 五、结　　语

总体来看,《解释(一)》的出台一方面具有积极的实践合理性,另一方面在某些细节的规定上也存在值得商榷之处。我们需要思考的应当是如何对不足之处进行完善。

大体来讲,对完善刑法的思考主要存在立法论和解释论两种基本路径。传统刑法学研究的基本倾向是批判刑法,而如今刑法理论的重心则趋向于解释论的研究。[48] 在《解释(一)》已经出台并已在司法实践中被广泛适用的背景下,若对其一味进行批判或许缺乏实践意义。此外,学者所提出的以专门的网络安全法作为刑法前置指引的立法建议,伴随着《网络安全法》的正式出台,也意味着其在相当一段时期内已丧失实质可行性。[49] 基于此,当前我们更应当立足于解释论的视角,为《解释(一)》第5条第2款的具体规范寻求一种妥当的理解和适用模式。正如有学者强调的那样,“从刑法教义学的立场出发,我们还是要以现行立法为根据,对寻衅滋事罪的保护法益进行合理解释,使之在塑造寻衅滋事罪的法教义学形象中发挥重要作用”。[50]

（责任编辑:黄煜恺）

---

[48] 张明楷教授指出:“刑法理论应当将重心置于刑法的解释,而不是批判刑法。换言之,刑法学的重心是解释论,而不是立法论。”参见张明楷:《刑法学》(第5版),法律出版社2016年版,第2页。

[49] 有学者曾于2016年提出:“建议出台更为全面的、特别的网络空间立法,使刑法作为保护法,得到前置法的指引和说明,对造成网络空间秩序混乱的不同情形加以教义学上的细致区分,使歧义的法律用语涵摄范围得以澄清。”参见陈劲阳:《徘徊在歧义与正义之间的刑法释义——网络寻衅滋事罪司法解释妥当性反思》,载《法制与社会发展》2016年第6期。然而,此后于2016年11月7日通过的《网络安全法》,并未对网络空间秩序的概念明确界定,也并未就因违反该法而产生的刑事责任予以清晰说明。换言之,前述立法论视角下的倡议并未实现。

[50] 陈兴良:《寻衅滋事罪的法教义学形象:以起哄闹事为中心展开》,载《中国法学》2015年第3期。

# 强人工智能刑事责任主体的理论厘清与理性反思

孔忠愿*

**摘要：**

近年来，对于强人工智能机器人能否成为刑事责任的主体存在激烈的争论，对此主要是肯定说与否定说之争。争论的角度主要围绕强人工智能刑事责任主体设立的必要性、承担刑事责任的可能性、刑罚处罚设置的科学性等方面展开。刑法规制涉强人工智能犯罪具有必要性的观点是对人工智能发展现状的过度解读，是对强人工智能威胁论的过度担忧。强人工智能欲成为刑事责任主体面临意识的生成机理、自由意志的规范判断和意向性原理的三重障碍。重构刑罚体系来规制强人工智能的行为违背刑法谦抑性原则，现阶段考虑通过立法来设置刑罚处罚不符合我国科学立法的要求和经济发展现状，也无法实现刑罚的目的。面对新技术和新问题的挑战，不应随便突破或者否定现存的法律框架和刑法理论。

**关键词：**

强人工智能；刑事责任主体；自由意志；刑罚处罚；跨学科视角

## 一、问题的提出与研究思路

1948年，早在计算机时代刚刚进入黎明时，诺伯特·维纳就提出了“控制论”的概念。维纳是最先预见到信息技术两面性的人，这把“双刃剑”可能逃离人类掌控并反过来控制人类。1956年夏季由麦卡锡(McCarthy)、明斯基(Minsky)、罗彻斯特(Lochester)和香农(Shannon)共同发起，并邀请其他6位年轻的科学家，在美国达特茅斯大学举办了长达两个月的10人研讨会，讨论用机器模拟人类智能问题，首次使用“人工智能”这一术语。这是人类历史上第一

* 孔忠愿，华东政法大学2018级刑法学硕士研究生。

次人工智能研讨会,标志着国际人工智能学科的诞生,具有十分重要的历史意义。[1] 60年来,人工智能经历了从爆发到寒冬再到野蛮生长的历程,伴随着人机交互、机器学习、模式识别等人工智能技术的提升,机器人与人工智能成了这一技术时代的新趋势。在过去的几年,西方国家对智能机器以及它们对人类劳动岗位的潜在威胁备感忧心。这种担忧并未杞人忧天,从卡车装卸工人到法律研究工作者,无论是白领还是蓝领,只要是重复性劳动,都将被机器人和基于人工智能的软件取代。一个更为紧迫的问题是,我们应该如何去定义人类与那些亦敌亦友的机器间的关系。技术的进步很多时候超出了人类的控制范围。[2] "虽然机器人在很多方面对社会有益,但它们也会导致或牵涉到各种各样的危害。"[3]例如,2015年7月,德国大众汽车制造厂一名工人正在安装和调试机器人,该机器人却突然将手伸向他,将其摔至金属板上导致其被碾压身亡。又如,2016年5月,美国海军退伍老兵约书亚·布朗在佛罗里达州驾驶一辆特拉斯自动驾驶汽车,不幸撞上一辆拖车而毙命。[4] 诸如此类的事件牵动着公众的神经,谁应该为此类事情的发生来"买单"?当人工智能的行为处于失控的状态,可能出现具有严重社会危害性的事件时,我们自然而然思考的一个问题就是,是否要将人工智能产品本身或者其背后的研发者、使用者等自然人或单位纳入刑法规制的范围内?如果需要动用刑法来进行规制,那么涉人工智能犯罪的可归责的主体是谁?因此,有学者指出,"智能机器人是否应具有刑事责任主体地位这一问题成为刑法学者必须解决、不能回避的问题,因为这一问题是从根本层面对以'人'为主要刑事责任主体的传统刑法格局提出的质问和挑战。因此,这一问题具有基础性,将会从全局上影响其他后续刑法问题(如现有的刑法归责理论是否需要作出调整、现有的共同犯罪理论是否需要作出调

---

[1] 参见蔡自兴:《明斯基的人工智能生涯》,载《科技导报》2016年第7期。

[2] 参见[美]约翰·马尔科夫:《人工智能简史》,郭雪译,浙江人民出版社2017年版,第3页。

[3] Trevor N. White, Seth D. Baum, "Liability for Present and Future Robotics Technology", in Patrick Lin, Ryan Jenkins and Keith Abney, eds., *Robot Ethics 2.0: From Autonomous Cars to Artificial Intelligence*, New York, Oxford University Press, 2017.

[4] Jesse Krompier, "Safety First: The Case for Mandatory Data Sharing as a Federal Safety Standard for Self-Driving Cars", *University of Illinois Journal of Law, Technology & Policy*, 2017, pp. 439-468.

整等)的解决”。[5]

在法律的框架内研究人工智能责任主体的问题时,人工智能往往被分为弱人工智能与强人工智能两种类型。“弱人工智能是指由人类程序员事先制定算法规则,由智能体统依照预定的规则来处理相关问题。弱人工智能的典型是用专家系统模拟法律活动中与规则相关的某些内容”。[6] 对于弱人工智能,学界观点一致认为弱人工智能产品不具有辨认能力和控制能力,仅能够在设计和编制的程序范围内实施行为,实现人类的相关目的。比如,在自主性武器系统领域新兴技术政府专家组(GGE)会议上,各国专家已基本达成共识,认为人工智能武器本身是无法承担法律责任的,让机器承担责任没有意义,各国基本上认为弱人工智能不是国际刑事责任主体。弱人工智能的工具属性决定了其不可能作为犯罪主体而承担刑事责任,应当由研发者或使用者承担刑事责任,可归入“自然人—法人”二元主体模式,[7]故弱人工智能刑事责任的承担问题不是本文探讨的对象。“强人工智能是一种合成智能,它能综合应用机器学习、神经网络、大数据、认知系统、演进算法等要素,有可能突破程序员编排它做之事的局限”。[8] 强人工智能与弱人工智能的本质区别在于是否具有独立意志,以及是否能够在设计和编制的程序范围外自主决策并实施相应行为。对于强人工智能否成为刑事责任的主体存在激烈的争论,对此存在肯定说、否定说和折衷说等不同的观点,但主要是肯定说与否定说之争。[9] 国内刑法学者对其研究众多,但是相关的系统性梳理却相对较少。为了充实该方面研究的素材和以便更加客观全面地对人工智能刑事责任问题进行深入研究,本文围绕强人工智能刑事责任主体设立的必要性、承担刑事责任的可能性和刑罚处罚设置的科学性这三个紧密联系的方面系统地梳理了关于强人工智能刑事责任主体的理论观点,

---

〔5〕 刘宪权:《对强智能机器人刑事责任主体地位否定说的回应》,载《法学评论》2019年第5期。

〔6〕 See Richard Susskind, *Expert Systems in Law: A Jurisprudential Inquiry*, Oxford, Clarendon Press, 1987, p. 44.

〔7〕 参见刘宪权:《涉人工智能犯罪刑法规制的路径》,载《现代法学》2019年第1期;魏东:《人工智能犯罪的可归责主体探究》,载《理论探索》2019年第5期;姜涛、柏雪淳:《谁之责任与何种责任:人工智能的责任模式配置慎思》,载《河南社会科学》2019年第4期。

〔8〕 郑戈:《人工智能与法律的未来》,载《探索与争鸣》2017年第10期。

〔9〕 参见董玉庭:《人工智能与刑法发展关系论——基于真实与想象所做的分析》,载《现代法学》2019年第5期。

并从以上角度进行了分类整理与评价，最后依据现有的研究成果指出人工智能时代应秉持的刑法观和刑法的立场定位，对未来研究方向进行了展望，具有较强的现实意义。

## 二、强人工智能刑事责任主体的理论厘清

通过梳理国内外有关强人工智能刑事责任主体的理论观点，发现刑法学者们大多从强人工智能刑事责任主体设立的必要性、承担刑事责任的可能性、刑罚处罚设置的科学性等方面展开说理和探究。

### （一）强人工智能刑事责任主体设立的必要性之对立

强人工智能刑事责任主体的设立是否必要，是展开强人工智能刑事责任主体研究的逻辑起点，是肯定论者与否定论者的第一次正面交锋，也是两派学者对于该问题的不同世界观的最初体现。

1. 肯定论者的主张及其理由

主张肯定论的观点认为，强人工智能刑事责任主体的设立是必要的。国外有学者指出，“尽管人工智能与人类的智力和情感还没有达到同样的水平，但很可能有一天会达到——如同无数科幻小说都在试图警告我们的那样。如果这一天到来，情况可能会有很大不同，有关刑法及其应用可以直接针对人工智能代理人。在那一天，我们可以直接做好准备赋予人工智能当事人刑事责任，并认为它们同样有能力做出道德上的明智选择，并做出错误行为，我们甚至可以在立法和司法过程中邀请当事方分享对犯罪的看法”。[10] 此种观点无疑是将人工智能与人类等同视之，认为人工智能犯罪将其作为责任主体来规制是必要的。刘宪权教授在对强人工智能刑事责任的规制具有必要性的论述时提出了两点理由：其一，作为法学研究者应该相信霍金等科学家的论断，认为人工智能会毁灭人类，而不是相信李彦宏等经营者的说法，认为人工智能不可能威胁到人类的安全。应秉持“宁可信其有，不可信其无的立场”。其二，面对强人工智能的出现可能会给人类带来威胁，我们需要未雨绸缪，防患于未然。[11] 也有论者指出，承认人工智能刑事责任主体地位是基于功利主义的考量，是以保护人

---

〔10〕 Dafni Lima, “Could AI Agents Be Held Criminally Liable: Artificial Intelligence and the Challenges for Criminal Law”, *South Carolina Law Review* 69, 2018.

〔11〕 参见刘宪权：《人工智能时代的刑事责任演变：昨天、今天、明天》，载《法学》2019年第1期。

类自身利益为目的。刑法学者应该对强人工智能的到来抱有忧患意识,理论研究和立法都应具有一定的前瞻性。[12] 此外,有观点认为现行刑法主体概念对于人工智能法律主体规制的缺位,无形中增加了人们对于智能风险的恐惧。当下,各部门法在人工智能领域的探索已显雏形,刑事法的规制却略显保守。类人型人工智能实体与自然人的相似程度比动物、单位更高,包含法律设定主体的本质要素——理性,并具备侵犯法益的可能性,从而增强了赋予其刑事责任主体地位的必要性。[13]

2. 否定论者的主张及其理由

否定论者认为强人工智能刑事责任主体设立是不必要的。理由在于,不论是库茨维尔的奇点理论,还是霍金关于人工智能发展将是人类末日的警告,都还只是一种假想与猜测。对人工智能未来情境的预见,专家较之常人并没有太大优势,大家都只能是盲人摸象或信口开河。[14] 有学者指出,强人工智能犯罪的刑事责任问题是一种假设性命题,现阶段来探讨它能否被证明为真没有多大意义,正如无法通过逻辑推理去证明任何一个宗教命题的真伪一样。[15] 甚至有学者批判,如果肯定说不能论证清楚自己观点的根据,这不仅仅是肯定说不成立的问题,甚至都不能完全排除"人工智能的刑法规制"这句话是一个伪命题。[16]

3. 评析

通过对以上两种对立观点的考察,笔者认为,刑法规制涉强人工智能犯罪具有必要性的观点是对人工智能发展现状的过度解读,是对强人工智能威胁论的过度担忧。

其一,对强人工智能时代到来的判断不能脱离当下人工智能的发展现状。"国际人工智能经过60年的发展已经取得了巨大进步,目前正呈现爆发增长之

---

[12] 参见陈叙言:《人工智能刑事责任主体问题之初探》,载《社会科学》2019年第3期。

[13] 参见王耀彬:《类人型人工智能实体的刑事责任主体资格审视》,载《西安交通大学学报》2019年第1期。

[14] 参见黄云波:《论人工智能时代的刑法机能》,载《人民法治》2018年第11期。

[15] 参见周铭川:《强人工智能刑事责任之否定》,载《上海政法学院学报》2019年第2期。

[16] 参见董玉庭:《人工智能与刑法发展关系论——基于真实与想象所做的分析》,载《现代法学》2019年第5期。

势。近年来,国内外人工智能出现前所未有的良好发展环境,各种人工智能新思想和新技术如雨后春笋般破土而出,人工智能的应用领域更加拓展,人工智能的人才队伍日益壮大。但总体上看,人工智能仍处于初级发展阶段,仍远不足以威胁到人类的生存,但是它的社会影响问题应当得到高度重视。"[17] 就目前而言,人工智能只能模仿人的智力活动的某些方面,真正意义上的人工智能,即能够像我们人类一样进行思考的计算机,的确尚未实现。[18] 日本人工智能专家松尾丰教授指出,"人们往往认为,人工智能发展到一定程度之后,将持有与人类相同的概念和思维方式,持有与人类相同的自我意识及欲望等,但实际并非如此"。[19] 不难看出,人工智能技术方面的专家对人工智能的评价通常比非技术人士更为严谨,不随意猜想假设。我们应该看到,实际上当前人工智能的发展还处在非常初期的阶段,和图灵所定义的人工智能技术还有非常远的距离。就目前而言,这种以图像识别、语音识别的人工智能,基本上还处在感知智能阶段。包括现在的机器翻译,都还只是属于其中一个映射和感知的范畴,并未到达认知阶段。图灵所定义的人工智能,是和人类无差别的、不能区分的,在一个弱人工智能的阶段实现强人工智能,还有非常远的路要走。

正如有学者批判性指出,当前的人工智能法学研究者几乎都不是计算机科学专家,法学家总是秉着"宁可信其有""未雨要绸缪"的态度来研究人工智能问题,那么我们现在是否也该为外星人去制定属于它们的规则?[20] 肯定论者虽然基于功利主义的考量,认为设立强人工智能刑事责任主体是以保护人类自身利益为目的,其出发点值得肯定,但是保护人类自身的利益是否一定要赋予强人工智能刑事责任主体的地位,值得商榷。究其原因在于,一方面肯定论者对于强人工智能时代到来的判断过于乐观,另一方面其论证的依据明显不足,如同 19 世纪初期西欧的空想社会主义理论一样,脱离社会的发展阶段而得不到实践。

其二,对强人工智能威胁论的过度担忧不能作为其刑事责任主体设立必要

---

[17] 蔡自兴:《中国人工智能 40 年》,载《科技导报》2016 年第 15 期。

[18] 参见[日]松尾丰:《人工智能狂潮:机器人会超越人类吗?》,赵函宏、高华彬译,机械工业出版社 2018 年版,第 20 页。

[19] 参见[日]松尾丰:《人工智能狂潮:机器人会超越人类吗?》,赵函宏、高华彬译,机械工业出版社 2018 年版,第 143 页。

[20] 参见刘艳红:《人工智能法学研究中的反智化批判》,载《东方法学》2019 年第 5 期。

性的前提。社会上有一部分人对人工智能的出现与发展表示忧虑,担心有一天人工智能会威胁到人类的生存与发展,史蒂芬·霍金就是其中的代表人物。他担心运用人工智能技术制造出具有自由意志的机器,即强人工智能,最终会威胁到人类的生存。他的观点引起包括众多民众和一些科技人员的共鸣。当然,社会上也存在另一种声音,认为尽管人工智能经过60年的发展已取得了重大进步,但在未来的很长一段时间内人工智能的整体水平还难以超越人类的智慧,还不足以威胁到人类的生存。他们主张必须高度重视人工智能对人类社会的影响,不失时机地研究与制定对策,以消除公众顾虑,确保人类自身安全。[21]肯定论者似乎先树立起强人工智能威胁论的"靶子",然后再对准该"靶子"来进行"射击",即欲通过刑事立法来控制强人工智能对人类的威胁。但是,这个"靶子"是否真实存在,以及什么时候会存在,目前是难以得知的。肯定论者秉持"居安思危"的姿态来看待强人工智能的犯罪问题,一方面指出等到强人工智能机器人出现的那天,人类可能将不再有能力去规制强人工智能机器人的行为,另一方面又强调现在就必须通过立法做好一定的风险防控措施。[22] 不难看出,肯定论者在该问题上逻辑难以自洽,既然人类可能不再有能力去规制强人工智能的行为,又何谈以刑事立法的方法来进行防控?退一步讲,即便人类有能力来规制强人工智能对人类的威胁,难道最佳的处理方案一定是完善刑事法来规制?正如有学者指出,"为了在甄别和防范风险的同时保护人工智能开发的积极性和创造性,有必要更多地采取软法方式,而不是简单地提高硬法的惩戒力度"。[23]

值得注意的是,否定论中的"伪问题""伪命题"的观点通过对将来未知情形的彻底否定来作为自己的立论依据也是存有疑问的。至少这样的回答没有给出应对强人工智能犯罪归责的具体方案,对或然发生的问题的解决实益不大。而且,讨论强人工智能是否具有刑事主体资格,不仅仅为刑法学科所关注,民法学界乃至国际私法学界也较多地讨论了智能机器人的民事主体地位问题,例如,针对2017年2月16日欧洲议会通过的《关于机器人民事法律规则的决议》,建议至少应明确最精密的自主机器人拥有"电子人"地位,使之能够承担其引发的损害的责任,并可能把"电子人格"适用于那些机器人自主决定或其他独

---

〔21〕 参见中国信息安全编辑部:《人工智能,天使还是魔鬼?——谭铁牛院士谈人工智能的发展与展望》,载《中国信息安全》2015年第9期。

〔22〕 参见刘宪权:《人工智能时代的刑法观》,上海人民出版社2019年版,第61页。

〔23〕 季卫东:《人工智能开发的理念、法律以及政策》,载《东方法学》2019年第5期。

立与第三方交互的案件。正如有学者指出,尽管表面上看“伪问题论”同否定论一样,二者在基本立场上都是否定强人工智能“犯罪主体论”,但是二者在论说的路径上存在差异,否定论是在承认“真问题”(即强人工智能可能实施危害社会的行为)的基础上进一步反对肯定论的理论言说。[24] 因此,笔者并不否认将来有一天可能会出现强人工智能,强人工智能也可能会实施危害社会的行为,笔者要质疑的是强人工智能本身能作为刑事责任主体和能接受刑罚处罚的观点。只有深入探究强人工智能犯罪的内在机理和有关的法理,才能妥当解决强人工智能犯罪的刑事责任归责问题。

(二)强人工智能承担刑事责任的可能性之纷争

对于未来性的命题,在未经科学研究充分证实的情况下,刑法学者对于该可能出现的新事物的探讨都只是基于自身的世界观出发来考虑问题。无论是对强人工智能刑事责任主体设立的必要性持肯定的态度还是否定的态度,两派所提出的理由都不能完全使对方信服。因而,对于强人工智能刑事责任主体的论证,肯定论者与否定论者更多的是把争论的重心放在强人工智能承担刑事责任的可能性上。

1. 肯定论者的主张及其理由

主张肯定论的观点认为,赋予强人工智能刑事责任主体地位具有可能性。理由如下:

第一,强人工智能可以实施具备犯罪构成要件的行为。Gabriel Hallevy 认为,“只要符合刑法的所有相关要求,一种新型的主体可以被添加到现有的刑法大家庭中,除了人类个体和法人之外”。[25] 此处“符合刑法所有的相关要求”指的是符合犯罪的构成要件,亦即,强人工智能可以实施构成要件该当性的行为,在没有违法阻却事由的前提下,凭借其自身的刑事责任能力承担刑事责任。

第二,强人工智能具有自由意志,具有辨认能力和控制能力。刘宪权教授指出,自然人的辨认能力和控制能力来源于生命,受到年龄等因素的影响,而强人工智能产品的辨认能力和控制能力则来源于程序和算法。[26] 科技的发展是呈爆炸式的,随着深度学习技术、神经网络技术、类脑智能技术等的发展,出现

---

〔24〕 参见魏东:《人工智能犯罪的可归责主体探究》,载《理论探索》2019 年第 5 期。

〔25〕 Gabriel Hallevy, *When Robots Kill: Artificial Intelligence under Criminal Law*, Boston, Northeastern University Press, 2013, p. 21.

〔26〕 参见刘宪权:《人工智能时代的“内忧”“外患”与刑事责任》,载《东方法学》2018 年第 1 期。

能够在自主意识和意志的支配下独立作出决策并实施行为的强智能机器人并非天方夜谭。[27] 有观点认为,“认识上的理性能力与在实践中的自主行为能力是法律主体的必备要素,而类人型人工智能实体依靠编程与系统具备这两项能力,也为其刑事责任主体的塑造提供了必要条件。类人型人工智能实体具备刑法上的认知与意志控制能力”。[28]

第三,不能用人类的自由意志产生机理来推导强人工智能自主意识的生成。有观点认为,“从当前的法律来看,自主意识是智能机器人取得法律人格的主观条件,能够进行独立的意思表示并进而形成社会关系是客观条件。完全用人类的自主意识作为强人工智能意识判断标准的科学性和合理性是值得商榷的”。[29] 尽管人的智能以意识为基础条件,但智能机器人实现分析判断和推理等能力并不一定需要具备和人一样的主客观条件,其意识以及意志自由的表现形式也可能与人类存在差异。应当明确强人工智能机器人在刑事责任与刑罚根据上与人存在差异,需要对刑法理论做出符合强人工智能机器人特征的重新解读。[30]

第四,从强人工智能与自然人的共性特征来肯定其刑事责任主体地位。换言之,不应过多地关注自然人与人工智能的不同点,将自然人人的属性与人工智能机器的属性相比较时,应重视两者之间的共同点。亦即,应重点关注自然人和单位作为刑事责任主体的必备要件,若强人工智能具备刑事责任能力这一必备要素,那么就有可能成为刑事责任的主体,则人工智能能够理解自身行为的意义,做出适法的行为。[31]

2. 否定论者的主张及其理由

否定论者认为强人工智能成为刑事责任主体地位不具有可能性。理由在于:

---

〔27〕 参见刘宪权:《人工智能时代的刑事责任演变:昨天、今天、明天》,载《法学》2019年第1期。

〔28〕 参见王耀彬:《类人型人工智能实体的刑事责任主体资格审视》,载《西安交通大学学报》2019年第1期。

〔29〕 孙占利:《智能机器人法律人格问题论析》,载《东方法学》2018年第3期。

〔30〕 参见卢勤忠、何鑫:《强人工智能时代的刑事责任与刑罚理论》,载《华南师范大学学报》2018年第6期。

〔31〕 参见陈叙言:《人工智能刑事责任主体问题之初探》,载《社会科学》2019年第3期。

第一,将强人工智能作为犯罪主体的设想不具有合理性。尽管具有自我决定能力的人工智能,在某种程度上具有与人类相似的辨认和控制自身引发的客观状态的能力,但这并不是刑法将人工智能拟制为犯罪主体的充分条件。人工智能不具备独立于人类的权利和价值,在善恶观和伦理观上不具备与人类相当的认知水平。[32] 第二,应突出强人工智能与自然人主体的差异性。意志自由是认定刑事主体地位的关键要素,包括认识要素与意志要素,强人工智能与法人虽然都不具有人类肉体与意识的生理构造,但法人特殊的运作机理符合刑事主体地位认定的实质要求,强人工智能并不具备。强人工智能运行机理与人的意志自由进行形式匹配过于机械,强人工智能不具有理解并遵从法规范的能力,其行为属性判断无客观标准。[33] 即便强人工智能机器人拥有独立的意志以及辨认能力、控制能力,但同样也不能成为犯罪主体,不承担刑事责任。将强人工智能机器人作为犯罪主体的观点忽视了自然人与智能机器人的区别。[34] 有观点指出,由于电子机械运动与人的生理运动之间存在不可逾越的鸿沟,从金属和塑料和指示电极开与关的程序组合中无法产生人的意识。在对人类意识的本质及生成机制缺乏透彻理解的情况下,无论是符号主义还是联结主义,都不可能模拟出人的意识。[35] 第三,强人工智能独立承担刑事责任不具有自洽性。因为要承认 AI 的"行为"满足刑法上的行为的要素,就必须要在 AI 自身当中找到和人类意思完全相当的意思,AI 不具备与人类等同评价的自由意思。[36]

3. 评析

刑法上的责任,是指由于实施了符合构成要件该当性的违法行为,而能够对该行为人进行道义上的谴责,即谴责可能性。所谓责任原则,即对行为人的行为,只有在能以故意、过失和责任能力为要件,进行谴责的场合,才能追究该行为人的责任。责任原则是以"没有责任就没有刑罚"这一近代刑法的基本原

---

〔32〕 参见叶良芳、马路瑶:《风险社会视阈下人工智能犯罪的刑法应对》,载《浙江学刊》2018 年第 6 期。

〔33〕 参见时方:《人工智能刑事主体地位之否定》,载《法律科学》2018 年第 6 期。

〔34〕 参见王志祥、张圆国:《人工智能时代刑事风险的刑法应对》,载《上海政法学院学报》2019 年第 2 期。

〔35〕 参见周铭川:《强人工智能刑事责任之否定》,载《上海政法学院学报》2019 年第 2 期。

〔36〕 参见储陈城:《人工智能可否成为刑事责任主体》,载《检察日报》2018 年 4 月 19 日,第 3 版。

则为基础的。大谷实教授指出,责任的基础应当从相对的意思自由论中寻求,并强调,责任观念是以自由意志为前提的或者谴责可能性为内容的。[37] 在强人工智能承担刑事责任的可能性这个问题上,肯定说和否定说观点之对立可以概括为以下几个既有区别又有联系的问题:强人工智能何以具有"意识"?强人工智能是否一定有"自由意志"?强人工智能具有辨认能力和控制能力是否符合"意向性"理论?

其一,强人工智能体不一定具有意识。如果强人工智能体不具备自我意识,即便其功能再强大,也只不过是人类认识世界和改造世界手段的延伸,摆脱不了其工具的本质属性。比如,围棋水平远超人类围棋能力的阿法尔狗 Zero 和自动驾驶汽车,虽然它们在某方面的能力远超人类,但是我们对此并不会感到真正的恐惧。若人工智能获得自我意识,即便在某些方面不如人类,也会是很大的威胁。强人工智能是由人类制造的,如果其想要取得"类人"的属性,则应具有人类的本质特征。众所周知,人类是唯一拥有自我意识的智慧生命,因此,要创造具有自我意识的人工智能,就只能以人的自我意识作为唯一参照。但是,目前科学存在的难题是人类远远尚未完全了解自身的意识,人类的意识仍然是一个未解之谜,并非一个可以清晰分析和界定的范本。在缺乏足够清楚参照系的前提下,就等于缺乏创造超级人工智能所需的各种指标、参数、结构和原理,因此,人工智能是否能够获得自我意识,仍然不是一个可确定的必然前景。[38] 有研究表明,"类脑智能研究已取得了阶段性的进展,但是目前仍然没有任何一个智能系统能够接近人类水平,即具备多模态协同感知、协同多种不同认知能力,对复杂环境具备极强的自适应能力,对新事物、新环境具备人类水平的自主学习、自主决策能力等。人工智能研究离真正实现信息处理机制类脑、认知能力全面类人的智能系统还有很长的路要走"。[39]

其二,强人工智能体不一定具有自由意志。自由意志的相对范畴是决定论,无意识则不可能有自由意志。但有意识者,也不一定就有自由意志。归责能力与意志自由存在于非决定论的意义上。当一个人能够在违反本意作出决

---

〔37〕 参见[日]大谷实:《刑法总论》(新版第2版),黎宏译,中国人民大学出版社2008年版,第283页。

〔38〕 参见赵汀阳:《人工智能的自我意识何以可能?》,载《自然辩证法通讯》2019年第1期。

〔39〕 曾毅、刘成林、谭铁牛:《类脑智能研究的回顾与展望》,载《计算机学报》2016年第1期。

定,在自由状态下,超越因果律存在的任意(willkür),要么给予刺激以动机力量,要么拒绝给予刺激以动机力量时,其就有归责能力。[40] 由此,刑法上的责任和突出责任的刑法结构,都是建立在非决定论的基础之上的。把有无实施其他合法行为的可能性与有无谴责联系在一起,把谴责的有无或大小作为责任的有无或大小,并将这些作为刑罚有无或轻重的基础,被称之为责任主义。作为刑法中保障国民自由的原则,责任主义现在已经得到了广泛的承认。正如有学者强调,"在认可实施其他行为的意志决定是可能的这一意义上,承认了意志自由。甚至可以说,现在占统治地位的刑法理论,不以意志自由为前提就不能成立"。[41] 有观点质疑,把没有被科学证明的意志自由作为前提是有疑问的。若该种质疑不能得到合理的解释,则现在刑法理论中占统治地位的责任主义原则就可能被推翻。日本刑法学者西原春夫教授对该问题做出了回应,刑法学界里的问题,实际上不是"意志是否自由",而是"普通人是否感觉到自己的意志以及其他正常人的意志是自由的",应当以此作为考虑刑事责任或者刑事处罚的出发点。只有设想意志是自由的或选择其他行为是可能的,才会对正常人的违法行为感到愤怒,并加以指责。只有产生指责,刑法才可以对此作出某些必要的处理。[42] 不难发现,该观点实际上认为在刑法上探讨意志自由的问题,不在于意志自由本身是否已经被科学所证明,而在于重点关注行为人的行为是否具有"他行为可能性",社会一般人是否会对行为人的犯罪行为感到愤怒而加以谴责,即意志自由是一种规范判断。笔者赞同该观点,虽然意志自由与归责能力是两个十分紧密的关系,但是不能以意志自由难以被科学证明而否定行为人不具有归责能力。在刑法学上,基于责任主义原则,行为人归责判断的重心放在"他行为可能性"上。若一个正常人的行为具有"他行为可能性",我们便可以说该行为人的意志是自由的。行为人基于其意志自由,在具有"他行为可能性"的条件下而实施违法行为,我们便可以对此加以谴责或非难。肯定论者一直强调,当强人工智能机器人在超出设计和编制的程序范围实施严重危害社会的行为时,显然违反了设计者或使用者的原本目的,而实现的是其自身的意志,其实

---

〔40〕 参见[德]冯·李斯特:《论犯罪、刑罚与刑事政策》,徐久生译,北京大学出版社2016年版,第158页。

〔41〕 [日]西原春夫:《刑法的根基与哲学》(增补版),顾肖荣等译,中国法制出版社2017年版,第171页。

〔42〕 参见[日]西原春夫:《刑法的根基与哲学》(增补版),顾肖荣等译,中国法制出版社2017年版,第173页。

施程序以外的行为与设计者、开发者或使用者无关。首先暂且不论设计者或开发者对于强人工智能体超出设计或编制的程序范围实施的危害行为是否存在过失,若强人工智能体在自我意识支配下独立作出杀人的决策,并实施相关杀人行为,我们是否一定要对该强人工智能体科以刑事处罚呢?这个时候必须考察该强人工智能体的行为是否具有“他行为可能性”。假设该强人工智能体超出程序之外基于自我意志专门实施危害社会的行为,没有实施合法行为的可能性,即便我们对该强人工智能体的危害行为感到愤慨,但是我们能对其加以归责吗?很显然,基于责任主义原则,该强人工智能体对出于自我意识实施的行为没有“他行为可能性”,就说明其意志并不是自由的,并不能纳入我们处罚自然人的“刑法”中来,可见强人工智能不一定具有自由意志。

其三,强人工智能具有辨认能力和控制能力不符合“意向性”理论。与人工智能有关的许多哲学问题中,意向性是最重要的方面之一。这是因为意向性体现了意识活动的本质,也是理解人工“智能”的关键部分。在大多数情况下,人们的言行都是以自我意识为指导的,并且是积极主动的,但机器的一切工作都需要机械地和被动地加以规定。“意向性在主动与被动之间划出一条分明的界线,人和机器的许多差别都可以在这里找到解释的根据”。[43] 若强人工智能想到达到人类智能的水平,具备同人类一样的辨认能力和控制能力,对意向性的解析是极为关键的一个环节。在人工智能研究和发展的过程中,对人类意识活动的“还原”与“模仿”是两种基本路径。由此,有学者探究“意向性”目前在人工智能研究两种基本路径中所处的地位并得出如下结论:第一,在还原过程中意识活动的特点被摈弃了,根本没有为意向性留下位置。还原只能从较低级的层次上反映大脑活动的特点,不能为解释意识维度上的现象提供实质性的帮助,其结果使得人工智能远离了人类的智能。第二,人工智能在模仿人类思维方式中虽有意义存在,但没有生成意义的环节,而无法摆脱对人的依赖,并不能视为体现出意向性。[44] 意向性主要包括两个方面,即意向活动和意向对象。意向活动具有自觉选择性和主动创造性,是一种通过主动建构而指向对象的过程,意向对象是意向活动的结果。根据肯定论者的观点,强人工智能体在根本上还是由被设计和编制的程序所产生的,只不过其具备超出程序控制之外的自

[43] 参见刘西瑞、王汉琦:《人工智能与意向性问题》,载《自然辩证法研究》2001年第12期。

[44] 参见刘西瑞、王汉琦:《人工智能与意向性问题》,载《自然辩证法研究》2001年第12期。

我意识生成能力。暂且不论该强人工智能体自我意识生成的根据在哪里,值得讨论的是强人工智能体能否理解自己行为的社会意义,强人工智能犯罪如何将自己的犯罪行为活动与犯罪对象之间建立起联系。若强人工智能体实施的行为只是机械地指向行为的对象,或者说对行为的对象缺乏正确的认识,那么其就不符合意向活动和意向对象所具备的内容,不能具备刑法意义上的辨认能力和控制能力,从而无法承担刑事责任。所以,肯定论者在论述强人工智能具有刑事责任能力时,绕不过对于强人工智能体是否具有意向性的论证,而不是简单从逻辑上推演强人工智能体具有意识的条件。

最后,是否一定要赋予强人工智能"刑事主体资格"?其实是一个法理学层面的问题,亦即,强人工智能是否可以成为法律主体。只有在宪法和其他部门法承认强人工智能作为的法律主体时,我们刑事法才可以考虑将其纳入规制的范围内,这是保持部门法体系协调性之间的必然要求。现在的问题是,肯定论者提供的解决方案如赋予人工智能法律主体地位等均是对现有体系的突破,正如有学者指出,这是一种"以新(立法)制新(问题)"的路径,往往仅仅是就事论事、毫无体系。[45] 不难看出,肯定论者的观点实际上是一种"刑法万能主义"的体现,换言之,是一种法律工具主义思维,但是一旦失去体系性研究之后,这种"兵来将挡"的处理模式容易违背法理、抛弃现有的法律原则,对法秩序造成破坏。笔者对强人工智能是否可以获得刑事主体地位持否定态度。第一,强人工智能不符合法律主体的内在要求。从规范上来讲,作为一个法律主体必须是权利与义务的统一体。即便承认强人工智能机器人享有权利,但是其依然无法履行相应的义务。比如,当强人工智能机器人致人损害而产生责任时,在承担赔偿责任的方式上,有观点认为让人工智能机器人来支配财产,建立储备基金,用以赔偿人工智能引发的损害,但这种责任仍然是人类的财产责任而不是该机器人的独立责任。第二,强人工智能不符合法律主体的本质要求。从事实上来讲,具备自由意志是法律主体的本质所在,因为"法学的主体概念是以意志自由为核心而建构的,主体性不是法律赋予本身就可以实现的,必须有自由意志的依据"。[46]

### (三)强人工智能刑罚处罚设置的科学性之审视

肯定论者承认强人工智能承担刑事责任的可能性,赋予强人工智能刑事责

〔45〕 参见刘艳红:《人工智能法学研究的反智化批判》,载《东方法学》2019 年第 5 期。

〔46〕 李琛:《论人工智能的法学分析方法——以著作权为例》,载《知识产权》2019 年第 7 期。

任主体的地位,最终的目的是将强人工智能纳入刑罚的轨道上来。对于强人工智能施加刑罚处罚是否科学合理是两派观点的第三次激烈争论。

1. 肯定论者之主张与理由

肯定论者主张,强人工智能在自由意志的支配下实施了严重危害社会的行为,应将其作为刑事责任主体,由于无法通过现行刑法中的刑罚种类对其进行处罚,则应该通过立法重构我国的刑罚体系,“增设能够适用于强智能机器人的刑罚处罚方式,比如删除数据、修改程序和永久销毁”。〔47〕 因为刑罚体系中的生命刑无法适用于强人工智能,当强人工智能犯罪时,刑法对其施加处罚,在现行刑罚体系的框架下,则会出现刑罚种类的阙如,造成“有犯罪无刑罚”的尴尬局面。

有学者基于社会防卫的理由为强人工智能科处刑罚提供依据。该观点认为应当借鉴刑事近代学派所主张的社会防卫论,创立以人工智能等科技风险为对象的“科技社会防卫论”与“科技责任论”,将人工智能作为独立的责任主体,对具有实施危害社会行为的人工智能施以技术危险消除。〔48〕 此外,在强人工智能机器人承受刑罚的基础上,预防主义刑罚目的论成为主流观点。有观点认为,“在强人工智能时代的刑罚功能上,对强人工智能机器人适用刑罚能够实现刑罚的威慑功能和教育改造功能。删除数据、修改程序和永久销毁契合强人工智能机器人的特征,能够实现刑罚的功能与目的”。〔49〕

2. 否定论者之质疑与根据

否定论者在批驳肯定论者的观点时,将强人工智能划分为两种类型。其一,如果假设强人工智能不再是主人的财产,而是与人类完全平等的新人类,则必然要同时假设其在本能、直觉、技能、情感、欲望等方面完全与人类相同,则对其适用与人类完全相同的生命刑、自由刑、财产刑甚至剥夺政治权利刑,就完全合乎逻辑,因此也没有必要提出所谓删除数据、修改程序、永久销毁等所谓新的刑罚种类。〔50〕 其二,如果假设强人工智能各方面超越了人类,人类反过来被强

〔47〕 刘宪权:《人工智能时代我国刑罚体系重构的法理基础》,载《法律科学》2018年第4期。

〔48〕 参见黄云波:《论人工智能时代的刑事责任主体:误区、立场、类型》,载《中国应用法学》2019年第2期。

〔49〕 参见卢勤忠、何鑫:《强人工智能时代的刑事责任与刑罚理论》,载《华南师范大学学报》2018年第6期。

〔50〕 参见周铭川:《强人工智能刑事责任之否定》,载《上海政法学院学报》2019年第2期。

人工智能控制,提出为强人工智能增设新的刑罚种类也意义不大。正如有学者指出,如果未来人工智能系统不受人类控制、自主进化,极可能不具备成立犯罪的主观条件,不能适用刑法规定的刑事责任和刑罚相关规定;不受人类控制的未来人工智能系统不可能接受刑法的规制,也就无从适用刑罚处罚,其制造的危机需要以其他直接、有效的技术手段应对。[51]

同时需要质疑的是,从刑罚惩治与安抚功能、刑罚预防功能、刑罚矫正功能来看,肯定论者所提出的设想难以实现以上功能。原因在于,其一,刑罚的威慑力是实现预防犯罪目的的重要基础,但机器人缺乏感知喜怒哀乐的能力,因而刑罚对于缺乏趋利避害本性的机器人不能发挥威慑效应。其二,刑罚只能施加于具有意志自由的主体,不通过主观恶性判断其社会危险性及再犯可能性,教育改造目标将无从谈起。[52]

3. 评析

在为强人工智能设置刑罚处罚的问题上,通过比对分析以上两派的观点,笔者拟从四个方面具体讨论通过立法重构刑罚体系的科学性问题。

第一,强人工智能受到人类社会的管控是科处刑罚的前提。即便强人工智能能够成为刑事责任的主体,如果不能对其有效地施加刑罚措施,则将其纳入刑法范围内进行规制也没有任何意义。因此,对强人工智能科处刑罚的前提是受到人类社会的管控。肯定论者一边假设人类将不再有能力去规制强智能机器人的行为,人工智能可能毁灭人类,另一边又主张通过刑事立法对强人工智能的犯罪行为科处刑罚,逻辑上难以自洽。

第二,重构刑罚体系来规制强人工智能的行为违背刑法谦抑性原则。日本学者西田典之教授指出,“刑罚这种制裁具有强制力,由于它同药效大的药物一样伴有副作用(资格限制与作为犯罪人的烙印),判断以什么作为刑法的对象时,必须慎重考察对某种行为是否有必要动用刑罚来抑止”。[53] 换言之,凡是能够避免动用刑罚的,就应尽量避免,“只有在其他保护手段不足以保护法益之时,才可以动用刑罚”,[54]这就是刑法的谦抑性。当强人工智能实施法益侵害

---

〔51〕 参见皮勇:《人工智能刑事法治的基本问题》,载《比较法研究》2018 年第 5 期。

〔52〕 参见时方:《人工智能刑事主体地位之否定》,载《法律科学》2018 年第 6 期。

〔53〕 [日]西田典之:《日本刑法总论》,刘明祥、王昭武译,中国人民大学出版社 2007 年版,第 23 页。

〔54〕 [日]山口厚:《刑法总论》(第 3 版),付立庆译,中国人民大学出版社 2018 年版,第 5 页。

性的行为时,应当首先考虑的是伦理道德规范、前置法或科技手段能否起到良好的作用。肯定论者在没有充分考察其他应对方案时,就直接动用刑罚处罚,不无疑问。

第三,现阶段考虑通过立法来设置刑罚处罚不符合我国科学立法的要求。刘艳红教授指出,良善的刑法必须是富有实效的法,实效性立法重视的是法益保护,注重考虑的是行为对刑法所保护利益的侵害与威胁及其后果,但象征性立法往往脱离对法益的肯认,偏向于对行为规范或伦理秩序的认同。[55] 肯定论者在我国现阶段就要考虑通过立法来规制强人工智能的行为,并为其设置一套处罚规则,无异于盲人摸象。因为就人工智能发展的现状来看,并未在各个领域呈普及之势,更不可能存在强人工智能对法益造成严重危害或威胁。前瞻性立法不等于脱离社会发展阶段的立法,"立而不用"不仅是对立法资源的浪费,更是对国民朴素法感情的错误引导。

第四,对强人工智能施加刑罚处罚无法实现刑罚的目的。李斯特认为,拟科处的或已经科处的刑罚的主要目的在于一般预防和特殊预防。对于被害人而言,它确保侵犯被害人权益的行为一定会受到制裁。刑罚的任务是通过威慑(增强罪犯的恐惧心理)和矫正(改变其性格)将罪犯改造成为对社会有用之才。[56] 强人工智能犯罪后,对其科处"删除数据、修改程序和永久销毁"的刑罚就一定能安抚被害人的心理和修复被破坏的社会秩序吗?而且"删除数据、修改程序和永久销毁"相当于"归零"式的处罚方法无法使罪犯增强恐惧心理,也不会起到改变其性格的作用。因为自然人犯罪后接受刑罚处罚然后改过自新,是一种由外而内的教育改造的过程,即由国家科处刑罚通过罪犯的自由意志自我反省来降低其再犯可能性,符合外因通过内因起作用的哲学原理。相反,强人工智能接受刑罚处罚是一种由外到外的过程,比如肯定论者所言的"删除数据",相当于抹除人工智能机器人的"犯罪记忆",使其恢复到实施犯罪行为之前的状态,"犯罪记忆"将不会再成为该人工智能机器人成长经历中的一部分,从而引导人工智能机器人在今后的深度学习过程中主动获取"正面数据"。[57] 但问题的关键在于,这种类型的刑罚处罚并不会使罪犯

[55] 参见刘艳红:《以科学立法促进刑法话语体系发展》,载《学术月刊》2019年第4期。

[56] 参见[德]冯·李斯特:《论犯罪、刑罚与刑事政策》,徐久生译,北京大学出版社2016年版,第7页。

[57] 参见刘宪权:《人工智能时代的刑法观》,上海人民出版社2019年版,第135页。

本身感受到痛苦来使得自己消除对社会的危害性,罪犯并没有通过“自由意志”在这次刑罚中获得改造自我的认知,因而无法实现刑罚的目的。这种类型的刑罚处罚从侧面也说明了一个问题,即肯定论者否定了强人工智能在接受刑罚处罚时存在自我意识。从这个角度来看,肯定论者在论及强人工智能犯罪时,承认其具有自由意志,但是在对强人工智能施加刑罚时,此时的强人工智能宛如被“选择性失忆”,这不符合自由意志的基本原理。这也是为一些学者所批判的,“肯定论在若干命题上经常陷入顾此失彼、前后矛盾、自我否定的悖论之中”。[58]

## 三、强人工智能刑事责任主体的理性反思

在厘清与评析人工智能刑事责任主体各观点的基础上,本文该部分拟探究和分析两派学者争论的深层次原因,并阐明笔者对于人工智能时代刑法规制与发展的基本观点。

### (一)审视与剖析:肯定论与否定论之争

#### 1. 推理思路与价值选择导致两派立场上的鸿沟

肯定论者在阐释强人工智能刑事责任主体设立是否必要时,往往是从自身对于该问题的价值判断出发作出的价值选择。对于该问题的阐释更多的是停留在“立场选择”而不是方法与过程的论证。肯定论者通过假设危害结果的发生来说明强人工智能刑事责任主体设立的必要性,进而在该一假定的前提下探究主体设立的可能性与刑罚重构的可行性,体现的是一种“由果索因”的逻辑思路。相反,否定论者更多地体现“由因导果”的推理思路,从根本上否定产生结果的原因,不接受没有被证明的“原因”,认为现阶段研究强人工智能刑事责任主体的设立没有合理的依据也无必要性。

#### 2. 自由意志的产生与机能是两派争论的焦点

强人工智能承担刑事责任的前提是能够成为刑事责任的主体,根据人类现有的刑法理论知识与刑事立法例,自主意识、自由意志则顺理成章地成为强人工智能必备的要素。肯定论者在论述强人工智能自主意识的产生时,做出了与人类意识产生方式不同的解释,在意志的机能上又做出同人脑具有类似机能的解释。否定论者立足于既存人类知识的基础上,指出强人工智能无法像人类一样产生出意识,也不具备人脑如此复杂的思维机能。前者实质上

---

[58] 冀洋:《人工智能时代的刑事责任体系不必重构》,载《比较法研究》2019年第4期。

是从矛盾的特殊性与普遍性的两个角度分析问题,既认为强人工智能与人类存在不同之处,也强调两者之间存在共性;后者是立足于矛盾的特殊性分析问题,看到强人工智能与人类的不同点。但肯定论者面临一个巨大的难题,即在论证强人工智能自主意识的产生时,绕不过哲学上关于唯物论与认识论的先验结论:“究竟什么是思维和意识,它们从哪里来的,那么就会发现,它们都是人脑的产物,而人本身是自然界的产物,是在自己所处的环境中并且和这个环境一起发展起来的”。[59] 实践是人的有意识的生命活动,“有意识的生命活动把人同动物的生命活动直接区别开来”。[60]

3. 强人工智能呈现出的特征是刑罚设置科学性的基础性条件

正所谓“对症下药”,既要使患者得到好的疗效,而且该“药”的社会口碑也要良好。就如同我们现在的司法活动一样,强调法律效果和社会效果的统一。对症下药的前提是要清楚病因和症结所在,在病因不明的情况下给出的药方难言是科学的,甚至是非常危险的。对强人工智能设置刑罚处罚也是如此,在对强人工智能自身呈现出来的特征缺乏充足的了解和掌握的情况下,谈刑罚种类的设置,仅仅是一种“为了设置而设置”。即便笔者沿着肯定论者的思路,应得出以下结论:若承认强人工智能刑事责任主体地位,则我们的社会不再是以人类为中心,而是“自然人—强人工智能”二元并存的模式。那么从二者力量对比关系和强人工智能体表现的特征来看,我们不难作出下列假设:(1)当强人工智能与人类处于力量对等的关系时,若强人工智能与人类的特征相同,那么当强人工智能犯罪时,则应适用于自然人相同的刑罚种类,即当下的刑罚体系不必重构;若强人工智能与人类的特征不同,则应专门设置适用于强人工智能的刑罚种类或体系。(2)当强人工智能与人类处于力量不对等的关系时,此种情况并不会存在真正意义上的“自然人—强人工智能”共生状态,要么强人工智能依旧属于人类的工具,要么人类被强人工智能所统治。所以,在二者力量不对等的情况下,根本不用涉及刑罚处罚的问题。

(二)检讨与确立:人工智能时代刑法发展之要义

1. 人工智能时代应秉持的刑法观

正如埃里克·希尔根多夫所指出,“数字化革命尤其是人工智能的广泛应

---

[59] 恩格斯:《反杜林论》,载《马克思恩格斯文集》(第9卷),人民出版社2009年版,第38~39页。

[60] 马克思:《1844年经济学哲学手稿》,载《马克思恩格斯文集》(第1卷),人民出版社2009年版,第162页。

用不仅引发了人类工作生活的巨大变革,也对法律职业以及刑法学工作产生了跨时代的影响……人工智能并不是百分之百的安全,人类在未来遭受其损害的概率会显著提升。即使如此,法律的演进仍应谨慎、适度,尝试以现有的法律教义学方法解决人工智能所带来的新的法律问题……具有自我学习能力的系统对法律构成了特别的挑战。当然前提是从实证角度对风险情势进行更强有力的解释”。[61] 本文认为,不应随便突破或者否定现存的法律框架和刑法理论,“在讨论智能主体是否具备刑法中的主体资格问题时,仍需要回归到规范刑法学层面,尝试探讨智能主体的刑事责任能力等规范要素。尽管其可能不是最好的办法,但它目前是适当的权宜之计”。[62] 对风险形势在未经科学实证研究的前提下,我们更不应该让刑法“打头阵”。此外,我们不应将立法条件和研究条件混为一谈。即使立法条件不成熟,只要存在现实问题或预见到问题的现实发生可能性,就应当积极投入研究。[63] 在刑法上进行理论上的前瞻性探讨和研究无可厚非。但是法律的本质、内容和发展方向是由特定的社会物质生活条件和生产方式决定的。在现阶段讨论强人工智能刑事立法既缺乏实践基础,也与当下中国刑事立法的趋势不相符合,下文对此展开论述。

2. 人工智能时代刑事立法论与解释论应坚守的立场

“社会不是以法律为基础的。那是法学家们的幻想。相反地,法律应该以社会为基础。法律应该是社会共同的、由一定物质生产方式所产生的利益和需要的表现,而不是个人恣意横行。”[64] 马克思这段话说明,法的关系正像国家的形式一样,既不能从它们本身来理解,也不能从所谓人类精神的一般发展来理解,而是应当从它们根源于物质的生活关系来理解,这种物质的生活关系就是一个国家经济的现状和社会发展的阶段。众所周知,这些年,我国社会持续快速发展,经济实力、人民生活水平、国际影响力大大提高,中国特色社会主义取得历史性成就。但从根本上说,我国的基本国情没有改变,仍处于并将长期处于社会主义初级阶段。这是由我国社会主义经济的初级阶段所决定的。而法

---

〔61〕 参见[德]埃里克·希尔根多夫:《自动系统、人工智能和机器人——一个刑法角度的定位》,黄笑岩译,载《法治现代研究》2019 年第 1 期。

〔62〕 王燕玲:《人工智能时代的刑法问题与应对思路》,载《政治与法律》2019 年第 1 期。

〔63〕 参见孙占利:《智能机器人法律人格问题论析》,载《东方法学》2018 年第 3 期。

〔64〕 马克思:《对民主主义者莱茵区域委员会的审判》,载《马克思恩格斯全集》(第 6 卷),人民出版社 1961 年版,第 291 页。

律本质是由特定社会的物质生活条件决定的,即我国社会主义初级阶段的经济状况决定我国法律的内容和发展方向。正如恩格斯所言,一切社会变迁和政治变革的终极原因,不应当到人们的头脑中去寻找,而应当到有关时代的经济中去寻找。[65] 肯定论者强调在现阶段就要考虑通过立法来规制强人工智能的行为,为其增设相应的罪名,并重构刑罚体系,这无疑是脱离了当下我国经济发展的实际情况,并与我国现实的国情不相符合。经济基础决定上层建筑,没有支撑强人工智能产生的经济基础就不应当有相配套的刑事立法的出现。

“刑法解释论的任务是,通过对法令的解释,明确何种行为属于犯罪;而立法论的任务是,检讨将何种行为作为处罚的对象在刑事政策上才是妥当的。”[66] 在“人类中心主义”的历史背景和社会观念主导下,无论是现在的弱人工智能还是未来的强人工智能,其本质都是人类的工具,只能作为行为的对象,不能作为行为的主体。但是,将人工智能体仅作为行为的对象也会产生一些立法或司法上的问题。比如案例一,假设在未来出现和人类特征基本一样的强人工智能机器人某甲(女性),行为人某乙将该强人工智能机器人某甲控制到手后,以出卖为目的,将某甲进行拐卖。那么,对于行为人某乙的行为能否认定为“拐卖妇女、儿童罪”。再如案例二,行为人某乙由于与路人某甲发生口角,乙一怒之下便用携带的刀具将某甲“捅死”,事后查明某甲身份是一名类人型强人工智能机器人,行为人乙误以为某甲是一名自然人。那么,对于行为人某乙的行为如何认定呢?由于在“人类中心主义”的社会观念支配下,弱人工智能和强人工智能的本质都是人类的工具,不具有法律主体资格,所以在案例一中,不能将强人工智能机器人某甲与拐卖妇女、儿童罪中的“妇女、儿童”进行平义解释,等同视之。因为该罪名中的“妇女、儿童”本身具备法律主体资格。所以,不能将某甲解释为该罪名中的妇女、儿童,否则违背罪刑法定原则。但是,行为人某乙的行为客观上确实侵害了某甲的身体自由,那么基于行为的处罚必要性和罪刑法定原则,要么对于此类行为只能够以盗窃罪或其他财产类犯罪论处(将强人工智能机器人视为其主人的财物),要么通过立法,增设新的罪名“拐卖强人工智能机器人罪”等来处罚此种行为,但是这种通过立法的方式也间接承认了强人工智能体“人格化”的一面。对于案例二中行为人某乙行为性质的认定,某乙

---

[65] 参见恩格斯:《反杜林论》,载《马克思恩格斯文集》(第9卷),人民出版社2009年版,第283页。

[66] [日]山口厚:《刑法总论》(第3版),付立庆译,中国人民大学出版社2018年版,第5页。

属于抽象认识错误,即其行为跨越了不同的构成要件,根据刑法理论通说观点,乙的行为应构成故意杀人未遂和过失毁坏财物罪想象竞合,由于我国刑法没有规定过失毁坏财物罪,所以乙的行为不构成财产类犯罪。那乙的行为能认定为故意杀人罪未遂吗?结果无价值论的观点和"人类中心主义"的立场一致,认为行为对象某甲并不是自然人,没有生命特征,不能将其解释为作为本罪行为对象的"人",在本案中没有值得故意杀人罪的保护法益。换言之,自然人的生命法益在本案中并没有被侵害,故某乙的行为也不构成故意杀人罪,对乙的行为最终只能作无罪处理。若承认强人工智能刑事责任主体地位,则必须采取"自然人—强人工智能"二元并存的模式,转变以人类为中心的社会观念。对于以上两个案例,某乙的行为则应分别认定为拐卖妇女、儿童罪和故意杀人罪。

需要强调的是,在人工智能时代,刑法对人工智能发展保持中立且谨慎的立场的前提下,为了防止不可控的人工智能产品的出现,刑法应重点打击故意利用人工智能犯罪的行为,将严重违背伦理的设计研发行为予以入罪。对于不可控的研发后果,研发者应当预见而没有预见,抑或是已经预见而轻信可以避免,在现行刑法无法规制的前提下,此种过失犯也应增设相应的罪名。以此平衡人工智能技术发展与社会风险之间的矛盾。

3. 人工智能时代刑法学者应具备的研究方法

刑法学者对于人工智能刑事责任主体相关研究的论证过度集中于刑法理论方面,跨学科、跨领域的研究成果亦较少,这受制于刑法学者的个人的知识结构、认识能力和认识水平。而人工智能是一门极富挑战性的科学,从事这项工作的人必须懂得计算机知识、心理学和哲学知识。就学科范畴而言,人工智能是一门边沿学科,属于自然科学、社会科学、技术科学三向交叉学科。"智能主体的首要特征是技术问题,其次是与之高度关联的智能程度问题。在考察智能主体的法律资格及其行为能力时,也需要立足于智能技术这一首要因素,围绕智能程度这一关键问题,展开相应的讨论,否则有可能偏离问题的实质。"[67]

笔者无意让刑法学研究者承担如此多领域与学科的研究负担,这也不现实,但是最基本的应该了解和掌握这些学科的一般性原理和结论。在对强人工智能进行刑法上的规制时,绕不过对这些学科现有知识的辩证否定。刑法学者未来应加强跨学科视角的研究,为其立场与结论提供充分的论证。因为人类在改造客观世界的同时,也改造着自己的主观世界,提高自己判断和推理能力,从

〔67〕 王燕玲:《人工智能时代的刑法问题与应对思路》,载《政治与法律》2019 年第 1 期。

而推动认识的不断深化。

## 四、结　　语

当前,数据已成为驱动本轮人工智能浪潮兴起的关键要素,数据安全则是人工智能安全的关键。《人工智能数据安全白皮书(2019)》将人工智能数据安全治理作为重要议题。《人工智能安全与法治导则(2019)》重点关注算法安全、数据安全、知识产权、社会就业和法律责任。在人工智能产品法律责任上,主要存在人工智能法律主体模糊、人工智能责任界定复杂的问题。并明确指出,弱人工智能时代,人工智能产品的定位是“工具”,人工智能设计者、生产者、运营者、使用者承担法律主体责任。不难看出,弱人工智能引发的一系列问题才是当下人工智能研究的主要矛盾,才是研究治理中的“真问题”。“理论在一个国家实现的程度,总是取决于理论满足这个国家的需要程度。”〔68〕当下对强人工智能刑事责任主体的理论研究是否是真正满足我们国家的需要呢?社会生活在本质上是实践的,刑法学的研究在“仰望星空”的同时,更应“脚踏实地”。作为一门实践性学科,其理论的涵养应来源于实际生活,其理论的品质最终应落实到实践中去。

(责任编辑:庄洁)

---

〔68〕 马克思:《〈黑格尔法哲学批判〉导言》,载《马克思恩格斯文集》(第1卷),人民出版社2009年版,第12页。

# 域外经验

# “三步检验法”的解释适用
## ——客观目的解释视角的比较研究

赵 颉*

**摘要：**

在涉及著作权合理使用的案件中，我国法官倾向于移植美国法“四因素”作为判断基础，这在体系上与《著作权法》及《实施条例》规定的“三步检验法”产生了冲突。但事实上该问题并非无解：在适用逻辑上，“四因素”和“三步检验法”具有相似之处，而且德国和英国的学说判例提供了客观目的解释的思路。受此启发，本文结合比较法和指导性案例，提出了将“四因素”中各因素作为“三步检验法”各步的客观目的，并利用“四因素”衍生出的判断规则来对有关法律条文进行解释适用的想法，从而在维护体系的同时满足司法实务的需求。

**关键词：**

合理使用；“四因素”；“三步检验法”；法律解释

## 一、问题源起

“三步检验法”(Three-Step Test)包括“特定、特殊情形”、“不得影响该作品的正常使用”和“不得不合理地损害著作权人的合法利益”三步，[1]其来源于我国加入的《伯尔尼保护文学和艺术作品公约》(Berne Convention，以下简称《伯尔尼公约》)[2]。该方法是判断合理使用的实证法依据，体现为我国《著作权

* 赵颉，华东政法大学2018级民商法学硕士研究生。

[1] 参见王迁：《知识产权法教程》(第5版)，中国人民大学出版社2016年版，第218页；李明德、许超：《著作权法》(第2版)，法律出版社2009年版，第96页。

[2] 参见《伯尔尼公约》第10条。除此之外，我国加入的《与贸易有关的知识产权协议》和《世界知识产权组织版权条约》也规定了“三步检验法”。

法》第22条及《著作权法实施条例》(以下简称《实施条例》)第21条两个规范[3]。

但随着新类型案件的出现,《著作权法》及其《实施条例》的规定缺乏灵活性。于是,司法实务倾向于直接移植美国法上的"四因素"判断法。与"三步检验法"不同,"四因素"判断法源于普通法的判例,其提供了"使用的目的和性质"、"受版权保护作品的性质"、"同整个有版权作品相比所使用的部分的数量和内容的实质性"和"使用对有版权作品的潜在市场或价值所产生的影响"等几个因素给法官进行参照,给予法官很大的裁量权。在2016年,上海美术电影制片厂著作权侵权纠纷案被评为上海法院"十大典型案例",在该案中法院使用了"使用的目的和性质"衍生出的"转换性使用"规则作为主要判决理由。[4] 在2018年北京法院第35号参阅案例(即"琼瑶诉于正案")中,法院也使用了"同整个有版权作品相比所使用的部分的数量和内容的实质性"这一因素作为主要判决理由。[5]

尽管"四因素"的使用也得到了最高人民法院的肯定,[6]但其仍存在以下几个问题。其一,近年来实务中对于"四因素"的司法标准不一,而且说理比较随意,充分暴露出法院在解释适用上的短板。比如,在李向晖与广州华多公司著作权纠纷中,一审法院和二审法院各自选取了美国法中"使用的目的和性质"因素以及"市场影响"因素进行判断,得出了完全相反的结论,但没有进行充分的说理。[7] 其二,"四因素"与"三步检验法"作为两种不同的模式,目前在我国司法实务的不同案例中皆有采用,其能否共存也须质疑。[8] 此外,因缺乏确定

---

〔3〕《著作权法》第22条列举了合理使用的若干"特定、特殊情形"。而《著作权法实施条例》第21条则进一步规定:"依照著作权法有关规定,使用可以不经著作权许可的已经发表的作品的,不得影响该作品的正常使用,也不得不合理地损害著作权人的合法利益。"

〔4〕参见上海市知识产权法院(2015)沪知民终字第730号民事判决书。

〔5〕参见北京市高级人民法院(2015)高民(知)终字第1039号民事判决书。

〔6〕在最高人民法院发布的指导性案例中并未出现直接相关的案件,但从最高人民法院的一些文件中可以看出其对"四因素"的肯定。参见最高人民法院《关于充分发挥知识产权审判职能作用推动社会主义文化大发展大繁荣和促进经济自主协调发展若干问题的意见》(法发〔2011〕18号),2011年12月16日施行。

〔7〕参见广东省广州市南沙区人民法院(2016)粤0115民初4345号民事判决书、广东省广州知识产权法院(2017)粤73民终85号民事判决书。

〔8〕甚至有学者认为,运用"四因素"有脱离本土法源进行"不当造法"的嫌疑。参见熊琦:《著作权合理使用司法认定标准释疑》,载《法学》2018年第1期。

性,四因素在其发源地美国也饱受争议,〔9〕故我国更应当谨慎移植。

在欧盟法上,“三步检验法”也被认为过于僵化,甚至被认为是合理使用审判中的鸡肋和“搅局者”。〔10〕不过,在2008年,欧洲知识产权界的权威学者就“三步检验法”的解释适用发布了一个宣言,认为“三步检验法”不应当按照传统学说那样按顺序一步一步进行,而应当像四因素一样从整体上进行判断(comprehensive overall assessment),〔11〕这实际上是将“三步检验法”和“四因素”一样视作灵活的标准,以适应经济社会的发展。不过,这个宣言只记录了一些观点,而没有具体的案例,因此无法作为司法实务的直接参考。在大陆法系国家的判例中,德国联邦最高法院(BGH)的“明镜”案具有代表性。该案中法官并未常规地依据基本权利(Grundrechte)进行宪法解释,而是通过客观目的解释的方法对于“三步检验法”进行解释适用。〔12〕这种方法对我国司法实务有很大借鉴意义,因为宪法解释在我国法院并不可行,〔13〕而单纯采用“四因素”又存在一些问题。此外,虽然我国的知识产权审判逐渐开始注重案例指导制度和“遵循先例“,但由于我国法官极其注重对于法律文本的解读,意味着解释适用“三步检验法”必须遵循常用的解释规则。因此,笔者试图通过分析“四因素”和“三步检验法”之间的逻辑关联点,结合“四因素”的判断规则,对相关法律条文进行解释,以期得出在现行司法实务中正确适用“三步检验法”的方案。

## 二、对“三步检验法”运用客观目的解释的背景依据

### (一)运用客观目的解释的必要性

#### 1. 案例指导制度与法律解释

由于最高人民法院发布指导性案例数量有限,一些高级人民法院也会以

---

〔9〕“... open-ended application provided too little guidance for judges...” Caile Morris, “Transforming Transformative Use: The Growing Misinterpretation of the Fair Use Doctrine”, *Pace Intellectual Property, Sports & Entertainment Law Forum* 5, 2015, p. 16.

〔10〕C. Geiger, J. Griffiths and R. M. Hilty, “Towards a Balanced Interpretation of the ‘Three-step test’ in Copyright Law”, *European Intellectual Property Review* 12, 2008, p. 491.

〔11〕C. Geiger, J. Griffiths and R. M. Hilty, “Towards a Balanced Interpretation of the ‘Three-step test’ in Copyright Law”, *European Intellectual Property Review* 12, 2008, p. 493.

〔12〕Vgl. BGH, GRUR 2017, 1027 [1031 – 1033].

〔13〕“宪法司法化”第一案中《关于以侵犯姓名权的手段侵犯宪法保护的公民受教育的基本权利是否应承担民事责任的批复》(法释〔2001〕25号)肯定了宪法解释的地位,但是该解释已于2008年被废止。

“典型案例”“参阅案例”等形式,为下级法院的裁判提供指导。值得注意的是,上述两种指导性案例都不具有强制适用的效力,最重要的原因是其并未规定法官不参照指导案例的后果。[14] 我国并非判例法国家,因此,应当对实证法语境下的遵循先例进行正确理解。在英美法上,遵循先例的实质是要求法官从众多先例中概括出案件事实及其对应的判决理由,并在给定案件中选择适用。相比之下,我国法官在审判中倾向于依据法律规则,而非从先前的案件中归纳相似的案情以及判决理由,而且在我国司法实践中确实出现了案件事实不同但却通过先例中的裁判要点进行说理的情形。[15] 笔者认为,由于法律规则的至上地位,现行司法实务中的指导案例实际上是一种法律解释和适用的示范,而不是正式的法律渊源。

因此,我国指导案例的作用仅在于指导法官针对某一类案件,对实证法进行统一的法律解释,从而既能弥补成文法系条文滞后性的弊端,也能最大限度地减少因法律解释而带来的同案不同判的现象。

在司法实务中,法官主要依据的法律解释方法为文义解释与体系解释,而在有关“三步检验法”的研究成果中出现了采用主观目的解释之趋势。[16] 但文义解释、体系解释和主观目的解释在合理使用的案件中皆有其局限性,故应考虑采用客观目的解释的方式,而这种解释方法是否可以在我国合理使用的案件中适用,尚无有关文献进行深入研究。

2. 其他法律解释方法的局限性

在常用的法律解释方法中,文义解释与体系解释属形式解释方法,其中,体系解释乃文义解释的补充规则,其主要内容是寻求同一法律文本内表达的一致性。[17] 为避免无节制地解读制定法的文字会给法治带来不确定因素,应当优先适用文义解释并节制其他法律方法的适用。[18] 但是,文本不可避免地存在模糊性,此时文义解释可能会出现多个结果。《著作权法》第22条及其《实施条例》

---

〔14〕 参见李瑛、许波:《论我国案例指导制度的构建和完善——以知识产权审判为视角》,载《知识产权》2017年第3期。

〔15〕 参见李瑛、许波:《论我国案例指导制度的构建和完善——以知识产权审判为视角》,载《知识产权》2017年第3期。

〔16〕 参见熊琦:《著作权合理使用司法认定标准释疑》,载《法学》2018年第1期。

〔17〕 参见陈金钊主编:《法律方法教程》,华中科技大学出版社2014年版,第134~135页。

〔18〕 参见陈金钊主编:《法律方法教程》,华中科技大学出版社2014年版,第132~134页。

第21条的内容比“四因素”更为抽象和模糊，无论是“特定、特殊情形”“不得影响该作品的正常使用”，还是“不得不合理地损害著作权人的合法利益”，都无法通过文义解释直接得出结论，也无法通过体系解释来获取有用的信息，因此有必要进行进一步的目的解释。

与形式解释不同，目的解释重视对法律条文的实质性理解，并以此对形式解释的结果予以评判，以克服形式解释过于机械的弊端。目的解释又可分为主观目的解释和客观目的解释，前者倾向于回溯到立法者的规范目的，而后者则倾向于探求规范本身的目的。[19]

对此，有学者主张主观目的解释的方式，依据《伯尔尼公约》的会议记录和世界贸易组织争议仲裁委员会的仲裁文书，对“三步检验法”进行解释，并建议以此为我国司法实践的蓝本。[20] 然而，通说认为主观目的解释的依据仅包括官方立法理由说明、立法者意向声明等，并不包括会议记录等参考资料；[21] 同时，世贸仲裁委员会并非立法者，其解释至多只有参考价值。更重要的是，我国《著作权法》是依据有关国际协定转化而来，在司法实务中应依据我国实证法而非直接适用有关国际协定。[22]

综上所述，通过文意解释、体系解释和主观目的解释得出的结论均存在一定的问题，故有必要借助客观目的解释来探求规范本身的目的。

（二）运用客观目的解释的可行性

1. 比较法上的客观目的解释路径

合理使用问题上的客观目的解释方法在比较法上有据可循。在2001年，欧洲议会和欧盟理事会颁布了有关版权问题的2001/29/EC号指令，并在该指令的第5条(5)项中参照《伯尔尼公约》的要求规定了“三步检验法”[23]。一般而言，指令(directive)这种法律渊源要求成员国对某一特定领域的法律进行修改，这种修改一般由成员国议会进行，成员国法院也可能在个案中对指令作出

---

〔19〕 参见陈金钊主编：《法律方法教程》，华中科技大学出版社2014年版，第138页。

〔20〕 参见熊琦：《著作权合理使用司法认定标准释疑》，载《法学》2018年第1期。

〔21〕 参见[德]拉伦茨：《法学方法论》，陈爱娥译，商务印书馆2003年版，第220页。

〔22〕 参见张鹏：《国际著作权公约中的“三步检验标准”研究》，载《武大国际法评论》2014年第2期。

〔23〕 Art. 5(5), Directive 2001/29/EC of the European Parliament and of the Council, on the harmonisation of certain aspects of copyright and related rights in the information society (22 May 2001).

自己的解释。[24] 在前述“明镜”案中,德国联邦最高法院根据欧盟最高法院的指示[25]认为,该指令不允许各成员国的议会和法院设定超出列举情形的“特定、特殊情形”,因为欧盟立法者已经对著作权人和使用人之间的利益进行了衡量。一般来说,法官仍可以根据基本权利的要求来对列举的情形进行宪法解释,但宪法解释主要是用来对抗公权力的,在此处采用这种解释欠缺说服力。[26] 由此,宪法解释的路径在合理使用的情形下难以适用,故欧盟法院和德国联邦最高法院回到了指令的客观目的来进行解释。在该判决中,法院强调指令的客观目的在于促进知识传播和言论自由,在该案中体现为评论和回顾。[27] 对于这一问题给出的判断规则是:评论和回顾是应当在引用之作品和评论之间“建立强有力的内在联系,并且引用之作品须为评论的基石”。[28]

这种由成员国法院进行解释的方式在英国司法实务中也有体现。英国现为《伯尔尼公约》和欧盟的主要成员国,但英国上诉法院的法官承认,在英国和其他欧盟国家的司法实务尚无直接适用“三步检验法”进行判案的先例。[29] 其认为根据《伯尔尼公约》,“三步检验法”已经被吸收进英国司法实务上的若干个因素,因此在判决书中无需特别提出“三步检验法”。[30] 具体来说,在英国法上,也有与“四因素”内容相似的三个因素,每个因素来源于对大量判例的归

---

〔24〕 Paul Craig and Gráinne de Búrca, *EU Law*: *Text*, *Cases*, *and Materials*, Oxford, Oxford University Press, 2011, p. 106.

〔25〕 在涉及此类基本权利的案件中,各成员国法院应征求欧盟最高法院(European Court of Justice)的意见。

〔26〕 Vgl. BGH, GRUR 2017, 1027 [1031].

〔27〕 „Die Zitatfreiheit soll die geistige Auseinandersetzung mit fremden Werken erleichtern.“ Vgl. BGH, GRUR 2017, 1027 [1033].

〔28〕 „... eine innere Verbindung…und das Zitat als Belegstelle oder Erörterungsgrundlage für selbstständige Ausführungen des Zitierenden erscheint.“ Vgl. BGH, GRUR 2017, 1027 [1033].

〔29〕 *England and Wales Cricket Board Ltd. and another v. Tixdaq Ltd. and another* (2016) EWHC 575 (Ch), para. 88.

〔30〕 “requiring consideration of essentially the same factors as fair dealing”. See *England and Wales Cricket Board Ltd. and another v. Tixdaq Ltd. and another* (2016) EWHC 575 (Ch), para. 88.

纳,[31]恰好对应"三步检验法"的客观规范目的。例如,"特定、特殊情形"的规范目的是将合理使用情形限于英国《版权、设计和专利法》(Copyright, Designs and Patents Act, CDPA)第28条以下的列举情形(因素一),而"不得影响该作品的正常使用"的规范目的是保护公共利益(因素二),此外"不得不合理地损害著作权人的合法利益"的规范目的是判断使用行为是否涉及作品的全部或实质性部分(因素三)。[32]

2. 实证法下客观目的解释的可行性

在探讨客观目的解释这种法律方法时,必须要解决的问题是,因素的引入在我国司法实务上是否具有可行性,因为在《著作权法》及其《实施条例》中并没有任何条文对合理使用的因素进行列举。但需要注意的是,"四因素"本身是一种案件裁判的参照标准而非实证法依据,其源自普通法的传统,并不意味着其必须被写入成文法。在美国《版权法》颁布之前,法官即已经开始使用"四因素"进行裁判,《版权法》的规定只是对这种司法实践进行了总结。与我国现行司法实务类似,欧洲大陆法系也没有合理使用因素的实证法规定,理论和实务界就能否使用合理使用因素的问题也有很多探讨。在实务中,欧洲大陆国家基于其法律解释原则,如德语区国家的善意(Treu und Glauben)原则,通过一系列判例对因素判断法进行灵活适用。[33] 因此,在我国司法实务中,由于"四因素"已经被各级法院接受,并且成熟的案例指导体系正在逐步建立起来,故不妨将其认定为处理合理使用时的公认标准之一。

## 三、客观目的解释视角下的理论构造和实际运用

(一)理论构造

1. "二阶层"理论

前已论及,"四因素"和"三步检验法"的主要目的都是平衡著作权人和使用人之间的利益,因而基本构造是类似的,笔者将其概括为"积极+消极"的"二

---

[31] Catherine Colston, "Fair Dealing: What is Fair?", *Denning Law Journal* 10, 1995, pp. 92-93.

[32] Catherine Colston, "Fair Dealing: What is Fair?", *Denning Law Journal* 10, 1995, pp. 92-93.

[33] Martin Senftleben, "The Perfect Match-Civil Law Judges and Open-Ended Fair Use Provisions", *American University International Law Review* 1, 2017, pp. 254-255.

阶层"判断法。其中,积极因素指的是合理使用构成因素,消极因素指的是合理使用阻却因素。具体来说,在"四因素"中,是将"使用的目的和性质"作为积极因素,是使用者用来抗辩构成合理使用的要件,剩下的三个因素[34]是消极因素,可以阻却合理使用并保护版权人。而在"三步检验法"中,其第一步是通过《著作权法》第22条第1款的列举情形来判断是否属于法定合理使用情形,属于积极因素;而第二步和第三步用了两个"不得"的句式,[35]明显属于消极因素。

"三步检验法"的第一步是判断使用是否属于"特定、特殊情形",一般认为在实证法框架下即为判断使用是否属于《著作权法》第22条第1款的几种情形,并且在通过这一门槛之后才能进入第二步和第三步的判断,[36]这与上述德国最高法院判例的观点一致。

"三步检验法"的第二步和第三步分别是"不影响该作品的正常使用"和"没有不合理地损害著作权人的合法利益"。对于《实施条例》第21条规定的这两种情形,在我国没有有权解释机关的相关解释可以参照。《伯尔尼公约》时的立法会议记录文献将"正常使用"解释为"所有具备经济利益或其他可能获取经济利益的使用行为",[37]但是这个解释只是指明了一种价值判断的方向,离司法适用的差距还很大。而由于各国法律规定的差异太大,"不合理的损害"和"合法利益"在大多数国家都被认为是"最难解释的要件",甚至不存在较为统一的解释。[38] 鉴于后两步缺乏可适用性,有学者建议在司法实务中用美国法"四因素"代替这两步。[39]

笔者认为,不能用"四因素"来代替"三步检验法"的后两步,原因有二。其一,这两步和"四因素"的价值衡量有所不同。前已论及,"三步检验法"的后两步是为了保护权利人而设计的消极要件,而四因素理论却是证成"使用目的和

---

〔34〕 即"受版权保护作品的性质"、"同整个有版权作品相比所使用的部分的数量和内容的实质性"和"使用对有版权作品的潜在市场或价值所产生的影响",参见美国《版权法》第107条。

〔35〕 即"不得影响该作品的正常使用,也不得不合理地损害著作权人的合法利益",参见《著作权法实施条例》第21条。

〔36〕 李明德、许超:《著作权法》(第2版),法律出版社2009年版,第101页。

〔37〕 参见熊琦:《著作权合理使用司法认定标准释疑》,载《法学》2018年第1期。

〔38〕 参见熊琦:《著作权合理使用司法认定标准释疑》,载《法学》2018年第1期。

〔39〕 张成果:《解读"三步检验法"与"合理使用"——〈著作权法〉(修订送审稿)第43条研究》,载《环球法律评论》2016年第5期。

性质"合理性的积极要件。其二,用"四因素"代替"三步检验法"的裁判方式不利于维护现有法秩序。但这并不意味着"四因素"没有意义。前已论及,"四因素"和"三步检验法"在逻辑上具有一致性,且"四因素"及其判断规则已经在司法实务中得到广泛应用,故可行的方式是用"四因素"来解释"三步检验法"的各步,更确切地说,是用"四因素"的各因素作为"三步检验法"各步的客观目的(见表1)。而在对"三步检验法"的各步进行客观目的解释之后,应将解释的结果作为逻辑推理的大前提代入案件。这种方式有以下几个优点,首先,其以"三步检验法"为基础,解释的模式不会超出法律解释而延伸到法律续造,〔40〕故不会出现诸如"法官造法"的问题;其次,其将比较法上的因素判断法作为解释规则融入我国现行司法实务,使法官可以名正言顺地使用"四因素"来裁判;最后,这充分发挥因素判断法灵活性的功用,对过于封闭式立法模式的缺陷进行弥补。

**表1 "四因素"与"三步检验法"的对应关系**

| 模式 | 积极阶层 | 消极阶层 | |
|---|---|---|---|
| "四因素"模式 | 使用的目的和性质(因素一) | 作品性质(因素二) | 数量内容(因素三)<br>市场影响(因素四) |
| "三步检验法"模式 | "特定、特殊情形"(第一步) | "不得损害著作权人的合法权益"(第二步) | "不影响该作品的正常使用"(第三步) |

2. 针对"三步检验法"的客观目的解释

(1)以"使用的目的和性质"作为"特定、特殊情形"的客观目的

"三步检验法"的第一步是判断给定案情是否属于法定的"特定、特殊情形",其规范目的实为对"使用的目的和性质"这一客观目的的考察。在解释这一客观目的的过程中,可以将"使用的性质和目的"衍生出的"转化性"(transformativeness)判断规则作为解释的依据。这一判断规则来源于合理使用中的合理性考量。〔41〕所谓的转化性,在"卡瑞斯诉普林斯"一案中被解释为"使用应当增加原来表达的价值,创造了新的信息、新的美感、新的洞见或者理解",〔42〕这一定义后来被广泛引用。后续判例进一步明确了转化的高标准,例

〔40〕关于我国法官是否有法律续造的权限,存在争议,但这不属于本文的讨论范围。

〔41〕Anonymous, "The Parody Defense to Copyright Infringement: Productive Fair Use after Betamax", *Harvard Law Review* 97, 1984, pp. 1400 - 1401.

〔42〕"new information, new aesthetics, new insights and understandings." See *Cariou v Prince* 714 F 3d 694 (2013), pp. 706 - 707.

如在“TCA电视”案中,第二巡回法院强调转化性使用应当为新作品的目的服务[43]。

有关合理使用的热点案件主要分为以下几类:评论回顾类、媒体引用类、执行公务类、图书馆复制类,每一种情形都可以通过客观目的解释,这在比较法上有例可循。

评论回顾类案件是合理使用制度出现的起点,也是最常见的案件之一。在评论回顾类案件中,被告的使用应当在原有表达的基础上增加了作为补充的评论,若只是简单地引用原有的表达而没有出现新的、有价值的表达,或者缺乏评论的目的,都不能构成合理使用。在前述德国联邦最高法院的“明镜”案中,法院认为被告引用的目的并非为了评论,而是为了吸引读者。[44] 类似地,在英国法上,典型的案件是“联合报”案。该案中,英国《每日邮报》享有温莎公爵[45]夫妇之间的信件的著作权,但是在温莎公爵夫人去世后,新闻集团旗下的《太阳报》抢先将信件内容进行了全文曝光和评论。法院认为原告的行为目的并非为了评论和回顾,而是为了吸引读者。[46] 通说认为,英国法上的此类判决一直将关注点集中于被告的利用方式。[47] 但在19世纪中期的美国法上,法院关注的重心是原告受到的损害。[48] 在“富尔松诉马什”案中,Story大法官认为使用原材料的数量和质量、可能对原材料销售的影响等也应当被纳入考虑范围,[49]这也奠定了美国《版权法》四要素的基础。[50] 但到了20世纪90年代,美国法上

---

[43] “But the particular subject of the lie—the Routine—appears irrelevant to that purpose.” see *TCA Television Corp. v. McCollum*, 839 F. 3d 168 (2nd Cir., 2017), pp. 181 - 182.

[44] „weil sie sich nicht argumentativ mit den Werken auseinandergesetzt habe“. Vgl. BGH, GRUR 2017, 1027 [1029].

[45] 温莎公爵即英王爱德华八世,是英国近现代史上的争议人物,于1936年退位。

[46] *Associated Newspapers Group v. News Group Ltd.* (1986) R. P. C. 515, pp. 518 - 519.

[47] Craig Allen Nard et al., *The Law of Intellectual Property*, New York, Wolters Kluwer, 2017, p. 768.

[48] Craig Allen Nard et al., *The Law of Intellectual Property*, New York, Wolters Kluwer, 2017, pp. 768 - 769.

[49] *Folson v. Marsh*. 9. F. Cas. 342 (C. C. D. Mass 1841) (No. 4901), p. 348.

[50] Craig Allen Nard et al., *The Law of Intellectual Property*, New York, Wolters Kluwer, 2017, p. 769.

开始重视起被告的利用方式,[51]而滑稽模仿(parody)作为评论回顾类的一种特殊类型,[52]成为这一时期的典型案件。在"坎贝尔诉阿卡夫罗斯音乐公司"一案中,美国最高法院认为,在判断使用的目的和性质上,最重要的判断标准是新作品是否具有转化性。[53] 从该案滑稽模仿作品(新作品)与原作品的对比可看出,显然被告的作品具有可转化性,因此构成合理使用。[54]

在媒体引用类案件中,应当证明被告通过不同方式来表达信息。在"普洛西本诉卡尔顿"一案中,德国普洛西本(Pro Sieben)电视台认为英国的卡尔顿(Carlton)电视台未经其同意而将其节目片段作为新闻简报的内容,侵犯其复制权。但是,英国上诉法院认为,英国电视台的行为对信息进行汇编,从而使受众在同等时间内更快捷地获得信息,这种使用方式与著作权人的节目显然不同。[55] 在前述德国联邦最高法院的"明镜"案中,其认为被告并非为了评论而引用原告的作品,因为引用的内容与原作品并无不同。[56] 值得注意的是,除了表达信息的方式必须不同外,我国《著作权法》对媒体引用类合理使用施加了进一步的限制。首先,依据《伯尔尼公约》的要求,[57]可以引用的主体只限于"报纸、期刊、广播电台、电视台等媒体"。其次,对于可以引用的文章作了进一步的限制,即只限于"经济、政治或宗教类"。

在执行公务类案件中,应当说明被告的使用是限于特定的公务,其出发点应当是符合维护公众秩序的需要。《德国著作权法》(UrhG)第45条规定,为维护法院、仲裁法院或公安机关的诉讼程序的进行,允许制造单个复制物。法院

---

〔51〕 P. N. Leval, "Toward a Fair Use Standard", *Harvard Law Review* 103, 1990, pp. 1111 – 1112.

〔52〕 Craig Allen Nard et al., *The Law of Intellectual Property*, New York, Wolters Kluwer, 2017, p. 777.

〔53〕 *Campbell v. Acuff-Rose Music, Inc.*, 510 U. S. 569, 577, 114 S. Ct. 1164, 127 L. Ed. 2d 500 (1994), pp. 578 – 579.

〔54〕 "the more transformative the new work, the less will be the significance of other factors, like commercialism... a work's commercial nature is only one element of the first factor enquiry into its purpose and character." *Campbell v. Acuff-Rose Music, Inc.*, 510 U. S. 569, 577, 114 S. Ct. 1164, 127 L. Ed. 2d 500 (1994), pp. 578 – 579.

〔55〕 *Pro Sieben Media AG v. Carlton UK Television Ltd. and another* (1999) W. L. R. 605, pp. 614 – 618.

〔56〕 Vgl. BGH, GRUR 2017, 1027 [1033].

〔57〕 参见胡康生主编:《中华人民共和国著作权法释义》,法律出版社2002年版,第105页。

及行政机关为司法及公共安全目的,[58]可以复制或让人复制肖像。《日本著作权法》第42条也有类似规定。根据官方解释,我国《著作权法》中的国家机关范围限于立法机关、行政机关、审判机关、审判监督机关和军事机关,[59]这与比较法上的范围基本一致。不过,在诉讼程序中,有时需涉及对未公开作品的使用,这在法律条文中并未进行规定。在德国法兰克福高等法院的"精神病人"案中,原被告原为夫妻,被告在之前的离婚诉讼中将原告的一部未发表作品呈交家事法院,以此证明原告有精神病,原告认为被告侵犯其发行权,并以此为由提起诉讼。高等法院依据基本法认为,因为该条的客观目的在于保护公共利益,若不允许未公开作品在诉讼程序中的使用会影响公益,故未公开作品同样应适用第45条。[60]

在图书馆复制类案件中,应当说明被告的使用是与著作权人行使权利的方式不同,并且符合公众获取知识的需要。在此方面最受人瞩目的问题是大规模数字化(Mass Digitisation)的问题,近来比较著名的有"HathiTrust 数字图书馆"案和"谷歌"案。在"HathiTrusts 数字图书馆"案中,一家名为 HathiTrust 的数字图书馆将13所大学和一些非营利组织的作品进行了全文数字化,并向顾客提供全文搜索(full-text search)的服务。[61] 美国第二巡回法院认为,这家数字图书馆对作品的使用方式显然与著作权人不同。而在使用数量的问题上,尽管这家数字图书馆进行了全文复制,但这是为了满足其提供全文搜索服务的需要。[62] 在"谷歌"案中,第二巡回法院也基于与上述判决同一的理由认定谷歌数字图书馆全文复制的行为属于合理使用。[63] 事实上,这一规则在许多先例中早已得到支持,比如在"凯丽诉阿锐巴软件公司"以及"《完美十》杂志诉亚马逊公司"两个案件中,法院即认定若限制搜索引擎使用作品的数量会显著影响其

---

[58] "für Zwecke der Rechtspflege und der öffentlichen Sicherheit...". § 45(2), Urheberrechtsgesetz (UrhG) 1965, zuletzt geändert am 28. 11. 2018.

[59] 参见胡康生主编:《中华人民共和国著作权法释义》,法律出版社2002年版,第108页。

[60] „Das Individualinteresse des Urhebers kann demnach keinen unbedingten Vorrang vor den Interessen der Gemeinschaft beanspruchen." Vgl. OLG Frankfurt, NJW-RR 2000, 119 [120].

[61] See Authors Guild, Inc. v. HathiTrust 755 F 3d 87 (2nd Cir., 2014), pp. 90 – 91.

[62] See Authors Guild, Inc. v. HathiTrust 755 F 3d 87 (2nd Cir., 2014), pp. 98 – 99.

[63] See Authors Guild, Inc. v. Google, Inc. 954 F Supp 2d 282 (SDNY, 2013), p. 287.

作用的发挥。[64] 类似地,德国在 2007 年对其《著作权法》进行了修正,增加第 52 条 b 款。该条文规定公共图书馆、博物馆或者档案馆,只要不直接或者间接谋取经济利益,无须经权利人许可,即可在本馆范围内的数字终端上向出于研究或个人学习目的使用图书或资料的读者提供藏书的数字化副本。对于这一目的,德国法院的判例认为并不具有实践性,因为作品一旦到了受众手中,便难以进行控制。[65] 从这个角度上来看,美国的"转化性使用"判断标准似乎更有实务价值,且在最近的修法中《德国著作权法》第 52 条 b 款被废止。[66] 表 2 为《著作权法》第 22 条及其对应的案件梳理。

**表 2 《著作权法》第 22 条及其对应的案件梳理**

| 类型 | 对应情形 | 典型案例/法规 | 判断规则 |
|---|---|---|---|
| 评论回顾类 | 第 2 项 | "联合报"案 | 转化性使用:使用增加了被评论作品的价值 |
| | | "明镜"案 | 密切联系原则:新作品以原作品为基础,原作品和新作品具有有力的内在联系 |
| 媒体引用类 | 第 3 ~5 项 | "普洛西本"案 | 转化性使用:使用者是通过不同方式来表达信息的 |
| | | "明镜"案 | 密切联系原则:新作品以原作品为基础,原作品和新作品具有有力的内在联系 |
| 执行公务类 | 第 7 项 | 德国《著作权法》第 45 条 | 转化性使用、公众利益:主体限于法院及行政机关,目的限于司法及公共安全等 |
| | | "精神病人"案 | 未公开作品在满足上述要求的情况下亦可以作为合理使用的对象 |
| 图书馆复制类 | 第 1 项或第 8 项 | "HathiTrust"案 | 转化性使用、公众利益:被告的使用与著作权人行权方式不同,且该使用有利于公众获得新知识 |

---

〔64〕 See Kelly v. Arriba Soft Corp 336 F 3d 811 (9th Cir. ,2003), pp. 820 – 821; Perfect 10, Inc. v. Amazon. corn, Inc. 508 F 3d 1146 (9th Cir. ,2007), pp. 1167 – 1168.

〔65〕 Berger, GRUR 2007, 754 [756]. 转引自王颜:《德国著作权法有关图书馆图书数字化规定的研究》,载邵建东、方小敏主编:《中德法学论坛》(第 10 辑),法律出版社 2013 年版,第 203 页。

〔66〕 „§ § 52a und 52b (weggefallen)", Urheberrechtsgesetz (UrhG) 1965, zuletzt geändert am 28. 11. 2018.

(2)以"被引用作品性质"作为"不得损害著作权人的合法权益"的客观目的

从文义解释的角度来看,"合法权益"中可被解释为著作权和邻接权,而对于这里的"损害"应当进行体系解释,将其理解为一种严重的损害,否则会与"三步检验法"中的"不影响该作品的正常使用"产生重叠。结合比较法上的案例,这一步的规范目的应当被理解为对于未发表的作品进行保护,这恰好与"受版权保护作品的性质"这一因素相契合。

"受版权保护作品的性质"适用于未发表的作品,而"同整个有版权作品相比所使用的部分的数量和内容的实质性"适用于已经发表的作品。对于未发表的作品来说,即使对其使用属于列举情形,也当然侵犯权利人的发行权,其结论显然是难以构成合理使用。比如在轰动一时的英国"发条橙"案中,双方的争议焦点就是该片是否属于"未发表的作品"。《发条橙》(Clockwork Orange)这部影片由英国导演库布里克(Stanley Kubrick)执导,上映后因包含敏感内容而被英国政府紧急下线,但在其他国家正常上映。1990年代英国第四频道(Channel 4)的一档节目对于《发条橙》这部影片进行了赏析和评论,这引起了《发条橙》著作权人华纳公司的反对,其认为该片在英国范围内尚未上映,故第四频道的行为显属侵权。最终英国上诉法院首席法官认为,虽然该影片在英国被禁映20余年,但仍可以认为其在公众的取得范围之内,不能作为未发行的作品而受到更高程度的保护。[67]

(3)以"被引用数量内容"和"市场影响"作为"不影响该作品的正常使用"的客观目的

"数量内容"以及"不影响该作品的正常使用"的规范目的在于限制对著作权人经济利益的过分侵害,这与"市场影响"因素正好契合,这两个因素来源于合理使用中的经济性考量。[68]

事实上,这两个因素既源于同种考量,必存在重叠之处,故比较法上的对策是忽略"被引用数量内容"因素而重视"市场影响"因素。对于已经发表的作品来说,使用的数量和内容则为考虑对象,理论上来说若复制的数量过多,可能会

---

〔67〕 "We are dealing here with a film that has been in the public domain for 20 years now, albeit that it has not been lawfully publicly seen in this country since it was withdrawn after its original run." See *Time Warner Entertainments Corporation v. Channel* 4 *Television*, LEXIS Transcript, 22nd. January, 1993, p. 10.

〔68〕 Anonymous, "The Parody Defense to Copyright Infringement: Productive Fair Use after Betamax", *Harvard Law Review* 97, 1984, pp. 1400 – 1401.

侵犯权利人的复制权和一些邻接权。[69] 但是,这无论是在英国还是在美国都非决定性因素。比如,改革派大法官丹宁勋爵(Alfred Thompson Denning)即认为在一些情况下正是因为被告摘抄截取过多才需要引入合理使用制度来阻却违法性,[70] 而在美国,判例着重强调对于使用目的尤其是转化性使用的关注,这使得转化性使用成为凌驾于其他因素之上的标准。[71]

在“市场影响”的判断上,首先应当判断该使用是否会对版权作品的市场价值产生积极作用。例如在“谷歌”案中,谷歌公司并非直接将复制件提供给受众,而是通过提供全文搜索服务使受众了解作品的一部分。第二巡回法院认为,这种做法不仅不会减损原作品的价值,而且使得广大的受众更方便地了解作者和作品的内容,在此基础上增加了购买原作品的需求。[72]

其次需要考虑该使用是否会对作品的市场价值产生消极作用,在判例中一般表现为进一步侵害权利人的版权。比如,在评论回顾类案件中,可能由于被评论的作品被大量转发而影响权利人的复制权和信息网络传播权。在“英格兰和威尔士板球协会”案中,原告英格兰和威尔士板球协会享有世界级板球比赛的转播权,而被告制作了可以上传小视频的应用程序(App),使板球比赛的观众可以上传比赛的精彩瞬间,这种行为被原告认定为侵权行为。从积极要件上来看,法院认为此款应用程序包括时事报道以及回顾和评论这些要素,符合英国《版权、设计和专利法》第 30 条的列举情形。[73] 从消极要件上来看,虽然每段小视频的长度被限制在 8 秒钟之内,但是由于上传的小视频数量是不受限制的,而且使用该应用程序的观众很多,这无疑会减损原告转播权的价值。[74] 故最终法院认为,由于该使用行为可能进一步损害原告的权利,即使认定被告制作

---

〔69〕 Matthew Sag, “Predicting Fair Use”, *Ohio State Law Journal* 73, 2012, p. 62.

〔70〕 “The parts taken are so substantial that Mr. Vosper will be guilty of infringement of copyright unless he can make good his defence.” See *Hubbard and Another v. Vosper and Another* [1972] 2 Q. B. 84., pp. 92 – 93.

〔71〕 See *Campbell v. Acuff-Rose Music, Inc.*, 510 U. S. 569, 577, 114 S. Ct. 1164, 127 L. Ed. 2d 500 (1994), p. 578; *Cariou v. Prince* 714 F 3d 694 (2nd Cir., 2013), pp. 708 – 710.

〔72〕 See *Authors Guild, Inc. v. Google, Inc.* 954 F Supp 2d 282 (SDNY, 2013), p. 293.

〔73〕 “criticism, review and news reporting.” See S. 30(1) and S. 30(2), CDPA 1988.

〔74〕 See *England and Wales Cricket Board Ltd. and another v. Tixdaq Ltd. and another* [2016] EWHC 575 (Ch), paras. 149 – 166.

该应用程序的目的是报道时事并促进评论,也不能认定其为合理使用。[75]

(二)实证法下的客观目的解释的运用

上述客观目的解释的方法为这种矛盾提供了一种出路,下文就尝试使用这种方法对我国司法实务三类典型判例进行解读。

1. 评论回顾类

在评论回顾类案件中,可将转化性使用作为"特定、特殊情形"的客观目的(参见表2),下文以当前实务中常见的微博图像转载为例对此类型进行分析。例如在美的公司与富昱特公司纠纷案中,对被告美的公司未经允许在其官方微博中使用了原告作品的行为,法院认为不能构成合理使用,因为该官方微博的目的系宣传企业文化、提高企业及其品牌的知名度,[76]该观点值得肯定。从评论回顾的目的上来说,本案中美的公司承认使用的作品与其经营内容并无实质联系,故不可能被归入《著作权法》第22条第1款第2项的情形。类似地,在刘某与华东师范大学出版社有限公司等著作权侵害纠纷案中,法院认为被上诉人并非为介绍、评论的目的而使用,而是单纯在习题集中大量复制了上诉人的作品,因此不构成合理使用。[77] 在李某晖与广州华多公司著作权纠纷中,华多公司的游戏网站将李某晖的摄影作品缩略图使用在一篇介绍网络游戏的文章中。一审法院认为案涉图片被缩小且清晰度不高,已经无法实现艺术化记录客观景物的目的,但该图片在上述文章中具有新的指向意义和功能,其原有摄影作品的艺术美感和功能发生了转换,符合转换性使用的目的。[78] 但二审法院认为被诉侵权图片与网页上的文章之间不存在实质性的关联,无法认定被诉侵权图片在使用过程中有产生新的指向意义。[79] 笔者认为,二审法院的意见可兹参照,一审法院只看到了转换性使用的表象,但是忽视了转换性使用的目的才是判断是否存在合理使用的关键。在前述美国"凯丽诉阿锐巴软件公司"一案中,法院认为缩略图构成合理使用的原因在于其可以充分发挥搜索引擎的作用,[80]但在

---

[75] "even if it was (for the purpose of reporting currents events), it did not amount to fair dealing." See *England and Wales Cricket Board Ltd. and another v. Tixdaq Ltd. and another* [2016] EWHC 575 (Ch.), para. 174.

[76] 参见广东省佛山市中级人民法院(2016)粤06民终6928号民事判决书。

[77] 参见上海市高级人民法院(2014)沪高民三(知)终字第42号民事判决书。

[78] 参见广东省广州市南沙区人民法院(2016)粤0115民初4345号民事判决书。

[79] 参见广东省广州知识产权法院(2017)粤73民终85号民事判决书。

[80] See *Kelly v. Arriba Soft Corp* 336 F 3d 811 (9th Cir., 2003), pp. 820-821.

本案中并不存在这种合理事由。具体来说,搜索引擎中的缩略图可以使读者更快地定位自己需要的信息,但是这篇介绍游戏文章中的图片并不承担这一定位作用,使用其他图片或者不使用图片均不影响该文章的表达。相反,本案实际上与上述微博侵权案件类似,即并非为了评论或者回顾的目的而引用他人图像作品,且图文无关。

2. 执行公务类

在执行公务类案件中,各地法院出现了同案不同判的情形,此时可将转化性使用、公众利益作为"特定、特殊情形"的客观目的(参见表2)来处理这一问题。在《夔门秋色》著作权侵害纠纷案[81]中,被告奉节县旅游局基于"公务使用,不用于商业经营"来为其未经许可使用著作权人风景照的行为进行辩护。法院认为首先奉节县旅游局虽是国家机关,但其在"宾馆、旅行社等带有商业性质的地方"使用图片,已经"超出了为执行公务使用的合理范围"。而在曾某与赣州市公共交通总公司纠纷案中,法院却在相似的案情之下得出了相反的结论:曾某参与赣州市旅游局主办的"金口号"征集活动并获奖,后被告公交公司在公交车的电视屏幕上滚动播放该口号,法院认为公交公司播放该口号实为完成上级任务,属于执行公务的情形,且并没有盈利。[82]

上述两个案件体现了司法实务中同案不同判的问题,其关键是没有认识到使用目的的重要性,即以上两个案件都没有正确界定执行公务类合理使用的主体和目的。公务类合理使用的主体和目的实为同一个问题的两个方面:主体决定目的而目的反映了主体的特征,有且只有特定国家机关为满足公务使用目的而做出的行为才可能满足公务类合理使用的要件。在上述两个案件中,无论是旅游局还是公交公司均非此类合理使用的主体,因其目的不是实现司法、公安、军事等,故并不能将其归入《著作权法》第22条第1款第7项的情形,由此上述两种案情均不属于合理使用。

3. 复制类

在我国近年来出现的大规模数字化案件中,也出现了同案不同判的情形,同样也可以采用转化性使用、公众利益作为"特定、特殊情形"的客观目的的解释来解决。

在谷翔公司一案中,一审法院认为,谷歌数字图书馆为受众提供作品片段的行为是为了实现信息检索的功能,构成对涉案作品的转换性使用行为,故最

---

〔81〕 参见重庆市高级人民法院(2013)渝高法民终字第00279号民事判决书。

〔82〕 参见江西省高级人民法院(2017)赣民终370号民事判决书。

终作出了有利于被告的判决,这与美国法院给出的理由是一致的。[83] 但二审法院并没有讨论先转化性使用的问题,而是直接对使用行为对原告作品潜在市场或价值所产生的影响,最终作出了有利于原告的判决。[84] 笔者认为,上述两种判决各有其道理,但是在论证上都有一个漏洞,那就是直接跳过“三步检验法”的第一步而适用“四因素”。二审中承办法官认为,大规模数字化并不属于在我国《著作权法》中列举的合理使用情形,但是不妨在法律规定外将某些特定行为认定为合理使用。[85] 笔者认为,这不符合我国司法实务注重基于法律文本进行解释的习惯,很难对今后的司法实务起到指导作用,甚至会落入上文中学界所批判的“造法”陷阱。

事实上,在实证法之下,可从第22条第1款的列举情形入手进行客观目的解释,这在德国最高法院的判例中已经在尝试使用。在德国“缩略图”案中,被告将原告的艺术作品的缩略图(Abbildung als Thumbnails)放在其搜索引擎之上供人搜索和浏览。德国最高法院认为,此种缩略图与原作品表达内容别无二致,故难以构成演绎作品。[86] 本案争议焦点是,被告的行为是否可能构成德国《著作权法》第51条在个人作品中的引用。具体来说,被告将原告的作品存入了自己的计算机存储系统,而计算机存储系统这个整体可能被视为一个独立的作品。[87] 不过,最终由于德国实证法对个人引用的限制较为严格,德国最高法院认为本案难以构成个人引用的情形,转而运用《民法典》中有关默示同意(Einwilligung)的有关原则性规定,通过意思表示解释(Willenserklärungen)的方式解释出原告同意这种使用行为的意思表示。[88]

笔者认为,上述个人引用的思想在我国实证法之下可兹参照。与德国不

---

〔83〕 参见北京市第一中级人民法院(2011)一中民初字第1321号民事判决书。

〔84〕 参见北京市高级人民法院(2013)高民终字第1221号民事判决书。

〔85〕 参见石必胜:《合理使用认定的有罪推定——评国内首例谷歌数字图书著作权纠纷案》,载《中国版权》2014年第3期。

〔86〕 „Eine Abbildung, die ein Werk zwar verkleinert darstellt, aber... genauso gut erkennen lässt wie das Original, ist keine Umgestaltung i. S. von § 23 UrhG...“. Vgl. BGH, GRUR 2010, 628 [631].

〔87〕 „die Bekl., die Vorschaubilder auf ihrem Rechner-und damit unabhängig von der ursprünglichen Quelle-vorhält, erfüllt sie den Tatbestand des § 19a UrhG durch eine eigene Nutzungshandlung“. Vgl. BGH, GRUR 2010, 628 [630].

〔88〕 Vgl. BGH, GRUR 2010, 628 [632 - 633].

同,我国《著作权法》和《实施条例》未对个人引用的情形增加很多限制,若将大规模数字化归入个人引用的情形,再通过客观目的解释的方式将转化性使用的思想进行嫁接,之后再行判断原作品的性质和使用行为的市场影响。这一做法可以在我国实证法框架下充分论证大规模数字化的合理性(或不合理性),使判决理由更具有说服力。

## 四、结　　论

各级人民法院在著作权法合理使用案件审判实务中广泛使用了美国“四因素”及其判断规则,这对于处理新型复杂类型案件具有很大裨益,但在这一过程中,各级法院的判例也回避了“三步检验法”和“四因素”关系这一核心问题。

对于这一问题,学界的观点趋向两级:一方从功能主义的角度肯定“四因素”在我国司法实务中的地位,但这会对现行《著作权法》的体系造成破坏;另一方从维护实证法体系的角度要求从“四因素”回归“三步检验法”,但“三步检验法”并无直接适用的价值,而且这会使司法判例中积累而来的“四因素”实务经验无处可用。

为维护实证法体系,并且保护司法实务的成果,本文选择了第三条道路,即通过客观目的解释的方式,利用“四因素”作为“三步检验法”的解释基础,从而使因素判断法在实证法之下发挥其作用。通过在现行典型案例中适用此种解释方法,可以发现该方法具有一定的实务价值,并且在比较法上也有例可循。其防止了实证法和司法实务之间的脱节,对于今后的类案也有指导价值和借鉴作用。

(责任编辑:蔚泽洋)

# 涉外邮轮旅客人身损害赔偿案件法律适用分析
## ——中美比较法视角

徐房茹*

**摘要:**

伴随着邮轮旅游在我国的持续快速发展,邮轮旅客人身损害事故频发。然而我国邮轮旅游发展的独特模式和涉外邮轮旅客人身损害赔偿责任纠纷法律关系的复杂性,使得法院审理这类案件存在着较大障碍。正确的法律适用,作为涉外邮轮旅游人身损害纠纷解决的首要环节,对案件的公正审理和旅客权益的正当维护至关重要。本文选取羊某邮轮溺水案这一典型案例,从中美比较法视角,采用理论分析与实证分析相结合的研究方法,对涉外邮轮旅客人身损害赔偿案件的法律适用进行剖析,提出最密切联系原则是符合涉外邮轮旅客人身损害赔偿案件海事审判实践和现代邮轮旅游发展需要的最佳选择。

**关键词:**

邮轮;法律适用;船旗国法;最密切联系原则

## 引　言

伴随着邮轮旅游产业在我国的持续快速发展,涉外邮轮旅客人身损害责任事故时有发生。与此同时,邮轮旅游纠纷复杂的法律关系和我国邮轮旅游发展的独特模式,为我国法院审理涉外邮轮旅客人身损害赔偿案件带来了一定难题。

作为目前国内最具代表性的涉外邮轮旅客侵权诉讼,“羊某诉英国嘉年华邮轮有限公司案”于2018年4月26日在上海海事法院作出最终判决。案件审

---

* 徐房茹,中山大学法学院2019级国际法学硕士研究生,南方海洋科学与工程广东省实验室(珠海)海洋法团队成员,中山大学中央高校基本科研业务费专项资金资助重大课题培育项目(19wkjc01)。

理中,适用哪一国法律成为争议的焦点问题之一。正确的法律适用,对案件的审理和邮轮旅客权益的保护至关重要。然而,该案件也折射出当前我国司法实践面临的困境。其一,虽然我国在《涉外民事关系法律适用法》中已经对涉外侵权纠纷的法律适用予以明文规定,但伴随着侵权行为的多样性和复杂化,当事人之间不存在合意选择法律、侵权行为地法难以确认等问题陆续出现,使得该条法律规定的司法适用空间不断缩小;其二,《涉外民事关系法律适用法》将最密切联系原则仅仅规定为兜底性原则,已经无法满足涉外邮轮侵权纠纷的实际审判需求;其三,我国《海商法》并未将"邮轮运输"纳入立法范围,虽然邮轮旅游与海上旅客运输本出同源,但法律适用这一先决性问题却在《海商法》中无法可依,正因前述问题,中国司法理论和实务中在涉外邮轮旅客人身损害赔偿案件的法律适用问题上存在诸多问题,需要我们认真思考和妥善解决。

## 一、涉外邮轮旅客人身损害赔偿案件现状及其特征分析

### (一)邮轮旅客人身损害案件时有发生

近年来,乘坐邮轮出境旅游这一新兴旅游方式,在中国受到越来越多人的青睐。十年来我国邮轮旅游的发展规模呈现出惊人的增长趋势,2018 年以来,从国家到地方更是加足马力推动该产业发展。国务院办公厅于 2018 年 3 月 9 日发布《关于促进全域旅游发展的指导意见》,交通运输部、发展改革委、工业和信息化部等十部委于 2018 年 9 月 27 日联合发布《关于促进我国邮轮经济发展的若干意见》;紧接着,大连市、上海市、青岛市、天津市、广州市南沙区人民政府办公厅都陆续发布关于促进邮轮旅游发展的扶持办法或实施细则。[1] 毫无疑问,邮轮产业作为朝阳产业拥有着光明的市场前景和无限的发展潜力。

旅客以邮轮为载体开启美妙的度假,邮轮自身也成为观光景点,可之谓

---

〔1〕 例如,可参见国务院办公厅:《国务院办公厅关于促进全域旅游发展的指导意见》,载国务院网:http://www.gov.cn/zhengce/content/2018-03/22/content_5276447.htm;《十部门联合印发意见促进我国邮轮经济发展》,载人民网:http://finance.people.com.cn/n1/2018/0927/c1004-30317446.html;大连市人民政府办公厅:《大连市人民政府办公厅关于加快邮轮旅游发展实验区建设的实施意见》,载大连市政府网:http://www.dl.gov.cn/gov/detail/file.vm?diid=101D05000180216145718022419&lid=3_4;《上海市人民政府办公厅印发〈关于促进本市邮轮经济深化发展的若干意见〉的通知》,载上海市政府网:http://www.shanghai.gov.cn/nw2/nw2314/nw2319/nw2404/nw44082/nw44084/u26aw57380.html,最后访问日期:2020 年 3 月 5 日。

“无目的地的旅游目的地”。[2] 通常来说,邮轮旅游的安全系数相当之高,但是意外事故总是难以避免的。一旦在邮轮上发生意外事故,其损害程度和索赔难度都更值得邮轮旅客警惕,常见的包括滑倒、摔倒、溺水、晕船、食物中毒、肠胃紊乱等。美国嘉年华邮轮公司的官方网站“法律通知”[3]一栏,公布了美国2010年《邮轮安全法》要求公开的邮轮犯罪统计数据,该项规定明确要求将这一数据公布在互联网上以供公众查阅,此乃邮轮旅游业所独有,美国对航空公司、度假酒店和主题公园等其他同类旅游服务供应商都不存在类似的要求,由此不难看出邮轮旅游的特殊性和风险性,其安全问题值得立法者格外地注意。2013年,丽星邮轮在长江口附近水域抛锚导致旅客集体被困;2014年8月,一名29岁的游客在“蓝宝石公主”号泳池内溺亡;2015年8月,一名8岁女童在同一邮轮上发生相同溺水事故;2016年9月,一名游客从“蓝宝石公主”号邮轮上坠海;2018年1月,“诺唯真逍遥”号邮轮在航行途中遭遇强烈风暴致使4000名乘客遭受安全威胁。[4] 邮轮旅游安全问题,以及在意外事故发生后旅客的人身权益如何得到切实保障,已经成为这个行业和全社会高度关注的问题。

(二)涉外邮轮旅客人身损害赔偿案件的特征

当前,国际私法越来越重视探讨准据法的选择,寻找适当而确切的准据法以解决涉外民事案件的争诉问题,足以被视为现代国际私法的中心任务。法律适用作为解决涉外邮轮旅客人身损害赔偿案件的基础要件,要求我们从诉争法律关系的主要特征入手,唯有如此,才能在确定法律适用时“量体裁衣”,根据冲突规范的指引,在最大程度上确定符合其特点的准据法。邮轮旅客人身损害赔偿案件是涉外民事纠纷的代表案件之一,它和该行业的自身特点和内在属性有着千丝万缕的联系。因此,笔者总结了该案件的特征,陈述如下:

1.案件涉外因素众多

从当前邮轮市场的部署来看,我国的邮轮旅游绝大多数是出境旅行,旅行途中一般会涉及国外停靠港或目的地,经典航线譬如“上海—福冈—长崎—上海”“香港—岘港—芽庄—香港”。并且,邮轮是个市场集中度很高的行业,邮轮

---

[2] 叶欣梁主编:《邮轮概论》,大连海事大学出版社2016年版,序言部分。

[3] Carnival Cruise Line,“Legal Notice”, https://www.carnival.com/about-carnival/legal-notice/ticket-contract.aspx? icid = CC_Footer_84, March 16, 2019.

[4] 范军:《论中国邮轮安全立法的必要性——兼论美国〈2010年邮轮安全法案〉对中国邮轮安全立法的借鉴意义》,载《中国港口》2018年第9期。

经营人以外国投资者居多。[5] 全球邮轮市场份额的78%由三家大型邮轮公司——美国嘉年华邮轮集团(Carnival Corporation & PLC)、皇家加勒比邮轮有限公司(Royal Caribbean Cruises Ltd.)和云顶香港有限公司(Genting Hong Kong Limited)所控制,其中美国嘉年华邮轮集团更是控制了全球邮轮市场份额的46%之多。基于这样的行业特征,在我国从事邮轮运输的也基本是外国籍船舶。除此之外更值得注意的一点是,邮轮上导致人身损害的意外事故大多发生在公海领域,这是涉外邮轮旅客人身损害赔偿案件的共通点。在美国,正因大多数非正常死亡诉讼的事故发生点都位于公海领域,因此,该类案件普遍受美国《公海死亡法》[6]管辖。[7] 而根据公海自由原则,公海在法律上不属于任何国家也不受任何国家管辖,当意外事故在公海领域发生后,随之而来的问题就是公海之上没有明确对应的法律可以适用。因此,邮轮旅客人身损害赔偿案件所具备的强烈的涉外属性,使得该类案件的审理面临着非同寻常的困难和瓶颈。[8]

2. 主要由非海事事故引发

邮轮旅游发达国家大量案例表明,邮轮上发生的种种意外事故和人身伤亡多由以下原因造成:(1)滑倒、绊倒和摔倒;(2)失踪;(3)溺水和泳池事故;(4)被物体砸到,比如椰子;(5)乘客打出的高尔夫球不慎击中了另一名乘客;(6)食物中毒;(7)肠胃紊乱、晕船、恐惧、失眠等身体上的不适;(8)海盗;(9)海上巨浪;(10)人为失误;(11)邮轮上的滑动门存在故障;(12)运动器材存在缺陷;(13)乘客从床铺摔落;(14)在甲板跳水池发生意外事故;(15)浴室、沙发、双层床、走廊和栏杆等邮轮内部设施存在设计缺陷。[9] 根据以上原因分析,导致涉外邮轮旅客人身损害发生的绝大多数都是非海事事故,大部分是由意外事故或者邮轮上提供的食物、住宿、娱乐设备、服务设施以及邮轮经营人未尽到谨

[5] 参见郭萍:《对邮轮合同法律性质的探究及思考》,载《中国海商法研究》2016年第1期。

[6] The Death on the High Act. 美国国会于1920年通过的法律,公海上因过错方或疏忽方之行为所导致的死亡都据此法进行赔偿,死者的死亡地点必须限于公海这一地域范围。

[7] Walter T. Johnson, Ann Gray Miller, "New Developments in Cruise Law", *U. S. F. Maritime Law Journal* 7, 1994, p. 112.

[8] 参见孙思琪:《邮轮旅游法律适用论要》,载《武大国际法评论》2018年第2期。

[9] Thomas A. Dickerson, "The Cruise Passenger's Rights and Remedies", *International Travel Law Journal* 27, 2007, pp. 27 – 29.

慎注意和合理管理义务所引发,这一点和其他海上侵权案件有着最直接的区别。之所以会出现这样的差异,是因为邮轮除了是具备运输功能的船舶之外,更是多样化、多种类旅游产品与服务的特殊载体,这就决定了邮轮旅游必然会带来一系列非海事风险。

3. 邮轮旅客处于弱势地位

在非海事事故频发的邮轮旅游中,邮轮旅客一直处于较弱势的地位。即使在邮轮旅游发达的美国也不例外。造成这种局面的原因是美国邮轮产业发展高度繁荣,很多跨国邮轮公司的注册地和运营地均为美国,为了鼓励邮轮产业的发展,美国联邦法院对邮轮公司具有相当显著的偏袒倾向。如果在邮轮上发生侵权事件,联邦海事法规定邮轮经营人只需承担过错责任,侵权举证责任方面完全由邮轮乘客承担,而一个普普通通的旅客很难证明侵权行为和侵权结果的因果关系。正如美国纽约州最高法院法官迪克森(Thomas A. Dickerson)所说,邮轮度假会是一个非常美妙的体验,但请祈祷不要发生意外、不要生病,并且能够收到邮轮旅游手册承诺的所有内容和项目,否则你会发现你作为一个受害者,索赔的权利和补救的措施是由过时的法律来赋予的,而这样的法律恰恰有利于邮轮公司而损害邮轮乘客的权益。[10]

由于我国邮轮旅游专门法律规范的缺失,通常情况下游客与旅行社签订邮轮旅游合同,并且往往是格式合同或标准合同范本,旅行社再通过与邮轮公司的包舱或切舱协议,约定具体邮轮航线及旅游项目。因此,一旦邮轮旅客受到人身损害,旅行社常常会以己方非邮轮旅游实际履约方为由推脱责任,而游客又面临与外国邮轮公司之间无直接旅游合同关系,外国邮轮公司又常常以自己公司单方制订的客票条款等免除赔偿责任,致使中国游客处于索赔无门或者困难重重等不利地位。

4. 侵权责任和违约责任的竞合

邮轮旅游发展成熟的西方国家普遍采用邮轮公司或其代理人直接销售邮轮客票模式,但是我国由于管理模式、法律和政策限制等种种原因,采用的是包船游代理模式,因此出现在国外大多数案例中都是被侵权人直接起诉邮轮公司进行索赔。而在我国模式下,法律关系涉及旅行社、邮轮公司、国际船舶代理企业等多方主体,而旅客和邮轮公司之间存在法律意义上的合同关系空白地带。一旦在邮轮上发生人身伤亡事故,旅客无法直接根据旅游合同追究邮

---

〔10〕 Thomas A. Dickerson, "The Cruise Passenger's Dilemma: Twenty-First-Century Ships, Nineteenth-Century Rights", *Tulane Maritime Law Journal* 28, 2004, p. 451.

轮公司责任。

据不完全统计，目前在我国法院受理的纠纷中，多为旅游者与旅行社之间的人身损害赔偿责任纠纷，事由包括邮轮旅客因预定舱位与安排舱位不符、房间噪音事件、突发疾病死亡、邮轮公司更改航行路线影响旅客出游、到岸出关途中因拥挤摔倒导致骨折、旅客下床时意外摔倒、晕船等。因此，在这类案件中会存在我国《合同法》第122条[11]所规定的侵权责任和违约责任相竞合的情形。而对邮轮公司来说，直接当被告的机会并不多，原告一般以侵权为由诉至法院。在法律适用上，因为邮轮旅客大都根据与国内旅行社签订的出境旅游合同起诉，该类合同一般统归我国法律管辖。因此，在违约之诉下，并无法律适用斟酌的空间，本文主要讨论邮轮公司作为被告的侵权之诉中法律适用的情况。

综上所述，涉外邮轮旅客人身损害赔偿案件法律关系不明，尚缺乏据以明确界定各方权利义务的法律法规，涉外因素明显等一系列因素都给案件的妥善处理增添难度。上海海事法院在其审判通报[12]中指出，自2016年上半年起，上海海事法院陆续受理了三起旅客在邮轮上受伤引起的海上人身损害责任纠纷，涉及嘉年华、歌诗达、皇家加勒比等知名邮轮公司，很显然，邮轮旅游所引发的纠纷在诉讼中已逐渐体现出来。

## 二、涉外邮轮旅客人身损害赔偿法律适用之现状分析

在邮轮复杂的法律关系中谈及侵权责任的承担，难免会出现邮轮公司和旅行社互相扯皮的局面，且大多数邮轮客票合同规定的域外法律适用[13]对旅客极为不利，这让邮轮旅客获得足额赔偿的难度大大提高，这一点也无疑是我国旅行社包船游代理模式下的巨大弊端。法律适用(legal application)作为涉外邮轮

---

〔11〕《中华人民共和国合同法》第122条："因当事人一方的违约行为，侵害对方人身、财产权益的，受损害方有权选择依照本法要求其承担违约责任或者依照其他法律要求其承担侵权责任。"

〔12〕参见上海海事法院：《涉船员权益保护海事审判情况通报(2016)》，载上海海事法院网：http://shhsfy. gov. cn/hsfyytwx/hsfyytwx/spdy1358/hsspbps1434/web/viewer. html?file=../2016. pdf，最后访问日期：2019年3月15日。

〔13〕参见歌诗达邮轮：《乘客条款》，载歌诗达邮轮官网：https://www. costachina. com/faq/4；皇家加勒比国际游轮：《乘客票据合同》，载皇家加勒比国际游轮官网：https://www. rcclchina. com. cn/content/brand/passenger/repeat，最后访问日期：2019年11月16日。

旅游民事纠纷解决的首要环节,适用法律的不同难免影响承担责任的多寡,其重要性不言而喻。

(一)问题的提出——从羊某案入手

2015年8月1日,羊某及其母亲和浙江省中国旅行社集团有限公司签订出境旅游合同,邮轮旅游服务实际由嘉年华公司进行。合同约定旅行时间为2015年8月2日至6日,邮轮航线为"上海—济州—福冈—上海"。8月5日下午3时许,原告在"蓝宝石公主"号大泳池戏水时发生意外溺水。同船旅客和船医全力抢救,但原告终因溺水时间过长而无法苏醒。经鉴定,羊某构成一级伤残,为遗留持续性植物生存状态,需要终身护理。其母作为法定代理人于2016年1月11日在上海市黄浦区人民法院(后移送至上海海事法院审理)以海上人身损害赔偿责任纠纷为由起诉嘉年华公司,要求被告向原告及其法定代理人赔礼道歉,并按80%的责任比例赔偿原告人身和精神损害等近400万元。2018年4月26日,上海海事法院作出(2016)沪72年初2336号民事判决书。[14]

在羊某案中,法律适用问题成为主要争议焦点之一。原告方主张"国际法将船舶视为拟制领土","蓝宝石公主"号邮轮的船旗国为英国,因此,涉案侵权事实发生在邮轮上,视同发生在英国领土之内,根据《涉外民事关系法律适用法》第44条的规定,本案应当适用英国法。被告则辩称,原告的主张仅系学术上的见解,没有明确的法律依据,该观点也仅用于解决管辖权问题,而不涉及法律适用。此外侵权行为地包括行为实施地和结果发生地,倘若本案存在侵权行为,由于原告发生意外溺水时船舶位于公海海域,侵权行为实施地应认定为公海,而该领域并无直接可适用的法律,因此,理应采纳侵权结果发生地法,即中国法。

(二)是否存在当事人协议选择适用法律?

《涉外民事关系法律适用法》第44条[15]对侵权之债的法律适用作出规定。即当事人可以自行协商选择法律适用;在当事人协议选择法律缺位的情况下,可以适用属人法。如果以上两者都没有的,则适用侵权行为地法。该规定表明

---

〔14〕 参见上海市黄浦区人民法院(2016)沪0101民初1345号民事裁定书、上海市第二中级人民法院沪(2016)02民辖终555号民事裁定书、上海海事法院(2016)沪72年初2336号民事判决书。

〔15〕《涉外民事关系法律适用法》第44条:"侵权责任,适用侵权行为地法律,但当事人有共同经常居所地的,适用共同经常居所地法律。侵权行为发生后,当事人协议选择适用法律的,按照其协议。"

我国在涉外侵权法律适用时赋予了当事人通过合意确定诉争案件所适用的准据法这一权利。

在传统涉外侵权法律纠纷中，出于对民事主体权利保护这一目的，当事人合意进行法律选择一般是在侵权行为发生后。但随着国际民商事活动主体的风险规避意识增强，为预防法律关系所可能发生的包括侵权在内的所有风险，缔约主体很有可能通过合同进行事先的法律选择，以实现风险的有利化分配，这一点反映在涉外邮轮侵权纠纷中双方当事人通过邮轮船票合同的法律适用条款对准据法的适用进行约定。但是，能不能直接据此认定该条款同样适用于侵权纠纷，本身就是值得探讨的。然而，在我国从事经营活动的外国邮轮公司很少直接签发邮轮船票给旅客，使得作为海上旅客运输合同关系证明的船票功能，在旅行包船游模式下遭到削弱。再加之涉外邮轮人身损害赔偿案件涉外因素颇多，因此，当事人目前很难在侵权行为发生后就法律适用的选择达成一致。

(三)侵权行为地法如何确定？

一般情况下双方当事人未能协议确定适用法律，亦不存在共同经常居住地。因此，绝大多数涉外侵权案件所适用的都是侵权行为地法。然而，涉外邮轮旅客人身损害案发地点的特殊性又给侵权行为地法的理解和适用带来挑战。如何理解侵权行为地，《涉外民事关系法律适用法》第 44 条及其相关司法解释都没有作出清晰界定。根据最高人民法院《关于贯彻执行〈中华人民共和国民法通则〉若干问题的意见》(以下简称《民通意见》)第 187 条[16]，行为实施地和结果发生地都在侵权行为地的语义范围内，当两个连结点指向不同的法律时，由法官自由裁量决定。

在羊某案中，按照通常理解，侵权行为实施地在“蓝宝石公主”号邮轮上；从原告身体健康权受到损害结果来看，本案的侵权结果发生地也可以认定为邮轮。那么，是否可以理所当然将该邮轮认定为本案的侵权行为地呢？首先，探究侵权行为地的文义内涵，它应该是一个隶属于某个国家或地区的地理位置，这样才能在法律语境赋予其含义。而邮轮通常处于海上航行的动态过程，并没有绝对固定的经纬度。即使将船舶认定为地理位置，根据邮轮的船旗适用该国的法律也并无明确的法律依据。

其次，从侵权行为实施地本身来说，这一界定也存有歧义。在邮轮运输中，有观点认为侵权行为实施地是邮轮，也有观点认为是邮轮当时所处的海域；而

---

〔16〕《民通意见》第 187 条：“侵权行为地的法律包括侵权行为实施地法律和侵权结果发生地法律。如果两者不一致时，人民法院可以选择适用。”

侵权行为结果发生地同样具有模糊性,它可能涉及多个地点,比如侵权行为结果是指直接结果还是间接结果?被侵权人回到岸上后的医疗、护理、康复地点算不算侵权结果发生地?如果将这个概念定义得比较宽泛,会给法律适用带来模棱两可的困境,“侵权行为地法”就失去了明确和可预见的优势;反之,过于简单的适用则显得武断,无法反映侵权行为地法的实质价值。因此,“侵权行为地法”虽然有着先天的优势,但鉴于侵权行为地的含义悬而未决,给侵权行为地法的确定又带来现实障碍,使得案件审理中的实用性大打折扣。表面看来《民通意见》赋予了法官自由裁量权,实则是回避这一问题。[17] 这就意味着,即使我国《涉外民事关系法律适用法》已经给出了富有层次性的规定,但是随着侵权行为的新型化和复杂化,立法仍然存在空白地带,在涉外邮轮人身损害赔偿案件尤为突出。

(四)最密切联系原则能否作为补充性原则?

为了科学公允地确定准据法,法院最后运用了最密切联系原则,综合考虑了侵权行为发生地、侵权行为结果地、受害人的住所地和经常居住地、涉案船舶的船旗国、船舶所有人国籍、船舶经营人国籍等多个连结点,认为无论是从实质正义的角度,还是从连结点的质量、数量要求来考量,羊某案都应当适用中国法律。[18]

我国将最密切联系原则规定在《涉外民事关系法律适用法》总则的第2条第2款,[19] 作为一种补充性原则,仅仅是在《涉外民事关系法律适用法》对特定问题没有作出明确规定的情况下起到补漏的作用,这样的规定主要有以下几点不足:

第一,仅靠《涉外民事关系法律适用法》第44条去解决所有涉外侵权案件的法律适用问题,只有当侵权行为地法缺位时才考虑最密切联系原则这一兜底性规则,显然是力不从心的。当前,侵权行为地的偶然性和突发性大大增强,法

---

〔17〕 参见林强:《涉外侵权法律选择中的“侵权行为地”界定——从侵权一般冲突规则的解释切入》,载《现代法学》2018年第4期。

〔18〕 谢振衔、陈琦:《论涉外邮轮旅客人身损害赔偿法律适用的困境与克服——兼评上海海事法院最新判决“羊某某邮轮溺水案”》,载《大连海事大学学报》(社会科学版)2018年第5期。

〔19〕《涉外民事关系法律适用法》第2条:“涉外民事关系适用的法律,依照本法确定。其他法律对涉外民事关系法律适用另有规定的,依照其规定。本法和其他法律对涉外民事关系法律适用没有规定的,适用与该涉外民事关系有密切联系的法律。”

官很难再将侵权行为地作为判断准据法唯一的连结点。侵权领域作为传统冲突规范与现代国际社会新型化、复杂化侵权行为激烈碰撞的主战场,在立法上就要有更大胆的革新性,否则将难以满足法院实际审理的需求,导致传统冲突规范和社会现实之间的差距扩大,最终造成立法和司法之间存在明显脱节的后果。

第二,当连结点不一致的时候,人民法院原则上可任意选择一个,这会导致法院在确定侵权之债准据法时没有一个固定具体的衡量标准。这不仅损害了当事人的正当利益,更滋长了司法的主观性和随意性。

第三,涉外侵权领域纠纷不能直接将最密切联系地法作为和侵权行为地并行的法律适用规则,这是当前立法的失误与滞后。[20] 有必要明文规定最密切联系法律的适用规则,将最密切联系原则的法律适用地位从补充性提升到第一性上来,给法院更明确的裁判依据和司法指引。

## 三、涉外邮轮旅客人身损害赔偿法律适用之解决路径探析

美国作为世界邮轮旅游的最大客源地,邮轮产业每年对美国的直接经济贡献数以亿计,直接或间接带来的就业人口规模更是惊人。[21] 目前,这一邮轮旅游发达国家已经通过一系列完备的行政管理法案和相关民事判例形成了制度化的邮轮法律制度。[22] 船旗国法和最密切联系原则在处理美国类似涉外海事纠纷的法律冲突问题上起到极为重要的作用,本文以此为着力点,对涉外邮轮旅客人身损害赔偿案件法律适用的困境和解决路径进行深入的剖析。

### (一)古老的法则:船旗国法

#### 1. 船旗国法的内涵

船旗国法(law of the flag),即船舶所悬挂的国旗所属国家的法律。当船舶在某一国家进行登记并拿到船舶登记证书后,便可以取得该国国籍,悬挂该国旗帜。与此同时,船舶在该国家进行注册登记之后,就被置于该特定国家的权

---

〔20〕 邹淑环:《〈涉外民事关系法律适用法〉视野下的最密切联系原则》,载《天津商业大学学报》2013 年第 4 期。

〔21〕 杨建明:《邮轮旅游研究的回顾与前瞻——基于国外英文期刊论文的评述》,载《世界地理研究》2015 年第 1 期。

〔22〕 马炎秋、余娅楠:《美国邮轮旅客保护立法动态研究》,载《中国海商法研究》2014 年第 1 期。

力监督之下,需要接受这些特定注册登记地国家法律的管辖。当船舶作为海上移动的交通运输设备涉及有关民商事法律关系时,这些注册登记地国家的法律通常也就成了最合适的准据法。[23]

船舶取得国籍的作用有二:一是船旗国可以对悬挂其旗帜的船舶实行公法意义上的管理、管辖和监督的权力;二是在涉外海事法律纠纷中作为连结点对法律选择和确定司法管辖权发挥重要作用。连结点(point of contact),即冲突规范借以确定国际民商事关系应当适用什么法律的根据。[24] 在海事冲突法中,船舶国籍被视为具有决定性的连结点,船舶国籍重要性的突出体现就是船旗国的适用。

从国际条约及各国国内有关法律规定来看,船旗国法在多个海事法律问题上都有所适用,我国《海商法》[25]即规定船舶所有权、船舶抵押权等适用船旗国法律。在与船舶有关的合同领域,如果当事人没有选择合同准据法,则有很大可能适用船旗国法。[26] 将船旗国法作为涉外海事法律关系的法律适用原则,具有两个显而易见的优势:一是根据悬挂国旗判断船舶国籍,简单易行;二是根据同一的船旗来决定准据法的适用,无论该涉外海事法律纠纷交由哪一国法院审理,也能保证审判结果是同一的,这有利于海事法律关系处理结果的一致性和可预见性。[27] 总之,无论是直接适用船旗国法,还是在适用最密切联系原则时考虑船旗国这一连结点,船旗国法都是必不可少需要考虑的因素。在前述羊某一案中,原告即援引世界海事大学前副校长布鲁山托·K.穆克吉的《冲突法:以海商法为视角》[28]一文,主张事故发生在公海时,应适用船旗国法。总之,船旗国法在海事冲突法中被视为具有决定作用的法律适用原则。

2. 船旗国法在美国判例中的应用

正是由于船旗国法的诸多优点,因此,在船旗国和船舶有真正联系的前提下,适用船旗国法得到了世界上多数国家海事审判的共识。以美国为例,船旗

---

[23] 谢石松:《国际私法学》(第2版),高等教育出版社2017年版,第70页。

[24] 韩德培主编:《国际私法》(第3版),高等教育出版社2014年版,第97~98页。

[25] 参见《中华人民共和国海商法》第270条、第271条、第273条第3款、第274条。

[26] 王国华:《论船旗国法》,载《法学评论》1996年第1期。

[27] 田园:《论海事冲突法中的船旗国法原则》,载《法商研究》2001年第6期。

[28] 参见[印]布鲁山托·K.穆克吉:《冲突法:以海商法为视角》,载《中国海商法研究》2017年第1期。

国法在海事判例中被置于关键位置,联邦最高法院在 Lauritzen v. Larsen〔29〕一案中指出,在海商法领域最值得尊敬,并且应当赋予其首要地位的法律适用规则就是船旗国法,船旗国法也被使用在包括邮轮乘客索赔在内的一切海事侵权案件中。Kirman v. Compagnie Francaise de Croisieres〔30〕一案同样具有典型性,该案中原告柯尔曼夫妇(The Kirmans)是美国加利福尼亚州居民,他们在一艘邮轮上严重受伤,该邮轮为瑞士公司所有,法国公司运营,悬挂巴哈马国旗,事故发生时该轮停泊在印度尼西亚水域。巴哈马是1974年《海上旅客及其行李运输雅典公约》〔31〕的缔约国,该公约规定了承运人对每名乘客的伤亡赔偿责任限额,而美国并没有加入该公约,因此适用不同的法律,索赔结果将差异明显。原告柯尔曼夫妇辩称,邮轮客票合同中没有"法律适用条款"字样,也没有提到任何和巴哈马法律有关的字眼,所以适用巴哈马法律缺乏根据。但是,法院认为它们并不是要执行合同所约定的内容,而是要直接援引适用于海事侵权行为的传统海事法律适用原则,而且这些法律适用原则不会因为缔约自由和当事人有选择法律自由等因素而被抛到九霄云外。〔32〕

3. 适用船旗国法的局限性

从我国邮轮旅游市场现状来看,大多数邮轮在方便旗国家进行国籍登记。而这些国籍与船舶经营行为并无实际联系,甚至个别开放船舶登记的国家没有完善健全的海事立法。正是基于此,1982年《联合国海洋法公约》第91条第1款〔33〕规定,要求船舶和船旗国必须存在"真正联系"。只有船舶和船旗国之间存在实质上的联系,依照船旗确定船舶相关纠纷的法律适用才有据可依。此外,在开放登记国家进行船舶国籍登记,船东或船舶经营人不是意在服从该船

〔29〕 Lauritzen v. Larsen, 345U. S. 571, 1953 AMC 1210(1953).

〔30〕 Kirman v. Compagnie Francaise de Croisieres, No. BC 033403, 1994 AMC 2848 (Cal. Super. Ct. 1993), rev. denied, 1994 Cal. LEXIS 614 (1994).

〔31〕 1974年《海上旅客及其行李运输雅典公约》是于雅典缔结的关于若干有关海上旅客及其行李运输规则的公约,该公约规定:承运人对每名旅客的死亡或人身伤害所承担的责任,以700,000金法郎为限。

〔32〕 Walter T. Johnson, Ann Gray Miller, "New Developments in Cruise Law", *U. S. F. Maritime Law Journal* 7, 1994, p. 130.

〔33〕 1982年《联合国海洋法公约》第91条第1款:每个国家应确定对船舶给予国籍、船舶在其领土内登记及船舶悬挂该国旗帜的权利的条件。船舶具有其有权悬挂的旗帜所属国家的国籍。国家和船舶之间必须有真正联系。

旗国的法律,而是出于规避本应注册国家的某些强制要求和标准这一目的,譬如法律、税收、船员劳动保障等。[34] 因此,在方便旗船大肆横行的今天,如果必然实施船旗国法律,会因为不存在实质性联系而影响对受害方权益的保障。而且,适用船旗国法的前提是将船舶认定为船旗国在海上浮动的领土,而“浮动领土说”在现代海洋制度下,已经有侵犯主权的嫌疑。浮动领土理论也更多地局限适用在海上刑事管辖权范畴。在船旗国法已经不能够很好地适应海事侵权领域司法实践需要的前提下,引入新的解决办法势在必行。

(二)现实的路径:最密切联系原则

1. 最密切联系原则的内涵

最密切联系原则(the doctrine of the most significant relationship)是目前国际私法领域相当具备影响力的一项法律适用原则。最密切联系原则的含义是,当法院在审理某一涉外民商事案件时,不仅仅以一个要素单纯、机械地去判断准据法的适用,而是权衡各种与系争法律关系的具体情形,分析所有关联因素,判断与案件有着最密切联系的因素,最后确定连结点,做出适用哪一国家或者地区法律的选择。[35] 它最大的优势就是拒绝单纯、机械地用某一项要素去判断准据法的适用,而是建立了弹性空间大、适用灵活度高的法律适用规范体系。它要求法院对与案件有关联的各种事实和因素进行考察和衡量,进而确定某个地方和案件事实的最密切联系。在现代的冲突规范中,最密切联系连结点和客观连结点以及意思自治连结点的综合运用,确立了一个法律适用领域普适性的原则,其理论价值和实用价值如今已为大多数国家以及国际条约所认可,深刻地作用了美国本土及其以外各国法律适用领域,成为20世纪发展起来的对国际私法最为流行的学说。[36]

2. 最密切联系原则在美国立法中的指导性地位

作为最密切联系理论的发源地,美国在司法实践中对该原则给予了高度的支持与认可,并确定了最密切联系原则应当考虑的具体因素,其中最值得借鉴

---

〔34〕 参见徐刘倩、武美:《船旗国法原则适用的现状与完善》,载《大连海事大学学报》(社会科学版)2013年第5期。

〔35〕 参见肖永平:《最密切联系原则在中国冲突法中的应用》,载《中国社会科学》1992年第3期。

〔36〕 参见邓翊平:《最密切联系原则的法哲学思考》,载《广东广播电视大学学报》2004年第3期。

的是美国《第二次冲突法重述》[37]的规定。美国在《第二次冲突法重述》第 6 条第 2 款明确规定将最密切联系地法作为法律适用指导原则。具体到侵权领域，该理论也已被美国大多数州在司法实践中采纳。《第二次冲突法重述》总则部分第 145 条第 1 款赋予了最密切联系原则在侵权行为法律适用时一般规则的地位，第 2 款罗列了确定侵权行为最密切联系地时应考虑的客观连结点，包括损害发生地、侵权行为发生地、当事人的住所、居所、国籍、公司成立地和营业地，以及当事人之间有联系时其联系最为集中的地方，同时该法也进一步规定了应该按照在特定法律关系中的重要程度对上述所列的各种联系进行比较与衡量。[38]

3. 美国判例在法律适用中的考虑因素

在美国，旅客在邮轮旅游期间遭受人身侵害或财产损失之后，大多数情况下会以侵权为由诉诸法院。在上文提到的 Lauritzen v. Larsen 案中，美国最高法院提出适用最密切联系原则。该案中，有一艘丹麦籍船舶临时停靠纽约，一位船员在这期间签署了船员雇用合同，该船员雇用合同使用的是丹麦文，合同要求在确定船员权利时适用丹麦法律。随后，这位船员在古巴的哈瓦那港口受伤。根据美国"琼斯法"(Jones Act)[39]，船员在纽约州南区法院提起诉讼，第二巡回法院支持了该位船员的诉求，但是美国最高法院随后发布调卷令，给出不同的意见，认为本案不适用琼斯法。在作出裁决时，最高法院审查了七个"通常被认为单独或结合起来使用会影响侵权索赔法律选择的因素，特别是海事侵权索赔"，这七个因素就是：(1)侵害行为发生地；(2)船旗国法；(3)被侵权人的国籍国或居住地；(4)被告船东的国籍或居住地；(5)合同履行地；(6)外国法院的不可及性；(7)法院地法。

在 Lauritzen v. Larsen 案中，其中三个因素的作用最为显著，即船东的国籍、原告的国籍和船旗国法，法院据此认定丹麦法拥有压倒性的优势。并且，出于国家利益和公共政策的考虑，法院还将法律的选择与船舶公司的所有权和实际控制权挂钩。本案的法律选择是一种博弈和妥协的产物，虽然最终适用的仍

---

〔37〕 美国第二次冲突法重述由美国法学会于 1971 年编纂，旋即于 1986 年进行了修订。参见：《美国第二次冲突法重述(节录)》(1986 年修订)，载北大法宝网：https://www.pkulaw.com/iel/3850a6817461531f9fda500c84b31cffbdfb.html? keyword = 冲突法，最后访问日期：2020 年 3 月 5 日。

〔38〕 参见王承志：《美国第三次冲突法重述之萌动》，载《时代法学》2004 年第 1 期。

〔39〕 Jones Act，又称"海运商业法"。

然是船旗国法,但是值得一提的是,法院在法律适用方面开始考虑与案件有密切联系的多个因素,这样的趋势给海事法庭带来了一个变革,这一变革大大平衡了传统海事冲突法中船旗国法的适用。自1953年以来,美国判例都充分考虑了Lauritzen案列明的因素,适当地强调了与案件有密切联系的要素,这些因素主导了琼斯法所涵盖的整个海事侵权领域。[40]

之后,Hellenic Lines v. Rhoditis[41]案中又增加了第八个考量因素,即承运人主营业地。[42]由于该案的判决,美国居民对总部设在美国的悬挂外国国旗邮轮运营商提出的索赔,很难再主张适用船旗国法。上述两案确立下来的八个分析因素,综合起来被称为"Lauritzen/Rhodit分析方法",运用在绝大部分海事侵权案例中。

美国法院在对邮轮旅客人身损害赔偿案件进行裁判时,对诉讼的请求权基础是侵权之诉还是合同之诉不予以区分,而是将法律适用条款的效力作为先决问题统一适用于所有的邮轮旅游诉讼中。出于对邮轮公司商业利益的保护,规避因法律适用可能带来的不利后果,法律适用条款已经成为邮轮船票合同中不可或缺的组成部分。因此,在美国法下,法院对管辖条款和法律适用条款的个案审查已经成为一种惯例。

通常来说,美国的一般海事法(general maritime law)具有绝对的、先天的优势,它会被默认当作法院适用的法律。当合同中有条文明确约定适用外国法律时,法院会使用两种方法对是否应当适用该法律进行考察:一是通过仔细审查当事人意图,二是确定"重力中心地"或"联系聚集地"(grouping of the contacts or center of gravity)的测试。而后者则是最密切联系原则的实质体现。

在Lubick v. Travel Services, Inc[43]一案中,该案原告就其在邮轮上受到的损害寻求赔偿,合同中已经明确约定与该合同有关的一切纠纷适用英国法,但

---

[40] T. D. S., "Admiralty and the Choice of Law: Lauritzen v. Larsen Applied", *Virginia Law Review* 47, 1961, p. 1405.

[41] 398 U. S. 306, 1970 AMC 994 (1970).

[42] 在Rhoditis案中,一名希腊海员在一艘悬挂希腊国旗的船上受伤,但是该船处于美国水域。船东是一名居住在美国的外国人,他以纽约为业务基地在全美从事广泛的商事和贸易活动,法院裁定,应当适用美国法而非船旗国法,因为如果不这样做的话,船东可以逃避琼斯法案规定的"雇主"的义务和责任,他将比从事相同商业工作的美国公司享有不公平的优势,这有违最密切联系原则的要求。

[43] 573 F. Supp. 904 (D. V. I. 1983).

是根据上述测试得出的结论,最后选择了美国法。法院认为原告为美国公民,涉案邮轮的始发港是美国港口,事故和损害结果发生都位于美国领土,订立合同的地点也在美国。因此,该案件与美国有充分的联系(sufficient contacts),这一理由足以使其适用美国法律。另外在 DeNicola v. Cunard Line Limited[44]一案中,尽管合同中有一项条款规定:"合同项下产生的所有问题都将根据英国法律进行裁决",但初审法院却适用了美国法。法官认为原告是一名美国公民,该邮轮旅游合同的订立地点是美国,并且该邮轮最终回到美国港口。鉴于以上因素,可以认定她与美国有充分的、密切的联系,足以使美国法律得到适用。

4. 我国引入最密切联系原则的合理性

由于依据最密切联系原则去选择法律,克服了传统法律选择方法的某些不足之处,最大限度满足国际经贸往来的需求以及当前涉外民商事法律关系纷繁复杂的态势,因此,立法者也接纳和吸收了这一观点,将其作为涉外民事关系法律适用的基本原则之一规定在了在中国现行法律体系中。[45]《涉外民事关系法律适用法》更是将最密切联系原则规定在了总则第 2 条第 2 款当中,这都说明该原则在我国已经拥有较为深厚的立法经验,在立法层面具备一定的内置合理性。

然而,中国目前只在涉外合同和涉外抚养等少数领域直接采纳了最密切联系原则,在涉外侵权行为冲突法规则中并未直接规定最密切联系原则。[46] 在侵权领域,它一直处于兜底的位置。仅在没有当事人合意、当事人共同居所地和侵权行为地的情况下,最密切联系原则才作为补充性、辅助性的系属公式加以适用。追求案件的实质正义必然要求适用与案件各主客观因素最真实、最密切相关的法律,将最密切联系原则作为涉外侵权领域准据法的适用规则之一,已经是全球范围内的一种立法趋势,比如,德国国际私法立法规定最密切联系原则适用于非合同之债领域,奥地利国家私法将最密切联系原则作为侵权案件的总指导原则。在我国,涉外邮轮旅客人身损害赔偿案件属于海上运输或海上、通海水域的人身伤亡事故引起的损害赔偿案件,属于我国海事法院的受案范

[44] 7642 F. 2d 5, 1981 AMC 1388 (1st Cir. 1981).

[45] 姜明坤:《最密切联系原则在我国的立法地位研究——从最密切联系原则的特质角度切入》,吉林大学 2016 年博士学位论文,第 19 页。

[46] 卢月:《论〈涉外民事关系法律适用法〉中最密切联系原则的司法适用》,载《时代法学》2015 年第 4 期。

围。邮轮旅游兼具旅游和运输的双重属性,[47]旅游行业波及大范围、多领域的人财物交流,航海运输则风险高发,不可控因素时有出现,邮轮旅游汇集以上两者的种种特性,其风险系数无疑更高。由于邮轮旅游复杂特殊的合同和权责关系,一旦出现人身损害赔偿纠纷,很容易导致有法难依、无法可依的局面。[48] 目前我国《海商法》修订相关研究及立法工作尚在进行中,借鉴美国的立法特色,结合我国国情及时修订相关法,将法律适用问题这一先决问题加以规定,将最密切联系原则作为第一性原则纳入我国该类案件的法律适用,这无疑是当前对涉外邮轮旅客人身损害赔偿案件法律适用进行立法规制的最佳路径。

考虑《涉外民事关系法律适用法》对邮轮旅客人身损害赔偿案件法律适用规定与司法实践的不适应性,站在对邮轮旅客权益充分保护的角度,笔者建议在我国《海商法》将邮轮旅游纳入调整范围,在"涉外关系的法律适用"一章增加如下条款:

"涉外邮轮旅客人身损害赔偿责任纠纷适用与该涉外民事关系有最密切联系的法律,法律另有规定的除外,前款所称与该涉外民事关系有最密切联系的法律,确定要最密切联系的法律时应综合考虑以下连结点:侵权行为发生地、侵权行为结果地、受害人住所地和经常居住地、涉案船舶的船旗国、船舶所有人国籍、船舶经营人国籍、承运人主营业地、合同签订地、出发港、停靠港及目的港等。"

将涉外邮轮旅客人身损害赔偿案件的法律适用规定在《海商法》当中是有其内在合理性和可操作性的。首先,涉外邮轮旅客人身损害赔偿案件属于海上运输或海上、通海水域、港口作业过程中的人身伤亡事故引起的损害赔偿案件,根据我国海事法院的受案范围,应由海事法院管辖。虽然邮轮旅游兼具旅游和运输的双重属性,但是邮轮脱胎于传统的海上乘客运输,邮轮运输虽然能够实现很多功能,但是它并未脱离海上运输的实质,究其本质,邮轮作为船舶的本质属性没有改变,海上运输才是实现邮轮旅游的根本手段,那么,这就决定了邮轮旅游的根基是其海事传统性,也决定了邮轮旅游立法必须以海事立法为基础。

其次,就修改路径而言,应充分利于《涉外民事关系法律适用法》的谦抑性,因此,《海商法》应当对涉外邮轮人身损害赔偿法律适用规则在《海商法》框架内完善更为适宜。2018年3月公布的《海商法(修订草案)》(意见征询稿)中,

---

[47] 司玉琢、谢忱:《法律视角下的邮轮旅游文化研究》,载《政法论丛》2017年第4期。

[48] 余娅楠:《邮轮承运人对邮轮旅客的民事法律责任研究》,中国海洋大学2014年博士学位论文,第14页。

已经在第六章海上旅客运输合同这一章节中增加了第三届邮轮旅游的特别规定,这也是我国首次在国家法律层面对于邮轮旅游进行规定。海事行业与旅游行业均属于介入因素多、风险复杂多变的行业,而邮轮产业作为两者的集合,其所面临的风险无疑更加复杂,它与《涉外民事关系法律适用法》中所规定的一般侵权有着显著的特殊性,正是由于邮轮旅游复杂的合同和权责关系,一旦出现人身损害赔偿纠纷,很容易出现各方推卸责任的局面,相比《涉外民事关系法律适用法》,《海商法》更加符合邮轮旅游自身特点和法律性质。纵观我国涉外侵权法律体系,《海商法》海上运输合同这一章节是目前最符合邮轮运输特定的法律规定,而管辖权和法律适用问题作为邮轮旅游人身损害赔偿案件的先决问题,《海商法》没有理由不对其加以明文规定。将海事立法提高到邮轮旅游法律的核心位置,这种做法,不仅有利于尊重海运行业长期以来所积累的大量海事惯例,更有利于确立统一的法律适用标准,保护当事人的合法权益。前述羊某案中,法官最终适用中国法,正是基于最密切联系原则的指引,从数量和质量上对连结点加以全面考虑,其说服力远比单独适用侵权行为地法或者船旗国法要强得多。因此笔者认为,在涉外侵权领域,恰当且全面地引入最密切联系原则并将其作为首要法律适用原则是势在必行的。

5. 最密切联系原则的适用要求

最密切联系原则虽然在实践中使用灵活,但它也是一把"双刃剑",为了减少自由裁量权的滥用,使其真正适应复杂多变的涉外民事侵权法律关系的需要,要通过一系列要求对法官的自由裁量权加以规范和限制:(1)通过进一步的法律修订、司法解释的出台等来规定法官在确定最密切联系地时应适当考虑的因素,比如侵权行为实施地、侵权结果发生地、共同国籍国、共同经常居住地、船旗国、合同履行地、合同签订地等,用客观要素来规制最密切联系原则适用的具体操作,制定精细化和便于操作的参照指标,从而在某种程度上限制法官做出不符合要求和过于超出范围的裁量;(2)加强法官专业素质教育,提高法官队伍的职业素养,要求法官对运用该原则确定准据法的理由进行充分说理,详细阐述其选择的法律为什么是与案件和当事人有最密切联系的法律,并要求法官全面考察连结因素,综合分析最密切联系地的选择。[49]

此外,站在邮轮旅游这一新兴产业的发展风口,我们还可以充分发挥最高人民法院所颁布的指导性案例和辅助性司法解释的价值,贯彻上级法院包括海

---

〔49〕 李冠群:《论国际私法系统视野下的最密切联系原则》,大连海事大学 2010 年博士学位论文,第 113 页。

事法院的典型判例精神,根据其指引更好地对法官的自由裁量权进行限制,建立具有中国司法特色的最密切联系原则适用制度,从而作出合理公正的法律选择。通过这几点,扬其长而避其短,使最密切联系原则做到真正的密切联系,切实维护案件当事人的利益,在法律的确定性和灵活性之间实现个案公平和实质正义。

## 结　语

虽然我国目前邮轮旅客直接起诉邮轮公司的情况并非常见,但是随着邮轮消费者合法维权意识的觉醒以及邮轮旅游政策环境的不断优化,现有的旅行社包船游代理模式得以突破,相关法律纠纷将绝不囿于邮轮旅客与旅行社之间的履约纠纷,邮轮旅客直接以邮轮经营人为被告提起侵权之诉进行索赔的现象将会日益普遍,涉外海事侵权领域立法的缺失和司法实践中法律适用的困境也势必更加突出。建立统一的准据法确定标准,及时将最密切联系原则提升到海事侵权领域法律适用的第一性位置上来,从而为我国该类案件的审理提供法律支持,对于改善我国邮轮旅游产业的法治环境,推动我国邮轮旅游发展不无益处。

(责任编辑:王睿)

# 紧急仲裁员程序研究

## ——法国视角

Diana Paraguacuto-Mahéo　Christine Lecuyer-Thieffry　著

任　昊　译*

## 引　言

迅速有效地获得临时措施[1]对于国际仲裁的各方来说往往是至关重要的。临时措施对于确保最终实现判决或最终裁决十分关键。[2] 当事人有时可以在案件一开始,甚至在仲裁庭审理案情之前就申请采取临时措施。

根据大多数仲裁机构的规则,成立仲裁庭需要时间。在此期间,可能会对一方造成无法弥补的损害。因此,时间显得至关重要,原来国际仲裁机构没有能力处理这种情况,迫使当事方向他们选择避开的国内法院请求采取临时措施。国际仲裁在不断寻求效率和响应用户需求的过程中,被证明是非常活跃的,并经历了实质性的变化,从而确保了仲裁作为一种有效并长期解决商业纠纷的手段。最近,仲裁机构在这一领域引入了一个新的角色,以满足各方在仲裁庭成立之前对临时措施的临时需求:紧急仲裁员。

尽管受到了国际仲裁的欢迎,但是当地法律将如何接受这一领域的新成员,以及在效率方面如何与国内法院的临时救济令进行比较,仍然有待观察。在法国,鉴于紧急仲裁员的决定是否可直接执行的不确定性以及法国法院的效

---

* 任昊,中山大学法学院 2019 级诉讼法研究生。本文发表于 *Fordham International Law Journal* 2017 年第 40 卷第 3 期,文章原题目为 *Emergency Arbitrator: A New Player In The Field-The French Perspective*。译者在此感谢两位原作者的授权。

〔1〕 在本文中,“临时措施”一词是指所有临时、预防性和保全措施,以及保护和禁令措施。

〔2〕 Ali Yesilirmak, Interim and Conservatory measures in ICC Arbitral Practice, 11 ICC INT'L CT. ARB. BBB.. 31, no. 1, (Spring 2000).

率,在大多数情况下,法院会成为请求临时措施的首选。然而,紧急仲裁是一种应对市场需求的有力工具,其效率超越了当地的司法裁令。

虽然国内法院可能仍然是寻求仲裁前临时救济的首选场所,但它们在这一事项上的非排他性为紧急仲裁程序创造了可能。越来越清楚的是,在仲裁庭成立之前的关键时期获得紧急临时救济,紧急仲裁程序将是一种广泛使用的替代办法和有效工具。

## 一、国内法院的非排他性为紧急仲裁员程序留出空间

随着紧急仲裁程序的出现,当事人对国内法院的偏爱是基于各种考虑而做出的选择,这些选择主要取决于对所有周围事实和特定情况的评估。在大多数司法管辖区,法院和紧急仲裁员是并存的,乍看上去,当事人更容易获得法院的救济。

### (一)启动紧急仲裁员程序的限制因素

紧急仲裁员程序的使用可能在几个方面受到限制,法院随时可以介入,且不受当事各方协议的限制。虽然只要符合管辖权和审判地的标准,临时或保全救济的申请就可以提交法院,但紧急仲裁程序要求当事人同意这种程序申请。紧急仲裁员程序现已纳入大多数机构的仲裁规则,只要仲裁协议中提及这些程序就自动适用。〔3〕然而,当事方可能不愿意紧急仲裁员拥有重要的决策权,因为这种权力可能被滥用,并可能选择"不适用"仲裁规则提供的制度。〔4〕这一点尤其正确,因为关于紧急仲裁员可准予的补救办法或者关于应适用何种标准的

---

〔3〕 See Andrea Carlevaris & José Ricardo Ferris, Running in the ICC Emergency Arbitrator Rules: the First Ten Cases, 25 ICC Int'l Ct. Arb. BLL. 27, no. 1, (2014) (explaining that the ICC Rules For Pre Arbitral Referee Procedure (1990) were conceived as a system autonomous from the arbitration rules and that their limited commercial success may be partially explained by their "opt-in" nature, i. e., they had to be specifically agreed upon by the parties in order to apply); see also id. [highlighting that they nevertheless opened the door to various other initiatives for procedures integrated in the arbitration rules aNIA (2001), ICDR (2006)]; SCC (2010) or ICC (2012); id. (quoting the ICC, which in 2013 reported that "in 24 years of existence only 14 pre-arbitral referee cases have been filed with ICC").

〔4〕 INT'L CHAMBER OF COMMERCE, ICC RULES OF ARBITRATION (2012) [hereinafter ICC RULES] at art. 29(6), http://www.iccwbo.org/products-and-services/arbitration-and-adr/arbitration/icc-rules-of-arbitration/#article_29 (proposing for that purpose to add to the Standard ICC Arbitration Clause that "the Emergency Arbitrator Provisions shall not apply.").

指导很少。他们可能认为,与他们在法庭上获得的结果相比,申请紧急仲裁程序获得的结果没有法律上的确定性。在某些司法管辖范围内,紧急仲裁程序可能就会显得相当费力。正如下文将要讨论的那样,无论是仲裁裁决还是法庭命令都可能无法立即执行,然而获得临时措施的时机对于当事人又显得至关重要。

此外,紧急仲裁员和仲裁员一样,不能对第三人科以义务。[5] 法院下令采取的临时措施可能针对第三方。在这方面,《国际商会仲裁规则》(2012 年)采取了相当严格的立场,指出"'紧急仲裁员规则'仅适用于仲裁规则项下仲裁协议的签字人或该签字人之继承人"。[6] 虽然作出这一限制是为了防止任何一方在没有明确同意仲裁的情况下被引入紧急仲裁员程序,并排除紧急仲裁员条款适用于以合同为基础的仲裁,[7]但这也违背了法国法律关于将仲裁协议扩大到非签署方的宽松做法。例如,根据具体情况,可以认定合同仲裁条款对参与合同谈判的当事人具有约束力。[8] 任何认为必须等到仲裁庭成立,非签署方才受提交给法国法律的仲裁协议约束的论点,在紧急仲裁员面前都有可能失败。然而,国际商会报告说,在根据《国际商会仲裁规则》(2012 年)提出的首批 10 项紧急临时或保全措施申请中,有 6 项是在有多方当事人的案件中提出的,1 项是在有多方当事人的案件中提出的载有不同但兼容的仲裁协议。[9]

(二)紧急仲裁员程序不妨碍诉诸国内法院

如果当事各方同意提交紧急仲裁程序,除非有明确的相反规定,这种同意并不妨碍诉诸国内法院。除非双方另有约定,紧急仲裁程序并非作为一种排他

[5] Dutch v. Cypriot, 064/2010, Stockholm Chamber of Commerce (2010), http://www.sccinstitute.com/media/29995/scc-practice - 2010 - 2013 - emergency-arbitrator_final.pdf (pursuant to the 2010 SCC Arbitration Rules, the emergency arbitrator found that it had jurisdiction over the request for an injunction with respect to the Respondent only but not to the extent the requests related to others than the Respondent, as two different companies and individual and the company registrar).

[6] ICC RULES, supra note 4, at 29(5).

[7] Nathalie Voser & Christoper Boog, Special Supplement, ICC Emergency Arbitrator Proceedings: an Overview, 22 ICC INT'L CT ARB. BBRA. 85 (2011).

[8] See Gouvernement du Pakistan v. Societe Dallah Real Estate & Tourism Holding Co, Court D'Appell [CA][regional court of Appeal] Paris, Feb. 7, 2011, 09/28533; See also Dallah Real Estate and Tourism Holding Company v. The Ministry of Religious Affairs, Government of Pakistan [2010] UKSC 46 (SC) (providi-ng a striking example because both proceeding regarded the cancellation of the same arbitral award and both applied French law, but they reached opposite results in their analysis of the common intention of the parties to submit to arbitration.)

[9] Carlevaris & Ferris, supra note 3, at 28.

性补救措施,也不意味着放弃向法院申请临时和保全措施。[10] 在大多数情况下,法院和紧急仲裁员有共同管辖权。[11] 在向国内法院申请临时救济或向紧急仲裁员申请临时救济之间作出选择时,国内法院在大多数情况下仍是当事人的首选,因为它们更有可能在合理的时间内以合理的费用作出一项立即可执行的决定。根据法国法律,只有在仲裁庭成立之前,法院才有权审理临时或保护措施的申请,[12] 在仲裁庭成立之前向法院提出采取临时或保护措施的申请并不被视为违反或放弃仲裁协议。[13] 这与《国际商会仲裁规则》(2012年)第29条第7款以及其他机构仲裁规则的类似规定相一致,《国际商会仲裁规则》(2012年)第29条第7款规定:

紧急仲裁员的规定无意阻止任何当事人在根据仲裁规则提出采取紧急的临时或保全措施的请求之前,以及在适当情况下甚至可以在其之后,随时向有

---

[10] ICC RULES, supra note 4, at 29(7); ARB. INST. OF STOCKHOLM CHAMBER OF COMMERCE, ARBITRATION RULES (2010) [hereinafter SCC RULES] at art, 32(5), http://www.sccinstitute.com/media/40120/arbitrationrules_eng_webbversion.pdf; LONDON COURT OF INT'L A RB., LCIA ARBITRATION RULES (Oct. 1, 2014) [hereinafter LCIA RULES], at art. 9(12), http://www.lcia.org/Dispute_Resolution_Services/lcia-arbitration-rules-2014.aspx; HONG KONG INT'L ARB. CENTER, ADMINISTERED ARBITRATION RULES (2013) [hereinafter HKIAC RULES], at sched. 4(22), http://hkiac.org/sites/default/files/ck_filebrowser/PDF/arbitration/2013_hkiac_rules.pdf; INT'L CENTER FOR DISPUTE RESOLUTION, INTERNATIONAL DISPUTE RESOLUTION PROCEDURES: INTERNATIONAL ARBITRATION RULES (2014) [hereinafter ICDR RULES], at art. 6(7), https://www.icdr.org/icdr/ShowProperty?nodeId=/UCM/ADRSTAGE2020868&revision=latestreleased.

[11] English Arbitration Act 1996, c. 23, §44(5) (Eng.) (providing that the English courts will grant an order in support of arbitration "if or to the extent that the arbitral tribunal, and any arbitral and other institution or person vested by the parties with powers in that regard, has no power or is unable for the time being to act effectively.").

[12] CODE DE PROCEDURE CIVILE [C. P. C.] [CIVIL PROCEDURE CODE] art. 1456 (Fr.) ("The constitution of an arbitral tribunal shall be complete upon the arbitrators' acceptance of their mandate. As of that date, the tribunal is seized of the dispute.").

[13] Id. art. 1449 ("the existence of an arbitration agreement insofar as the arbitral tribunal has not yet been constituted shall not preclude a party from applying to a court for measures relating to the taking of evidence or provisional or conservatory measures.").

管辖权的司法机关申请采取该等措施。当事人向司法机关申请采取该等措施，不视为对仲裁协议的损害或放弃。[14]

什么构成“适当情况”，必须由法院在审理临时救济申请时作出裁决。

法国法律遵循严格的法院附属模式，这反映在《法国新民事诉讼法》第1449条关于仲裁前、临时或保全救济的具体规定中。这一规定涉及“自裁管辖权”原则的负面影响是否延及仲裁前临时措施和保全措施的问题。根据已有的判例，在仲裁庭成立之前，当事人可以根据《法国新民事诉讼法》第145条的规定，[15]在紧急、临时和保护措施的情况下，向法院申请采取取证措施。因此，如果对仲裁协议提出质疑，即使民事诉讼规则通常不要求达到紧迫性的程度，法国法院也会在每次请求采取临时或保全措施的申请时拒绝接受管辖权。

在财产或环境面临直接威胁，必须采取措施防止情况发生或恶化的情况下，处理这种情况所需的时间是有限的，几乎没有灵活性。因此，时间至关重要，因为拒不服从的当事方可以利用时间转移资产、停止供应必需品、披露信息或改变情况，使裁决无法提供充分有效的救济。有时候，国内法院对此可能会实施强制性的处罚。正如下文将要讨论的那样，对于紧急仲裁员是否具有这种权力存在疑问。提出单方面申请对临时措施的成功至关重要，大多数法域的民事诉讼规则都规定了提出单方面申请的可能性，而大多数规定紧急仲裁员程序的仲裁规则，或更广泛的仲裁法，都没有作出这样的规定。在极少数情况下，仲裁庭也会接受单方面的临时措施申请，并在审理申请之前的有限时间内就此发布临时初步裁令。根据国际商会紧急仲裁员条款，这是不可能的，因为根据紧急仲裁员规则，秘书处必须将申请通知被申请方。[16] 国际商会报告说，申请人也会要求不通知被申请方就指定紧急仲裁员。一旦国际商会仲裁院主席认为可以受理该申请，秘书处将会在受理该申请后再通知被申请人。[17]

因此，在真正紧急的情况下，防止对方当事人不可逆转的行为可能要求一方当事人在国内法院而不是在紧急仲裁员面前提起申请。《法国新民事诉讼

---

〔14〕 ICC RULES, supra note 4, at art. 29(7); accord SCC RULES, supra note 10, at art. 32(5); ICDR RULES, supra note 10, at art. 6(7); LCIA RULES, supra note 10, at art. 9(12); HKIAC RULES, supra note 10, at sched. 4(22).

〔15〕 CODE DE PROCEDURE CIVILE [C. P. C.] [CIVIL PROCEDURE CODE] art. 145 (Fr.).

〔16〕 ICC RULES, supra note 4, at app. V, art. 2(3).

〔17〕 Carlevaris & Ferris, supra note 3, at 25.

法》第1449条不妨碍一方当事人寻求单方面的临时或保全性救济,即便该措施将影响到第三方,[18]或者如下文所示,会影响到专门为法国法院保留的那种临时措施。与紧急仲裁员的决定不同,不论其采取裁决(award)还是裁令(order)的形式,是否提出上诉,法国法院在简易程序中作出的裁令都会在接到通知后立即执行。[19]

## 二、紧急仲裁员——该领域的新参与者

紧急仲裁程序的出现是对市场需求的回应。虽然紧急仲裁员的地位和权力在一些司法管辖区仍然不确定,但它满足了许多实际需要。事实证明,这是在各种情况下寻求和获得临时救济或保护性救济唯一的现实途径。

### (一)紧急仲裁员的地位和权力的不确定性

《法国新民事诉讼法》以及更一般的法国仲裁法中没有明确提及紧急仲裁员或紧急仲裁员程序的规定。因此,法国法律没有明确禁止或限制紧急仲裁员在下达临时措施或保全措施裁令时的权力,并为适用仲裁规则中规定的紧急仲裁员程序留有余地。[20] 然而,很明显,紧急仲裁员的权力不会超过仲裁员的权力,也不能裁令保留扣押或司法担保,而根据《法国新民事诉讼法》第1468条,扣押或司法担保仍然属于法国法院的专属裁判权。

从表面上看,《法国新民事诉讼法》第1468条[21]严格适用于仲裁庭,而不

---

[18] Eric A. Schwartz, The New French Arbitration Decree: The Arbitral Procedure, 2 CAHIERS DE L'ARBITRAGE, 349 (2011).

[19] CODE DE PROCEDURE CIVILE [C. P. C.] [CIVIL PROCEDURE CODE] art. (Fr.).

[20] For examples of limits on emergency arbitrator authority see ICC RULES, supra note 4, at art. 29, app. V, art. 2(4) - (6), 5, 6; SCC RULES, supra note 10, at app. II, art. 4(4), 8; HKIAC RULES, supra note 10, at sched. 4, 8, 14 - 18, 21, 23, 24; SINGAPORE INT'L ARB. CENTER, SIAC RULES 2016 (2016), http://siac. org. sg/our-rules/rules/siac-rules - 2016 [hereinafter SIAC RULES] at sched. 1; ICDR RULES, supra note 10, at art. 6; LCIA RULES, supra note 10, at art. 9B.

[21] French New Code of Civil Procedure, art. 1468 (Fr.) ("the arbitral tribunal may order upon the parties any conservatory or provisional measures that it deems appropriate, set the conditions for such measures and if necessary, attach penalties to such orders. However, only courts may order conservatory attachments or judicial security. The arbitral tribunal has the power to amend or add to any provisional or conservatory measure that it has granted.").

是紧急仲裁员,但是紧急仲裁员程序是否属于仲裁法的范围以及紧急仲裁员是否是仲裁员都是值得怀疑的。正如下文将要讨论的那样,在这方面出现了各种各样的意见,有些人认为紧急仲裁员是一名仲裁员,[22]其他人则认为紧急仲裁员程序仅仅是仲裁前机制,类似于争议委员会或多层次争议解决条款。[23] 在这种情况下,紧急仲裁员程序只是仲裁之前提供的一个选择,紧急仲裁员只能被视为专家或第三方仲裁员,具体应取决于当事各方分配给它的任务和仲裁规则。第1468条通过类推适用于紧急仲裁员是有争议的,因为意味着当事各方意图赋予紧急仲裁员与给予临时或保护性救济的仲裁庭同样的权力。[24] 在任何情况下,不论紧急仲裁员是否为仲裁员,仲裁规则的规定作为当事人各方的合意都应当对其具有充分效力,因此,可以合理地假定紧急仲裁员根据《法国新民事诉讼法》第1468条拥有与仲裁员相同的权力。根据这一假设,除了专门为法国法院保留的补救措施外,紧急仲裁员在法国可准予行使临时补救措施,但这种措施不仅仅是法国民事诉讼规则所规定的那种措施,还包括适用外国法律所规定的措施。它应当有权下令:(1)为保护任何一方的权利或财产,防止直接伤害或不可弥补的损害而迫切需要的禁令救济或恢复原状;(2)当事人支付款项;(3)当事方履行合同内容,包括签署或交付相关文件;(4)保存或确立证据所需的任何措施。

根据完善的判例法,《法国新民事诉讼法》第1468条明确授权仲裁庭对不遵守其裁令的行为进行处罚,[25]尽管其无权要求支付这些处罚。可能会受到质疑,但是这还是取决于仲裁员的定性和裁令的司法性质,因为“施

[22] Pierre Mayer, Référé pré-arbitral CCI, in JOURNAL DU DROIT INTERNATIONAL (2004).

[23] Charles Jarrosson, Note Cour d'Appel de Paris (1er Ch. C), Société nationale des pétroles du Congo et République du Congo c/ société Total Fina Elf E & P Congo, 2003 REV. ARB. 1299.

[24] Voser & Boog, supra note 7, at 86.

[25] CODE DE PROCÉDURE CIVILE [C. P. C] [CIVIL PROCEDURE CODE] 1468 (Fr.) ("The arbitral tribunal may order upon the parties any conservatory or provisional measures that it deems appropriate, set conditions for such measures and, if necessary, attach penalties to such order. However, only courts may order conservatory attachment and judicial security. The arbitral tribunal has the power to amend or add to any provisional or conservatory measure that it has granted.")

加处罚是司法职能固有的和必要的手段,以确保司法权的行使更具有效率”。[26]

(二)紧急仲裁员:一个中立和更灵活的主体

在当事人选择仲裁的所有原因中,其中一个就是向法院提出申请似乎缺乏吸引力。当事人在选择紧急仲裁员时,可以根据特定案件的相关情况以及各自的期望权衡利弊。

紧急仲裁员程序比公开法庭辩论更有可能确保秘密性。但是,当事各方明确规定这方面的保密义务是合理的,因为仲裁协议中插入的保密条款不一定会扩大到紧急仲裁员程序。法国法律更是如此,因为《法国新民事诉讼法》第1464条规定的保密原则只适用于国内仲裁。

在某些情况下,不可能向国内法院申请临时救济。这可能是因为法院不能对该争议行使管辖权,或因为该争议在多个管辖权范围内都能产生效力。例如,一个法国法院不会任命一名专家来保存发生在公海上与事故有关的证据,因为它对争端的实质问题没有管辖权。[27]

对于某一特定诉讼地的一些法院,其中立性和审理能力也可能令人十分关切。如果被告是一个国家或一个与法院所在地有关的国家实体,这个问题就极其重要。当事各方还应考虑法院的独立性,以及国内法院的公正性与效率。另一个需要考虑的因素是法院的可接收性。一些法庭积压了大量的案件,可能反应不够,或者无法提供长时间听证会的可能性。法院一般没有专门处理临时救济的法官。相反,紧急仲裁员程序提供了任命一名资格符合各方需要的紧急仲裁员的可能性。此外,大多数仲裁规则要求紧急仲裁员在整个程序期间“随时待命”,以保证对案件的关注,并更广泛地保证所提供服务的质量。

最后,虽然国内法院必须在其民事诉讼法的严格框架内运作,该框架列出了可获得的救济种类和适用的标准,但在大多数机构的仲裁规则中找不到这类救济。紧急仲裁员条款没有规定可下令采取的措施类型,也没有规定应适用的标准,应由仲裁庭确定其认为在案件特定情况下适用的检验标准。在

---

〔26〕 Paris Courts of Appeal, 7, 2007, Sté Otor Participations v. SARL Carlyle, Juris-Data n°2004 - 262342, REV. ARB. 2004. 982; D. 2005. Pan. 3062, obs. Th. Clay; JDI 2005. 341, note Mourre et P. Pedone; JCP 2005. I. 134, obs. Ortscheidt.

〔27〕 27. Cass. civ. 1e, Apr. 7, 1998, Rev. Crit. DIP 1998. 459, note Muir Watt (on file with author).

这样做时，如果双方没有达成协议，它将考虑仲裁地法律中关于临时救济的任何规定，或参考2006年修订的《国际商事仲裁示范法》第17条A款，该款是若干国内法的基础。如上所述，法国法律也遵循同样的趋势。除扣押或司法担保仍属法国法院的专属管辖权外，仲裁庭（类似于紧急仲裁员）拥有广泛的自由裁量权，可以下令“其认为适当的措施”，并“为此类措施设定条件”。[28] 在这方面，虽然仲裁庭制定的标准对另一个仲裁庭没有约束力，但它们在随后的案件中起着指导的作用，是当事人可预测性的来源。[29] 在这种背景下，紧急仲裁程序可能具有特殊的作用，或可用于正在交易中的合同关系，或引导当事人达成和解。

## 三、尽管紧急仲裁决定的可执行性仍有疑问，但紧急仲裁仍然是一个有效的工具

正如我们所看到的，紧急仲裁响应了市场需求，特别是当事人在仲裁庭组成之前获得紧急临时救济的暂时需要。

毫无疑问，紧急仲裁员可以与法院一起填补这一空白，在某些情况下，国内法院可能仍然是请求临时或保全救济的惯常场所。然而，一些学者对紧急仲裁员决定的可执行性表示关切，对仲裁制度中这一新“工具”的效率和有用性表示怀疑。

尽管法国法律对紧急仲裁员作出的决定（decision）的性质以及其可执行性提出了一些质疑，但我们认为，该决定的可执行性可能更多是一个理论性问题，而不是一个现实问题。该决定无论是合同性质的还是管辖性质的，较为适宜的看法是，紧急仲裁员的决定在法国及其他国家是有效的。

此外，经验似乎表明，自愿遵守紧急仲裁员决定的情况很高，因为当事各方担心会因此而激怒仲裁庭，并因不遵守紧急仲裁员的决定而被处以罚金。下面的讨论将试图依次解决这些问题。

### （一）紧急仲裁员决定的可执行性：一个错误的辩论

随着紧急仲裁员的适用越来越普遍，对紧急仲裁员决定的性质和可执行性

---

[28] See CODE DE PROCÉDURE CIVILE [C. P. C] [CIVIL PROCEDURE CODE] 1468 (Fr.) at n. 24.

[29] Ali Yesilimak, Interim and Conservatory Measures in ICC Arbitral Practice, 1999 – 2008, Special Supplement, 22 ICC INT'L CT. ARB. BULL., 5, 6 (2011).

的关注引起了相当大的兴趣和辩论。许多评论人士警告选择这一新程序的当事人[30],而仲裁机构也没有试图掩盖这一显而易见的事实。正如 Gary Born 所指出的,“仲裁庭下令的临时救济已经产生了重大的不确定性……”[31]特别是由于对这类措施的描述含糊不清。[32] 国际商会仲裁规则起草委员会的成员赞同这一说法,解释说,鉴于紧急措施不符合《纽约公约》第1条第(1)款所指的“裁决”的条件,因此根据《纽约公约》,紧急措施是不可执行的。[33]

关于紧急仲裁员决定性质的争论并不仅仅停留在国际仲裁领域。法国对紧急仲裁员作为“仲裁员”或第三方专家的法律地位表示关切。争议还集中在其授权、合同或管辖权的性质以及紧急仲裁员的决定形式(作为裁决或裁令)对可执行性的影响(如果有的话)。[34]

---

[30] GARY BORN, INTERNATIONAL COMMERCIAL ARBITRATION 2019 (2d ed. 2009). See Raymond J. Werbicki, Arbitral Interim Measure: Fact or Fiction?, in AAA HANDBOOK ON INTERNATIONAL ARBITRATION & ADR 91 – 92 (2010); James Hosking & Erin Valentine, Pre-Arbitral Emergency Measures of Protection: New Tools for an Old Problem, in COMMERCIAL ARBITRATION 2011: NEW DEVELOPMENTS AND STRATEGIES FOR EFFICIENT, COST-EFFECTIVE DISPUTE RESOLUTION 199 (2011); Mark Bravin et al., The National Court Powers to Order Interim Measures or to Enforce Orders Made by Arbitral Tribunals, in INTERIM AND EMERGENCY R ELIEF IN INTERNATIONAL ARBITRATION, INTERNATIONAL LAW INSTITUTE 145 – 65 (2015); Mika Savola, Interim Measures and Emergency Arbitrator Proceedings, in PRESENTATION AT THE 23RD CROATIAN ARBITRATION DAYS: ACCESS TO ARBITRAL JUSTICE (2015).

[31] BORN, supra note 30, at 2019.

[32] Id.

[33] Voser & Boog, supra note 7, at 86 (“Whether an emergency arbitrator's Order is enforceable in a state court is a question governed not by the ICC Rules but by the law at the place of enforcement. Generally speaking, Emergency Measures are not enforceable under the New York Convention because they do not qualify as an « award »within the meaning of Article I (1) of the Convention.”).

[34] See Mayer, supra note 22; Thomas Clay, La première application du référé pré-arbitral de la CCI, in RECUEIL DALLOZ (2003); Jarrosson, supra note 23, at 1299; Alexis Mourre, Référé pré-arbitral de la CCI: to be or not to be a judge..., in GAZETTE DU PALAIS 5 (2003); Denis Bensaude, L'utilité de developer une procedure arbitrale permettant d'obtenir certaines mesures provisoires ou conservatoires à côté des possibilités offertes par les juridictions ordinaires: l'exemple du Référé Pré-arbitral de la CCI, in INTERNATIONAL LAW FORUM DU DROIT INTERNATIONAL 33 (2005).

这些争议虽然引人入胜,但更多的是理论争议而不是实践争论。全世界对紧急仲裁员程序的日益使用表明,[35]紧急仲裁员决定的可执行性不是影响其使用的决定性因素。紧急仲裁员似乎是一个自成一体的高效和有约束力的工具,将受益于法国法院的支持。探讨了法国紧急仲裁员决定是否具有可执行性的争议后,我们将探讨紧急仲裁员成功的原因。

1. 紧急仲裁决定在法国的可执行性不大

对紧急仲裁所表示的怀疑[36]主要是由于对紧急仲裁员决定的可执行性存在不确定性,以及根据《纽约公约》,任何缔约国,若一决定没有进行有效抗辩,执行这些决定会存在潜在的障碍。

在法国,这种怀疑是有道理的,因为紧急仲裁决定的可执行性是未解决的,而且很可能只能间接获得。然而,如下文所述,无论根据法国法律强制执行紧急仲裁员裁决的可能性如何,有效的机制允许当事方赋予紧急仲裁员权力,并同意遵守紧急仲裁员的裁决。

2. 根据法国法律,仲裁前公断人(以及紧急仲裁员)授权的合同性质存在争议

2003 年,巴黎上诉法院[37]就当时生效的《国际商会仲裁前公断规则》作出了一项裁决,如果该裁决扩大适用到紧急仲裁员制度,紧急仲裁员的权力将被定性为合同性质。根据这一推理,紧急仲裁员的作用将是第三方裁决人的作用,其决定由当事人承诺遵守,而不是仲裁员。

在仲裁前下达临时救济决定之后,刚果国家石油公司和刚果共和国(刚果布)试图在巴黎上诉法院撤销这项决定。刚果国家石油公司和刚果共和国辩称,作出的不是一项裁决,因此可以撤销,因由对该争议问题有管辖权的仲裁员作出。[38] 刚果民主共和国(刚果金)反对撤销该裁令的申请,认为

[35] In total,ICC (2016): 50; HKIAC: 6.

[36] See BORN, supra note 30, at 2019 – 20; Savola, supra note 30, at 13; Werbicki, supra note 30, at 91 – 92; Hosking & Valentine, supra note 30, at 199.

[37] See Emmanuel Gaillard & Philippe Pinsolle, The ICC Pre-Arbitral Referee: First Practical Experiences, 20 ARB. INT'L 13, 32 – 37 (2004).

[38] The setting aside of the order was based on purported violation of due process (former Article 15024°French New Code of Civil Procedure) and ultra petita decision (former Article 15023°French New Code of Civil Procedure).

根据仲裁前公断规则作出的是裁令不是仲裁裁决,因为它们不是最终裁决。[39] 巴黎上诉法院将决定撤销裁决的可受理性。根据法国法律,只有仲裁裁决可以被撤销,巴黎上诉法院不得不考量紧急裁决的司法性质。

撤销仲裁前公断人发出的裁令的诉讼,巴黎上诉法院认为是不可受理的,因为该决定是根据"建立在双方合作基础上的合同机制作出的,从某种意义上说该机制已被指定为合同性质,它的权威来自双方的协议"。[40]

巴黎上诉法院首先解释了仲裁前裁决的合同性质,而不是管辖权性质,承认仲裁前公断规则的起草者谨慎地避免使用"仲裁"和"仲裁员"这两个词;其次,承认裁令的效力完全来自当事人同意向第三方表示决定紧急措施的权力。[41] 巴黎上诉法院的结论是,该裁令不能比任何其他合同条款具有更大的约束力,因此不具有既判力。[42]

根据这一推理,临时和紧急措施决定将不是一般意义上的裁决,任何不遵守这些裁决的行为都将被视为违反合同。由于仲裁人的裁决与合同条款具有同样的约束力,巴黎上诉法院的结论是,根据法国法律,一方当事人既不能强制执行该裁令,也不能在国内法院寻求撤销该裁令。

仍需解决的问题是,巴黎上诉法院的推理是否在今天仍然有效,它是否同样适用于紧急仲裁程序。可以看出,仲裁前决定的性质是合同性质还是管辖权性质的推理,巴黎上诉法院并不具有说服力。然而,值得一提的是,根据法国法律,决定的定义是妨碍其可执行性的主要障碍。

3. 上诉法院的裁决已受到批评,并且对它是否适用于紧急仲裁产生了怀疑

正如一些评论员正确指出的那样,[43]巴黎上诉法院依赖仲裁前裁判的合同

---

〔39〕 See id. US law contrasts with French law on this particular issue. A US Court held that interim measures have sufficient finality for the purposes of enforcement not because those measures are in fact final in their nature, which they are clearly not, but because they are ordered for the purposes of protecting the final award. The court reasoned that arbitrators have authority to award interim relief in order to protect their final award from being meaningless. See Guillaume Lemenez & Paul Quigley, The ICDR's Emergency Arbitrator Procedure in Action, in DISPUTE RESOLUTION J. 3 (2008 – 09).

〔40〕 Lemenez & Quigley, supra note 39, at 32 – 36.

〔41〕 Jarrosson, supra note 23, at 1298.

〔42〕 Id.

〔43〕 Baruch Baigel, The Emergency Arbitrator Procedure under the 2012 ICC Rules: A juridical Analysis, in 31 J. INT'L ARB, no. 1, 5 (2014) Mourre, supra note 34, at 5.

性质进行推理过于形式化。首先,仲裁前公断规则的起草人避免使用"仲裁"和"仲裁员"的字样,这一事实不应在仲裁前公断规则或紧急仲裁程序规则的范围内具有决定性。当事人向第三方表示决定采取紧急措施的性质是什么?确定为合同性质还是管辖性质,根据法国法律,法官不受当事方对其合同所作的定性的约束,这是一项公认的原则。[44]

因此,从大多数机构仲裁规则在其关于紧急仲裁员程序规则中使用"仲裁员"或"仲裁"一词的事实中,法国法院不一定会得出紧急仲裁员的决定在性质上具有管辖权这样的结论。[45] 同样,紧急仲裁员规则通常正式纳入机构仲裁规则[46]的事实也不会是决定性的,除非当事人明确排除,否则它们也不会自动适用。

其次,巴黎上诉法院认为,仲裁前公断裁决的决定是合同性质的,因为这项裁令完全源于当事各方同意赋予第三方就紧急措施作出决定的权力,也不是决定性的。事实上,仲裁前公断人或紧急仲裁员与仲裁员并无不同,仲裁员的权力也来自双方当事人的协议。仲裁是契约性的,但仲裁员行使管辖权,作出管辖权决定。[47] 正如托马斯·克莱教授所解释的,仲裁员既是法官又是缔约方。[48] 仲裁具有管辖权,但其裁决的强制力是基于双方同意将其争议的解决提交给第三

---

〔44〕 Cour de Cassation, 1st Civil Section, 21 June 1956, Revue de l'arbitrage, 1956, 132; Cass, 2nd Civil Section, 23 Sept. 1998; Mayer, supra note 22 ("... la qualification commande le régime. Lorsque ce régime est entièrement supplétif, il est concevable de laisser les parties maitresses de la qualification. Lorsqu'en revanche il comporte des règles impératives, laisser les parties libres d'adopter la qualification qui leur convient reviendrait à leur permettre d'écarter des règles impératives... or le régime de l'arbitrage comporte de telles règles." the system is governed by characterization. When a mechanism is suppletive, it is understandable to leave the parties in charge of the characterization. However, when compulsory rules are at stake, allowing the parties to determine the characterization they see feet would be equivalent to allowing them to derogate from compulsory rules... which also exist in arbitration).

〔45〕 ICC RULES, supra note 4, at art. 29; HKIAC RULES, supra note 10, at sched. 4; LCIA RULES, supra note 10, at art. 9B; SIAC RULES, supra note 10, at sched. 1; SCC RULES, supra note 10, at app. II, r. 21.13.

〔46〕 ICC RULES, supra note 4, at art. 29(6)(B); HKIAC RULES, supra note 10, at art. 23(1); ICDR RULES, supra note 10, at art. 6(1); LCIA RULES, supra note 10, at art. 9(4); SIAC RULES, supra note 20, at art. 30(2); SCC RULES, supra note 10, at app. II art. 1(1), 21.13, 4.2(a), 4.2(b).

〔47〕 Thomas Clay, L'Arbitre, DALLOZ 43-50 (2001).

〔48〕 Id. at 33.

方决定。[49] 巴黎上诉法院提及仲裁前公断规则第6.6条("双方当事人同意毫不拖延地执行裁判令,并放弃对向法院或任何其他当局提出的请求采取一切上诉、申诉、反对的权利。法院同意该裁令,只要这种放弃可以有效地作出"),支持裁判权的合同性质。然而,这一文本与第29(2)条中关于紧急仲裁员的措辞几乎相同。[50] 仲裁前公断人或紧急仲裁员的合同性质不一定排除其具有管辖权。

大多数法国评论者都主张支持仲裁前公断拥有管辖权,[51]他们的大部分论点也可能扩大到紧急仲裁员。他们认为,在仲裁前公断的情况下(或紧急仲裁员的情况),我们所处的情况符合授权管辖权性质的定义:第三方在根据相关规则去决定法律争端,分析每一方的立场。仲裁前公断人(或紧急仲裁员)被无可争议地要求作出对当事人具有约束力的决定,即使是暂时的。仲裁前公断人(或紧急仲裁员)需依法裁判,必须尊重正当程序,必须独立和公正。[52] 他们都必须决定自己的管辖权和他们面前关于临时措施的问题,[53]这一解读符合《法国民法典》第1188条规定的解释规则。[54] 当合同当事人决定将其争议提交仲裁程序时,他们打算排除国内法院的管辖权。他们也期待获得同样程度的正

---

[49] Mayer, supra note 22.

[50] ICC RULES, supra note 4, at art. 29(2) ("The emergency arbitrator's decision shall take the form of an order. The parties undertake to comply with any order made by the emergency arbitrator."); SCC RULES, supra note 10, at app. II art. 9(1)(3); SIAC RULES, supra note 20, at sched. 12; ICDR RULES, supra note 10, at art. 6(4); HKIAC RULES, supra note 10, at sched. 4(16).

[51] Mayer, supra note 22; Mourre, supra note 34, at 5.

[52] ICC RULES, supra note 4, at app. V, art. 2(4); HKIAC RULES, supra note 10, at sched. 4(8); ICDR RULES, supra note 10, at art. 6(3); LCIA RULES, supra note 10, at art. 9(13); SIAC RULES, supra note 20, at sched. 1(5); SCC RULES, supra note 10, at art. 14, 19(2), r. 4.2(a).

[53] ICDR RULES, supra note 10, at Article 6(3); LCIA RULES, supra note 10, at Article 9(13); SIAC RULES, supra note 20, at sched. 1(7).

[54] Code Civil [C. Civ.] [Civil Code] art. 1188 (Fr.) ("Le contrat s'interprète d'après la commune intention des parties plutôt qu'en s'arrêtant au sens littéral de ses termes. Lorsque cette intention ne peut être décelée, le contrat s'interprète selon le sens que lui donnerait une personne placée dans la même situation." [A contract shall be interpreted according to the Parties' common intention instead of its literal meaning. When this common intention cannot be found, the contract shall be construed in accordance with the reasonable person standard.]).

义。在这方面,国内法院法官拥有管辖权,尽管他们给予临时救济的决定是临时性的,但它们是立即可执行的,对当事方具有约束力。以此类推,赋予紧急仲裁员同样的管辖权,并在国内法院执行其下令采取的临时措施是有意义的。法国判例法倾向于将临时措施视为司法行为的结果,[55]并避免干涉仲裁员对其裁决或裁令的定性。此外,巴黎上诉法院2003年裁决的措辞并没有排除当事方实际上可以同意委托公断人履行管辖权义务和作出决定的可能性。[56]

相反的观点认为,仲裁前公断人(以及紧急仲裁员)的合同性质是正当的,巴黎上诉法院很好地描述了仲裁前公断人的任务。如果我们把他们的论点转移到紧急仲裁员,他们会争辩说紧急仲裁员是仲裁前职责,类似于专家或争端裁决委员会的第三方,[57]而不是仲裁员,而且双方事先已承诺受其决定的约束。尽管被贴上了紧急仲裁员的标签,但紧急仲裁对紧急临时或保全措施的具体需要需迅速作出反应,而这些措施不能等待仲裁庭的组成。[58] 这种临时或保全措施不预先判断案情,也不改变当事人的立场。[59] 只有审理案情的仲裁庭才拥有这种管辖权。虽然紧急仲裁员确实决定了他面前的问题,但这并不是说,他有管辖权的权力。[60] 事实上,尽管紧急仲裁员确实决定了他面临的问题,但这并不是说他有管辖权,紧急仲裁程序的目的是根据案件的是非曲直支持即将进行的仲裁,这并不意味着它本身就是仲裁程序,因为"仲裁不对仲裁起作用"。[61] 紧急仲裁决定的临时性是证明其合同性质的另一个重要因素。尽管进行了理论辩论,即使紧急仲裁员可以行使管辖权,真正考验其决定是否具有可执行性

---

〔55〕 Jacques Pellerin, La sentence arbitrale : incertitudes et propositions in Liber Amicorum, Mélanges en l'honneur de Pierre Mayer, LGDJ, 2015.

〔56〕 See Eliseo Castineira, The Emergency Arbitrator in the 2012 ICC Rules of Arbitration, CAHIERS DE L'ARBITRAGE, (Jan. 1, 2012) at no. 1, 65.

〔57〕 FIDIC CONTRACTS, art. 67 ("If a dispute of any kind whatsoever arises between the Employer and the Contractor in connection with, or arising out of, the Contract or the execution of the Works, including any dispute as to any opinion, instruction, determination, certificate or valuation of the Engineer, the dispute shall initially be referred in writing to the Dispute Adjudication Board (the "Board") for its decision.").

〔58〕 ICC RULES, supra note 4, at art. 29; SCC RULES, supra note 10, at app. II, art. 1; SIAC RULES, supra note 20, at art. 30.2; LCIA RULES, supra note 10, at art. 9(4); ICDR RULES, supra note 10, at art. 6(1); HKIAC RULES, supra note 10, at art. 23(1).

〔59〕 Baigel, supra note 43, at 9.

〔60〕 Jarrosson, supra note 23, at 1296.

〔61〕 Baigel, supra note 43, at 6.

的是根据法国法律是否有资格作为裁决。

4. 根据法国现行法律,紧急仲裁员关于临时措施的决定不能被承认为裁决,因此不能强制执行

无论关于紧急仲裁员的合同或管辖权的性质的辩论如何,关键在于其决定是否有资格成为法国法律下的裁决。法国与大多数国家的法律一样,仲裁庭作出的决定不是自我执行的,在下达执行令时需要给予执行力。

根据《法国新民事诉讼法》第1487条第3款(关于国内仲裁)和第1516条第3款(关于国际仲裁),[62]只有以裁决形式而不是裁令形式作出的决定才能在法国得到承认和执行。法国法律没有具体规定仲裁庭关于临时或保全措施的决定的形式。

虽然根据《国际商会仲裁规则》(2012年)第28条(1)款,仲裁庭可自由确定其采取的措施以怎样的形式作出,[63]但第29条(2)款明确规定,"紧急仲裁员的决定应以裁令的形式作出"。国际商会在这一问题上显得与众不同。其他机构已明确选择将关于仲裁前临时救济的决定定性为裁决,[64]或者更经常地,它们给予紧急仲裁员最大的酌处权,以便其将该决定定性为裁决或裁令。[65]

国际商会已经对此作出了解释。首先,根据国际商会制度,如果紧急仲裁员作出裁决,国际商会国际仲裁院必须根据《国际商会仲裁规则》(2012年)第33条对该裁决进行审查。这种费时的审查会使紧急程序的目的落空。其次,如

---

[62] CODE DE PROCÉDURE CIVILE [C. P. C] [CIVIL PROCEDURE CODE] 1487 and 1516 (Fr). ("Application for exequatur shall be filed by the most diligent party with the Court Registrar, together with the original award and arbitration agreement, or duly authenticated copies of such documents.").

[63] ICC RULES, supra note 4, at art. 28 ("Any [conservatory or interim] measures shall take the form of an order, giving reasons, or of an award, as the arbitral tribunal considers appropriate.").

[64] SIAC RULES, supra note 20, at art. 1(3), 30; See also LCIA RULES, supra note 10, at art. 9(8), 9(9); ICDR RULES, supra note 10, at art. 6(4); HKIAC RULES, supra note 10, at art. 3(9) & sched. 4(12); UNITED NATIONS COMMISSION ON INTERNATIONAL TRADE, UNCITRAL MODEL LAW ON INTERNATIONAL COMMERCIAL ARBITRATION (2006), http://www.uncitral.org/pdf/english/texts/arbitration/ml-arb/07-86998_Ebook.pdf. [hereinafter UNCITRAL Model Law], at art. 17(2).

[65] Some institutions that give the emergency arbitrator this discretion include: NAI Arbitration Rules, AFA Rules of Arbitration, ICDR, SIAC and SCC EA Rules.

下文所示,认为紧急仲裁员的决定作为裁令或裁决的特征在执行性方面几乎没有什么实际意义。事实上,大多数司法管辖区适用于“实质上超过形式”的原则,而不论该临时措施的形式如何。[66]

然而,不应夸大规则中形式化的标签可能对执行临时措施的决定产生的影响。根据法国法律,国内法院可自由保留其认为适当的定性。[67] 事实上,法国法院没有干涉仲裁庭在诉讼过程中作出的决定,因为“仲裁庭完全可能在行使国际管辖权”,国内法院无权干预国际仲裁的进行。[68] 在这方面,将决定定性为裁决或裁令可能不那么相关。

《法国新民事诉讼法》没有规定根据法国法律裁决的内容。为了确定撤销的诉讼是否可以受理,由法国法院界定了裁决的区分标准。根据法国法律,一段时间以来,[69]裁决的特点是“仲裁庭的裁决,该裁决最终根据案情、管辖权或终止仲裁程序的任何程序问题,全部或部分解决了根本争议”。[70]

一些学者认为在适用临时措施时,不应当对裁决内容采取如此严格的定义。[71] 后来提出了新的定义。[72] 但如今,所述的判例法仍然适用,根据法国法律对裁决的这一定义,关于临时和保全措施的裁决或裁令将不被视为最终解决

---

〔66〕 Voser & Boog, supra note 7, at 86.

〔67〕 French New Code of Civil Procedure, art. 12 (Fr.); See also Castineira, supra note 56, at 65.

〔68〕 See, e. g., Cour de Cassation, 1st Civil Section, 12 Oct. 2011, La Société Elf Aquitaine et la Société Total c. X, No. 11 – 11058.

〔69〕 See, e. g., Cour d'Appel de Paris, 25 Mar. 1994, REV. ARB. 1994, p. 391; 10 November 1995, REV. ARB. 1997, p. 596; Cour de Cassation, 2nd Civil Section, 6 Dec. 2001 p. 932.

〔70〕 See, e. g., Cour de cassation, 1st Civil Section, 12 Oct. 2011, Groupe Antoine TABET République du Congo, No. 09 – 72439; see also Christophe Seraglini & Jérome Ortscheidt, Droit de l'arbitrage interne et international 782 (Montchrestien 2013).

〔71〕 See Bernard Moreau, Eloïse Glucksmann, & Pierre Feng, ARBITRAGE INTERNATIONAL-REPERTOIRE DALLOZ DE PROCEDURE CIVILE para. 221 (June 2016) ("Nowadays Article 1468 of the Code of Civil Procedure would not make sense if the possibility to order provisional and protective measures which this Article acknowledges would not guaranty its executory force.").

〔72〕 See Jacques Pellerin, supra note 55, at 681; see also Seraglini & Ortscheidt, supra note 70, at 782 – 83.

和终止了仲裁程序中的问题。[73] 因此,无论其特征如何,都不能在法国得到承认和执行。如果有人根据《纽约公约》进行推理,这也很可能是正确的。[74] 根据《纽约公约》,"仲裁裁决"一词没有被定义得很清楚,临时措施与最终裁决有着根本的不同,这主要是由于临时措施的临时性质,而不是裁决的最终性质。[75]

[73] It could be argued that the order of the emergency arbitrator terminates the emergency arbitrator proceedings and disposes of the subject-matter issues of the application for interim or conservatory measures. It might be questionable, however, to consider the emergency arbitrator proceedings as severable from the arbitral proceedings in view of the requirement to file a request for arbitration within ten days from the receipt of the application by the ICC Secretariat and the arbitral tribunal's power to modify, terminate or annul the order provided for, respectively, by Article 1(6) of the AE Rules of Appendix v. and. Article 29(3) of the ICC Arbitration Rules (2012).

[74] United Nations Convention on the Recognition and Enforcement of Foreign Arbitral Awards (New York, 10 June 1958), available at http://www.uncitral.org/pdf/english/texts/arbitration/NY-conv/New-York-Convention-E.pdf.

[75] Domenico Di Pietro, What Constitutes an Arbitral Award Under the New York Convention?, in ENFORCEMENT OF ARBITRATION AGREEMENTS AND INTERNATIONAL ARBITRAL AWARDS: THE NEW YORK CONVENTION IN PRACTICE 155 - 56 (2008). Some prominent authors do not share this view and considers that an arbitral award providing for interim relief may be enforced under the New York Convention, provided that the arbitral decision granting interim relief constitutes an arbitral award at the place of arbitration. See, e. g., AlbertJan van den Berg, The Application of the New York Convention by the Courts, in IMPROVING THE EFFICIENCY OF ARBITRATION AGREEMENTS AND AWARDS: 40 YEARS OF APPLICATION OF THE NEW YORK CONVENTION 25 - 35 (ICCA Congress Series No. 9, 1999). In Albert Jan van den Berg's opinion, an award will be enforced in accordance with its terms, i. e. if the award expressly states that it is made for a limited period of time, then the enforcement will correspondingly cover that period of time only. See id. at 28. This would enhance the effectiveness of international arbitration. The interpretation of the term award under the New York Convention is still evolving as demonstrated by Jan Paulsson's recent analysis of the Convention in: ALBERT JAN VAN DEN BERG, THE 1958 NEW YORK CONVENTION 97, 97 - 136 (2016). According to him, a reference to an award as being final should be understood as meaning that the award is binding upon the parties. If one were to hold this approach as the positive law, it would leave no doubt as to the final character of an interim or provisional measure ordered by an arbitral tribunal. Indeed, the vast majority of the institutions' arbitration rules expressly provides for the binding character of interim and provisional measures ordered by either the Emergency Arbitrator or an arbitral tribunal.

虽然可以认为在仲裁机构的规则下，紧急仲裁员的决定是可执行的，因为它对其所涉及的特定问题是最终的，除非修改，根据法国法律对裁决的上述定义，这一论点不太可能使其在法国法院上被信服。事实上，紧急仲裁员的决定是临时性的，在根据案情作出最后决定之前，所有临时措施都可能被修改、终止和废止。[76] 决定中不仅只涉及"临时"措施，而且对裁令中确定的任何问题或争议也不约束仲裁庭。[77] 因此，紧急仲裁员裁决的强制性效力在时间上是有限的，只有在仲裁庭作为最终裁决作出之后才能持续。

许多评论者对法国判例法中对裁决的定义过于形式化表示遗憾。[78] 这种定义不符合当事人的期望，最重要的是不符合具体情况的需要。[79] 如果当事人选择赋予紧急仲裁员下令采取临时措施的权力，他们希望这些措施能够有效，就像国内法院一样，要求这些措施是可执行的。正如 Alexis Mourre 为紧急仲裁员所解释的那样，人们可能会想，为什么国内法院下令的临时措施是可执行的，而紧急仲裁员下令的临时措施是不可执行的？[80]

不能说法国判例法在裁决这一定义上不会再发展。法国判例法已显示出一些开放性，[81] 而且理论已演变为一种概念，即临时措施不是一项可以轻易改

---

〔76〕 See ICC RULES, supra note 4, at art. 29(3); SCC RULES, supra note 10, at art. 9(4); LCIA RULES, supra note 10, at art. 9(11); ICDR RULES, supra note 10, at art. 6(5); HKIAC RULES, supra note 10, at sched. 4(18)(19); UNCITRAL Model Law, supra note 65, at art. 17(D); see also Castineira, supra note 56, at 65; Baigel, supra note 43, at 11.

〔77〕 See ICC RULES, supra note 4, at art. 29(3); SCC RULES, supra note 10, at app. II art. 9(5); SIAC RULES, supra note 20, at sched. 1(10).

〔78〕 See e. g., Mourre, supra note 34, at 5; Pellerin, supra note 55; Pierre Mayer, note sous Paris, 29 avr. 2003, JDI 2004, 511, spéc. 518.

〔79〕 See Mourre, supra note 34, at 5.

〔80〕 Id.

〔81〕 Cour d'appel [CA] Paris, Société Otor Participations et autres c/ Société Carlyle Holdings 1 et autre, Oct. 7, 2004, N° rép. Gén.: 2004/13909 ("La limitation de mesures provisoires ordonnées par le tribunal arbitral à la durée de l'instant ne remet pas en cause l'autorité de chose jugée de sa décision, que les arbitres ont pu exprimer sous forme de sentence, choix de procédure auquel aucune des parties ne s'est oppose... Le prononcé d'astreintes ou d'injonctions constitue un prolongement inhérent et nécessaire à la fonction de juger pour assurer une meilleure efficacité au pouvoir juridictionnel et ne caractérise ainsi aucun dépassement de la mission de l'arbitre." [The limitation of interim measures ordered by an arbitral tribunal to the

变的措施,而是需要伴随着情况的改变而改变,在特殊情况下,裁决也有权决定什么是必要的临时性措施。[82]

但是,紧急仲裁员决定的可执行性问题仍悬而未决。尽管如此,并不影响紧急仲裁程序是一个有效的工具。紧急仲裁员成为有效的工具有两个主要原因:一方面是其裁决的约束力;另一方面是寻求遵守紧急仲裁员裁决的一方当事人既可获得当地法院(包括法国法院)的支持,也可以从仲裁庭获得支持。

(二)紧急仲裁员裁决的效率:一个有约束力与令人信服的程序

紧急仲裁员的决定对承诺遵守该决定的当事人有效。[83]然而,仍然存在一种风险,即反对紧急仲裁员决定的一方不能遵守这项决定。在紧急仲裁的情况下,如果决定紧急救济的紧急仲裁员不能对案件进行实质审理,[84]可以要求能够进行实质审理的仲裁庭重新评估紧急仲裁员,此时风险可能会更大。[85]

有理由相信当事人自愿遵守紧急仲裁员的裁决。但是,可以肯定的是,如果违反,申请人有一系列可供选择的策略。它可以在申请执行中寻求地方法院的支持,特别是在受到联合国《国际商事仲裁示范法》影响的国家,或在法国按

---

duration of the proceedings does not call into question their res judicata character. Arbitrators are free to embody such decisions into an award. In this case, the parties did not contest the arbitral tribunal's procedural choice. Ordering penalties or injunctions is inherently and necessarily part of an arbitral tribunal's jurisdictional power that allows an arbitral tribunal to ensure better efficiency. An arbitral tribunal does not exceed its mission when ordering such measures]); see also Seraglini & Ortscheidt, supra note 70, at The Paris Court of Appeals has admitted that interim and conservatory measures ordered by an arbitral tribunal should be considered as awards. Professor Thomas Clay, in his yearly perspective of arbitration law in France (D. 2005, pan., p. 3062, obs. Th. Clay), considers this decision as an important one, which proves that the term award is an evolving concept that covers finally ordered interim and provisional measures, even if they do not put an end to the dispute. See Cour de cassation [Cass.] 1st Civil Section, 4 July 2007, REV. ARB. 2008. 442.

[82] See Pellerin, supra note 55, at 683.

[83] See ICC RULES, supra note 4, at art. 29(2); SCC RULES, supra note 10, at app. II Article 9(1) &9(3); SIAC RULES, supra note 20, at sched. 1(12); ICDR RULES, supra note 10, at art. 6(4); HKIAC RULES, supra note 10, at sched. 4(16).

[84] See Voser & Boog, supra note 7, at 86.

[85] See ICC RULES, supra note 4, at art. 29(4); SCC RULES, supra note 10, at app. II, art. 9(2); SIAC RULES, supra note 20, at sched. 1(10); LCIA RULES, supra note 10, at art. 9(11); HKIAC RULES, supra note 10, at sched. 4(18); ICDR RULES, supra note 10, at art. 6(5).

违反合同要求处理;或在仲裁庭向不遵守裁决的当事人提出索赔。目前看来,紧急仲裁员程序不仅是紧急救济的有效选择,也是促使争议尽早解决的有力工具。

1. 法国法院的制裁

在实践中,当事各方倾向于自愿遵守紧急仲裁员的裁决,以避免给处理案件实体问题的仲裁庭留下不好的印象。但是,如果一方当事人拒绝遵守紧急仲裁员的裁令,则有必要求助于当地的国内法院。

在法国,如果要假定紧急仲裁员的决定是合同性质的,因此不受执行程序的制约,则任何违反裁令的行为都应由仲裁庭根据有争议合同的仲裁条款予以处理。这与《国际商会仲裁规则》(2012 年)第 29(4)条相一致,该条规定,仲裁庭有权就与紧急仲裁程序有关或因不遵守紧急仲裁员令而引起的任何索赔作出裁决。[86] 因此,法国法院将拒绝对任何不遵守紧急仲裁裁决的索赔行使管辖权。

尽管有这些一般规则,而且根据法国法律,原则上法国法院不应干预正在进行的仲裁程序,[87] 在某些情况下,遵守紧急仲裁员裁决的一方当事人也可请求法国法院对违约索赔作出即决判决。根据国际管辖权冲突规则,民庭庭长可根据《法国新民事诉讼法》第 809 条第 2 款,[88] 要求具体的当事人履行特定的仲裁裁令或裁决。这一规定可适用于法国最高上诉法院就《国际商会仲裁规则》(1998)第 28(6)条作出的判决,其中法官认为当事人遵守最终裁决的义务实际上是当事人需履行的义务。[89]

今天,《国际商会仲裁规则》(2012 年)第 22 条和第 29 条第(2)款都规定当

---

[86] See ICC RULES, supra note 4, at art. 29(4); SCC RULES, supra note 10, at app. II, art. 9(2); SIAC RULES, supra note 20, at sched. 1(10); LCIA RULES, supra note 10, at art. 9(11); HKIAC RULES, supra note 10, at sched. 4(18); ICDR RULES, supra note 10, at art. 6(5).

[87] See Seraglini & Ortscheidt, supra note 70, at 178.

[88] French New Code of Civil Procedure, art. 809 al 2 (Fr.) ("[i]n cases where the existence of the obligation is not seriously challenged, [the judge] may award an interim payment to the creditor or order the mandatory performance of the obligation even where it is an obligation to do a particular thing.").

[89] See, e. g., Cour de Cassation, 1st Civil Section, 4 July 2007, Société Total E et P Congo c. République du Congo, No. 05 – 16586.

事各方承诺遵守仲裁庭或紧急仲裁员的裁令。[90] 因此,《法国新民事诉讼法》第809条在紧急仲裁方面可以证明是有用的。这种简易判决可以在非常有限的时间内作出,[91]而且即使提出上诉,也可以立即在法国执行。[92] 此外,还可以同时处以临时处罚。[93]

然而,就紧急仲裁员的裁令而言,只有在紧急仲裁员的决定发布和仲裁庭组成之间的有限时间内,才有可能提出即决判决。一旦仲裁庭成立,根据《国际商会仲裁规则》(2012年)第29条(4)款,仲裁庭对因遵守或不遵守裁令而产生或与之相关的索赔拥有唯一管辖权。在这方面,在仲裁庭要求根据《国际商会仲裁规则》(2012年)第29条(3)款重新审议该裁令的,可以禁止在国内法院提出任何申请。但届时,如果仲裁庭认为适当,可以以裁决的形式确认该决定。向国内法院申诉并不是遵守决定的当事人可获得的唯一补救办法。仲裁庭完全有能力处理这种情况。

2. 仲裁庭的处理以及紧急仲裁程序的内在效率

根据法国法律,仲裁庭在裁决案件或决定费用时,会考虑当事人是否遵守了紧急仲裁员的裁令或裁决,并且对此还没有成文法或判例法的限制。在法国进行仲裁,仲裁庭很可能认为任何一方当事人不遵守仲裁庭关于临时措施的决定是违反仲裁协议的行为。因此,在裁定损害赔偿或分配费用时,仲裁员通常会考虑是否遵守临时裁决。但是,只有当一方当事人不遵守裁令与据称遭受的损害之间存在直接因果关系时,才可将损害赔偿金判给非违约方。仲裁员在考虑案情时也必须考虑紧急仲裁员的决定是否得到了遵守。鉴于各机构的仲裁规则明确规定,紧急仲裁员的决定对双方当事人具有约束力,并要求双方当事

---

[90] SCC RULES, supra note 10, at app. Ⅱ, art. 9(1)(3); SIAC RULES, supra note 20, at sched. 1(12); ICDR RULES, supra note 10, at art. 6(4); HKIAC RULES, supra note 10, at sched. 4(16).

[91] Serge Guinchard, Droit et Pratique de la Procédure Civile: Droit Interne et Européen, DALLOZ ACTION (2017 - 18), at 222, no. 125.140 passim.

[92] Id. at 226, no. 125.181 passim.

[93] The judge in summary proceeding may impose a provisional coercive penalty pursuant to Article 491 of the CCP. However, unless he/she retains the right to liquidate the penalty it will be for the enforcement judge to do so pursuant to Article L. 131 - 3 of the Code of Enforcement Procedure. See generally GUERCHOUN, ASTREINTE-RÉPERTOIRE DALLOZ DE PROCÉDURE CIVILE (June 2012) (last accessed Oct. 2016).

人承诺遵守,情况就更是如此。[94]

这一观点与《国际商会仲裁规则》(2012 年)第 29 条(4)款相一致,该条规定:"对于任何当事人就紧急仲裁员程序所提出的要求或请求,包括该程序费用的重新分配,以及因遵守或不遵守裁令而引起的或与之有关的任何请求,应由仲裁庭作出裁定。"[95]本条规定赋予仲裁庭以下权力:(1)鉴于一方当事人未能执行命令,重新分配紧急仲裁程序的费用;(2)如果一方被采取紧急措施并且最终不能胜诉的话,将承担处理费用和进行损害赔偿。

仲裁庭还可以作出额外的保护,若当事人不遵守临时措施而导致与案件有利害关系的文件或材料无法保存,则作出不利于不遵守方的推论。[96] 实际上,当事人自愿遵守仲裁庭准予的临时措施的概率很大。[97] 目前看来,紧急仲裁员程序也可能如此,还可能促使当事方达成和解。[98] 紧急仲裁员程序的内在效力来源于双方当事人愿意受紧急仲裁员决定的合同约束,[99]而且当事人不想惹恼仲裁庭,因为不遵守紧急仲裁员的裁令,仲裁庭可以下令进行损害赔偿。[100]

一般仲裁庭不愿意推翻一项决定,除非反对方能够证明,自该决定作出以来,情况已经发生了如此大的变化,以致有理由对该决定进行修改,[101]当事人还

---

[94] SCC RULES, supra note 10, at app. II, art. 9(1)(3); SIAC RULES, supra note 20, at sched. 1(12); ICDR, supra note 10, at art. 6(4); and HKIAC RULES, supra note 10, at sched. 4(16).

[95] SCC RULES, supra note 10, at app. II, art. 10(5); SIAC RULES, supra note 20, at sched. 1(13); LCIA RULES, supra note 10, at art. 9(10); ICDR RULES, supra note 10, at art. 6(8); HKIAC RULES, supra note 10, at sched. 4(15).

[96] Pursuant to Article 9(5) of the IBA Rules on the Taking of Evidence in International Arbitration, if a party fails without satisfactory explanation to produce any document requested in a request to produce to which it has not objected in due time or fails to produce any document ordered to be produced by the arbitral tribunal, the arbitral tribunal may infer such evidence would be adverse to the interests of that party.

[97] Carlevaris & Ferris, supra note 3, at 25.

[98] Jason Fry, The Emergency Arbitrator Flawed Fashion or Sensible Solution, DISP. RES. INT'L 179 (2013).

[99] ICC RULES, supra note 4, at art. 29(2).

[100] Jean-François Poudret & Sébastien Besson, Droit comparé de l'arbitrage international, 569 (2002) (on file with author).

[101] Voser & Boog, supra note 7, at 87.

将非常认真地对待紧急仲裁员对案件的初步判断。这样的判断同时也有利于争议的早日解决。

## 结　语

世界范围内紧急仲裁程序的不断增多表明,用户对这种新型救济的需求日益增长。紧急仲裁员程序提供了一个可以满足各方需要和期望的解决方案。尽管仍有许多问题将影响当事人选择紧急仲裁员程序还是现有的其他程序,但通过紧急仲裁员获得临时措施的当事方在对方不遵守临时措施的情况下并非没有补救办法,法国很好地说明了紧急仲裁的自足效力。尽管根据法国法律,紧急仲裁员的裁决缺乏直接的可执行性,但当事人很可能是自愿遵守的。此外,在不遵守的情况下,遵守紧急仲裁员决定的当事人仍然可以受益于许多司法管辖区内法院的支持,甚至包括在法国法院以及仲裁庭。紧急仲裁员是一个受欢迎的程序,现已加入国际商事仲裁领域。紧急仲裁员程序注定将走向更为成熟的境地。

(责任编辑:柯嘉祯)

# 《中山大学青年法律评论》稿约

## 一、简　　介

《中山大学青年法律评论》是由中山大学法学院学生独立运作、由法律出版社公开发行的法学学术性出版物,创立于2017年。本评论致力于为青年法学人搭建一个学术成果的交流平台,活跃学术研究氛围,开阔研究视野。

## 二、征稿对象及范围

1. 本评论面向国内外知名院校学生征稿。

2. 本评论奉行一切从学术出发的宗旨,对来稿不限主题和体裁。来稿篇幅以1万~1.5万字为宜,最长不超过2万字。

3. 本评论尤其欢迎细致的制度分析和案例研究,也欢迎优质的翻译稿件,不接受无问题意识的空泛议论或简单介绍,也不接受无深度的表面化评论。

4. 若为翻译稿,请译者投稿时附上原文及作者授权证明。

5. 本评论欢迎专稿专投,反对一稿多发。

## 三、格式体例

1. 来稿请在正文前加列"目次"、"摘要"和"关键词",无需英文标题和英文摘要。"摘要"为稿件核心观点的凝练,字数不超过300字。关键词不超过5个。

2. 来稿须符合学术规范,注释体例参照《法学研究》。注释是否符合本评论体例不影响稿件评价,但注释是否符合学术规范将影响稿件采用。

## 四、评审规则

为公正选稿,本评论实行匿名三审制。为加快稿件处理速度,本评论实行快速审稿和审稿意见及时反馈制度。自投稿起一个月内未获任何通知,请作者主动联系编辑部,以免遗漏或耽误稿件。

## 五、投稿方式

1. 本评论工作邮箱:sysuyouthlaw@ 163. com。来稿请勿发送包括主编在内的任何工作人员。

2. 投稿请以 Word 文档形式以附件发送。Word 文档标题只需填写论文题目,无须填写作者信息,Word 正文内亦无须包含任何作者个人信息,保证编辑匿名审稿。

3. 作者个人信息以及论文题目请在邮件正文中列明,建议投稿邮件标题格式为"投稿+作者姓名+论文题目",方便编辑部准确回复邮件。

## 六、特别提醒

本评论不以任何形式向投稿者收取审稿费、版面费等费用,也从未授权任何机构或个人代理投稿事宜。所有投稿事宜仅在工作邮箱处理。未尽事宜,请直接与本评论编辑部工作邮箱联系。

(更多信息可关注本评论微信"SYSU 青年法律评论",微信号为 sysuyouthlaw,或查阅中山大学法学院官网 http://law. sysu. edu. cn/)

《中山大学青年法律评论》编辑部

2020年11月

**图书在版编目(CIP)数据**

中山大学青年法律评论. 第5卷 /《中山大学青年法律评论》编辑部组编 ; 巢志雄主编. -- 北京 : 法律出版社, 2020

ISBN 978-7-5197-5017-6

Ⅰ. ①中… Ⅱ. ①中… ②巢… Ⅲ. ①法律-文集 Ⅳ. ①D9-53

中国版本图书馆CIP数据核字(2020)第191389号

**中山大学青年法律评论(第5卷)**
**ZHONGSHAN DAXUE QINGNIAN FALÜ PINGLUN (DI 5 JUAN)**

《中山大学青年法律评论》编辑部 组编
巢志雄 主编
杨文澜 执行主编

责任编辑 孙东育 王 珊
装帧设计 臧晓飞

**出版** 法律出版社
**总发行** 中国法律图书有限公司
**经销** 新华书店
**印刷** 北京虎彩文化传播有限公司
**责任校对** 王 丰 郭艳萍
**责任印制** 陶 松

**编辑统筹** 学术·对外出版分社
**开本** 710毫米×1000毫米 1/16
**印张** 20.75
**字数** 350千
**版本** 2020年11月第1版
**印次** 2020年11月第1次印刷

法律出版社/北京市丰台区莲花池西里7号(100073)
网址/www.lawpress.com.cn
投稿邮箱/info@lawpress.com.cn
举报维权邮箱/jbwq@lawpress.com.cn
销售热线/400-660-8393
咨询电话/010-63939796

中国法律图书有限公司/北京市丰台区莲花池西里7号(100073)
全国各地中法图分、子公司销售电话:
统一销售客服/400-660-8393/6393
第一法律书店/010-83938432/8433　西安分公司/029-85330678　重庆分公司/023-67453036
上海分公司/021-62071639/1636　深圳分公司/0755-83072995

**书号**:ISBN 978-7-5197-5017-6
**定价**:88.00元